OLDENBOURG
GRUNDRISS DER
GESCHICHTE

OLDENBOURG GRUNDRISS DER GESCHICHTE

HERAUSGEGEBEN VON
LOTHAR GALL
KARL-JOACHIM HÖLKESKAMP
HERMANN JAKOBS

BAND 11

BAROCK UND AUFKLÄRUNG

VON

HEINZ DUCHHARDT

4., neu bearbeitete und erweiterte Auflage des Bandes
„Das Zeitalter des Absolutismus"

R. OLDENBOURG VERLAG
MÜNCHEN 2007

Bibliografische Information Der Deutschen Nationalbibliothek

Die Deutsche Nationalbibliothek verzeichnet diese Publikation in der Deutschen Nationalbibliografie; detaillierte bibliografische Daten sind im Internet über <http://dnb.d-nb.de> abrufbar.

© 2007 R. Oldenbourg Wissenschaftsverlag GmbH, München
Rosenheimer Straße 145, D-81671 München
Internet: oldenbourg.de

Umschlaggestaltung: Dieter Vollendorf
Gedruckt auf säurefreiem, alterungsbeständigem Papier (chlorfrei gebleicht).

Gesamtherstellung: Oldenbourg Graphische Betriebe GmbH, Kirchheim b. München

ISBN: 978-3-486-49744-1

VORWORT DER HERAUSGEBER

Die Reihe verfolgt mehrere Ziele, unter ihnen auch solche, die von vergleichbaren Unternehmungen in Deutschland bislang nicht angestrebt wurden. Einmal will sie – und dies teilt sie mit anderen Reihen – eine gut lesbare Darstellung des historischen Geschehens liefern, die, von qualifizierten Fachgelehrten geschrieben, gleichzeitig eine Summe des heutigen Forschungsstandes bietet. Die Reihe umfasst die alte, mittlere und neuere Geschichte und behandelt duchgängig nicht nur die deutsche Geschichte, obwohl sie sinngemäß in manchem Band im Vordergrund steht, schließt vielmehr den europäischen und, in den späteren Bänden, den weltpolitischen Vergleich immer ein. In einer Reihe von Zusatzbänden wird die Geschichte einiger außereuropäischer Länder behandelt. Weitere Zusatzbände erweitern die Geschichte Europas und des Nahen Ostens um Byzanz und die Islamische Welt und die ältere Geschichte, die in der Grundreihe nur die griechisch-römische Zeit umfasst, um den Alten Orient und die Europäische Bronzezeit. Unsere Reihe hebt sich von anderen jedoch vor allem dadurch ab, dass sie in gesonderten Abschnitten, die in der Regel ein Drittel des Gesamtumfangs ausmachen, den Forschungsstand ausführlich bespricht. Die Herausgeber gingen davon aus, dass dem nacharbeitenden Historiker, insbesondere dem Studenten und Lehrer, ein Hilfsmittel fehlt, das ihn unmittelbar an die Forschungsprobleme heranführt. Diesem Mangel kann in einem zusammenfassenden Werk, das sich an einen breiten Leserkreis wendet, weder durch erläuternde Anmerkungen noch durch eine kommentierende Bibliographie abgeholfen werden, sondern nur durch eine Darstellung und Erörterung der Forschungslage. Es versteht sich, dass dabei – schon um der wünschenswerten Vertiefung willen – jeweils nur die wichtigsten Probleme vorgestellt werden können, weniger bedeutsame Fragen hintangestellt werden müssen. Schließlich erschien es den Herausgebern sinnvoll und erforderlich, dem Leser ein nicht zu knapp bemessenes Literaturverzeichnis an die Hand zu geben, durch das er, von dem Forschungsstand geleitet, tiefer in die Materie eindringen kann.

Mit ihrem Ziel, sowohl Wissen zu vermitteln als auch zu selbständigen Studien und zu eigenen Arbeiten anzuleiten, wendet sich die Reihe in erster Linie an Studenten und Lehrer der Geschichte. Die Autoren der Bände haben sich darüber hinaus bemüht, ihre Darstellung so zu gestalten, dass auch der Nichtfachmann, etwa der Germanist, Jurist oder Wirtschaftswissenschaftler, sie mit Gewinn benutzen kann.

Die Herausgeber beabsichtigen, die Reihe stets auf dem laufenden Forschungsstand zu halten und so die Brauchbarkeit als Arbeitsinstrument über eine längere Zeit zu sichern. Deshalb sollen die einzelnen Bände von ihrem Autor oder einem anderen Fachgelehrten in gewissen Abständen überarbeitet werden. Der Zeitpunkt der Überarbeitung hängt davon ab, in welchem Ausmaß sich die allgemeine Situation der Forschung gewandelt hat.

Lothar Gall   Karl-Joachim Hölkeskamp   Hermann Jakobs

INHALT

VORWORT ZUR ERSTEN AUFLAGE

Der die „Lücke" zwischen den Bänden 10 und 12 der Reihe ausfüllende Absolutis-
mus-Grundriss, dessen erste Abschnitte im Frühsommer 1986 konzipiert wurden,
bedarf einiger Vorbemerkungen. Das, was Heinrich Lutz im Vorwort zu seinem
Grundrissband als ein „Abenteuer" bezeichnete, nämlich rund eineinhalb Jahrhunderte europäischer Geschichte auf knappstem Raum darzustellen, gilt entsprechend auch für dieses Buch; auch hier „wurden hinsichtlich der Stoffökono-
mie in allen drei Teilen einschneidende, raumsparende Optionen erforderlich"
(S. XI), über die Rechenschaft abzulegen ist.

1. In einem Wechsel von statisch-systematischen und dynamisch-chronologi-
schen Kapiteln wurde versucht, die allgemeinen Strukturen der Epoche wie auch
die historischen Prozesse gleichmäßig zu berücksichtigen. Dabei musste einerseits
exemplarisch vorgegangen werden, indem etwa Wesen und Volumen des europäischen Absolutismus am französischen Beispiel demonstriert werden, andererseits
war in den chronologischen (und dementsprechend bis zu einem gewissen Grad
auch eher narrativ akzentuierten) Kapiteln der Mut zu Lücke gefordert, waren
Akzentsetzungen und Abstraktionen unumgänglich. Den Mittelweg zwischen
Detail und „großen Linien" zu finden, stellt für jeden Autor eines Handbuchs eine
besondere Herausforderung dar.

2. Bei allem Bemühen, die typischen und die atypischen Erscheinungen und
Handlungsabläufe im Zeitalter des Absolutismus darzustellen, konnten nicht alle
europäischen Staaten gleichmäßig behandelt werden. Vor allem war es aus Raum-
gründen jedoch nicht möglich, die Geschichte Europas in Übersee, also die Fortsetzung der europäischen Geschichte auf den Meeren und in den Kolonien, in
adäquater Weise in die Darstellung mit einzubeziehen. Da der Grundriss in eigenen Bänden aber nunmehr auch auf den außereuropäischen Bereich ausgedehnt
wird, erschien dieser Verzicht vertretbar.

3. Als ein gewisses Defizit mag empfunden werden – und wird vom Verfasser
auch so empfunden –, dass in der Darstellung des Zeitalters, in dem unzweifelhaft
die Fürsten und die Intellektuellen die Akzente setzten, die von der Geschichte
„Betroffenen" eher im Hintergrund bleiben. Das hängt zum einen damit zusammen, dass die „Geschichte von unten" für die Epoche des Absolutismus noch
längst nicht Ergebnisse wie für das 19. und 20. Jahrhundert vorzuweisen hat, aber
auch damit, dass Alltagsgeschichte vom plastischen, kaum zu verallgemeinernden
Einzelbeispiel „lebt", für das der Raum aber oft fehlte.

4. Der Umfang des 1. (darstellenden) Teils zwang zu schmerzlichen Beschränkungen bei den Forschungskapiteln. Ich habe mich für solche Überblicke über die
Wege der Forschung entschieden, die in die zentralen Aspekte des Zeitalters ein-
führen und die besonders lebhaft diskutierte Forschungsansätze beleuchten.

Eine weitere Vorbemerkung betrifft den Titel des Bandes, der in einem frühen
Stadium der Planungen festgelegt wurde und schließlich trotz mancher Bedenken,

vor allem auch mangels einer entsprechend „griffigen" Alternative, beibehalten wurde. Es hat sich zwar inzwischen eingebürgert, die Zeitspanne zwischen den europäischen Friedensschlüssen von 1648/59 und den Revolutionen des ausgehenden 18. Jahrhunderts als die „Epoche des Absolutismus" zu bezeichnen, aber das ist nach wie vor nicht mehr als eine Verlegenheitslösung: Die Anfänge und die Ausläufer des Absolutismus reichen weit über die genannten Zäsuren hinaus, der Begriff unterschlägt zudem, dass keineswegs der gesamte Kontinent die Regierungsform des Absolutismus übernahm, und er spiegelt schließlich nicht wider, wie stark die Gegenkräfte gegen den Absolutismus immer bleiben, der sich in Reinkultur nirgendwo und nirgendwann in Europa durchsetzte. Es ist insofern kein Zufall, dass es in der gegenwärtigen Forschung eine starke „revisionistische" Tendenz gibt, das vermeintlich „stimmige" Bild des europäischen Absolutismus in Frage zu stellen, dem „Nichtabsolutistischen" im absolutistischen System (und entsprechend dann auch den absolutistischen Faktoren in den nichtabsolutistischen Gesellschaftsordnungen) nachzugehen, die die früher klaren Konturen erheblich relativiert (freilich auch die Gefahr in sich birgt, sie völlig zu verwischen). – Mit der Option für die Beibehaltung des Absolutismus-Titels war im Übrigen auch der Verzicht gekoppelt, die Strukturen der Epoche mit anderen Schlagworten – Robert Mandrou hatte sich etwa für das Begriffspaar „Staatsräson und Vernunft" entschieden – zu bündeln und zu umschreiben und als „roten Faden" der Darstellung zu unterlegen.

Ich danke meinen Bayreuther Mitarbeitern für vielfältige Hilfestellungen, vor allem Frau Petra Schneider für das zügige Erstellen des Druckmanuskripts, ich danke etlichen Kollegen, mit denen dieses und jenes Einzelproblem durchdiskutiert wurde, insbesondere auch dem „zuständigen" Herausgeber dieser Reihe, Lothar Gall (Frankfurt), für fördernde und hilfreiche Kritik, ich danke nicht zuletzt meiner Familie für viel Rücksicht und Verständnis während der Zeit des Entstehens dieses Buches.

Weihnachten 1987   Heinz Duchhardt

VORWORT ZUR VIERTEN AUFLAGE

Die 4. Auflage dieses Grundriss-Bandes stellt innerhalb des Gesamtunternehmens ein Novum dar. Zum ersten Mal verändert sich der Titel eines Bandes. Autor, Herausgeber und Verlag haben sich zu diesem Schritt entschlossen, um einem allgemeinen Umdenkungsprozess hinsichtlich des „Absolutismus" – zumindest als Epochenbezeichnung – Rechnung zu tragen. Als der Verfasser diesen Band übernahm, für den in den frühen 1980er Jahren ursprünglich ein anderer Autor vorgesehen war, musste er sich mit dem damals schon festliegenden Titel einverstanden erklären, gegen den aber schon im Vorwort zur 1. Auflage Bedenken angemeldet wurden. Seit den mittleren 1990er Jahren hat dann eine – teils durchaus kontrovers geführte – Diskussion über die spezifischen Charakteristika des Zeitalters und die Sinnhaftigkeit des Epochenbegriffs „Absolutismus" eingesetzt, die die alten Bedenken verschärft und europaweit zu einem neuen Nachdenken über alternative, klischeefreie Begrifflichkeiten geführt hat. Da der Autor dieses Bandes an dieser Diskussion beteiligt ist, drängte es sich geradezu auf, mit der Titeländerung einen besonderen Akzent zu setzen.

Freilich kommt noch etwas hinzu. Der Trend in der internationalen Geschichtswissenschaft geht seit Jahren – nicht erst seit dem sog. *cultural turn* – in eine stärker kulturalistisch akzentuierte Richtung, die durchaus auch die Politikgeschichte im engeren Sinn erreicht und ergriffen hat; Schlagworte wie „politische Kultur", „Kulturgeschichte des Politischen" und symbolisches Handeln im politischen Raum mögen dies hier nur andeuten. Auch von daher legte sich die Abwendung von einem Epochenbegriff nahe, den mit einem durchaus pejorativen Unterton das frühe 19. Jahrhundert geprägt hatte und der weder dem politischen Facettenreichtum des in Rede stehenden Zeitraums noch dessen besonderen kulturellen Leistungen gerecht wird. Das Begriffspaar „Barock und Aufklärung", im Übrigen auch viel anschlussfähiger für Nachbarwissenschaften als der „Absolutismus", entspricht der eigentlichen Signatur der Epoche in viel glücklicherer Weise.

Von daher versteht es sich auch, dass in den Darstellungsteil – den Forschungsteil ohnehin! – stärker eingegriffen wurde als bei den zurückliegenden Auflagen, um diesen kulturalistischen Akzent zum Tragen zu bringen. Der Darstellungsteil ist gründlich überarbeitet worden – bei einem Buch, das vor beinahe 20 Jahren erstmals erschien, wohl auch nicht mehr als billig. Im Teil „Grundprobleme und Tendenzen der Forschung" sind von den neun Forschungsberichten der 3. Auflage nur vier erhalten geblieben (und natürlich entsprechend fortgeschrieben worden), während drei weitere aus der gewandelten Forschungslandschaft erwachsen sind („*Cultural turn* und Frühe Neuzeit", „Kulturgeschichte des Politischen", „Europäisierung").

Der Forschungsteil hatte im Übrigen auch der Erweiterung der Reihe Rechnung zu tragen. In den letzten Jahren sind etliche Bände – zu Großbritannien, Russland, dem Osmanischen Reich – erschienen, die den Zeitraum des vorliegenden Bandes, also das ausgehende 17. und das vorrevolutionäre 18. Jahrhundert, mit abdecken. Wurden in den früheren Auflagen gelegentlich Forschungsberichte zu genuin nichtdeutschen und nicht-gesamteuropäischen Ereignissen oder Prozessen – etwa zur Glorious Revolution – erstattet, so ist hier jetzt ein Umdenken erforderlich; der Forschungsteil wird sich zukünftig auf Themen der deutschen und der gesamteuropäischen Geschichte konzentrieren.

Besondere Anforderungen stellte diesmal auch der bibliographische Teil. Um überhaupt der Masse an aktueller Forschungsliteratur noch Herr zu werden, wurde stark „durchforstet" und ältere Titel, d. h. solche aus den 1980er Jahren und früher, nur noch dann beibehalten, wenn sie von wirklich grundlegender Bedeutung oder für die Forschungsgeschichte belangvoll sind. Trotzdem ist die Bibliographie, die zu – geschätzt – wenigstens zwei Fünftel neue Titel enthält, umfangreicher denn je. Diesem Druck der unerlässlichen Begrenzung musste auch insofern schon jetzt Rechnung getragen werden, als Zeitschriftenaufsätze nur noch in Ausnahmefällen Berücksichtigung gefunden haben; in Zukunft wird man u. U. völlig auf sie verzichten müssen.

Bei der Aktualisierung des bibliographischen Teils konnte ich auf die Mithilfe der wissenschaftlichen Hilfskraft Monika Schnatz zurückgreifen. Meine Sekretärin Barbara Kunkel stellte das satzfertige Manuskript her. Beiden sei von Herzen gedankt.

Mainz, im April 2006   Heinz Duchhardt

I. Darstellung

1. EUROPA UM 1660:
DIE STRUKTUREN EINES KONTINENTS
UND EINER EPOCHE

Atemholen nach einem langen Konflikt, der weite Teile Europas direkt oder indirekt eine Generation lang beschäftigt hatte, innenpolitische Krisen in verschiedenen europäischen Staaten, die eine Herausforderung darstellten und politisch oder verfassungsrechtlich überwunden werden mussten, die Beschleunigung der Ausweitung Europas nach Übersee mit den entsprechenden Konflikten der involvierten Mächte – dies sind wohl die wichtigsten Strukturelemente, die die kurze „Übergangsphase" der europäischen Geschichte zwischen der Verabschiedung des westfälischen Friedenswerks und dem in mehrfacher Hinsicht bedeutsamen Einschnitt 1660 – Abrundung der Friedensordnung von 1648 durch den spanisch-französischen Ausgleich, Herstellung eines (freilich nicht bis ins Unendliche belastbaren) Friedenssystems im Ostseebereich, Restauration der alten Dynastie und des bewährten politischen Systems in England, Übergang zum persönlichen Regiment Ludwigs XIV., Beginn des Kampfes um das spanische Erbe usw. – charakterisieren. Die geographische Einheit Europa zählte – wobei ein für Schätzungen und Hochrechnungen in der „vorstatistischen Zeit" nicht auszuschließender Unsicherheitsfaktor in Rechnung zu stellen ist, der sich erst in der Mitte des 18. Jahrhunderts mit den dann üblicher werdenden systematischeren Bevölkerungserhebungen allmählich verkleinerte – um 1660 maximal 110 Mio. Menschen, von denen ca. 19 Mio. auf Frankreich, ca. 10 Mio. auf das Deutsche Reich, knapp 5 Mio. auf die britischen Inseln, ca. 2 Mio. auf die Vereinigten Niederlande entfielen. Von diesen 110 Mio. Menschen lebten durchschnittlich wenigstens 90% auf dem flachen Land – Europa war nach wie vor ein überwiegend agrarisch geprägter und damit auch von einem agrarischen Lebensrhythmus bestimmter Kontinent –, während großstädtische „Ballungszentren" (in Italien, aber verstärkt nun auch im westlichen, zum Atlantik hin orientierten Europa) noch außerordentlich selten waren. Demographisch markiert der Einschnitt 1660 in etwa die Mitte einer langen „Stagnationsphase" zwischen ca. 1620 und 1700/1730, die generell die Bevölkerung kaum anwachsen ließ und die sich in den vom Krieg betroffenen Ländern besonders auffällig bemerkbar machte und potenzierte, so dass dort die demographischen Kurven sogar deutliche „Einbrüche" verzeichnen.

Demographische Faktoren

Vielfalt Europas Europa – das war um 1660 ein buntes Gemisch sehr unterschiedlich struktu-
rierter Staaten: von Erbmonarchien, in denen die herrschenden Dynastien freilich
noch nicht ausnahmslos den Adel ausgeschaltet oder domestiziert hatten, von
Wahlmonarchien, von Gemeinwesen mit republikanisch-oligarchischer Verfassung, von Staaten wie England, die Verfassungsexperimente und politische Turbulenzen hinter sich hatten und deren weitere Entwicklung noch denkbar unsicher
war, von Staaten wie Dänemark, die gerade dabei waren, ihrem Monarchen einen
Freibrief auszustellen. Aus der dualistischen Ordnung des Spätmittelalters waren
sehr verschiedenartige Entwicklungslinien erwachsen, die in ganz unterschiedliche Staatstypen und keineswegs in eine staatliche Uniformität eingemündet
waren. Europa umfasste Staaten mit außenpolitischen Ambitionen („Verände-
rungs-Staaten"), Staaten, die ihrer inneren Strukturen wegen keinen außenpolitischen Ehrgeiz entwickeln konnten („Status-quo-Staaten": Polen, Schweiz),
Staatenbünde, die kaum mit einer Zunge sprachen und dementsprechend leicht
auseinanderdividiert werden konnten, die noch nicht einmal einen eigenen Mittelpunkt, eine Herrschaftszentrale mit einer wirklich funktionierenden Regierung
besaßen und allenfalls über ein embryonales zentrales Steuerwesen verfügten
(Heiliges Römisches Reich). Anders formuliert: Der Staatsbildungsprozess, der
sich überall in Europa im 16. Jahrhundert beschleunigt hatte und zu dessen
Charakteristika u. a. die Durchsetzung des innerstaatlichen Gewaltmonopols, die
Monopolisierung der Außenpolitik in der Hand des „Souveräns", die Professionalisierung der Verwaltung, die Arrondierung des Staatsgebiets und die Ver-
stetigung von Militär- und Steuerwesen zählte, befand sich noch auf sehr
unterschiedlichen Entwicklungsstufen und hatte längst nicht alle aus der Geschichte erwachsenen Eigenheiten beseitigen können.

Soziale Strukturen Die politisch-verfassungsmäßige Diversifikation darf freilich über eine beachtliche gesellschaftliche Geschlossenheit des Alten Kontinents nicht hinwegtäuschen: Zwar ist zwischen den europäischen Großregionen außerordentlich
stark zu differenzieren, aber alle sozialen und politischen Revolutionen seit dem
16. Jahrhundert hatten im Prinzip nichts daran ändern können, dass die Gesellschaft Alteuropas von Portugal bis nach Russland und von Skandinavien bis nach
Süditalien unverändert ständisch strukturiert war – auch die neuen Theorien des
Merkantilismus/Kameralismus stellten das keineswegs in Frage, die während der
englischen Revolution aufgetretenen Gruppierungen mit präkommunistischen
Zielsetzungen hatten keine Rückwirkungen auf den Kontinent. In seinen „Stand"
wurde man hineingeboren, in ihm blieb man normalerweise bis ans Lebensende:
der Stand bestimmte den „sozialen ‚Ort' in der Gesellschaft" (Rudolf Vierhaus)
und zudem den wirtschaftlichen, d. h. die (nicht in Frage gestellte) Beteiligung am
Sozialprodukt. Die Überwindung der ständischen Schranken im Sinn des sozialen
Aufstiegs blieb ein alles in allem nur seltener Vorgang, bedurfte im Allgemeinen
mehr als einer Generation und vollzog sich am ehesten noch durch Bildung und
Fachkompetenz sowie über die Kirche und meist mit Hilfe von Patronage. Die
Stände, in die nur wenige soziale Randgruppen und Außenseiter wie Juden und

Sinti, die Schauspieler oder die sog. unehrlichen Berufe zunächst nicht integriert waren, waren die soziale Basis, auf der ganz Alteuropa ruhte; in ihnen gab es natürlich vielfältige Bewegung, die durch Hunger und Missernten und dadurch bedingtes soziales Abgleiten, das aber immer den Willen zum Wiedereintritt in die Ständegesellschaft einschloss, Besitzwechsel und Ehelosigkeit, durch Kriegsdienst, Emigration, *peregrinationes* der Gesellen oder der (angehenden) Gelehrten verursacht wurde. Aber im Wesentlichen blieben sie doch ein bemerkenswert stabiles Gefüge und Gerüst, das der Staat zudem bewusst intakt zu halten suchte, indem er etwa bestimmte Sozialgruppen – z.B. die Handwerker vor Unzünftigen – schützte oder in ungewöhnlicher Intensität sich bemühte, auch äußerlich die Unterscheidungsmerkmale zwischen den Ständen sichtbar zu machen (Kleiderordnungen). Der Raum für soziale Mobilität musste im Ancien Régime beschränkt bleiben.

Dabei kam dem Adel nach wie vor eine Schlüsselrolle zu, auch wenn in den zurückliegenden Jahrzehnten eine strukturbedingte Krise seine wirtschaftliche und damit auch politische Potenz nicht unerheblich geschwächt hatte, so dass, trotz aller literarischen Idealisierung (Wolf Helmhart von Hohberg), gewisse Desintegrationserscheinungen des Standes nicht übersehen werden konnten. Zwar wurde das Prinzip der nur-geburtsständischen Qualifikation zunehmend durchlöchert, indem immer mehr Staatsämter und Dienste gewissermaßen automatisch – wie in Frankreich oder in Dänemark – zur Nobilitierung führten, indem Adelscorpora sich aus finanziellen und Einflussgründen sogar um die Aufnahme besonders hervorgehobener bürgerlicher Amtsträger bemühten oder indem in einigen europäischen Staaten wie z.B. in Frankreich die (für den Fürsten finanziell attraktive) Möglichkeit extensiver genutzt wurde, Adelsdiplome käuflich zu erwerben (was in Frankreich andererseits unregelmäßige Überprüfungen zur Folge hatte, ob wirklich alle „Adelsfamilien" ihren Titel zu Recht führten). Aber das heißt nicht, dass sich mit dieser partiellen Öffnung die Grenzen zum Bürgertum automatisch verwischt hätten; die Nobilitierung bürgerlicher Funktionsträger, die im Übrigen immer Adlige zweiter Klasse blieben, durchbrach das Prinzip der geburtsständischen Gliederung der Gesellschaft keineswegs. Die Ritterakademien in Frankreich, im Deutschen Reich und anderswo in Europa sorgten z.B. mit ihren auf die spezifischen Bedürfnisse des Adels abgestimmten Programmen für die Beibehaltung und sogar Vertiefung eines typisch adligen Welt- und Selbstverständnisses, zu dem etwa auch noch, sieht man von dem Sonderfall England ab, das Prinzip der Derogation zählte, also das Verbot standeswidriger Betätigung in Handel und Gewerbe, von dem in Frankreich dann schrittweise wenigstens Fernhandel und Urproduktion ausgenommen wurden. Sofern er nicht standesgemäß – wie in Ostelbien – von den Arbeitserträgen seiner Untertanen leben konnte, blieb der nichtregierende Adel auf den Militär-, Verwaltungs- und Hofdienst eines Fürsten, in der *Germania sacra* auch auf den Kirchendienst, verwiesen; er wurde jedenfalls im Deutschen Reich politisch niemals so funktionslos wie etwa in Frankreich, womit die Tatsache korrespondierte, dass manche Fürsten Maß-

Schlüsselrolle des Adels

nahmen trafen, um seine soziale Exklusivität zu gefährden. Außerhalb aller Diskussion aber stand nach wie vor seine kulturelle Leitfunktion; sein Lebensstil, sein Habitus waren es, an denen sich andere soziale Schichten, die sich das einigermaßen leisten konnten, orientierten.

Städtische und ländliche Bevölkerung

War schon der Adel, der in den einzelnen nationalen Gesellschaften zwischen 8% und einem Viertel der Gesamtbevölkerung ausmachte, alles andere als eine homogene soziale Schicht, so gilt das umso mehr für die große nichtadlige Bevölkerungsmehrheit. In den Städten gab es außerordentlich starke rechtliche (und natürlich auch sozio-ökonomische) Differenzierungen und zudem nicht selten generelle Privilegierungen gegenüber der Landbevölkerung, z.B. wie in Frankreich Exemtion von bestimmten Steuern und anderen Leistungen oder, wie anderswo, Befreiung vom Heeres- und Milizdienst. Generell ist die Tendenz festzustellen, dass die Spitzen des städtischen Bürgertums ihrer finanziell-wirtschaftlichen Potenz Rechnung zu tragen suchten und sich bemühten, in den Adel aufzusteigen oder zumindest Adelsgleichheit zu erreichen, was z.B. den Patriziaten deutscher Reichsstädte sogar korporativ gelingen konnte – Adelsgleichheit erreichte man u.a. durch einen entsprechenden Lebensstil, der beispielsweise den Erwerb eines Landguts einschloss. Zumindest insofern, aber auch im Blick auf die Unterschichten ist es richtig, von einer gewissen Auflockerung der ständischen Strukturen im 18. Jahrhundert zu sprechen. Vollends unmöglich wird es allerdings, die ländliche Bevölkerung Europas, die keineswegs nur „Bauern" umfasste, über einen Leisten zu schlagen und insgesamt zu charakterisieren: Leibeigenschaft wie im System der ostelbischen Gutswirtschaft und im russischen Agrarsystem stand hier neben persönlicher Freiheit, die allerdings durch Feudalabgaben und Feudalleistungen nicht unerheblich eingeschränkt sein konnte, wenngleich in dieser Hinsicht z.B. in Frankreich auf dem Prozessweg erstaunliche Reduktionen möglich waren. Die sog. unterbäuerlichen Schichten, bei denen – ebenso wie bei den städtischen Unterschichten – das allgemeine Bevölkerungswachstum des 18. Jahrhunderts überproportional hoch zu Buche schlagen sollte, trugen zu einer weiteren Differenzierung bei, so dass als verbindendes Kennzeichen allenfalls das genannt werden könnte, dass die nichtadlige Landbevölkerung nirgendwo von den staatlichen Lasten eximiert war, sie vielmehr zu einem guten Teil allein zu tragen hatte. Wenn diese Lasten gegen Recht und Gewohnheit und unangemessen ausgedehnt wurden, hat es auch im späteren 17. und im 18. Jahrhundert mehr als vereinzelt Widerstandsaktionen gegen den Grundherren – in der Regel von der Dorfgemeinde ausgehend – gegeben, wobei allerdings die Auflehnungsmentalität im Allgemeinen nicht mehr so ausgeprägt gewesen zu sein scheint wie in der beginnenden Frühneuzeit und sich phänomenologisch zudem stärker in kleinen Territorien als in großen Flächenstaaten auswirkte. Sozialer Aufstieg war von dieser Ebene aus am schwierigsten, ungeachtet der Tatsache, dass gerade um die Mitte des 17. Jahrhunderts etliche kleinere Fürsten in Mitteldeutschland die Bildungschancen der ländlichen Bevölkerung durch Schulordnungen zu verbessern suchten. Durch das Verlagssystem, das der Wirtschaftskraft der Städte im Übrigen durchaus abträglich war, wurde die Palette beruflicher Möglichkeiten immerhin *peu à peu* über den Landbau hinaus ausgedehnt, was auch soziale Auswirkungen – insbesondere die der von einer Bauernstelle unabhängig werdenden Familiengründung – nach sich zog.

Der Dreißigjähre Krieg hatte in etlichen Regionen Katastrophenausmaße angenommen. Die Menschen, die überlebt hatten, dachten zunächst an die Sicherung der eigenen Subsistenz – an Schuldenabbau, die Re-Kultivierung wüst gewordenen Landes, die Wiederanknüpfung unterbrochener Handelsbeziehungen, die Errichtung neuer Produktionsstätten, nicht zuletzt an die lange herausgeschobene Verheiratung – und hatten allesamt Mühe, die traumatischen Erlebnisse und die „Seelennöte", die sie in vielen autobiographischen Zeugnissen niederlegten, zu verarbeiten. Kulturelle Interessen entwickeln sich nach solchen Katastrophen eher zögerlich, aber da Europa ja in höchst unterschiedlicher Intensität von der Krise betroffen worden war, kam es in manchen Großregionen zu einem relativ raschen Aufschwung der Künste und der Literatur. Von den Niederlanden, die während des Dreißigjährigen Krieges geradezu ihr „goldenes Zeitalter" erlebten und in der Kunstproduktion in neue Dimensionen vorstießen, wird noch eigens zu sprechen sein, aber auch in anderen kriegsfernen Regionen kam es schon unmittelbar nach der Jahrhundertmitte zu kulturellen Aktivitäten, die europaweit ausstrahlten. Bernini konnte schon 1651 seine als päpstliches Friedensmonument gedachte „Fontana dei Quattro Fiumi" auf der Piazza Navona realisieren, seit den späten 1650er Jahren fand der Petersdom durch die Gestaltung des Kolonnadenvorplatzes sein endgültiges Gesicht, und selbst wenn man im „Mutterland" des Krieges bleibt, ist die literarische Produktion der „Schlesier" um Opitz und der „Nürnberger" um Birken höchst beachtlich und weit mehr als „nur" eine Aufarbeitung des Kriegstraumas. Den Barock – ob in seiner künstlerischen oder seiner literarischen Ausprägung – hatte der Krieg nicht abtöten können.

Kulturelle „Überwindung" des Krieges

Es gehört zu den Selbstverständlichkeiten jeder Gesamtsynthese, sich über die Erstreckung und geographisch-politische Dimension des untersuchten Gebildes klar zu werden, die im Fall Europas zu je unterschiedlichen Zeiten als unterschiedlich empfunden worden ist. „Europa" existierte um 1660 zwar nur höchst bedingt schon als ein politischer Begriff, aber es war inzwischen keine Frage mehr, dass das große, immer noch weitgehend unbekannte Zarenreich auf dem besten Weg war, in diese geographische Einheit „hineinzuwachsen": Das Moskauer Großfürstentum, zumindest indirekt schon in den Westfälischen Frieden eingebunden, hatte nach seinem Rückzug aus der großen Politik im Gefolge des Scheiterns seiner Ostseeambitionen im letzten Viertel des 16. Jahrhunderts und nach seinen eher noch regional begrenzten militärischen Aktionen gegen die Krone Polen im Windschatten des europäischen Ringens um Hegemonie im 1. Nordischen Krieg erstmals wieder an einem europäischen Konflikt aktiv Anteil genommen. Es intensivierte sichtbar seine Beziehungen zu den ostmitteleuropäischen und mitteleuropäischen Anrainerstaaten und begann sich

„Europa" und seine Peripherie

zögernd auch den im zwischenstaatlichen Verkehr üblich gewordenen Verhaltensnormen anzupassen. *Communis opinio* war es andererseits ebenso, dass das Osmanenreich mit dem unter seiner direkten Kontrolle befindlichen Teil des Balkans nur bedingt Europa zuzurechnen war. Auch wenn die Idee der *christianitas* bereits deutlich verblasst war, verstand sich Europa doch immer noch als ein Verbund christlicher Staaten, die sich der vom Islam ausgehenden Expansionsdrohung durchaus bewusst waren und die diese Bedrohung gelegentlich sogar zu instrumentalisieren wussten, um näher aneinanderzurücken und interne Konflikte zumindest befristet zu überbrücken. Die Publizistik hat dieses „Feindbild Türke" jedenfalls durch die gesamte zu betrachtende Epoche gepflegt, auch wenn hier Akzentverschiebungen – von der Perhorreszierung hin zur „Ridikulisierung" (Martin Wrede) – zu konstatieren sind.

Ausgreifen Europas nach Übersee

Den Menschen in Europa um 1660 ist – *mutatis mutandis* und mit einem gewissen West-Ost-Gefälle – aber auch bewusst gewesen, wie sehr der Alte Kontinent im Begriff stand, nach außen auszugreifen, neue Kontinente, Inseln und Regionen nicht nur zu entdecken, sondern für Europa nutzbar zu machen und den europäischen Interessen gemäß zu organisieren. Das betraf nicht mehr nur die beiden „alten" Kolonialmächte Spanien und Portugal, deren Wege sich nach der Aufkündigung der Personalunion 1640 wieder getrennt hatten, sondern alle an den Atlantik grenzenden Staaten. Unter ihnen hatte seit der Mitte des Jahrhunderts ein dramatischer und ziemlich rücksichtsloser Wettlauf um die kolonialen Schlüsselregionen und um Partizipation am Welthandel eingesetzt (der immer stärker die spanischen und portugiesischen Interessen beeinträchtigte). Die Niederländer, die Briten und Franzosen, die Dänen, Schweden und sogar deutsche Fürsten versuchten unter verschiedenen Organisationsformen – im Allgemeinen über staatliche oder staatlich beeinflusste Handelskompanien, den „originellen Beitrag Westeuropas zum Prozess der Auf- und Erschließung der Welt" (Ernst Hinrichs) –, im Karibikraum und in Nordamerika, in West- und Ostafrika, auf dem indischen Subkontinent und im indonesischen Archipel Fuß zu fassen und die Verfügungsgewalt über lukrative „Kolonialwaren" (unter Einschluss der Sklaven) zu erhalten. Anders als beim „spanischen Modell der Kolonialisierung", das zumindest in den wirtschaftlich interessanten Regionen eine beträchtliche, aus dem Mutterland eingewanderte neu-spanische Bevölkerung voraussetzte und das auch dahin tendierte, die politischen Organisationsformen der Heimat nach Übersee zu exportieren, hat diese „nachiberische" Phase der Kolonialisierung kaum demographische Auswirkungen auf den Alten Kontinent gehabt und auch nicht mehr (oder noch nicht) zu Koloniebildungen im eigentlichen Sinn geführt. Der Prozess der „Europäisierung" der Erde war um die Mitte des 17. Jahrhunderts zu einem nackten Wettlauf um Handel, Handelsvorteile und Handelsplätze ausgeartet – zwischen 1640 und 1730 schnellte z. B. die Zahl der von Europa nach Asien fahrenden Handelsschiffe um das Siebenfache nach oben –, er barg freilich immer auch die Gefahr, dass außereuropäische Konflikte nach Europa zurückschlugen oder aber europäische Auseinandersetzungen sich auf den Meeren und in den Kolonien fortsetzten.

Eine Vorreiter- und Schlüsselrolle bei diesem Wettlauf um die Herrschaft auf den Meeren, den es in dieser Intensität bisher nicht gegeben hatte und der auch die asiatischen Landmächte – China und das Mogulreich beispielsweise – nie erreicht hatte, kam der kleinen Republik der Vereinigten Niederlande zu, die freilich auch in anderer Hinsicht stilbildend wirkte. Vorbild
Niederlande

Hätte man in Europa um 1660 Menschen, die über die kleinen und großen Sorgen des Alltags hinauszublicken imstande waren, gefragt, was denn den Charakter ihrer Gegenwart ausmache, welches Leitbild die Strukturen und Perspektiven ihrer Zeit präge oder dominiere, so wäre von vielen wohl die Antwort gegeben worden, sie lebten in einem „niederländischen Zeitalter". Das „monarchische" 17. Jahrhundert war an sich zwar durchaus antiniederländisch, denn der Trend zur fürstenbezogenen Staatsverdichtung musste einem solchen „exotischen Fremdkörper" (Heinz Schilling) gegenüber auf Distanz bleiben, aber alle politische Feindseligkeit wurde regelmäßig überlagert von Neid und Bewunderung. „Die Vereinigten Provinzen erregen den Neid einiger, die Furcht anderer und die Bewunderung aller ihrer Nachbarn", schrieb z.B. 1673 der englische Diplomat William Temple in seinen „Observations", und Peter Mundy hatte einige Jahre zuvor den Umfang seiner Beschreibung der Niederlande damit entschuldigt, dass dieses Land „sich in so vielen Einzelheiten von anderen Teilen der Welt unterscheidet (und sie in manchem sogar übertrifft), und auch weil ich selbst eine gewisse Vorliebe und Neigung für die Lebensart dieses Landes hege". Der kleine republikanische Staatenbund hatte schon während seines Freiheitskrieges gegen die Krone Spanien im raschen Zupacken Schlüsselpositionen in Übersee – vor allem zu Lasten Portugals, 1580 bis 1640 in Personalunion mit dem Habsburgerstaat stehend – in seine Hand gebracht, die Infrastruktur (Schiffbau, Bank von Amsterdam 1609) entsprechend ausgebaut und war schließlich durch seine Industrie und seine Funktion als Stapelmarkt des Kontinents zu europäischem Rang aufgestiegen. In der riesengroßen, zeitweise 12 000 direkt beschäftigte Mitarbeiter zählenden Ostindienkompanie hat man nicht zu Unrecht einen „ersten Schritt in die Zukunft der kapitalistischen Betriebsorganisation" (Ernst Hinrichs) erkannt und, teils unter Bemühung von Max Webers Ethik-Kapitalismus-Modell, eine besonders typische Emanation des von Aktivität und Selbstverantwortung geprägten kalvinistischen Menschenbildes. Amsterdam avancierte in der Nachfolge Sevillas zum neuen Zentrum des Welthandels schlechthin, wofür es sowohl die optimale Verkehrslage im Schnittpunkt der europäisch-atlantischen Handelsströme als auch ein modernes Verkehrs- und Kommunikationsnetz mit Kontinentaleuropa prädestinierte. Das besondere Ansehen des Kleinstaates mit seinen knapp 2 Mio. Einwohnern, von denen ganz im Unterschied zum europäischen Durchschnitt allenfalls noch 50% in der Landwirtschaft tätig waren, gründete nicht zuletzt aber auch darin, dass hier zum ersten und einzigen Mal im damaligen Europa eine wirkliche religiöse und politische Toleranz – einschließlich der

Pressefreiheit – verwirklicht wurde, die die „libertären" Generalstaaten zu einem gesuchten Refugium für religiöse Splittergruppen, religiöse Flüchtlinge (Juden, Hugenotten) und politisch-publizistische Außenseiter und Nonkonformisten werden ließ. Anders als es eine Variante der niederländischen „Meistererzählung" wissen wollte, war die Republik keineswegs ein kalvinistisch dominiertes, sondern ein im wirklichen Sinn des Wortes buntscheckiges Gemeinwesen. Von den Niederlanden gingen zudem wissenschaftliche Impulse von epochaler Bedeutung (Grotius, Huygens, van Leeuwenhoek usw.) aus, sie wurden, nicht zuletzt durch die weit ausstrahlende Leidener Universität, geradezu zu einem Umschlagplatz des europäischen Geisteslebens und zu einem Demonstrationsforum der modernen Methoden des Denkens und des wissenschaftlichen Experimentierens, und auch in der Kunst, die während des Krieges einen absoluten Höhepunkt erlebte, dieses Niveau aber noch eine ganze Zeitlang zu halten wusste. In der Mode und in anderen Lebensformen – bis hin zum Straßen- und Häuserbau – war die Republik stilbildend für den ganzen Kontinent geworden. Aus dem Rahmen des in Europa Üblichen fielen die Niederlande schließlich durch die Struktur ihrer Landwirtschaft heraus, in der – ohne den Zwang von Grundherrschaften oder dorfgenossenschaftlichen Einschränkungen – eine erstaunliche Spezialisierung und Kommerzialisierung stattgefunden hatte einschließlich der Übernahme kapitalistischer Produktions- und Betriebsformen.

Beginnender Niedergang der Niederlande

Freilich deutete es sich um 1660 bereits an – ohne dass das für jeden schon klar erkennbar gewesen wäre –, dass die eher archaischen Verfassungsstrukturen für die Behauptung der Stellung einer europäischen Großmacht und der dominierenden Kolonialmacht keine optimalen Voraussetzungen bildeten und dass die allgemeine Konjunkturkrise auch die Niederlande nicht unberührt ließ. Und es gab Anzeichen, dass die aus dieser Konjunkturkrise resultierende Depression die inneren und sozialen Spannungen verschärfte: zwischen der kleinen wohlhabenden städtischen Oberschicht und einer rasch wachsenden Unterschicht, zwischen den immer noch reichen und reicher werdenden Seeprovinzen und den verarmenden agrarischen Regionen, zwischen der oranischen „Partei" und der Ständepartei usw. Man muss sich wohl generell von der Vorstellung lösen, als ob die Dynamik und Spannkraft des Handels gewissermaßen automatisch die sozialen Strukturen zu Hause positiv verändert, also spannungsmildernd gewirkt hätten; der Handel schuf auch eine Gruppe sehr reicher Kaufleute, die sich nach einer gewissen Zeit erfolgreicher Gewinnmaximierung in das mehr und mehr aristokratisch geprägte Privatleben zurückzogen und damit nicht nur dem niederländischen Handel viel von seinem Elan der ersten Generation nahmen, sondern ihres Lebensstils wegen auch sozialen Neid weckten. Unter der Oberfläche zeichnete sich um 1660 bereits der Wiederabstieg der Niederlande ab, der sich seit dem Übergang vom zum letzten Drittel des Jahrhunderts dramatisch beschleunigte, als die Niederlande in mehreren Handelskriegen den Konkurrenten nur mit Mühe standhalten konnten und in Übersee mit dem Verlust Niederländisch-Brasiliens (1654) und der nordamerikanischen Neu-Niederlande (1664) erste schwere Rückschläge hinnehmen mussten. Symptomatisch war, dass seit dem Ende des Jahrhunderts die Bedeutung Amsterdams als unbestrittener Metropole des Welthandels erkennbar wieder zurückging zugunsten „alternativer Stapelplätze" wie etwa Hamburgs, das z. B. einen guten Teil des Amsterdamer Zuckerhandels an sich zog, vor allem aber zugunsten Londons, der neuen Welthandelsmetropole. Die Zukunft überholte die kurze Wirtschafts- und Kulturblüte der Generalstaaten nur allzu rasch.

Die Frage, wie die beteiligten Mächte aus ihrem ozeanischen und überseeischen Engagement Gewinn gezogen haben, ist schwierig zu beantworten. Natürlich haben koloniale Naturprodukte wie Kartoffeln, Mais, Tomaten, Tee, Kaffee oder Kakao die Ess- und Trinkgewohnheiten verändert und Kaufleute und Kompanien, vor allem soweit sie sich im zentralen Zuckergeschäft betätigen konnten, reich werden lassen, aber ob die Edelmetallimporte, soweit sie überhaupt in den europäischen Kreislauf eindrangen, wirklich eine wirtschaftliche Höherentwicklung der „Kolonialmächte" ausgelöst haben, ist mit Blick sowohl auf Spanien als auch auf die Niederlande eher zu bezweifeln. Die Republik ist primär durch den Ostseehandel reich geworden; selbst zu seiner Blütezeit hat sie nur einen Bruchteil ihrer riesengroßen Flotte im transkontinentalen Handel eingesetzt.

„Gewinn" aus dem überseeischen Engagement?

Die „Gewinne", die Europa aus dieser „nachiberischen" Expansionsbewegung zog, lagen deswegen vielleicht gar nicht so sehr im Finanziellen als vielmehr in der Entwicklung des *Know-how*. Die Langstreckenseefahrt und die Notwendigkeit, im Bereich großer Entfernungen und weiter Räume exakt zu messen, erforderten ein entsprechendes technisches Instrumentarium und waren für die Entwicklung sowohl der Pendeluhr als auch später (1729) des Schiffschronometers verantwortlich. Mit dem Spiegelsextanten und der Erstellung von fast fehlerfreien Mondtafeln wurde im frühen 18. Jahrhundert die astronomische Navigation dann zur Routine. Die Kartographie erhielt durch die Entdeckungen einen deutlichen Entwicklungsschub, die Medizin wurde mit neuen, bisher unbekannten Krankheiten konfrontiert und musste darauf reagieren. Eine Fülle von Wissenschaften hat die Herausforderungen der Entdeckungen und der überseeischen Welt angenommen und Antworten gefunden.

Von den allgemeinen Strukturen geht der Blick zu den Rahmenbedingungen der europäischen Politik um 1660. Der Westfälische Doppelfriede vom 24. Oktober 1648 und der ihm zeitlich vorangehende spanisch-niederländische Friede vom 30. Januar 1648 hatten einen säkularen, in allen beteiligten Staaten die Substanz anrührenden Konflikt beendet, der niemals nur ein Religionskrieg, niemals nur die Fortsetzung und Internationalisierung eines reichischen Verfassungskonflikts, sondern immer auch ein Kampf gegen die habsburgische Dominanz im Reich und in Europa, die oft perhorreszierte „Universalmonarchie" der *Casa d'Austria*, gewesen war. Die Friedensschlüsse hatten in vielfacher Hinsicht die politische Landschaft und die politischen Strukturen verändert, hatten in sich Elemente einer reichsrechtlichen und völkerrechtlichen Neuordnung von zukunftweisender Bedeutung vereinigt – die Väter der „Instrumenta" von 1648 wollten

Rahmenbedingungen der europäischen Politik

Westfälischer Friede

ganz dezidiert eine dauerhafte Friedensordnung schaffen, weswegen insbesondere die innerreichischen Veränderungen unter die Garantie auswärtiger Mächte gestellt und damit in das Völkerrecht einbezogen wurden. Freilich war es alles in allem „nur" eine zentraleuropäische Friedensordnung, die zustande kam, wohingegen die im Vorfeld des Friedens in der Publizistik und in manchen Regierungszentralen ventilierten Projekte einer gesamteuropäischen Ordnung mit der Qualität eines europäischen Sicherheitssystems noch nicht zum Tragen kamen.

Reichsverfassungsrecht   Im Reich wurde der konfessionelle Besitzstand auf das Jahr 1624 („Normaljahr") fixiert und das alte Prinzip des Glaubenszwangs dadurch abgeschwächt, dass andersgläubigen Untertanen das Recht zugestanden wurde, ihr von der „Staatsreligion" differierendes Bekenntnis öffentlich und privat auszuüben. Gleichzeitig wurde im Reichstag in Religionsfragen konfessionelle Parität eingeführt (*itio in partes, Corpus Catholicorum, Corpus Evangelicorum*), die es verhindern sollte, dass eines der Konfessionslager in Zukunft überstimmt würde. Die reichsrechtliche Anerkennung des reformierten Bekenntnisses implizierte u. a. die Zulassung von Kalvinisten zu allen Reichsämtern und war letztlich auch eine reichskirchenrechtliche Voraussetzung für die Schaffung einer 8. Kurwürde zugunsten des kalvinistischen Hauses Pfalz-Simmern (womit im Übrigen erstmals von der geheiligten Siebenzahl der Goldenen Bulle abgegangen wurde); die eklatante arithmetische Unterlegenheit der Protestanten in diesem Gremium, die durch die Kurübertragung von 1623 auf Bayern bewirkt worden war, konnte damit allerdings nicht ausgeglichen werden. Von größerer verfassungsrechtlicher Bedeutung war, dass den Reichsständen – deren souveränitätsähnliche, den Gesamtbereich der inneren Verwaltung und der Vertretung des Landes nach außen einschließende „Landeshoheit" (*ius territorii et superioritatis*) bestätigt wurde – ein umfassendes Mitbestimmungsrecht in Reichsangelegenheiten (u. a. das *ius belli ac pacis*) zugestanden wurde, einschließlich des Rechts, auch mit ausländischen Mächten Bündnisse einzugehen (*ius foederis*). Landeshoheit und Bündnisrecht sind die konstitutiven Elemente moderner Staatlichkeit geworden und haben zumindest die größeren Territorialstaaten in die Lage versetzt, mit dem Anspruch selbständiger, „quasi-souveräner" Mitwirkung in das europäische Kräftespiel und die Völkerrechtspraxis einzugreifen. Insofern kann man es auch ohne Mühe nachvollziehen, dass der Abschluss des Westfälischen Friedens in den Territorien – vor allem den protestantischen und in den gemischtkonfessionellen Reichsstädten – lebhaft gefeiert wurde und in Einzelfällen (Augsburg) sogar eine förmliche Erinnerungskultur nach sich zog.

Verhältnis Kaiser-Stände und Stände untereinander   Diese verfassungsrechtlichen Ergebnisse, die insgesamt unter dem Signum der „Libertät" den Prozess der Dezentralisierung in der deutschen Geschichte deutlich beschleunigten, sind einzuordnen in den Kontext einer seit dem Spätmittelalter andauernden Auseinandersetzung um den Anteil von Kaiser und Ständen an der Reichsgewalt, um die Eingrenzung der kaiserlichen *iura reservata*, ihre Abgrenzung gegenüber den *iura comitialia*; sie sind aber auch zu sehen vor dem Hintergrund seit langem verfolgter intensiver Bemühungen der Reichsfürsten, die „Präeminenz" der Kurfürsten zu untergraben. In beiderlei Hinsicht hatte der Kongress selbst schon die entscheidenden Weichen für den verfassungsrechtlichen Triumph der Fürsten gestellt. Bisher hatte der Kaiser in Fragen von übergreifender Bedeutung allenfalls einmal die Kurfürsten konsultiert. Nun hatten die Fürsten allein durch ihre Zulassung durchgesetzt, dass das Reich fortan nicht mehr nur durch den Kaiser völkerrechtlich repräsentiert wurde, sondern durch die Gesamtheit der Stände im Verein mit dem Kaiser. Dieser Vorgang, der im cap. VIII § 2 IPO dann seine Sanktionierung erfuhr, hat im Zusammenhang mit den anderen genannten Bestimmungen nicht nur die Stellung des Kaisertums als Institution – verglichen etwa mit der Situation und den Ansprüchen von 1629 – nachhaltig beeinträchtigt, sondern stellte auch für die kleine Gruppe der durch die Königswahl besonders ausgezeichneten Großen und ihren Rang im Verfassungsgefüge des Reiches einen schweren Rückschlag dar. Die Notwendigkeit eines breiteren, allgemein reichsständischen Konsenses zu den Entscheidungen des Kaisers war in der Staatsrechtsliteratur der vergangenen Jahrzehnte zwar schon oft genug eingefordert worden, es kam aber doch fast einer verfassungsrechtlichen Revolution gleich, dass die übrigen Stände in Fragen des reichsaußenpolitischen Mitspracherechts jetzt mit den Kurfürsten gleichzogen.

Die alte Koalition von Kaiser und Kurfürsten musste zwar keineswegs nur Positionen aufgeben; z. B. konnte die ursprüngliche Forderung vor allem evangelischer Fürsten nach einem Verbot von Römischen Königswahlen *vivente Imperatore* ebenso zunächst zu Fall gebracht bzw. auf den nächsten Reichstag verschoben werden wie ihr Anspruch, bei der Aufstellung der Wahlkapitulation mitzuwirken. Auch die Konzession, dass die kaiserlichen Erblande vom Prinzip der konfessionellen Duldung ausgenommen wurden, das lutherische und reformierte Bekenntnis – mit einer Ausnahmeregelung für Schlesien – dort verboten blieb, was in der Folgezeit zu umfänglichen konfessionsbedingten Bevölkerungsverschiebungen genutzt wurde, war ein Faktor, um in Wien das Friedensinstrument von 1648 nicht in Bausch und Bogen zu verdammen. Freilich: zu emotionalen Friedensfeiern oder gar zur Ausprägung einer periodischen Erinnerungskultur kam es in Wien und den Erblanden nie.

Insgesamt aber ist durch den und mit dem Westfälischen Frieden letztlich doch – und das war entscheidend – die Frage beantwortet worden, ob der monarchische Ausbau des Reiches zu einem Staat, den die Habsburger in der Vergangenheit verschiedentlich in Angriff genommen hatten, noch gelingen konnte oder ob die Landesherren den Weg zur Staatlichkeit finden würden. Seit 1648 war es klar: Landeshoheit und Bündnisrecht gemeinsam haben für das Territorium die Grundlagen der Staatlichkeit geschaffen, die das Kaisertum für das Reich nicht zu realisieren vermocht hatte; das Kaisertum wurde zu einer „von allen neuzeitlichen Entwicklungsmöglichkeiten abgeschnittenen Institution" (Johannes Kunisch), die allenfalls noch den Gesamtwillen zu koordinieren imstande war und als Vollzugsorgan der Reichsversammlung tätig werden konnte. Die moderne Staatwerdung vollzog sich in Deutschland auf regional-ständischer Ebene, nicht im

„Staatlichkeit" der
Territorien

Reichsrahmen. Sie wurde über das rein Verfassungsrechtliche hinaus dann auch dadurch beschleunigt, dass viele Landesherren nach Kriegsende die Chance erkannten und konsequent ergriffen, über den Wiederaufbau und die äußere Sicherung ihrer mit wenigen Ausnahmen durch den langen Konflikt stark getroffenen und beschädigten Territorien ihren Anteil an der „Macht" zu Lasten der Stände auszubauen, ohne diese indes völlig auszuschalten. In Bezug auf Verwaltungseffizienz und Institutionen blieb das Reich im Wesentlichen auf dem Stand von 1648, blieb eine Größe, die nur in Ausnahmefällen außenpolitisch zu mobilisieren war – gerade deswegen aber, d. h. seiner politisch-militärischen Schwäche und Passivität wegen, war das Reich eine der Voraussetzungen für die Stabilität auf dem Kontinent und für die vielen Friedenspublizisten der kommenden Generationen Kern, Schlüssel und Modell jedes Friedenssystems.

Staatstheoretische Diskussion über das Reich

Mit diesen Verfassungsmodifikationen und -präzisierungen war die Frage nach der staatstheoretischen Einordnung des Reiches, die die „Publicisten", die Verfassungsrechtler, seit Jahrzehnten bewegte, gewiss nicht leichter zu beantworten. Die seit Bodin alles beherrschende Frage nach der Souveränität musste jetzt nur noch kontroverser diskutiert werden: War der gewählte, also aufgrund fremden Rechts auf den Thron gelangte Kaiser, die Gemeinschaft der (annähernd 300) Reichsstände, beide zusammen oder gar jeder Reichsstand für sich Inhaber der Souveränität? Viele sind über dieser Frage verzweifelt; Pufendorfs berühmtes Dictum, das Reich sei „irregulare aliquod corpus et monstro simile" (ein irregulärer und einem Monstrum ähnlicher Körper), entziehe sich also der präzisen Zuordnung zu einer der drei aristotelischen Kategorien, ist in diesen Zusammenhang einzuordnen.

Zwar ist im zweiten Drittel des 17. Jahrhunderts die Lehre vom *status mixtus* des Reiches die mit Abstand verbreitetste gewesen, die (dualistische) Theorie also, dem Kaiser sei nur die *majestas personalis* übertragen worden, während die Reichsstände als Mandatare des Volkes sich die *majestas realis* vorbehalten hätten, die sich durch den und auf dem Reichstag artikuliere (Limnaeus, Conring). Aber es lassen sich durchaus auch noch andere Reichstheorien nachweisen, etwa die (freilich eher anachronistische) universalmonarchische, die sich von der *translatio-imperii*-Theorie herleitete und dem Kaiser einen ungeschmälerten Primat gegenüber allen Ansprüchen der Reichsstände, also die *summa potestas*, zusprach, oder die, die bei aller Anerkennung eines gemäßigt monarchischen Charakters der Reichsverfassung die wichtige politische Funktion der Stände hervorhob. Am meisten Widerhall fand in der Nachfolge Bodins zunehmend aber doch die reichsständische Verfassungstheorie, die von der Annahme ausging, dass das Reich eine Föderation von Landesherrschaften sei, die in der Vergangenheit freiwillig auf einige ihrer Rechte verzichtet hätten; diese Föderation habe sich ein Oberhaupt gewählt, das seinen Auftraggebern, den Reichsständen, rechenschaftspflichtig sei. Deren Organ, der Reichstag, stehe über dem Kaiser oder sei ihm zumindest gleichrangig; der Kaiser regierte nach dieser Theorie nicht, sondern wurde lediglich als *administrator Imperii* angesehen. Diese staatstheoretische Richtung, die in

Betonung der quasi-souveränen Stellung der Reichsstände und in bewusster Abwertung des nach wie vor bestehenden und mehr oder weniger peinlich beobachteten, obschon das personale Moment allmählich hinter sich lassenden Reichslehenswesens letztlich auf eine deutliche Entideologisierung, auf die Säkularisierung des Reiches hinauslief, fand dann vor allem an den Universitäten Jena und Halle eine Heimstatt.

Die verfassungsrechtlich-politischen Rückschläge hatte die Institution Kaisertum allerdings weniger dem Durchsetzungsvermögen der Stände selbst zu verdanken als vielmehr dem Druck der Signatarmächte Frankreich und Schweden, **Die Garantiemächte** die neben der Gesamtheit der Reichsstände als die eigentlichen politischen **und das Reich** Gewinner der Friedensordnung von 1648 anzusehen sind: Unter dem formalen Titel der „Satisfaktion" erhielten sie beachtliche territoriale Entschädigungen, Frankreich ohne, Schweden mit förmlicher Reichsstandschaft, also der Möglichkeit, über den Reichstag direkt Einfluss auf die Reichspolitik zu nehmen, sowie (Schweden) das Reich zur Ostsee hin handelspolitisch zu kontrollieren. Zudem gewannen Schweden und Frankreich mit ihrer Garantie des gesamten Friedenswerkes ein Kontroll- und Interventionsrecht, das jederzeit aktiviert und instrumentalisiert werden konnte und das dann in der Tat zeitweise – wenn man etwa an den (freilich nur kurzlebigen) Rheinbund von 1658 denkt – fast eine Art Außensteuerung der Reichspolitik nach sich zog, allerdings auch den Effekt hatte, bestimmte Konflikte nicht so weit eskalieren zu lassen, dass die Garantiemächte einen Vorwand zum Eingreifen erhielten. Gerade an diesem Punkt wird der Doppelcharakter der *Instrumenta* von 1648 besonders deutlich, die zugleich staats- wie völkerrechtliche Fundamentalurkunden sind, mit denen über die Regelung der vielen Einzelfragen hinaus auch eine bestimmte Mächtekonstellation festgeschrieben werden sollte – weswegen die Signatarmächte auch daran interessiert waren, möglichst viele europäische Staaten bis hin zum Großfürstentum Moskau einzubinden. In dieser Hinsicht blieb es aber beim „Prinzip Hoffnung".

Nachdem sich diese Entwicklung seit vielen Jahrzehnten bereits angekündigt **Souveränität der** hatte, wurde sie 1648 völkerrechtlich sanktioniert: Die Vereinigten Niederlande **Niederlande und** scheiden aus dem spanischen Imperium aus und lösen zudem alle noch be- **der Eidgenossen-** stehenden staatsrechtlichen Bindungen an das Reich, die Eidgenossenschaft ver- **schaft** lässt endgültig den Reichsverband, womit ein faktisch seit langem bestehender Zustand (eigentlich eher beiläufig) bestätigt wird. Die Palette der europäischen Staatstypen erweitert sich um zwei Republiken mit eher archaischen politischen Strukturen, die gleichwohl relativ rasch einen unverwechselbaren Part im europäischen Kräftespiel übernehmen, sei es, dass sie mit atemberaubender Rasanz zur führenden See- und Welthandelsmacht aufsteigen, sei es, dass sie als Söldnerreservoir in einem Zeitalter neuer Kriege an frühere Funktionen anknüpfen und den habsburgisch-bourbonischen Antagonismus in ihr Verfassungsleben integrieren.

Wenn ein politisches Hauptergebnis des Westfälischen Friedens die zunehmende Nivellierung ist – die bisherigen gewaltigen Unterschiede zwischen den Reichsständen werden eingeebnet (*votum decisivum* der Reichsstädte, Mitwir-

kung des gesamten Reichstags an der Entscheidung über Krieg und Frieden),
Reduktion des Kaisers auf die Rolle eines *primus inter pares* –, so entspricht dem,
dass auch auf völkerrechtlicher Ebene, im Anschluss an Hugo Grotius' „De iure

Gleichheit und
Ebenbürtigkeit der
Staaten

belli ac pacis", dem Prinzip der Gleichheit und Ebenbürtigkeit der Staaten zum
Durchbruch verholfen wird. Es gibt keine diskriminierenden konfessionellen
Schranken mehr, die einen Staat als politischen Partner ausschlössen – das Papsttum wollte diese Entwicklung noch nicht wahrhaben und grenzte sich durch
seinen Protest gegen den Westfälischen Frieden zunächst einmal selbst aus der
neuen Völkerrechtsordnung aus –, die Staaten verkehren grundsätzlich auf
gleichem Fuß miteinander, ohne dass damit verhindert werden kann, dass in der
politischen Publizistik immer wieder (und noch immer) der Vorrang dieses oder
jenes Staates vor einem anderen behauptet und historisch-ideologisch begründet
wird (und dies auch in die politische Praxis zurückschlägt). Die hierarchisch
strukturierte *christianitas* zählt in der politischen Realität nicht mehr, die internationalen Beziehungen setzen eine „Familie" souveräner, nach innen und außen
voll handlungsfähiger Staaten voraus, zu der sich nach ihrem Anspruch auch die
deutschen Territorialfürstentümer rechneten. Die Völkerrechtswissenschaft seit
Pufendorf bis hin zu Emer de Vattel sucht auf dieser Grundlage die zwischenstaatlichen Beziehungen zu standardisieren, wobei – in der Tradition der spanischen Spätscholastiker und Hugo Grotius' – zunächst das *ius in bello* im Mittelpunkt des Interesses stand. Dieses ganze Geflecht von Faktoren – Souveränität
nach innen und außen, Ebenbürtigkeit der Staaten unabhängig von Alter, Konfession und Staatsform – ist für die sozialwissenschaftliche Forschung übrigens

„Westphalian
System"?

ein maßgeblicher Grund gewesen, auf den Begriff „Westphalian System" bzw.
„Westfälisches Zeitalter" zu verfallen, das erst durch den Globalisierungsprozess
des ausgehenden 20. Jahrhunderts, der den Staat aus seiner Schlüsselrolle ver-
drängt habe, zu seinem Ende gekommen sei. Historiker haben gegen eine solche
in mehrfacher Hinsicht zu kurz greifende, allzu schematische Sicht mit guten
Gründen erhebliche Bedenken angemeldet. Weder hat der Westfälische Friede die
Staatengeschichte über einen sehr langen Zeitraum bestimmt, noch lässt sich das
Souveränitätskriterium exakt mit dem Westfälischen Frieden verbinden.

Zudem hatte der Westfälische Friede, seiner momentanen friedewirksamen
Ausstrahlung ungeachtet, längst nicht alle rechtlichen und politischen Probleme
gelöst – sieht man einmal ganz davon ab, dass der spanisch-französische Krieg ja

Lückenhaftigkeit
und Defizite der
Friedensordnung
von 1648

noch nicht beendet worden war. Er hatte mit seiner Tendenz zur „Paritätisierung"
der Reichsverfassung, zur Nivellierung der deutschen und europäischen Staatenwelt, zur Aufwertung der deutschen Fürsten gegenüber der Institution des
Kaisertums viele Entwicklungen überzeugend und tragfähig fixiert, aber trotz der
langen Verhandlungsdauer weder den „vollkommenen", nach allen Seiten „abge-
schotteten" Frieden herstellen noch alle Konsequenzen vorhersehen können. In
völkerrechtlicher Hinsicht war lediglich ein Rahmen abgesteckt, aber keineswegs
ein präzises und verbindliches völkerrechtliches Instrumentarium bereitgestellt
worden, mit dem sich das zwischenstaatliche Mit-, Neben- und Gegeneinander

regeln ließ; dieses Instrumentarium völkerrechtlicher Verhaltensnormen, was etwa die Diplomatie, die Friedensherstellung, die Kriegführung betraf, musste sich durch die und in der Praxis erst noch formieren. Man hatte zudem noch nicht einmal den Versuch gewagt, eine Art gemeineuropäisches Sicherheitssystem aus der Taufe zu heben. In reichsverfassungsrechtlicher Hinsicht war – außer den schon genannten Gravamina der Römischen Königswahl und der Wahlkapitulation – z. B. die Justizreform oder die Schaffung einer funktionierenden Reichskriegsverfassung nicht angepackt, sondern einfach vertagt worden; darin, im Nichtvermögen (oder Nichtwollen), die Reichsverfassung und die Reichsinstitutionen wirklich zu modernisieren und damit effizienter zu machen, waren schon die Reichsversammlungen im späteren 16. und beginnenden 17. Jahrhundert Meister gewesen. Man kann also allenfalls von einer „Teil-Modernisierung" des Reichs sprechen. Hier lag ein Konfliktpotential, das schon bald neue Turbulenzen verursachen sollte. Gravierend war, dass Lothringen in seiner gefährdeten Zwischenlage nicht in den Frieden einbezogen und dass auch der Grad der Anbindung Reichsitaliens an das Reich nicht weiter präzisiert worden war. Und schließlich – das war nicht die geringste potentielle Bedrohung der neuen Friedensordnung – hatten die Väter der *Instrumenta* von 1648 eine überaus gefährliche Bereitschaft gezeigt, manche Artikel völlig unscharf, unpräzise und widersprüchlich zu formulieren. Am eklatantesten war das bei der Regelung der Elsassfrage geschehen, bei der es die Absicht sowohl der kaiserlichen als auch der (im Übrigen über die komplizierten Rechts- und Besitzverhältnisse durchaus gut informierten) französischen Friedensunterhändler gerade *nicht* gewesen war, klare, zweifelsfreie und unantastbare rechtliche Abgrenzungen vorzunehmen, sondern die im Augenblick unlösbaren Streitfragen unter dem Vorbehalt entgegengesetzter Ansprüche bewusst in der Schwebe zu lassen; jeder der beiden Partner würde, so war zu mutmaßen, die erste Gelegenheit benützen, um das Verlorene wiederzugewinnen bzw. seine Ansprüche auszuweiten. Der Westfälische Friede hat insofern nicht nur in positiver Weise viele brisante Situationen entschärft, viele abschließende Lösungen gefunden, sondern in mehr als einer Hinsicht auch den Keim für neue Auseinandersetzungen gelegt.

Das dem Frieden folgende Jahrzehnt war im Reich zum einen davon geprägt, durch Erfüllung oder Umgehung der (finanziellen und territorialen) Bestimmungen einen endgültigen Schlussstrich unter den Krieg zu ziehen (Nürnberger Exekutionstag, Lösung der Hinterpommernfrage), die konfessionelle Normaljahrsregelung mit rechtlichen oder politischen Mitteln in die Praxis umzusetzen, die Voraussetzungen für den Abzug der fremden Heere zu schaffen und auch die letzten unzufriedenen Condottieri auf den Boden des Friedens zu stellen, zum anderen aber davon auszuloten, bis zu welchem Punkt die neuen ständischen Rechte ggf. auch gegen das Kaiserhaus instrumentalisiert werden konnten und ob die alte Formel „Kaiser und Reich" auch völlig pervertierbar war bis zum geraden Gegenteil ihres ursprünglichen Sinngehalts. Denn mit der verfassungsrechtlichen Neustrukturierung des Reiches, mit der *notabene* das Reich nicht im umfassenden

Westfälischer Friede und Verfassungswirklichkeit

Sinn „reformiert" worden war, sondern mit der lediglich die tatsächlichen bzw. die erkennbaren Machtverhältnisse festgeschrieben worden waren, war die Frage ja noch nicht beantwortet, wie dieses neue System in der politischen Praxis funktionieren würde. Das Ringen um die Ausfüllung des 1648 vorgegebenen Verfassungsrahmens, anders formuliert: um den Grad der ständischen Bewegungsfreiheit in der Verfassungswirklichkeit, erhielt seine eigentliche Antriebskraft und seine Eigendynamik dabei aus der Opposition gegen eine Dynastie, die ungeheure Mühe hatte, aus ihrer politischen Selbstisolierung wieder herauszukommen – der Kaiser verfügte kaum noch über eine feste und verlässliche Klientel unter den Fürsten, und selbst die traditionell prohabsburgisch orientierten geistlichen Fürsten begannen mehr und mehr ihre Unabhängigkeit und Selbständigkeit zu testen. Dabei zeigte sich freilich v. a. auf dem aus politischen Gründen verspätet

Regensburger
Reichstag 1653/54 einberufenen Regensburger Reichstag von 1653/54, dass die Stände bald an gewisse Grenzen stießen. z. B. gelang es nicht, parallel zur Reichskammergerichtsreform auf die Organisation und Rechtsprechung des kaiserlichen Reichshofrats, des konkurrierenden Reichsgerichts, wirklich Einfluss zu gewinnen, dem Kaiser Ferdinand III. ohne Zuziehung des Reichstags aus eigener Machtvollkommenheit eine neue Ordnung gab. Andererseits konnten sich Kurfürsten und Fürsten gegen die Reichsspitze in der Frage des reichsstädtischen *votum decisivum* durchsetzen, das wieder entscheidend abgeschwächt wurde, oder auch darin, dass sie gegen die gezielte kaiserliche Promotionspolitik einen Damm errichteten, um das Eindringen der „neuen", vom Kaiser jüngst erhobenen Fürsten in den Fürstenrat und damit dessen allmähliche Umwandlung in ein habsburgisch dominiertes gefügiges Instrument zu verhindern. Auch die „Paritätisierung" der gesamten Reichstagspraxis war sicher nicht nach dem Geschmack der Hofburg; sie gipfelte darin, dass der („jüngste") Reichsabschied, in den der gesamte Westfälische Friedensvertrag übrigens nochmals inseriert wurde, um an seiner reichsrechtlichen Verbindlichkeit überhaupt keinen Zweifel mehr aufkommen zu lassen, von den Ständen nach dem Prinzip der numerischen konfessionellen Arithmetik unterschrieben wurde. Alles in allem aber wurden jetzt die sog. *negotia remissa* nur höchst bedingt angepackt, so dass man von einer wirklichen Reichsreform meilenweit entfernt blieb.

In die politische Praxis setzten sich habsburgische Isolierung und ständisch-kaiserlicher Dualismus in verschiedenen Formen um: Die 1650er Jahre stehen im Reich einem dreifachen Vorzeichen: Die Habsburger wenden erstmals seit Generationen erhebliche Mühe auf und müssen politische Konzessionen machen,

Ständisch-
kaiserlicher
Dualismus um ihren Kandidaten bei Römischen Königs- bzw. Kaiserwahlen zum Erfolg zu verhelfen; die von der kaiserlichen Absenz und Abstinenz berührte Kriegsliquidation gelingt nur um den Preis neuer lokaler Konflikte, indem Rechtspositionen, die aus den *negotia remissa* resultierten und auch durch den Nürnberger Exekutionsrezess nicht geklärt worden waren und für die der lange Reichsdeputationstag keine Lösungsmechanismen zur Verfügung stellte, mit kriegerischen Mitteln ausgefochten werden (jülich-bergischer „Kuhkrieg", Reichsstandschaft Bremens); und schließlich suchen die Reichsstände sich durch Bündnisse unter-

einander und ggf. auch mit einer ausländischen Macht von der Hofburg mi-
litärisch-politisch zu emanzipieren und beginnen auf sie Druck auszuüben, das
Interesse des habsburgischen Gesamthauses und die Belange des Reiches fortan
säuberlich zu trennen. Gemeinsamer Nenner dieser vielen „Assoziationen", die   Assoziationen
eine besonders typische Erscheinung der Jahre und Jahrzehnte nach dem Westfälischen Frieden sind, die oft von einem Reichskreis ausgingen, dann aber rasch
einen interzirkularen Charakter gewannen und in aller Regel auch verschieden-
konfessionelle Mitglieder umfassten, war das Motiv, den Frieden und die Reichsverfassung zu erhalten; der Ursprung fast aller solcher Bündnisse lag bis in die
1670er Jahre in einem massiven Misstrauen gegenüber der Wiener Hofburg, die
man für unfähig zum Schutz des Reiches erachtete und ihrer internationalen
Verflechtungen wegen als potentielle Gefahr für den Frieden und die Reichsverfassung ansah, aber natürlich auch in der vermeintlichen oder tatsächlichen Bedrohung der kleineren Stände durch ihre „armierten" Nachbarn. Aus dieser Vielzahl ständischer Verbindungen ragt der Rheinbund von 1658 heraus, unmittelbar   Rheinbund 1658
nach der Kaiserwahl Leopolds I. zwischen einer Reihe militärisch potenter und
politisch wichtiger Stände mit den drei geistlichen Kurfürsten und Braunschweig-
Lüneburg und Hessen-Kassel an der Spitze und der Krone Frankreich abgeschlossen, mit dem vor dem Hintergrund des noch nicht beendeten französisch-
spanischen Krieges dem neuen Kaiser nachdrücklich deutlich gemacht wurde,
dass das Reich bei Verstößen gegen die Wahlkapitulation und die Reichsgesetze
nicht mehr schweigen und dynastischer Interessen wegen militärische Gefähr-
dungen nicht mehr hinnehmen würde. Der Rheinbund war im Übrigen auch ein
unüberhörbares Signal dafür, wie selbst die traditionelle katholisch-geistliche
Klientel des Kaisers sich umorientiert hatte, weil man ihm eine Politik der
Revision des Westfälischen Friedens zutraute. Das Misstrauen gegenüber der
Hofburg schien zu einem der zählebigen Faktoren der Reichspolitik zu werden.

Markiert das Jahr 1658 somit den Höhepunkt eines tendenziellen Zentrifuga-
lismus, einer Art Kraftprobe zwischen selbstbewusst gewordenem Fürstentum
und angeschlagenem Kaisertum und ist damit letztlich Symptom für eine tief-
gehende verfassungsrechtlich-politische Krise, so sind auch andere europäische
Staaten in den 1650er Jahren von krisenhaften Erschütterungen nicht verschont
geblieben, die sogar noch weitaus gravierender waren als im Reich. Das gilt zuerst
für Frankreich, dank seiner überlegenen (wenn auch in sich zerstrittenen)
Diplomatie die dominierende Macht in Münster, der es – außer dass sie als Garantiemacht der neuen Friedensordnung eingesetzt worden war – gelungen war, den
Besitz von Metz, Toul und Verdun völkerrechtlich sanktionieren zu lassen und
sich bewusst unbestimmt gehaltene Rechtstitel im Elsass anzueignen, die jederzeit
auslegungsfähig und damit politisch instrumentalisierbar waren, fast eine Art
Blankoscheck auf die Zukunft. Diesem außenpolitischen Prestigegewinn standen
zeitgleich innere Unruhen gegenüber, die, unter dem (spontan gebildeten neuen,
sich aber rasch durchsetzenden) Begriff „Fronde" zusammengefasst, weit in die   „Fronde" in
20er Jahre zurückreichten und seit 1648 eskalierten. Verschiedene Faktoren   Frankreich

kamen zusammen und potenzierten sich gegenseitig: Unzufriedenheit mit der Richelieu-Regierung, die den Steuerdruck trotz einer unverkennbaren ökonomischen Rezession geradezu brutal erhöhte, um ihren militärischen Verpflichtungen nachkommen zu können; verstärkte Tendenzen hin zum monarchischen Zentralismus, die den Adel, aber etwa auch die Parlamente auf den Plan riefen; das ungelöste bzw. als ungelöst empfundene Hugenottenproblem u. a. Das aus politischen, verfassungsrechtlichen, ökonomischen und sozialen Elementen gespeiste „Krisensyndrom" schlug in eine ernsthafte Gefährdung des bisher erreichten französischen Zentralismus um: Der Bürgerkrieg, der im Jahr des Westfälischen Friedens voll losbrach und zeitweise für das System existenzbedrohende Formen annahm, ohne freilich die Monarchie oder die traditionelle Sozialstruktur an sich in Frage zu stellen, reichte in seinen Trägerschichten bis in die königliche Familie hinein, in den Hochadel, die Parlamente und das Bürgertum (ergriff allerdings wohl nur in einem Fall – der *Ormée* von Bordeaux – die breiten Volksmassen) und wurde schließlich von Mazarin durch geschicktes politisches Taktieren, mit finanziellen Mitteln (Gratifikationen), aber auch durch Waffengewalt gemeistert. „Das Scheitern der Fronde lag vor allem in der Uneinigkeit ihrer Führer und im Vorrang der jeweiligen Sonderinteressen der Frondeure begründet" (Jürgen Voss). Die Opposition war damit zwar keineswegs für alle Zeiten mundtot gemacht, aber das Königtum ging – unter anderem auch wegen der Restitution und Festigung des Intendantensystems – aus diesem Konflikt letztlich doch gestärkt hervor. Eine im Verlauf der Fronde oft geforderte stärkere Partizipation der mit Kontrollbefugnissen auszustattenden Stände an der Staatsverwaltung ist z. B. für die nächsten eineinviertel Jahrhunderte kein wirkliches Thema mehr gewesen. Der Krieg gegen Spanien, der 1648 nicht hatte beendet werden können und in dem es während des Frondeaufstandes zeitweise zu einem militärischen Übergewicht Spaniens kam, konnte jedenfalls 1659 ohne innenpolitischen Druck, vor allem auch dank eines Offensivbündnisses mit Cromwell, liquidiert werden, womit Frankreich nach der Regierungsübernahme des vorzeitig großjährig erklärten und gekrönten Ludwig XIV. einer Phase der doppelten Konsolidierung entgegenzugehen schien.

Englische Revolution   Die Krise in England war wie in Frankreich eine Krise des politischen Systems und der Krone und hing wie dort mit innenpolitischen Verdichtungstendenzen der Dynastie zusammen, die Reaktionen hervorriefen. Auslösende Faktoren waren hier ungelöste Probleme, die aus der Spannung Zentrale-Peripherie erwachsen waren, und der Versuch des Königtums, die Mitwirkungsrechte des Parlaments zu beschneiden, aber die Ursachen dieser Krise lagen tiefer, lagen vor allem in gravierenden gesellschaftlichen Umwälzungen, die mit den Stichworten „Krise des Adels" und „Aufstieg von *Gentry* und Bürgertum" hier nur global angesprochen werden können. Die Krise eskalierte bis zur Inhaftierung und Hinrichtung des – den *Commons* gegenüber extrem halsstarrigen und auch vor Machtmissbrauch nicht zurückschreckenden – Königs Karl I. und damit bis zum Sturz der Monarchie, an deren Stelle eine lebhafte und in mancher Hinsicht nach vorn weisende Diskussion über die neuen Strukturen von Staat und Gesellschaft trat, die von Cromwells Militärregime nur schwer zu kontrollieren war. England ist jedenfalls fast zwei Jahrzehnte lang, bis zu Cromwells Tod 1658, primär mit sich selbst beschäftigt gewesen, hat nur mit viel Mühe seinen Handlungsspielraum durch eine zögernde Reaktivierung seiner protestantischen und antispanischen Politik – was See- und Handelskriege gegen den „geborenen" niederländischen Verbündeten nicht ausschloss – wieder etwas erweitert, letztlich aber doch erst nach der Restauration der Stuarts 1660 wieder einen wirklich aktiven Part in der europäischen Politik übernehmen können. Diese kritische Phase der englischen Innen- und Außenpolitik hatte immerhin insofern eine europäische Rück- wirkung, als sie einen „Klassiker" des politischen Denkens gebar, Thomas Hobbes' „Leviathan", dessen Thesen – Beendigung des kriegerischen Naturzu- stands im Innern der Staaten, Verzicht auf urwüchsige Gewalt in den zwischen- staatlichen Beziehungen unmöglich – Generationen von Kritikern und Epigonen beschäftigen sollten. So wie sich seit dem frühen 16. Jahrhundert die Publizisten immer wieder an der Negativfigur Machiavell gerieben hatten, sollten sie es fort- an an Hobbes tun. Thomas Hobbes

Führte die englische Krise eher zur außenpolitischen Lähmung und Abstinenz, so resultierte aus einem Bündel von Krisensymptomen in einer anderen eu- ropäischen Region sogar schon wieder ein umfassender, multilateraler mi- litärischer Konflikt. Schweden war mit dem Ergebnis seines Eingreifens in den „Teutschen Krieg" keineswegs rückhaltlos zufrieden, weil trotz der unbezweifel- baren Vormachtstellung im Ostseebereich das alte Ziel des *dominium maris baltici* (vermeintlich) nicht erreicht worden war; die riesige, kaum abgerüstete Militär- macht, die im eigenen Land nicht unterhalten werden konnte, forderte geradezu im Sinn eines „Militäraktionismus" (Kunisch) einen neuen Einsatz, der durch einen polnisch-russischen Krieg begünstigt schien. Hinzu kam aber auch dort eine Krise der neuen (wittelsbachischen) Dynastie, die –– nach der Abdankung Königin Christines und ihrer Übersiedlung nach Rom – mit dem zweibrücki- schen Duodezfürsten Karl X. Gustav den Thron übernommen hatte und die ins- besondere von den katholischen Wasa in Polen angefochten wurde – Staaten- und Fürstenehrgeiz, ein Erbfolgekonflikt, strukturelle Probleme eines in seiner Staats- bildung noch nicht abgeschlossenen Reiches und konfessionelle Momente über- lappten sich in einer für die Zeit des ausgehenden Konfessionalismus und des extremen Staatenwettbewerbs außerordentlich typischen Weise. (1.) Nordischer Krieg

Der 1. Nordische Krieg, in den nacheinander alle direkten und indirekten An- rainerstaaten der Ostsee – Polen, das Moskauer Zarentum, die Niederlande, Dänemark, Brandenburg – und schließlich auch der Kaiserhof eingriffen, zeigte nachdrücklich, wie eine geschickte und skrupellose Diplomatie Konflikte dieser Art politisch ausnutzen konnte – Brandenburg sicherte sich durch mehrmaligen Frontenwechsel die Souveränität über das Herzogtum Preußen, die Grundlage der späteren Errichtung des Königtums. Er zeigte aber auch, dass Frankreich seinen Partner der 30er und 40er Jahre in kritischen Situationen nicht sich selbst

Friede von Oliva (1660) überließ, sondern ihm im Frieden von Oliva (1660) durch seine Vermittlerdienste zumindest den *status quo ante* sicherte; die französisch-schwedische Allianz bewährte sich hier ein weiteres Mal, ohne aber deswegen zu einer langfristigen und für alle Zeiten belastbaren Konstante der internationalen Beziehungen zu werden. Die Vormachtstellung Schwedens war in Oliva freilich nur mit Mühe gewahrt worden; schon bei den Friedensverhandlungen zeigten sich unübersehbare Revisionstendenzen bei Schwedens Gegnern, die in der Folgezeit auch deswegen eher noch zu- als abnahmen, da der Kurfürst von Brandenburg durch den Krieg sich unter partieller Beseitigung des bisherigen ständischen Mitspracherechts erstmals die volle Verfügungsgewalt über ein stehendes Heer verschaffte und da wenig später in Dänemark die ständische Verfassung kollabierte und eine – nur hier ist der Begriff wirklich angemessen – absolutistische Fürstenherrschaft installiert wurde, die, nicht mehr durch die Stände gebremst, bei passender Gelegenheit sicher den Prestigekampf mit dem Nachbarn wiederaufnehmen würde.

War England durch die Krise der Dynastie und ein „Interregnum" voller Widersprüche, voll sozialen und politischen Zündstoffs für eine Zeitlang faktisch aus dem europäischen Kräftespiel ausgeschieden, so sind mit den Zäsuren 1648/ 59 andere europäische Staaten ihres Großmachtstatus endgültig und auf Dauer verlustig gegangen; hier konnte die Krise nicht mehr überwunden werden. Dazu zählt vor allem das habsburgische Spanien: Als 1659 der spanische Diplomat Don Luis Méndez de Haro auf der Fasaneninsel in dem Pyrenäenflüsschen Bidassoa den Friedensvertrag mit Frankreich unterschrieb und darin als Mitgift der Prinzessin Maria Theresia, der zukünftigen Gemahlin Ludwigs XIV., die Summe von 500 000 Goldskudi zusagte, war es klar, dass die spanische Staatskasse mit der Zahlung dieses Betrags bei weitem überfordert war. Die Gründe für diesen politischen Niedergang („decadencia"), der u. a. durch den Abfall und das Ausbrechen Portugals aus der Personalunion, die Schlacht bei Rocroi 1643, den endgültigen Verlust der Generalstaaten 1648 und eben durch den Pyrenäenfrieden dokumentiert wird, sind vor allem im wirtschaftlich-demographischen Bereich zu suchen: Der Zustrom des amerikanischen Edelmetalls wurde von den Holländern zunehmend nach Amsterdam umgelenkt, womit Sevilla seine im 16. Jahrhundert unangefochtene Stellung im Transatlantikhandel insgesamt einbüßte. Der Aufbau der spanischen Reiche in der Neuen Welt hatte zu einem gravierenden Aderlass an Menschen geführt, der in dem ohnehin bevölkerungsschwachen Land irgendwann nicht mehr kompensiert werden konnte. Die Vertreibung der Moriscos 1609 erwies sich als ein verhängnisvoller Fehler, der die Wirtschaftskraft tief, dauerhaft und irreparabel beeinträchtigte. Das ständige Präsentsein auf den verschiedenen europäischen Kriegsschauplätzen und die Verteidigung der Kolonialreiche konnte von der ohnehin rezessiven Wirtschafts- und Finanzkraft nicht mehr bewältigt werden. Spanien erlitt – sieht man von den nördlichen Niederlanden einmal ab – in den Friedensschlüssen von 1648 und 1659 zwar kaum territoriale Verluste, und in seinem Lebensstil und Zeremoniell blieb es durchaus

Spaniens Niedergang

noch eine Zeitlang ein Vorbild für Europa, aber die Krisensymptome waren doch für niemanden mehr zu übersehen: Mit dem Pyrenäenfrieden war das stolze „spanische Jahrhundert" zu seinem Ende gekommen, „hinter der majestätischen Fassade ... wurde die wirtschaftliche und politische Wirklichkeit von Jahr zu Jahr düsterer" (Robert Mandrou).

Strukturell bedingte Krisensymptome fallen sicher auch noch in anderen euro- Venedig päischen Staaten ins Auge, etwa in Venedig, dessen Diplomatie in Münster und Osnabrück als Vermittler noch einmal im Rampenlicht der Öffentlichkeit ge-standen hatte – fast zum letzten Mal, denn bei den Friedenskongressen der folgenden Jahrzehnte überging man bezeichnenderweise die *Signoria* weitest-gehend –, dessen ausgedehntes Reich unter dem Ansturm der Osmanen aber immer mehr zerfiel und das auch im Gewürzhandel seine Schlüsselstellung verlor, weil die Gewürze in den großen Atlantikhäfen zunehmend billiger zu bekommen waren. Auch auf das polnisch-litauische Großreich müsste in diesem Zusammen- Polen-Litauen hang hingewiesen werden, das sich von den Auswirkungen des 1. Nordischen Krieges, der schwedischen „Sintflut", nie mehr recht erholte und das zudem von einer schweren Agrarkrise heimgesucht wurde. Aber beide Faktoren genügen weder allein noch in Verbindung mit dem Hinweis auf die letztlich staatszer-setzende Politik der Magnaten, die kaum noch einen Reichstag zu einem „normalen" Abschluss brachten (*liberum veto*), um den raschen Niedergang des stolzen polnischen Wahlkönigreichs schlüssig zu erklären. Bei alledem darf nicht übersehen werden, dass trotz der allgemeinen Erschöpfung nach dem genera-tionslangen europäischen Ringen neue bi- und multilaterale Konflikte nicht *a limine* ausgeschlossen werden konnten. Die Revision oder Modifikation der Friedensordnung von 1648 war nicht nur für Schweden ein Thema, das bereits Mitte der 50er Jahre seine imperiale Politik wiederaufnahm und das bereits damals die vage Hoffnung, die mitteleuropäische Friedensordnung werde friedewirksam auf den Rest des Kontinents ausstrahlen, zunichte machte. Eine unberechenbare Größe im europäischen Kräftespiel stellte zudem das Osmanische Reich dar, das Osmanisches Reich zwar seit mehreren Jahrzehnten seine Aggressivität in andere Richtungen – nach Persien – gelenkt hatte, seine Expansionstendenzen auf dem Balkan aber sicher noch nicht endgültig aufgegeben hatte.

Weitaus schwieriger als die Feststellung der politischen Gewichtsverschiebungen und verfassungsrechtlichen Strukturveränderungen ist es, die sozioökonomischen Sozioökonomische Auswirkungen des Dreißigjährigen Krieges zu umschreiben, die natürlich um Auswirkungen des 1660 noch längst nicht überwunden waren – schwieriger auch insofern, als hier 30jährigen Krieges außerordentlich stark differenziert werden muss, für wirklich differenzierende Aussagen in weiten Bereichen die entsprechenden Vorarbeiten aber noch fehlen, schwieriger auch deswegen, weil die unmittelbaren sozioökonomischen Kon-sequenzen des Krieges von jener längerfristigen Krise nicht säuberlich getrennt werden können, die seit ca. 1620 von einer allgemeinen Umkehr des Bevölke-rungstrends, also einer Anpassung der Bevölkerungsentwicklung an die begrenzten ökonomischen Möglichkeiten, und einem generellen Preisverfall mit einer oft dramatischen Reduzierung der landwirtschaftlichen Produktion in ihrem Gefolge geprägt war. Das gilt auch für das vom Krieg in besonderem Maß betroffene Deutsche Reich, an dessen Beispiel die kurz- und mittelfristigen Folgen des Krieges illustriert werden sollen.

Man kann aufgrund der noch nicht entscheidend korrigierten Forschungen von Günther Franz davon ausgehen, dass bei Kriegsende der Bevölkerungsstand bei großen regionalen Unterschieden – die Forschung unterscheidet inzwischen Demographische zwischen Schongebieten, einem Übergangsbereich und Zerstörungsgebieten – in Faktoren den Städten im Schnitt um etwa ein Drittel, auf dem flachen Land um ca. 40% unter dem der Vorkriegszeit lag; Einwände, die auf weniger betroffene Regionen (Friesland, Oldenburg, Holstein z. B.) rekurrieren oder den Bevölkerungsrückgang stärker aus dem allgemeineuropäischen demographischen Trend abzuleiten versuchen, tun der historischen Wirklichkeit wohl doch eher Gewalt an. Mit diesem erheblichen Bevölkerungsschwund korrelierte ein starker finanzieller Druck auf die Territorien, die die Kriegskosten nur zum Teil auf die Steuern hatten umlegen können, im Übrigen aber Anleihen hatten aufnehmen müssen, deren Rückzahlung zu einem ständigen Damoklesschwert für den Haushalt wurde. Da nach Kriegsende alle deutschen Fürsten vor der Notwendigkeit Finanzieller Druck standen, Finanzmittel für den Wiederaufbau ihrer Territorien zu investieren und mit befristeten Erleichterungen einen Anreiz für den Zuzug neuer Untertanen zu schaffen, um die Bevölkerungsverluste auszugleichen, wurde der finanzielle Druck keineswegs geringer, sondern perpetuierte sich.

Sucht man die unmittelbaren wirtschaftlichen Auswirkungen des Krieges zu präzisieren, muss man allerdings etwas weiter zurückblenden, muss den längerfristigen Trend mit im Auge behalten, dass die Nahrungsmittelproduktion hinter der Bevölkerungsbewegung zurückgeblieben war, dass die „Knappheitsgesellschaft" nach wie vor eindeutig auf die Landwirtschaft ausgerichtet war, in der wenigstens 4/5 des Sozialprodukts erzielt wurden – und wenn es in der Landwirtschaft, meist wetterbedingt, zu Krisen kam, hatte das unabsehbare demographische Auswirkungen, die in manchen französischen Regionen in der Zeit nach dem Dreißigjährigen Krieg und der Fronde den Bevölkerungsschwund in kaum glaubliche Höhen trieb (20% und deutlich mehr). So gesehen, um auf Deutschland und die erste Jahrhunderthälfte zurückzukommen, haben die Bevölkerungsverluste durch den Krieg den verfügbaren Nahrungsspielraum zunächst einmal (theoretisch) erweitert, anders formuliert: die landwirtschaftliche Nutzfläche pro Kopf war gestiegen (auch wenn manche Sonderkulturen [Weinbau] aus klimatisch etwas benachteiligten Regionen jetzt auf Dauer verdrängt blieben). Da gleichzeitig aber das Arbeitskräftepotential – durch die Menschenverluste und durch Abwanderung – erheblich gesunken war, veränderten sich die Preis-Lohn-Rela-Wirtschaftskrise tionen der Vorkriegszeit dramatisch zu Lasten des Agrarsektors: Die Getreidepreise sanken, mit ihnen auch der Wert von (jetzt überreich vorhandenem) Grund und Boden. Und da des angespannten Arbeitskräftemarktes wegen die Arbeitskraft teurer wurde, stand die bäuerliche Bevölkerung – sofern sie sich nicht zu Notverkäufen entschloss, was die Besitzzersplitterung z. B. im deutschen Südwesten weiter beschleunigte – vor der Notwendigkeit, eine weitere Verschuldung auf sich zu nehmen, die nun großenteils in Überschuldung umschlug.

Hier war jetzt der Territorialstaat gefordert, der einerseits Zahlungsmoratorien und Reduzierungen der Schulden sowie „Überwälzungen" der Lasten von der Landwirtschaft auf Handel und Gewerbe dekretieren, andererseits Maßnahmen zur künstlichen Bevölkerungsvermehrung von außen treffen konnte, um dem Arbeitskräftemangel abzuhelfen und gleichzeitig neues *Know-how* ins Land zu ziehen, um die Eigenwirtschaft anzukurbeln und die Steuerkraft des Landes zu heben. Die „Peuplierungs"-Politik der deutschen Territorialfürsten ist insgesamt – auch wenn bislang nicht allzu viele Einzeluntersuchungen vorliegen – wohl recht erfolgreich gewesen und richtete sich explizit auch an religiöse und soziale Randgruppen und an Anderskonfessionelle und eröffnete u. a. den böhmischen Exulanten neue Möglichkeiten. Nutznießer waren Bevölkerungsgruppen aus den unter chronischem Bevölkerungsdruck leidenden Alpenländern und namentlich der Schweiz, wo nach Kriegsende eine große wirtschaftliche Depression mit Bauernaufständen in ihrem Gefolge eingesetzt hatte. Erfolgreich war diese Politik umso mehr, als bevorzugt und vorrangig junge Menschen einwanderten, die bei günstigen Rahmenbedingungen (steuerfreie Jahre, Religionsfreiheit) rasch Familien gründeten und damit das natürliche Bevölkerungswachstum beschleunigten. Demographisch begann um 1660 eine Phase des deutlichen Aufholens der kriegsbedingten Bevölkerungsverluste, die in den meisten Regionen, z. T. allerdings mit erstaunlichen konfessionsspezifischen Unterschieden, trotz einiger Hungerkrisen gerade in den 1690er Jahren um 1700 weitgehend wieder ausgeglichen waren; wirtschaftlich begann – obschon der Gleichzeitigkeit des Ungleichzeitigen hier ein besonderer Stellenwert zukam – vielfach eine Aufwärtsentwicklung, die den ökonomischen Abstand zu den westeuropäischen Nachbarn zumindest nicht größer werden ließ, die auf dem landwirtschaftlichen Sektor freilich auch nicht mehr bewirkte, dass der Anteil der ausschließlich von der Landwirtschaft lebenden Bevölkerung irgendwo noch einmal über die 50%-Marke stieg. Die von den Grundherren verfügten Beschränkungen der freien Waldnutzung und die Ausdehnung der herrschaftlichen Jagd taten ein Übriges, um den Spielraum der bäuerlichen Bevölkerung einzuengen.

Lauter und nachdrücklicher noch als in sozialpolitischer Hinsicht schlug vor 1660 die wirtschaftspolitische „Stunde der Regierungen". Vor dem Hintergrund des wirtschaftlichen Chaos, das der Krieg geschaffen hatte und von dem vor allem die Städte, die unter Seuchen, Plünderungen und Kontributionen sowie der Behinderung des Fernhandels besonders zu leiden hatten, betroffen waren, wuchs in allen europäischen und deutschen Staaten die Bereitschaft, mittels Gesetzgebung und Verleihung von wirtschaftsfördernden Privilegien und Monopolen in das Wirtschaftsleben einzugreifen, mittels Polizeiordnungen auch einfach wieder Ordnung auf den Straßen und in der Ökonomie zu schaffen und dafür zu sorgen,

Staatliche Initiativen

dass Dienst- und Naturalleistungen wieder korrekt entrichtet wurden, dass die Übergriffe und unberechtigten Leistungserhöhungen der Grundherren ein Ende nahmen usw. Nicht immer war das rundum erfolgreich, nicht immer war auch der Fürst in der Lage, allen Bedürfnissen Rechnung zu tragen – zum Beispiel ging es mit dem Schulwesen längst nicht überall wieder schnell aufwärts –, aber immerhin! Die „Stunde der Regierungen" war, was die wirtschaftspolitischen Maß-

Merkantilismus/ nahmen angeht, identisch mit dem Beginn des „Merkantilismus" (bzw. seiner von
Kameralismus Theoretikern wie Johann Joachim Becher oder Philipp Wilhelm von Hörnigk begründeten deutschen Spielart, des „Kameralismus"), also jenem staatlichen Bemühen, dem Handel und der gewerblichen Wirtschaft Rahmenbedingungen zu verschaffen, um gegenüber der internationalen Konkurrenz zu bestehen, um eine aktive, d. h. positive Handelsbilanz zu erreichen. Da die verkrusteten oligarchischen Magistrate der Reichsstädte die entsprechenden Notwendigkeiten entweder nicht erkannten oder aber nicht betrieben, kam es nicht zufällig dort in der 2. Hälfte des 17. Jahrhunderts vermehrt zu sozialen Unruhen. Um den gewünschten Effekt zu erzielen, konnte der „Staat" – mit durchaus unterschiedlicher Akzentsetzung – in der Tat ein breites Spektrum an Maßnahmen ergreifen: Schutz des eigenen Wirtschaftsraums durch eine Zollpolitik, die nach außen Mauern errichtete und nach innen hemmende Zollschranken beseitigte; Förderung von Gewerbebetrieben durch Privilegierung oder direkte Unterstützung, darunter besonders der Manufakturen im Luxusgüterbereich; Anwerbung qualifizierter Arbeitskräfte aus dem Ausland; Verbesserung der Infrastruktur zur Handelserleichterung; Schaffung der Rahmenbedingungen, damit sich die Schere zwischen den – demographisch erklärbaren – hohen Löhnen und den niedrigen Preisen nicht noch weiter öffnete, usw. Vor allem in der deutschen Staatenwelt war dieses wirtschaftspolitische Eingreifen des Staates als Teil eines umfassenden „Rétablissements" eine essentielle Notwendigkeit, weil hier das kräftige, unternehmerisch-risikofreudige Bürgertum der Generalstaaten oder Englands fehlte, das durch die territorialstaatliche Verwaltung erst geschaffen (oder aber ersetzt!) werden musste. Dort, wo es sich neu bildete, ging es im Übrigen dann oft dazu über, die Produktion, insbesondere von billigen Textilien, aber auch im Metallverarbeitungssektor, aus der Stadt mit ihren rigiden Beschränkungen (Zunftver-

Proto- fassung!) hinaus aufs flache Land zu verlagern und hier nicht nur die mit relativ
Industrialisierung hohen Heirats- und Geburtsziffern zusammenhängende regionale Unterbeschäftigung, sondern auch das vorhandene Potential im Heimgewerbe tätiger dörflicher Spinner und Weber für sich nutzbar zu machen. Das sog. Verlagssystem, das dem Unternehmer z. T. eine extrem kostengünstige Produktion ermöglichte, so dass die ländliche Textilerzeugung in bestimmten Gegenden rasch die städtische überflügelte, wird von der Forschung zunehmend als Ausdruck einer beachtlichen Proto-Industrialisierung erkannt – auch wenn die Weiterentwicklung zur Industriewirtschaft dann längst nicht überall gelang, weil sich der Industriestandort im Allgemeinen nicht an der billigen Arbeitskraft, sondern an den günstigen Verkehrsanbindungen und den entsprechenden Energien orientierte.

2. LUDWIG XIV. UND EUROPA:
DAS DEUTSCHE UND INTERNATIONALE KRÄFTESPIEL
BIS ZUR „KRISE DER 1680ER JAHRE"

Die Jahrzehnte nach dem Einschnitt 1659/60 sind staatenpolitisch von einer raschen Abfolge bi- und multilateraler Konflikte geprägt, die die wenigen Friedensjahre zwischen den Kriegen fast als eine Art Ausnahmezustand erscheinen lassen, und innenpolitisch in den meisten europäischen und deutschen Staaten davon, die Folgen des Dreißigjährigen Krieges zu überwinden und die Fürstenmacht zu stärken; im Deutschen Reich kommen die weiteren Aspekte hinzu, bestimmte Differenzen über die Auslegung der *Instrumenta* von 1648 – zum Teil mit Waffengewalt – zu bereinigen, den verfassungsrechtlichen Rahmen, den der Westfälische Friede abgesteckt hatte, zu testen oder auszufüllen bzw. die verfassungsrechtlichen Lücken zu schließen, die in Münster nicht hatten geschlossen werden können.

Eine dieser verfassungsrechtlichen Entscheidungen ergab sich aus einem außenpolitischen Konflikt, der an einer seit einigen Jahrzehnten wenig beachteten Front die Wiener Hofburg zum Handeln zwang. Erstmals seit dem (ungewöhnlich dauerhaften) „Frieden" von Zsitva-Torok (1606) begannen in den frühen 1660er Jahren die Osmanen, seit Jahrzehnten anderer politischer Herausforderungen wegen auf der mitteleuropäischen Bühne nicht mehr präsent und an dem langen europäischen Mächteringen allenfalls indirekt – u. a. als „Kontaktbörse" – beteiligt, wieder zu einem Problem zu werden, als sie sich fest im ostungarischen Siebenbürgen zu etablieren suchten und in den ersten Gefechten gegen österreichische und ungarische Truppenkörper nachdrücklich ihre Überlegenheit unter Beweis stellten. Eine Türkenhilfe des Reiches aber erforderte die – seit 1654 immer wieder umgangene und auch durch den langen Reichsdeputationstag (1655–63) lediglich hinausgeschobene – Einberufung eines neuen Reichstags, der 1663 in Regensburg zusammentrat und der sich zunächst eher zufällig in den „Immerwährenden Reichstag" verwandelte, weil man der vielen offenen Fragen wegen nicht zu einem förmlichen Reichsschluss gelangte. Er hat übrigens dann auch Mittel für den Türkenkrieg bewilligt, dank derer das bunt zusammengewürfelte Entsatzheer den Osmanen eine vernichtende Niederlage (St. Gotthard a. d. Raab) beibrachte, die allerdings nicht in einen entsprechend günstigen Frieden umgesetzt werden konnte (Vasvár 1664). In Parenthese hinzugefügt sei, dass dieses Wiederauftauchen der Türken auf der europäischen Szene erhebliche Auswirkungen auf den Kunstmarkt hatte; selbst Maler, die üblicherweise ganz andere Sujets umsetzten wie etwa Pier Francesco Mola, konnten sich dem Reiz türkenbezogener Szenen nicht mehr entziehen – und fanden damit auch ein entsprechend kaufwilliges Publikum.

Freilich wird man über der Zufälligkeit des Entstehens des Regensburger Gesandtenkongresses die innere Logik nicht übersehen dürfen, dass die weitgehende

Türkenkrieg 1663/64

Immerwährender Reichstag

reichsinnen- und reichsaußenpolitische Kompetenz, die der Gesamtheit der Stände 1648 zugewachsen war, eine ständige Mitsprache und die Kontrolle des Kaisers notwendig machte. Die Permanenz des Reichstags war nicht nur darauf zurückzuführen, dass die Stände auch jetzt bei der Beratung der *negotia remissa* kaum weiterkamen, sondern ergab sich mit einer gewissen Konsequenz aus den Entscheidungen von 1648. Und auch auf der „anderen Seite" erkannte man rasch den Nutzen eines solchen permanenten Gremiums, das durch die verstärkten Informations- und Kommunikationsmöglichkeiten und durch die Chance, die Interessengegensätze zwischen den Ständegruppierungen auszugleichen, es dem Kaisertum an die Hand gab, politisches Terrain wiederzugewinnen und seine traditionellen Einflusszonen wiederherzustellen. Zumindest mittelfristig bezahlte „der Reichstag seine Perpetuierung mit einem Rückgang seiner politischen Möglichkeiten" (Christof Dipper).

Jedenfalls wurde mit dem Immerwährenden Reichstag die Reichsverfassung nicht nur fortgeschrieben, sondern auch an das neue innerreichische Kräftespiel angepasst, ohne dass damit schon das letzte Wort über die Effizienz dieser Ständeversammlung gesagt wäre. In den großen verfassungsrechtlichen Streitfragen, etwa dem Dauerproblem der Beschneidung der Vorrechte der Kurfürsten, blieb der Reichstag nämlich passiv oder wurde von der Koalition Kaiser/Kurfürsten ausmanövriert, und bei anderen verfassungsrechtlichen Dissensen, etwa den in den 1660er Jahren vermehrten Versuchen von Kommunen, ihre Reichsstandschaft durchzusetzen, hielt er sich wohlweislich eher bedeckt, so dass durchweg die Fürsten die aufbegehrenden Städte wieder in ihre Landesherrschaft zu zwingen vermochten (Herford, Münster, Erfurt, Braunschweig).

Elsässische Dekapolis

Andere Verfassungskonflikte ragten in die große Politik hinein; es zeichnete sich bereits in den 1660er Jahren ab, dass mit ihrer Regelung der Reichstag überfordert sein würde. Das galt vor allem für das politische Schicksal der zehn elsässischen Reichsstädte, das zunächst vorrangig am Reichstag diskutiert wurde, um 1673 dann im französischen Sinn mit den Waffen entschieden zu werden. Der Westfälische Friedensvertrag war in diesem Punkt bewusst zweideutig geblieben, indem er einerseits die Reichsunmittelbarkeit der Dekapolis – der zehn elsässischen Reichsstädte – zwar bestätigt, zugleich aber dem französischen König ein souveränes Landvogteirecht über sie zugesprochen hatte, das den Übergang von der Schutzherrschaft zur Landeshoheit gewissermaßen vorzeichnete. Als Instrument, um dieses Ziel zu erreichen, wurde ihre An- und Einbindung in das französische Rechtssystem eingesetzt, was der Reichstag nur mit einem Schiedsgericht beantworten konnte, das die Unbezweifelbarkeit der Reichsfreiheit der Dekapolis bestätigte – die völlige Inkorporation der elsässischen Reichsstädte in den französischen Staatsverband konnte damit aber natürlich nicht aufgehalten werden.

Verrechtlichung politischer Konflikte

Dies deutet zugleich auf ein allgemeines Strukturelement der Reichsgeschichte nach 1648 hin: politische Probleme und Konflikte werden „verrechtlicht", jurifiziert, an die Reichsgerichte oder an Schiedsgerichte verwiesen, um den Friedensverband des Reiches möglichst intakt zu halten und um der Anwendung von machtpolitischen Mitteln zuvorzukommen. Nicht Machtpolitik war dem System des Reiches gemäß, sondern die Verrechtlichung von Konflikten. Ein anderer Konflikt in den 1660er Jahren bestätigt dies und zugleich die zunehmende Internationalisierung der Reichspolitik, die durch das System der Garantiemächte prädisponiert war.

Im Zuge der staatlichen Wiederaufbaupolitik, möglicherweise auch beeindruckt von dem *droit d'aubaine* als französischem Gegenstück, hatte der pfälzische Kurfürst Karl Ludwig seit den frühen 1660er Jahren das finanziell nicht uninteressante sog. Wildfangrecht reaktiviert, das Recht auf Besteuerung der Nichtsesshaften und illegitim Geborenen, und diesen Rechtsanspruch auch auf die an die Kurpfalz angrenzenden bzw. mit ihr in Gemengelage liegenden Nachbarterritorien ausgedehnt. Die betroffenen Stände organisierten sich, wandten sich an Reichstag und Reichsgerichte, schließlich kam es sogar zu bewaffneten Zusammenstößen, vor deren Hintergrund dann die Bemühungen um eine rechtliche Lösung sich intensivierten, um schließlich im *Laudum Heilbronense* (1667) ihren positiven Abschluss zu finden: einem Vergleich, der bezeichnenderweise durch Vermittlung Frankreichs und Schwedens zustande kam und von ihnen auch garantiert wurde. Wildfangstreit

Solche regionalen Konflikte – hier um eine eher archaische Rechtsposition, anderswo um Herrschaftsabgrenzungen in Kondominien, um den Grad der Stadtfreiheit usw. – hatten zum einen die Konsequenz, dass die bereits im Westfälischen Frieden postulierte „Redintegration" der Reichskreise, die in der „Auftragsverwaltung des Reiches" (Rudolf Vierhaus) immer mehr Funktionen auch der inneren Friedenssicherung an sich zogen, nun konkrete Formen annahm; das galt selbst für Kreise wie den Obersächsischen, die bisher nur ein Instrument der Führungsmacht (Kursachsen) gewesen waren, auch wenn dort die Aktivitäten bald wieder abbrachen. Zum anderen mussten sie den Tendenzen in den deutschen Territorialfürstentümern Auftrieb geben, die ein stehendes, also ständig unter Waffen befindliches Heer zur Durchsetzung bestimmter politischer Ziele für unverzichtbar hielten, die im *miles perpetuus* das Gütesiegel moderner Staatlichkeit schlechthin erblickten. Dies bedeutete für die deutschen Landesfürsten im Allgemeinen Auseinandersetzungen mit den geldgebenden Landständen, die unabhängig davon vielerorts – ähnlich wie in etlichen europäischen Nachbarstaaten (Frankreich, Dänemark, England) – auch generell als Faktoren erkannt wurden, die der Durchsetzung der vollen fürstlichen Souveränität hindernd im Wege standen. Ein besonders aufschlussreiches, wenngleich für die deutsche Territorienwelt nicht unbedingt repräsentatives Beispiel ist Brandenburg, wo die Auseinandersetzungen des Großen Kurfürsten mit den verschiedenen Ständevertretungen seines zersplitterten Staatswesens um den *miles perpetuus* schon um 1650 eingesetzt hatten, wobei sich Fortschritte meist nur in Form von „Koppelgeschäften" erreichen ließen. Sie führten zuerst am Niederrhein 1660/61 zu dem Ergebnis, dass Werbung und Unterhaltung der Armee ohne landständische Mitwirkung in die alleinige Regie des Landesherrn übergingen – in anderen Redintegration der Reichskreise

Miles perpetuus

Landesteilen sind vergleichbare Ergebnisse einschließlich der Einführung der Akzise als der Truppenunterhaltungssteuer erst rund zwei Jahrzehnte später erreicht worden. Begünstigt wurde die Ausgrenzung der Stände aus der militärischen Sphäre im Übrigen auch durch eine Klausel im Jüngsten Reichsabschied von 1654 (§ 180), die den Ständen und Untertanen ausdrücklich auftrug, den Landesfürsten zur Besetzung und Unterhaltung der nötigen Festungen und Garnisonen zu steuern – ein verfassungsrechtlicher Hebel, der von manchen Fürsten konsequent und rasch genutzt wurde (Hessen-Kassel), um eine territorialstaatliche Kriegsverfassung auf- oder auszubauen. Im Übrigen soll aber hier schon betont werden, dass die Verdrängung der Landstände aus dem militärischen Sektor, die schon in der Wahlkapitulation von 1658 auf brandenburgisches Drängen bis zum Verbot der korporativen Klage bei den Reichsgerichten in Militärangelegenheiten ausgedehnt wurde, keinesfalls mit einem generellen Verfall des Ständewesen Ständetums gleichgesetzt werden darf. Es wusste vielmehr in manchen Territorien vor dem Hintergrund struktureller Krisen wie Landesteilungen oder fürstlicher Konfessionswechsel (Württemberg, Mecklenburg) durchaus eine starke Stellung als Kontroll- und Mitregierungsorgan zu behaupten, auch wenn es, wie in Kurbayern, meist zu einer Rumpfinstitution verkümmerte, die sich aus einem kleinen Kreis miteinander versippter Familien rekrutierte und zunehmend zu einem für das Fürstenregiment kalkulierbar werdenden Faktor wurde. Im Herrschaftsdiskurs, in den Sprechakten auf den (integralen oder geschrumpften) Landtagen, hat es seinen Anspruch, Teil des Landes zu sein und seinen Weg mitbestimmen zu wollen, immer wieder Ausdruck verliehen.

Bewährungsproben für die stehenden Heere der deutschen Fürsten, deren Unterhaltung die Eigenmittel freilich in aller Regel überstieg und ausländischer Subsidien bedurfte, sollten sich nur zu rasch eröffnen. Vor allem die zunehmend aggressiv werdende Politik Ludwigs XIV., die zugleich auch zu einem Impetus für weitere Bemühungen um den *miles perpetuus* und um die Organisation von Militärbündnissen wurde, provozierte das militärische Engagement deutscher Fürsten bzw. verstärkte zumindest die Bereitschaft dazu. Diese Politik, die u. a. auf dem Pyrenäenfrieden von 1659 und dem Rheinbund von 1658 aufbauen konnte, führte noch in den 1660er Jahren zu einem ersten internationalen Konflikt, der indirekt bereits aus dem großen und dominierenden Kontrovers- und Leitthema Spanische Erbfolge der europäischen Politik im Zeitalter Ludwigs XIV. erwuchs, der spanischen Erbfrage, also der Frage nach der Zukunft des weltumspannenden habsburgischen Imperiums, das freilich für jeden Erben nicht nur Gewinn, sondern auch ungeheure Belastungen verhieß.

In Spanien war das Ende der Habsburgerdynastie absehbar, nachdem 1665 der geistig und gesundheitlich labile Karl II. den Thron bestiegen hatte, mit dessen Ableben ständig gerechnet werden musste und dessen beide Ehen im Übrigen erwartungsgemäß kinderlos blieben. Aus dem Kreis möglicher Prätendenten hatte Philipp IV. den französischen König auszuschließen gesucht, indem bei ihrer Vermählung mit Ludwig XIV. seine älteste Tochter Maria Theresia förmlich auf die

Thronfolge hatte verzichten müssen. Das hatte Ludwig XIV., traumatisch verfolgt von der Vorstellung einer (durch Hausverträge vorgezeichneten) Wiedererstehung der alten habsburgischen „Universalmonarchie" Karls V., allerdings nicht daran gehindert, mit seinem Schwiegervater jahrelang über eine Abtretung des für Frankreich nächstliegenden und attraktivsten Teils des spanischen Erbes, der südlichen Niederlande, zu verhandeln – ein Indiz dafür, dass der Erbverzicht Maria Theresias nicht nur in Spanien als nicht unproblematisch angesehen wurde. Der Misserfolg dieser Bemühungen aber und die Vermählung der zweiten spanischen Infantin mit Kaiser Leopold I. provozierten dann den Entschluss, unter vorgeschobenen Rechtsgründen (der Nichtauszahlung der Mitgift und dem brabantischen Sonderrecht der Devolution) diesen Teil des spanischen Imperiums **Devolutionskrieg** vorzeitig zu annektieren – ein Entschluss, der auch das Reich berühren musste, weil die Spanischen Niederlande zum Burgundischen Reichskreis zählten.

Die strukturellen Voraussetzungen für diesen Coup waren günstig. Frankreich hatte seit dem Beginn des persönlichen Regiments Ludwigs XIV. entschieden an innerer Kraft und äußerem Prestige gewonnen – gerade deswegen aber war der Coup nicht unumstritten, weil er notwendigerweise die innenpolitisch orientierte Reform- und Konsolidierungsphase zunächst einmal unterbrechen würde: Immerhin zeitigte die Wirtschaftspolitik Colberts ihre ersten Erfolge, dem stehenden Heer, das durch Louvois zumindest partiell reorganisiert wurde, war eine Flotte von bisher nicht gekannter Schlagkraft zur Seite getreten. Zahlreiche europäische Fürsten waren in ein ausgeklügeltes Pensionensystem eingebunden worden und damit tatsächliche oder potentielle Parteigänger Ludwigs XIV. geworden. Die (oft vom Pariser Hof direkt finanziell unterstützten) Publizisten fochten mit viel Aufwand und Geschick für Frankreichs Führungsrolle im Abendland – Aubérys „Des justes prétentions du Roy sur l'Empire" ließ gerade 1667 die publizistischen Wogen der Erregung in Deutschland hochgehen, weil man darin eine Art Anspruch auf das Kaiseramt erblickte. Da zudem die beiden unmittelbar betroffenen Anrainerstaaten England und die niederländische Republik mit einem Handelskrieg gegeneinander befasst waren, der sich – wie bereits in den 1650er Jahren – an der Frage der Anerkennung der Navigationsakte und dem britischen Anspruch auf völkerrechtlichen Vorrang auf See entzündet hatte, konnte der militärische Streich gelingen: Im Sommer 1667 fielen in einem Blitzkrieg praktisch die gesamten Spanischen Niederlande in französische Hand – ein Beleg mehr für die Schwäche Spaniens, das allem Anschein nach aus eigener Kraft nicht mehr imstande war, die Integrität seines Staatsgebiets zu gewährleisten.

Dieser offenkundige Völkerrechts- und Landfriedensbruch, den der aus der Franche-Comté, dem spanisch-französisch-reichischen Überlappungsraum stammende kaiserliche Diplomat Lisola mit seinem glänzenden „Bouclier d'état et de justice" publikumswirksam nachwies, hatte freilich Konsequenzen, die Ludwig XIV. und sein Ministerium wohl nicht zur Gänze vorhergesehen hatten. Die **Reaktionen** Bildung einer schlagkräftigen Gegenkoalition benötigte zwar – wie immer – viel, in diesem Fall zu viel Zeit. Aber die Annexion ließ doch selbst bei Frankreichs Allianzpartnern die Irritationen sprunghaft wachsen und war mitverantwortlich dafür, dass viele Reichsstände wieder deutlich auf Distanz gingen und unter der Führung des Mainzer Kurfürsten und Reichserzkanzlers Schönborn letztlich die anstehende Verlängerung des Rheinbundes verweigerten. Das bedeutete aber keineswegs, dass das Reich sich nun entschlossen hinter der Hofburg versammelt hätte und gegen den Rechtsbruch vorgegangen wäre; in Wien hatte nämlich kurzfristig eine profranzösische Faktion die Oberhand gewonnen, die den Abschluss eines habsburgisch-bourbonischen Teilungsvertrages über das künftige spanische Erbe erwirkte und dadurch ein militärisches Engagement des Kaisers in den Niederlanden verhinderte. So kam es im Reich zwar zu hektischen Aktivitäten und einem Gewirr von diplomatischen Verhandlungen einschließlich eines Vermittlungsversuchs der Kurfürsten, aber die endgültige Bereinigung des Konflikts fand schließlich doch unter Ausschluss des Reichstags und der Stände statt: Eine

Aachener Friede (1668)
tendenziell profranzösisch orientierte Tripleallianz vermittelte 1668 den Aachener Frieden, der vor allem die flandrischen Grenzfestungen in französischer Hand beließ.

Frankreichs unbestreitbarer politischer Erfolg wurde aber doch relativiert durch ein wachsendes Misstrauen im Reich gegenüber seinem expansiven und rücksichtslosen Vorgehen, mit dem seit 1669 ein allmählich zunehmendes Vertrauen in den Kaiser korrespondieren sollte – seit der Abkehr Leopolds I. sowohl vom bisherigen habsburgischen Internationalismus wie von seinem Teilungsvertrag mit Frankreich gewann das Kaisertum unübersehbar ein neues Gewicht in der politischen Wirklichkeit des Reiches, auch wenn es insgesamt den kontinuierlichen Ausbau des Fürstenstaates nicht mehr aufzuhalten vermochte und gewissen Desintegrationserscheinungen selbst indirekt Vorschub leistete, indem es z. B. verstärkt *privilegia de non appellando* verlieh und damit das territoriale Eigenleben förderte.

Man hat in Europa in die Tripleallianz von 1668 (Niederlande, England, Schweden) eine Zeitlang die Hoffnung gesetzt, sie könne zu einem wirklichen Instrument zur Erhaltung und Garantie des Friedens ausgestaltet werden, zu einem Kontrollorgan, das weitere französische Aggressionen und Annexionen

Staatenpolitische Unruhe
verhindere. Diese Hoffnung erfüllte sich nicht; der Dreibund ist – trotz einer formalen Erneuerung 1670 – rasch wieder zerfallen und mit dem Geheimvertrag von Dover 1670, durch den Ludwig XIV. den Stuartkönig Karl II. an die Seite Frankreichs führte, faktisch kollabiert. Aus dem Gefühl der Schutz- und Wehrlosigkeit heraus – 1670 annektierte Ludwig XIV. das umstrittene Lothringen, und zwar ohne vorhergegangene Kriegserklärung, also unter Bruch des Völkerrechts, und seitdem sprach man offen darüber, dass eine weitere Aktion gegen die Niederlande nur eine Frage der Zeit sei – wurden im Reich deswegen zahlreiche politische Projekte ventiliert und diskutiert, Assoziationen zur Selbstverteidigung zu bilden, Überlegungen, die oft vom Sitz des Mainzer Kurfürsten ausgingen, an dessen Hof mit Leibniz' Sekuritätsgutachten auch ein bemerkenswerter publi-

zistischer Reflex dieser Unruhe und Unsicherheit entstand: ein Programm kurmainzischer Reichspolitik, dessen Mittelpunkt die Formierung einer neuen „beständigen Allianz" bildete, die allen Reichsständen unabhängig von ihrer Konfession und ihrer bisherigen politischen Ausrichtung offenstehen müsse, mit einer Allianzarmee und einer politischen Spitze, die vom Mainzer Kurfürst-Erzbischof dominiert werden sollte. Die politische Zielsetzung lief darauf hinaus, Frankreich die Erfolgsgarantie zu nehmen und Ludwig XIV. zu bewegen – was in Leibniz' „Consilium Aegyptiacum" wenig später noch expliziter ausgesprochen wurde –, seine politischen Ambitionen auf andere Regionen zu verlagern.

Selbstschutzorganisationspläne dieser Art, Versuche, auf föderativer Grundlage eine Art Sicherheitssystem zu errichten, blieben aber auch damals im Wesentlichen erfolglos und kamen über die ziemlich ineffiziente Marienburger Allianz von 1671 (mit Einschluss des Kaisers) noch nicht hinaus. Das hing nicht nur damit zusammen, dass die (immer noch schwankende) Wiener Hofburg sich weiterhin auffällig zurückhielt und im Herbst 1671 sogar zu einem Neutralitätsvertrag mit Frankreich bereitfand, sich also verpflichtete, in den bevorstehenden französisch-niederländischen Krieg nicht einzugreifen, sondern auch damit, dass die französische Diplomatie in den frühen 1670er Jahren im Reich noch einmal erstaunlich und auffällig an Terrain gewann, so dass beim Ausbruch des Krieges ein Großteil des Reiches vertragsmäßig an Frankreich gebunden war.

Der politisch exzellent vorbereitete und auch mit der Perspektive der Provokation von Spaniens (und dann auch Englands) militärischem Engagement verknüpfte französische Angriff auf die Vereinigten Niederlande im Frühjahr 1672, für den sich vor allem Turenne seit seiner Zulassung zum *conseil d'en haut* immer wieder stark gemacht hatte, war zum einen gedacht als Strafaktion für die frankreichfeindliche Intervention der Holländer im Devolutionskrieg, sollte aber zugleich den lebhaftesten Befürworter der von Paris inzwischen abgelehnten Teilung Spaniens, den Protektor und Rückhalt der französischen Hugenotten und den übermächtigen Handelsrivalen treffen und außerdem die Chance eröffnen, das gewinnreiche indonesische Kolonialreich in französische Hand zu bringen. Diese wirtschaftliche Dimension lag gewissermaßen in der inneren Logik der merkantilistischen Doktrin, dass Reichtum und (koloniale) Expansion nur zu Lasten der Rivalen möglich seien, weil Kapital und Ware als unveränderbar, als konstante Größen angesehen wurden, so dass es nur darum gehen konnte, das eigene Stück Kuchen größer und das des Konkurrenten kleiner werden zu lassen. Die rasche Abfolge von Devolutionskrieg und Holländischem Krieg lässt sicher aber auch die weitergehende Annahme zu, dass über alle persönliche Verärgerung über die Niederlande hinaus, deren wirtschaftlich-kommerzieller Einfluss auf den französischen Binnenmarkt für Paris zu einem Problem zu werden begann, Ludwig XIV. auch das Machtvakuum auszufüllen suchte, das mit und durch Spaniens kontinuierlichen Abstieg entstanden war – am Ende des Krieges musste bezeichnenderweise Spanien die Hauptzeche zahlen.

Niederländischer Krieg

Die großen Perspektiven, die die Vormachtstellung Frankreichs in Europa endgültig sichern und die überseeische Reichsbildung entscheidend vorantreiben sollten, wichen allerdings bald kräftiger Ernüchterung: Die Niederlande konnten militärisch im ersten Anlauf nur an den Rand der Katastrophe gebracht, aber nicht endgültig überwunden werden, politisch erhielt die „Krämerrepublik", deren innenpolitische Strukturen sich nach der Ermordung des Ratspensionärs de Witt radikal umgestalteten, damit die Chance, sich nach Verbündeten umzusehen und – nachdem Frankreich in Verkennung der Entwicklung 1673 auf ein äußerst günstiges Friedensangebot nicht eingegangen war – eine Koalition von europäischem Zuschnitt zustande zu bringen, für die nach dem Sturz des profranzösischen Ministers Lobkowitz erstmals nun auch der Kaiserhof gewonnen werden konnte. Die politische Argumentationsebene wurde dabei immer stärker die Perhorreszierung der französischen „Universalmonarchie", die im politischen Denken des Bourbonenkönigs ganz sicher ja auch eine Rolle spielte, und das Motiv, dass eine weitere Schwächung Mitteleuropas für die europäische Staatengemeinschaft verhängnisvoll werde und verhindert werden müsse. Innere Unruhen, ein Papst, der bereit zu sein schien, mit den Jansenisten gemeinsame Sache zu machen, die Sorge, dass sogar Karl II. von England sich der antifranzösischen Koalition anschließen konnte, ließen für Ludwig den Krieg immer mehr zu einer schweren Belastung werden; „the war on which he had staked so much of his reputation became grim" (Paul Sonnino). Während sich der Krieg zunehmend in den Westen des Reiches – das sich ohne formelle Kriegserklärung faktisch seit 1674 im Kriegszustand befand – und in die Spanischen Niederlande verlagerte und sich nach dem Eingreifen der Schweden auch nach Norddeutschland ausdehnte, wo gegen den nach wie vor von einem bedenklichen Opportunismus erfüllten Großen Kurfürsten eine zweite Front errichtet wurde, kamen bereits 1673 konkrete Friedenskontakte zustande, die sich nach dem Scheitern eines ersten Kongresses in Köln 1676 zu einem Kongress in Nimwegen verdichteten, auf dem nach mühevollen Beratungen unter Vermittlung Englands und der Kurie 1678/79 ein Bündel bilateraler Friedensverträge abgeschlossen wurde. Symptomatisch war, dass es Frankreich erstmals gelang, militärische Nachteile am Konferenztisch auszugleichen und eine überlegene Koalition politisch auseinanderzudividieren, aus der diesmal zuerst die Generalstaaten – gegen einen vorteilhaften Handelsvertrag und die Rückgabe einiger Grenzfestungen – herausgebrochen wurden. Den Schaden trugen andere davon, nicht die Niederlande, deren Niederwerfung das eigentliche Kriegsziel Frankreichs gewesen war: Spanien insbesondere, das die Franche-Comté abtreten musste, aber auch der Kaiserhof, der seines unzureichenden Realismus und seiner mangelnden Entschlossenheit wegen immer mehr in die Isolierung geriet und, nicht zum letzten Mal, von der französischen Diplomatie völlig überspielt wurde. Einen politischen Rückschlag für die Hofburg stellte es insbesondere auch dar, dass es nicht gelang, Brandenburg im kaiserlichen Lager zu halten, dem man hinsichtlich seiner pommerschen Erwerbungsziele nicht helfen konnte und das man durch die Ein-

Antifranzösische Koalition

Nimwegener Friede

ziehung der 1675 frei gewordenen, vom Großen Kurfürsten reklamierten schlesischen Fürstentümer Liegnitz, Brieg und Wohlau als erledigte Lehen noch zusätzlich brüskiert hatte. Auf der Habenseite konnte die Hofburg allenfalls verbuchen, dass es auf dem ersten „europäischen" Kongress nach Münster/Osnabrück gelang, die Vertretung des Reiches – statt sie einer Reichsfriedensdeputation zu überlassen – in der eigenen Hand zu behalten, womit die Stände stillschweigend einen potentiell prestigefördernden Rechtstitel wieder aus der Hand gaben; die völkerrechtliche Vertretung des Reiches ging nach diesem Modell oder in etwas veränderter Form in Zukunft wieder an den Kaiser über.

So sehr die französische Panegyrik den Nimwegener Frieden als einen überragenden Erfolg Ludwigs des „Großen" interpretierte, so problematisch ist eine solche Deutung, weil sie unterschlägt, dass im Grunde keins der politischen Ziele von 1672 erreicht worden war und die Krise nur durch eine ganz ungewöhnliche Anspannung von Gesellschaft, Wirtschaft und Finanzen hatte bewältigt werden können, die an die Substanz ging, regionale Unruhen und Aufstände nach sich gezogen hatte und nicht perpetuiert werden konnte. Aber man schätzte es in Paris wohl richtig ein, dass unmittelbar nach dem Friedensschluss Kaiser und Reich nicht sofort wieder zu den Waffen greifen würden. Am Beginn des Krieges war mit dem erfolgreichen Angriff auf die Reichsfreiheit der zehn Reichsstädte bereits ein erster Schritt zur definitiven Einverleibung des Elsass geglückt, und während des Krieges hatte sich dann die Überzeugung verstärkt, dass eines der vordringlichen Ziele nach dem Frieden das sein musste, im strategisch wichtigen Elsass für klare Verhältnisse zu sorgen. In Nimwegen hatten es die französischen Diplomaten geschickt vermieden, über eine Präzisierung des unscharfen Elsass-Artikels von 1648 zu verhandeln, jetzt aber ergriff Ludwig XIV. rasch und mit großer Konsequenz die Initiative: Die elsässische Reichsritterschaft wurde unter die Souveränität des französischen Königs gezwungen, bei dem wiedereingesetzten Bischof von Straßburg, einem der beiden frankreichhörigen Fürstenberg-Brüder, bedurfte es gar keines besonderen Drucks, um sein Hochstift unter französische Obedienz zu bringen, und auch das sog. Straßburger Landgebiet wurde, allen Vorstellungen und Protesten des Straßburger Magistrats zum Trotz, noch im Herbst 1680 in königliche Verwaltung genommen. Um dem allem einen Schein von Legalität zu geben und um auch noch die letzten Reichsfürsten aus ihren Besitzungen und sonstigen Rechten im Elsass zu verdrängen, wurden eigene Reunionskammern ins Leben gerufen, auf deren Spruch hin militärische Okkupation und Beschlagnahme der Einkünfte erfolgte. Abgeschlossen wurde dieser ganze Vorgang im September 1681 durch die Besetzung der Reichsstadt Straßburg, die militärisch für den Fall eines französischen Angriffs überhaupt nicht vorgesorgt hatte und nach ihrer Kapitulation umgehend durch Vauban in großem Stil befestigt und in den über dreihundert Baumaßnahmen umfassenden französischen Festungsgürtel integriert wurde, der seinerseits für viele europäische Staaten zu einem bewunderten und mehrfach nachgeahmten Beispiel (belgische Barriere, Schlesien nach 1740) wurde. Frankreich hat die neue Provinz, die das

Lösung der Elsassfrage

jahrhundertelang äußerst zersplitterte Elsass erstmals wieder einte, bei aller Einräumung gewisser Sonderrechte natürlich rasch administrativ und sozial in den Staatsverband einzugliedern gesucht und insbesondere die katholische Kirche nachhaltig gefördert, womit sich die Konfessionsstruktur in der bisher überwiegend protestantischen Region relativ schnell änderte.

In Europa und vor allem im Reich riefen diese neuerlichen Gewaltakte und Völkerrechtsverletzungen Ludwigs XIV. nicht nur eine Welle der Empörung hervor, sondern beschleunigten auch den Abschluss einer – seit langem überfälligen – Reichskriegsverfassung; sie waren zudem nicht zuletzt verantwortlich für eine neue Etappe innerreichischer und internationaler Bündnisbestrebungen. Die Verhandlungen über die Reichskriegsverfassung, die ihrem Wesen nach immer eine Defensionalverfassung sein würde, waren von der Hofburg unmittelbar nach dem Nimwegener Frieden eingeleitet worden, wobei die ursprüngliche Wiener Konzeption der Einzelverhandlung mit den entscheidenden Reichsständen dann rasch zugunsten der Befassung des Reichstags mit dieser Angelegenheit hatte aufgegeben werden müssen. 1681, mitbedingt ebenso durch das Elsass-Trauma wie durch die drohende Türkengefahr, kamen diese Beratungen nun zu ihrem Abschluss, der ein von den Reichskreisen zu stellendes und zu organisierendes stehendes Heer vorsah, das im Kriegsfall entsprechend vergrößert werden sollte – eine der wenigen verfassungsrechtlichen Weiterentwicklungen nach dem Westfälischen Frieden, für die allerdings die mächtigen Flächenstaaten meist nur schwer zu gewinnen waren, weil jede ein Mehr an „Staatlichkeit" nach sich ziehende Reichsreform mit ihren je eigenen Interessen kollidierte. So war es kein Zufall, dass Kurbrandenburg dem ohnehin eher inaktiven Obersächsischen Reichskreis nun gewissermaßen den Todesstoß versetzte. Diese Reichskriegsverfassung war zwar mit schweren Mängeln behaftet, sie blieb aber dennoch bis zum Ende des Alten Reiches formal die Grundlage des Reichskriegswesens. Freilich stand – ein Handikap von der ersten Stunde an – der Kaiserhof keineswegs voll hinter dieser Konzeption, dessen Intention ursprünglich dahin gegangen war, über das ihm zuzuordnende Reichsheer vielleicht doch noch eine „monarchische" Stellung in der Verfassungswirklichkeit zu erreichen. Von daher erklärt es sich u. a., dass die Hofburg trotz der neuen Reichskriegsverfassung den Weg der Separatallianzen mit einzelnen Reichsständen zu beschreiten begann, um gegen die französische Bedrohung gewappnet zu sein. Die Laxenburger Allianz von 1682 steht für diese neue Politik Wiens, das Assoziationswesen nunmehr in seinem Sinn zu instrumentalisieren.

Dass diese (kaiserlich dominierte) Laxenburger Allianz überraschend viel Zulauf fand, ist auch vor dem Hintergrund der Tatsache zu sehen, dass Ansehen und Prestige Leopolds I. seit der Wende zu den 1680er Jahren sichtbar zunahmen – teils (negativ) bedingt dadurch, dass die französische Politik entschieden an Terrain verlor, teils (positiv) aber auch dadurch, dass die Identifikationsbereitschaft mit der kaiserlichen Politik wuchs; es ist außerordentlich bezeichnend, dass gerade zu dieser Zeit erstmals ein französischer Jurist und Publizist (Bruneau) zu

Reichskriegs-
verfassung

Laxenburger
Allianz

der ansonsten immer abgelehnten Einschätzung gelangte, der Kaiser sei gegenwärtig „Monarque souverain de l'Empire". Dass der Habsburger konfessionelle Konflikte im Reich zumindest nicht provozierte und schürte und sich generell in einem beachtlichen Maß auf den Boden der Friedensordnung von 1648 stellte, mag diesen Prozess gefördert haben. Und diese zunehmende Orientierung der Reichsstände an der Wiener Hofburg verstärkte sich noch, seit es ihr – im Verein mit Verbündeten – in spektakulärer Weise gelungen war, den Vormarsch der Osmanen nach Mitteleuropa zu stoppen.

Probleme an der südöstlichen Flanke seines Reiches hatte Leopold I. seit geraumer Zeit. In Ungarn tobte seit einer großen Magnatenverschwörung von 1670 ein blutiger nationaler Aufstand mit konfessionellen Untertönen gegen die verhassten Österreicher, der sog. Kuruzzenkrieg. Die Resurrektion gewann zunehmend eine Kuruzzenaufstand europäische Funktion, weil die Rebellen, die „Malkontenten", überwiegend kalvinistische Kleinadelsfamilien, von einer ganzen Reihe europäischer Staaten unterstützt wurden, so besonders von Ludwig XIV., der hier eine Möglichkeit sah, den Kaiser an einer anderen Front zu binden, ihm in seinem Rücken Schwierigkeiten zu bereiten. Die Verhältnisse in Ungarn wurden dadurch noch komplizierter, als sich die Hofburg zu einer klaren und zielbewussten Politik den Kuruzzen gegenüber nicht durchringen konnte, zwischen Nachgiebigkeit und Härte schwankte, versuchte, die Dinge möglichst in der Schwebe zu halten, um zunächst ihre Kräfte ganz auf den Westen des Reiches zu konzentrieren. Die Kuruzzen drängten sich deswegen als gewissermaßen natürliche Verbündete auch der Osmanen auf, die eine Reihe militärischer und politischer Scharten gegen Polen und die Russen auszuwetzen suchten, die ihr Prestigebewusstsein empfindlich getroffen hatten. Die neue militärische Auseinandersetzung mit den Türken und ihrem zum Erfolg verurteilten Großwesir Kara Mustafa, einem „sozialen Aufsteiger" aus allereinfachsten kleinasiatischen Verhältnissen, war 1682 vorhersehbar und unabwendbar; Leopold I. fand für sie umfassende politisch-finanzielle und militärische Unterstützung, mit der im September 1683 – freilich in Abwesenheit des Kaisers Türkenkrieg 1683 – die Befreiung des eingeschlossenen Wien gelang (Schlacht am Kahlenberg). Die These, dass „Wien 1683" Mitteleuropa davor bewahrte, zu einem türkischen Tributärgebiet abzusinken, kann heute zwar nicht mehr aufrechterhalten werden, aber das mindert den epochalen Charakter dieses Ereignisses für die europäische Geschichte nicht: Zum letzten Mal in der Neuzeit war ein gemeineuropäisches Solidaritätsgefühl entstanden und politisch wirksam geworden, das weit über den Kreis der unmittelbar beteiligten Mächte hinausging und sogar stark genug war, um Ludwig XIV. von einer Ausnutzung der Situation abzuhalten. Die dem militärischen Triumph am Kahlenberg folgenden Jahre waren in Wien im Gegensatz zu allen früheren Türkenkriegen davon geprägt, nunmehr offensiv gegen die Osmanen vorzugehen – der Abschluss der unter päpstlichem Protektorat stehenden Heiligen Liga 1684 mit Venedig und Polen und unter ausdrücklicher Einladung an das orthodoxe Russland schuf hier gewissermaßen die mächtepolitische Voraussetzung –, also Perspektiven ins Auge zu fassen, die noch über die endgültige Integration Ungarns in den österreichischen Staatsverband hinausgingen. Insofern kann man mit der Kahlenbergschlacht und der Entscheidung eines durchaus noch in Kategorien des Türkenkreuzzugs denkenden Kaisers, den Argumenten der vom Nuntius angeführten „Ostpartei" an seinem Hof Gehör zu schenken, den Beginn der österreichischen Großmachtbildung datieren: Die Konsolidierung der österreichischen Herrschaft in Ungarn und auf dem Balkan, die durch eine gezielte Bevölkerungspolitik unterstützt wurde und die eine Modernisierung und Intensivierung der gesamten Zentralverwaltung erforderte und auslöste, ist das große Thema des nächsten Jahrhunderts, aber auch schon die Erkenntnis, dass das osmanische Südosteuropa nun keineswegs allein zur Disposition Österreichs stand, sondern auf dem Balkan verstärkt mit der russischen Rivalität gerechnet werden musste. Die Kette von militärischen Niederlagen bis hin zum Frieden von Karlowitz 1699 und im Türkenkrieg des Prinzen Eugen 1716/18 ließen außerdem keinen Zweifel mehr daran, dass die Hohe Pforte, die sich auf dem Balkan zudem mit einer wachsenden Zahl von „nationalen" und auch religiös eingefärbten Revolten konfrontiert sah, aus dem Kreis der europäischen Großmächte, dem sie zumindest faktisch angehört hatte, wieder ausgeschieden war, auch wenn sich der Prozess der weiteren Amputierung der türkischen Großmacht dann noch bis ins ausgehende 19. Jahrhundert hinzog. In der öffentlichen Meinung, wie sie sich in der Publizistik widerspiegelte, veränderte sich dementsprechend seit dem ausgehenden 17. Jahrhundert das Osmanenbild rasch in Richtung „Ridikülisierung" (Martin Wrede).

Die Wiener Hofburg hat von dem Prestigeerfolg von 1683 in der öffentlichen Meinung nachhaltig profitiert, für das Reich hatte die Fortsetzung des österreichischen Türkenkrieges aber auch die Konsequenz, dass es die Akzentverschiebung der kaiserlichen Politik nach Osten zu spüren bekam. Symptomatisch dafür, dass sich die politischen Prioritäten veränderten, war, dass Wien in einen kurz nach der Entscheidungsschlacht von Ludwig XIV. vom Zaun gebrochenen neuerlichen Krieg gegen Spanien nicht eingriff und es hinnahm, dass die wichtige Festung Luxemburg in französische Hände überging. Ein Indikator für eine zunehmende Balkanorientierung Wiens war auch, dass sich Leopold I. im Sommer 1684 damit einverstanden erklärte, dass zwischen Frankreich und dem Reich ein 20jähriger Waffenstillstand (Regensburger Stillstand) geschlossen wurde, der Ludwig XIV. im Besitz aller seit 1679 reunierten Gebiete bestätigte – die Konstruktion des Waffenstillstandes wurde gewählt, um die Fiktion aufrechtzuerhalten, dass noch kein Recht des Reiches endgültig aufgegeben worden sei, in Wirklichkeit aber waren sich alle nüchtern denkenden Politiker darüber im Klaren, dass diese Besitzübertragung definitiv und unabänderlich war.

Dies bedeutete allerdings nur eine scheinbare Beruhigung; Frankreich war noch keineswegs saturiert, hatte das Ziel, seinen Einfluss auf das und im Reich zu verstärken, überhaupt nicht aufgegeben, auch wenn nach 1683 manche perspektivenreiche Koalition mit diesem und jenem Reichsfürsten (Kurbayern) in die Brüche ging, darunter auch die mit Kurbrandenburg, dessen Herrscher sich seit dem Vertrag von Saint-Germain 1679 in durchaus egozentrischer und mit dem *ius foederis* von 1648 wohl nur noch schwer in Einklang zu bringender Weise der französischen Politik unterworfen hatte und der jetzt, nachdem sich trotz einer Offensivallianz mit Frankreich gegen Schweden (1683) seine Pommernträume erneut nicht erfüllt hatten, ins kaiserliche Lager zurückschwenkte. Freilich resultierten die Turbulenzen, in die Europa seit 1685 geriet und die manche Historiker dazu verleiten, von einer „Krise der 1680er Jahre" zu sprechen, nur zum Teil aus Frankreichs Engagement im Reich.

Die eine dieser Turbulenzen, die Ludwig XIV. weder den erhofften religionspolitischen Gewinn brachte noch seinem außenpolitischen Prestige in irgendeiner Weise förderlich war, erwuchs aus der innenpolitischen Entscheidung, das Edikt von Nantes zu Lasten der französischen Hugenotten zu widerrufen. Das Toleranzedikt von 1598, das den französischen Kalvinisten in bestimmten Grenzen Glaubensfreiheit garantiert hatte, war in der französischen Öffentlichkeit seit langem umstritten. Bereits seit den ausgehenden 1670er Jahren schränkten immer neue Restriktionen den sozialen Freiraum dieser konfessionellen Minderheit ständig weiter ein. Jetzt, im Oktober 1685, außenpolitisch durch den Regensburger Stillstand entlastet, die herrschaftstheoretische Prämisse der Einheit des Staates auch im Glauben reaktivierend, an einer Verbesserung seines wegen des Problems des Gallikanismus ernstlich gestörten Verhältnisses zur Kurie interessiert, im Blick auf die spanische Erbfolge um sein „katholisches" Image bemüht und im Übrigen die Dimension der Hugenottenfrage auch unterschätzend, ließ Ludwig XIV. die Rechtsgrundlagen schaffen, um die nichtkonversionswilligen reformierten Prediger des Landes zu verweisen, alle Hugenottenkirchen zu zerstören, Auswanderung oder Flucht anstelle der Konversion unter strengste Strafen zu stellen. Das Edikt von Fontainebleau sollte sich jedoch insgesamt als ein verhängnisvoller Fehlschlag erweisen; nicht nur, dass die französische Wirtschaft infolge des „Exports" von *Know-how* durch die dem Land den Rücken kehrenden Hugenotten und durch einen Modernisierungsschub in den Nachbarländern direkt oder indirekt immensen Schaden erlitt, durch das protestantische Europa ging auch ein Aufschrei der Empörung über diesen dem Zeitgeist so offenkundig Hohn sprechenden Rückfall in die Zeit der Glaubenskämpfe, eine (allerdings meist auch von staatsutilitaristischen Erwägungen begleitete) Welle des Mitgefühls, die die über eine Viertelmillion Glaubensflüchtlinge in den nächsten Jahren in England, der Schweiz und den Niederlanden, in Dänemark und deutschen Staaten, ja sogar in Südafrika relativ schnell eine neue Heimat finden ließ (wobei sich die Integration meist ohne allzu große Probleme vollzog). Die Aufnahme der Hugenotten in den deutschen Territorialstaaten (Brandenburg, Hessen-Kassel usw.), Bestandteil auch noch der Peuplierungspolitik der Nachkriegszeit, hat vor allem in den Städten als wirkliche Zäsur gewirkt, weil nicht nur neue Produktionsverfahren und Berufe eingeführt wurden, sondern die Hugenotten auch im Sozialleben rasch in Führungspositionen einrückten.

Widerruf des Edikts von Nantes

Ludwig XIV.
und das Ende
des Hauses
Pfalz-Simmern

Konfessionspolitische Aspekte eignen – mehr oder weniger intensiv – auch den anderen beiden großen Konflikten der späten 1680er Jahre. In der Kurpfalz starb 1685 die (protestantische) simmernsche Kurlinie aus, womit sich u. a. auch, da eine katholische Linie (Neuburg) folgte, die Frage der wachsenden konfessionellen Disparität im Kurkolleg stellte – neben anderen ein Argument, das wenige Jahre später bei der Begründung der (9.) hannoverschen Kurwürde eine gewisse Rolle spielte. Die pfälzische Erbfolge wurde aber vor allem deswegen zu einem Problem der europäischen Politik, weil Ludwig XIV. – nach dem gleichen Prinzip wie 1667 – einen Erbverzicht nicht anerkannte. Elisabeth Charlotte, die Gemahlin des Königsbruders Orléans, hatte bei ihrer Heirat formell Verzicht auf das allodiale Stammgut des Hauses Simmern geleistet, aber genau darauf – neben dem Privatvermögen des verstorbenen Kurfürsten – erhob Ludwig XIV. nun im Namen seiner Schwägerin Anspruch. Über diese Forderung, die vor allem ein reichsrechtliches Problem darstellte, ist zunächst am Regensburger Reichstag verhandelt worden, bis der Sonnenkönig 1688 sie und die Kölner Erzbischofswahl, bei der Frankreich mit seinem Kandidaten Fürstenberg letztlich nicht durchdrang, zum Vorwand nahm, um einen neuerlichen internationalen Konflikt vom Zaun zu brechen.

Rekatholisierungspolitik Jakobs II.
von England

Konfessionell viel brisanter aber war die Zuspitzung der Lage in England. Seit der Restauration der stets katholisierender Tendenzen verdächtigten Stuarts war die Ausgrenzung der Katholiken zu einem Leitthema der englischen Innenpolitik geworden, das in den beiden *Test Acts* von 1673 bzw. 1678 kulminiert war, denenzufolge alle zivilen und militärischen Ämter loyalen Anglikanern vorzubehalten und alle Katholiken aus dem Parlament auszuschließen waren. Trotz des beharrlichen Widerstands der Whigs trat 1685 nach dem Tod des kinderlosen Karl II. dessen Bruder Jakob (II.) die Thronfolge an, der aus seinem katholischen Bekenntnis überhaupt kein Hehl mehr machte und demonstrativ beide „Parteien", auch die Tories, provozierte, indem er sich mit katholischen Beratern umgab, die Aufhebung der *Test Acts* verlangte, einen geistlichen Gerichtshof errichtete und neue Indulgenzerklärungen zugunsten der Katholiken erließ. Als 1688 dann auch noch – nach zwei Töchtern – ein Thronfolger geboren wurde, von dem befürchtet werden musste, dass er die Rekatholisierungspolitik seines Vaters fortsetzen würde, handelten beide Parteien: In einer gemeinsamen, verfassungsrechtlich aber recht dubiosen Aktion boten sie dem protestantischen Schwiegersohn Jakobs II., dem Ehemann seiner ältesten Tochter Maria, Wilhelm (III.) von Oranien, den Thron an. England stand vor einem Bürgerkrieg, und da Ludwig XIV. zu dieser Entwicklung nicht einfach schweigen konnte, war abzusehen, dass der im Reich bereits ausgebrochene Konflikt sich rasch in einen erneuten europäischen Krieg ausweiten würde.

„Krise der
1680er Jahre"?

Dieser neuerliche Konflikt seit 1688 hat die Verbreitung der These begünstigt, dass in den 1680er Jahren eine „general European crisis" (Andrew Lossky) zu sehen sei. Der allzu oft unreflektierte Gebrauch des Krisenbegriffs ist sicher nicht unproblematisch; richtig aber ist, dass sich in zahlreichen europäischen Staaten die

Symptome für neue Entwicklungen, für politische Neuansätze häuften, so dass es gerechtfertigt erscheint, beim Versuch einer Strukturierung der Epoche Ludwigs XIV. den Schnitt hierhin zu legen: Frankreich nahm im europäischen Kräftespiel offenkundig nicht mehr die dominierende Position der 1660er und 1670er Jahre ein; sein Bündnissystem wurde bedenklich durchlöchert – im Reich signalisierte die (von Versailles freilich stark überschätzte) Augsburger Allianz von 1686, dass dort eigentlich keine Klientel mehr vorhanden war –, so dass Versailles 1688 außenpolitisch fast isoliert dastand; den Reunionen ging jeder große politische Zug ab, die außenpolitischen Fehlentscheidungen Ludwigs XIV. häuften sich, die Kraftprobe mit der Kurie konnte nicht erfolgreich bestanden werden, das Edikt von Fontainebleau erwies sich, so „normal" der Wunsch nach religiöser Uniformität auch war, als ein verhängnisvoller Fehler. Das habsburgische Österreich stellte mit seinen Erfolgen gegen die Osmanen die Weichen für den Aufstieg zur Großmacht und schuf sich mit der Erblichmachung der ungarischen Krone einen politischen Pfeiler außerhalb des Reiches, der in seinem Stellenwert kaum überschätzt werden kann. In Schweden begann der Weg zur Souveränitätserklärung von 1693 ebenfalls in den 1680er Jahren, in England wurden umgekehrt die Ansätze zum monarchischen Absolutismus beiseitegefegt, und schließlich wurden auch in Russland Reformen eingeleitet, die für die Großmachtbildung unabdingbare Voraussetzungen waren.

3. VERDICHTUNG, ZUSTÄNDIGKEITSAUSDEHNUNG UND FÜRSTENBEZOGENHEIT ALS STAATSPRINZIP

Problematik des
Absolutismus-
Begriffs

Die Verwendung des traditionellen Absolutismus-Begriffs als qualitative Kategorie oder gar als Epochenbezeichnung ist heute keine geschichtswissenschaftliche Selbstverständlichkeit mehr; an anderer Stelle wird darüber im Einzelnen zu handeln sein. Es schuldet sich nur der Tatsache, dass ein vergleichbar griffiger Alternativbegriff noch nicht zur Verfügung steht, der die spezifische Physiognomie staatlich-fürstlichen Handelns in der hier in Rede stehenden Epoche auf den Punkt bringt, dass im Folgenden der Begriff weiter (sparsam) verwendet wird, der allerdings, um Distanz zum Ausdruck zu bringen, stets in Anführungszeichen gesetzt wird.

So sehr sich die Forschung über das Phänomen „Absolutismus" seit Wilhelm Roschers erstem Kategorisierungsversuch (1874) vor allem in den letzten sieben Jahrzehnten intensiviert und zugleich differenziert hat, indem beispielsweise die lange vorherrschende Grundrichtung, in ihm die entscheidende Vorstufe moderner Staatlichkeit zu fassen, sich zugunsten einer eher sozialgeschichtlichen, die inneren Strukturen hinterfragenden Sehweise verändert hat, so schwierig ist es nach wie vor, das auf Staatsverdichtung, Kompetenzerweiterung und Fürstenbezogenheit zielende Staats- und Regierungsprinzip der Epoche griffig und bündig zu beschreiben – vor allem deshalb, weil der „Absolutismus" je verschiedene Entwicklungen genommen hat, mit Phasenverschiebungen aufgetreten und überhaupt nie in Reinkultur verwirklicht worden ist.

Genese des
„Absolutismus"

Einig ist sich die Forschung dagegen im Wesentlichen über das Faktorenbündel, das zum Entstehen einer gegenüber der vorangehenden Epoche deutlich veränderten Regierungspraxis geführt hat. Die „absolute" Fürstenherrschaft ist, zumindest in West- und Mitteleuropa, ihrem Ursprung nach zunächst einmal der Versuch, auf inner- und zwischenstaatliche Herausforderungen mit Kompetenz- und Machterweiterung des Staates zu antworten: Die konfessionellen Bürgerkriege schaffen staatsrechtlich fast ausweglos erscheinende Krisensituationen, die die Unfähigkeit der alten Ordnungskräfte erweisen, territoriale und soziale Desintegration zu verhindern, die die – wiederum in sich konfessionell zerrissenen – Stände überfordern und die fast zwangsläufig das Gesetz des Handelns in die Hand eines entschlossenen Fürsten legen, der die traditionellen, sich aus guter alteuropäischer Quelle speisenden Beschränkungen seiner Macht mehr oder weniger energisch beseitigt (oder doch zu beseitigen versucht), also es versteht (oder es doch versucht), sich von den Ständen zu emanzipieren oder sie in eine bedeutungslose Nebenrolle abzudrängen. Das, was man „Absolutismus" nennt, Staatsverdichtung, Effizienzsteigerung, ist, so gesehen, vordergründig eine Antwort auf den Prozess der Konfessionalisierung Europas, eine Antwort auch auf den zur gleichen Zeit sich intensivierenden Staatenwettbewerb; aber er wirkte weit über die Phase des konfessionellen Zeitalters hinaus: Der bisherige ständestaatliche

Dualismus mit Fürst *und* Ständen als Repräsentanten des Landes, also die Vertei- · Herrscher-
lung von Macht und Souveränität auf mehrere Träger, wird in seinem Gleich- · auffassung
gewicht gefährdet zugunsten des Machtanspruchs des Fürsten, der sich zunehmend zur alleinigen Inkarnation des Staates stilisiert und dies auch in praktische
Politik umsetzt, indem er Verwaltung, Beamtentum und Heer auf einen zentralen
Punkt im Staat hin ausrichtet, indem er den Staat rationalisiert und modernisiert
und damit dem – an sich bereits vorhandenen – Verstaatungsprozess einen nachhaltigen Entwicklungsschub verleiht. Er drängt dabei mehr oder weniger deutlich
auch die regionale Autonomie des Adels zurück – ohne dass die Ausschaltung
oder gar Beseitigung der Stände eo ipso und immer sein primäres Ziel gewesen
wäre – und stützt seine Herrschaft zunehmend, sofern vorhanden, auf das
Bürgertum, dessen Kapital und personelle Hilfestellung. Die Sakralisierung des
Herrschers, der gleichwohl immer nur „absolut" in dem Sinn war, dass auch für
ihn göttliches und natürliches Recht, „Fundamentalgesetze" wie z. B. Thronfolge-
ordnungen und Gewohnheitsrecht bindend blieben, widerspricht dieser Rationalisierung an sich zwar, ist dann aber im Prozess der ideologischen Absicherung des
„Absolutismus" von den Theoretikern besonders nachdrücklich formuliert worden: Das Gottesgnadentum des Herrschers ergab sich im Mittelalter gewissermaßen selbstverständlich aus seinem Platz in der heilsgeschichtlichen Ordnung,
nachdem diese Ordnung aber auseinandergebrochen war, musste der Fürst als
gottähnlich, als divin, stilisiert werden, musste sich in die Reihe der alttestamentlichen Könige und der antiken Gottheiten stellen – die Panegyrik, der Hof, die
hofnahe Historiographie waren die Foren, die für die Sakralisierung vorrangig instrumentalisiert wurden, die thaumaturgischen Qualitäten der Könige zumindest
in Frankreich (und in England bis zum Ende der Stuartepoche) ein Mittel, um
diesen Anspruch immer wieder zu unterstreichen.

Umfassende Theoriegebäude der neuen fürstenbezogenen und effizienzorien- · Theoretische
tierten Herrschaftsform sind nicht vor dem ausgehenden 17. Jahrhundert kon- · Begründung des
zipiert und publiziert worden, zu einem Zeitpunkt also, als diese Staatspraxis sich · „Absolutismus"
in Teilen des Kontinents längst durchgesetzt hatte. Seit Jean Bodins „Six livres de
la république" (1576) aber waren zumal in Frankreich – oft aus aktuellem Anlass
– zahlreiche Traktate erschienen, in denen wesentliche Elemente der monarchischen Autokratie entwickelt, in denen die spezifisch französische Auffassung von
„Souveränität" fortgeschrieben und mit Elementen der italienischen *ragione-di-
stato*-Lehre angereichert, in denen u. a. auch die medizinische Temperamentelehre
und die Klimatheorie auf das Beispiel Frankreich appliziert worden waren. So
hatte etwa 1632 der Staatsrat Lebret in seinem „De la Souveraineté du Roy" einen
ganzen Katalog von Kriterien aufgestellt, die den „absoluten", d. h. nur von Gott
abhängigen Fürsten ausmachten: u. a. sein alleiniges Gesetzgebungs- und Ge-
setzesinterpretationsrecht, die Unteilbarkeit seiner Souveränität, das strikte Verbot, ihm – selbst bei Machtmissbrauch – Widerstand zu leisten, die Unterwerfung
der gesamten Geistlichkeit unter seine Omnipotenz. Diese Produktion von
Schriften, die, bewusst oder unbewusst, darauf abzielten, eine Lehre von der ab-

soluten Monarchie zu fixieren, hatte im Vorfeld und im Gefolge der Fronde einen Höhepunkt erreicht, als Autoren wie La Mothe le Vayer, der dann nicht zum Zug gekommene Erzieher Ludwigs XIV., Gabriel Naudé und andere die Stärkung der monarchischen Gewalt theoretisch zu begründen und wissenschaftlich zu rechtfertigen suchten. Hier wurden – unter dem Leitthema der Schaffung eines einheitlichen, kontrollierten und gefügigen Untertanenverbandes – Akkorde angeschlagen wie die, dass der Monarch sämtliche Parteiungen und Unruhefaktoren in seinem Reich bekämpfen müsse, darunter auch den Adel, dass die Sonderrechte von konfessionellen Gruppierungen abzuschaffen und die religiöse Einheit des Staates wiederherzustellen seien usw.

Diese Schriften hatten ganz ohne Frage eine erhebliche Breitenwirkung bis hinauf in die Staatsspitze; z. B. können manche Gedanken und Bilder, die Ludwig XIV. in seinen Selbstreflexionen („Mémoires") verwendet, auf sie zurückgeführt werden. Eine Zusammenfassung dieser vielen Bausteine zu einer umfassenden Theorie des „Absolutismus" erfolgte bezeichnenderweise aber erst ganz am Ende Bossuet der Epoche Ludwigs XIV., in Jacques-Bénigne Bossuets postum 1709 publizierter Schrift „Politique tirée des propres paroles de l'Ecriture Sainte", dem Versuch, den (durch die Reservierung des *ius armorum* für den Fürsten definierten und charakterisierten) „Absolutismus" durch Belege aus der Heiligen Schrift zu untermauern und damit das Fürstenamt über die Ebene des rational konstruierten Staates hinauszuheben und aus dem gesteigerten sakralen Charakter des Königtums ein auch religiös begründetes verschärftes Verbot jeden Widerstandes abzuleiten.

Hobbes   Aber selbstverständlich konnte auch die (übrigens im französischen Exil konzipierte) Staatsphilosophie Thomas Hobbes' jederzeit für den monarchischen „Absolutismus" instrumentalisiert werden – bezeichnenderweise wurde sein Hauptwerk im ludovizianischen Frankreich nicht weniger als viermal übersetzt und von Bossuet ganz ausdrücklich rezipiert. Ähnlich wie Machiavell, den er in mancher Hinsicht „beerbt" – man distanziert sich von ihm, ja perhorresziert ihn, um ihn gleichzeitig latent zu bewundern –, kommt Hobbes („Leviathan", 1651) auf der Basis einer tiefen Skepsis gegenüber der menschlichen Natur („homo homini lupus") zu der These, dass die Menschen gezwungen seien, sich freiwillig auf Vertragsbasis einem Souverän zu unterwerfen, dessen Aufgabe im Rahmen einer rationalen Zwangsordnung in der Aufrechterhaltung von Frieden und Sicherheit besteht. Dabei verzichten die Menschen zugleich auf alle Rechte und Freiheiten, die den inneren Frieden gefährden könnten, und gestehen dem Fürsten zu, mit unbeschränkter Machtfülle, frei von allen Beschränkungen und Verpflichtungen, zu herrschen. Die Übertragung der Macht an den Herrscher, in dessen Händen Legislative, Exekutive und Jurisdiktion zusammenfallen, ist absolut und irreversibel. – Dies könnte nach Schrankenlosigkeit aussehen; hier ist Hobbes aber so optimistisch anzunehmen, dass der Souverän die ihm in die Hand gegebene Machtfülle nicht ausnützen, nicht zur Unterdrückung und Misshandlung seiner Untertanen einsetzen, sondern sich um das Gemeinwohl bemühen wird. Gleichheit vor dem Gesetz und in der Besteuerung, Schutz des Privateigentums, Armenfürsorge, vor allem aber Beschränkung der Legislative auf die wirklich essentiellen Regelungen sind einige der von Hobbes genannten Empfehlungen, durch die der Fürst seinen Untertanen einen persönlichen Freiraum und das Gefühl von Sicherheit verschaffen soll, so dass diese gar nicht auf den Gedanken kommen, sich zu empören – ein Widerstandsrecht wird immerhin für den Fall zugestanden, dass der Souverän seiner Schutzpflicht nicht mehr nachkommt. Die Staatsomnipotenz, als deren Symbol Hobbes den alttestamentlichen Leviathan gewählt hat, war also längst nicht so schranken- und bedingungslos, wie es Hobbes von seinen vielen Gegnern immer wieder unterstellt wurde.

Überhaupt wäre die Vorstellung irrig, das Staatsdenken der ersten beiden Drittel des 17. Jahrhunderts habe *unisono* den absoluten Staat und Herrscher gepredigt. Es gab im Deutschen Reich und in Europa eine kräftige Gegenbewegung in Gestalt von Autoren, die einem betont christlichen Staats- und Herrscherideal verpflichtet waren, es gab nicht zuletzt auch eine staatstheoretische Richtung, die sich ausdrücklich an Bodin rieb und ständischen Ordnungen mit föderalen Elementen das Wort redete. Althusius und seine „Politica" von 1603 müssen in diesem Zusammenhang ebenso genannt werden wie etliche lutherische Autoren (Koenig, Gerhard), aber auch die vielen Fürstenspiegel des 17. Jahrhunderts schlugen ganz ähnliche Akkorde an. Gegenkräfte

Ein größeres Interesse als die theoretische Begründung des „Absolutismus" verdient freilich die praktische Ausfüllung des politischen Systems, das tendenziell auf die Verdichtung des Staates zu Lasten alter Privilegien und partikularer Hoheitsträger, auf die Konzentration und Monopolisierung von Staatsgewalt und Macht in der Person des Fürsten abzielte, der für das Ziel der Modernisierung seines Staates und des Prestigegewinns auch neue Kräfte zu wecken und zu instrumentalisieren vermochte. Als Beispiel bietet sich – im Bewusstsein, dass der europäische „Absolutismus" nicht darauf reduziert werden darf – das Frankreich Ludwigs XIV. an, mit der Einschränkung, dass es zwar überall in Europa zum bewunderten Vorbild wurde, aber nirgendwo jemals wirklich kopiert wurde, mit der Einschränkung auch, dass die Zeit das französische Modell geradezu ins Idealtypische stilisierte und verbrämte, ohne die inneren Widersprüche des Systems immer entsprechend zu sehen und zu gewichten. Die Forschung thematisiert zunehmend, dass der französische „Absolutismus" längst nicht so „absolut" war, wie lange Zeit angenommen wurde, mit viel mehr archaischen und retardierenden Elementen durchsetzt als auf den ersten Blick erkennbar, so wie generell der „Absolutismus" überall in Europa „unfertig" geblieben ist. Staatspraxis

Ludwig XIV., der sich nicht zufällig als Symbol seiner Herrschaft die Sonne als das vornehmste, ruhigste und zugleich dynamischste aller Gestirne und als lebensspendendes Zentrum des gesamten Universums auswählte, hat nach Mazarins Tod in einem für die Festigung der monarchischen Autorität außerordentlich günstigen Augenblick die Regierung in die eigenen Hände genommen: Die internationalen Spannungen hatten nach den Friedensschlüssen von 1648/59 deutlich Beginn von Ludwigs XIV. Selbstregierung abgenommen, die Gegensätze zwischen den Konfessionen, die sich gerade damals in Frankreich – wie auch in anderen Gemeinwesen – in einem erstaunlichen Maß einander zu nähern begannen, schienen sich zu minimalisieren, die Opposition war nach der Fronde weitgehend mundtot gemacht worden, die institutionelle Verfestigung des Staates war schon von Richelieu und nach der Fronde von Mazarin erheblich vorangetrieben worden. Insofern sprach, zumal Ludwig XIV. früh an die Regierungsgeschäfte herangeführt worden war, eigentlich alles dafür, den Erfahrungen und der Theorie gemäß ein persönliches Regiment zu etablieren und auf dem Weg zum „Absolutismus" konsequent weiterzuschreiten – den der *Roi-Soleil* selbst natürlich nie so bezeichnete: Er sprach, in seinen „Mémoires" etwa, immer nur vom *ordre*, der den überall festzustellenden *désordre* ablösen müsse. Dabei war die Grundrichtung gewissermaßen vorgezeichnet: Um die

Politische Aufgaben   immer noch drohende „territoriale und soziale Desintegration zu verhindern und innere und äußere Sicherheit zu garantieren" (Ilja Mieck), mussten a) alle intermediären, halbautonomen und autonomen Gewalten ausgeschaltet bzw. reduziert und b) eine kronabhängige staatliche Infrastruktur aufgebaut werden, mussten c) das stehende Heer verfestigt und das staatliche Machtausübungsmonopol durchgesetzt werden, mussten zu deren Finanzierung d) die Steuerkraft der Untertanen gesteigert und ein modernisierter Steuer- und Verwaltungsapparat eingerichtet werden. Nur wenn alle diese Modernisierungs- und Reformmaßnahmen gelangen und ineinandergriffen, konnte am Ende das erreicht werden, was Ludwig XIV. als persönliches Ziel seines Regimes vorschwebte: Frankreichs *grandeur*, des Königs *gloire*. „Das Streben nach Größe und Ruhm ist das alle Überlegungen und Affekte regulierende und lenkende Prinzip; es ist der Inbegriff und der sinnstiftende Kern allen Handelns" (Johannes Kunisch). Die Bewunderung ganz Europas für Herrschaftsstil und -praxis des *Roi-Soleil* rührte nicht zuletzt daher, dass der Bourbone mit einem Schlag vom paternalistischen, an der Fürsorge für die Untertanen orientierten Fürstenideal Abschied nahm, das – ungeachtet frühabsolutistischer Tendenzen bei seinen eigenen Vorgängern, in Spanien und in England – Europa nach wie vor zu einem Gutteil prägte.

Ludwig XIV. und   1. Ludwig XIV., der *fronde parlementaire*, *fronde des princes* und Nieder-
der Adel   schlagung der Fronde bereits bewusst miterlebt hatte und davon mitgeprägt worden war, hat konsequent die Politik verfolgt, zumindest den einflussreichen Teil des Adels an seinen Hof zu ziehen, und zwar in der doppelten Absicht, durch ihn den Glanz seines Königtums zu steigern und ihn und damit die potentiellen neuen Frondeure ständig kontrollieren und letztlich domestizieren zu können. Die Kostspieligkeit des Hoflebens – seit 1682 residierte der Hof ständig in Versailles – überstieg die finanziellen Kräfte des Hochadels bei weitem und konnte nur aufgefangen werden durch königliche Gunsterweise und finanzielle Zuwendungen, die ihrerseits aber voraussetzten, dass der Adlige permanent bei Hof weilte. Damit und auch durch das Verbot, sich bei Verlust seiner Privilegien im wirtschaftlichen Bereich zu betätigen, ist der Adel immer mehr in die finanzielle und damit politische Abhängigkeit des Königtums geraten, so dass insgesamt

dieser Versuch des *Roi-Soleil* – bei dem ihn freilich auch prominente und charismatische Adlige wie etwa der Prince de Condé nachhaltig unterstützten –, die *noblesse d'épée* in sein Machtsystem zu integrieren, sie dabei aus dem politischen Machtapparat zu entfernen und auf repräsentative und allenfalls noch genau kontrollierbare militärische Aufgaben zu beschränken und damit als potentiellen Gefahrenherd auszuschalten, als überaus erfolgreich bezeichnet werden muss – unbeschadet der Tatsache, dass dies alles das Entstehen einer adligen Opposition nicht verhinderte, die sogar vor gelegentlichen konspirativen Aktionen nicht zurückschreckte.

Für Ludwig XIV. waren auch die Kirche, d.h. der auf seine Unabhängigkeit bedachte Klerus, und die staatsrechtlich besonders hervorgehobene hugenottische Minorität im Grunde feudale Relikte, autonome bzw. halbautonome Faktoren, die der vollen Entfaltung der königlichen Souveränität nach innen hindernd im Wege standen – eine solche Einschätzung der Problematik religiöser Minderheiten fällt aus dem Rahmen des Epochentypischen zunächst überhaupt nicht heraus, denn die Forschung hat mittlerweile sehr deutlich herausgearbeitet, dass generell „die Entfaltung der Frühform des modernen Staates ... nur auf der Basis eines Obrigkeit und Untertanen umfassenden Fundamentalkonsenses über Religion, Kirche und Kultur" erfolgen konnte (Wolfgang Reinhard). Die Devise eines volkstümlichen Autors aus dem frühen 16. Jahrhundert „Un Dieu, une foi, une loi, un roi" ist von Ludwig XIV. im Sinn der Glaubensvereinheitlichung und – für Frankreich ein altes Thema – der Nationalkirche durchaus wortwörtlich verstanden worden. Am erfolgreichsten schien zunächst der Kampf um die Verstärkung der nationalkirchlichen Tendenzen zu sein. Die „Gallikanischen Artikel" von 1682 mit ihrer erklärten Absicht, die Bindungen an Rom zu lockern, den (ohnehin in der Regel von königlichen Gnaden amtierenden) französischen Episkopat, der damals bereits zu einem Drittel ständig am Versailler Hof residierte, primär auf den König hin auszurichten, provozierten dann freilich eine Auseinandersetzung mit dem Papsttum, die die französische Innenpolitik drei Jahrzehnte lang bewegte. Noch weniger erfolgreich war der Kampf gegen die die Glaubenseinheit gefährdende, auf die augustinische Gnaden- und Prädestinationslehre zurückgreifende und für eine strenge Kirchendisziplin und eine rigorose Moral eintretende innerkirchliche Erneuerungsbewegung des Jansenismus, die weder durch drakonische Verfolgung noch durch päpstliche Bullen auszurotten war und die schließlich wegen ihres Widerhalls in Parlamentskreisen und im Episkopat auch zu einer potentiell politischen Kraft und zu einem Sammelbecken der Opposition gegen den *Roi-Soleil* wurde.

Als weitaus fataler noch erwies sich die Politik, die für das Wirtschafts- und für das intellektuelle Leben wichtige Minorität der Hugenotten im Widerspruch zum Edikt von Nantes (1598) und zum Gnadenedikt von Alès (1629) in die alte Kirche zurückzuzwingen, die Politik also der Rückkehr zum Prinzip der Konfessionalisierung, mit dem dem Prozess der politischen Identitätsfindung des Landes eine Art Kristallisationskern gegeben werden sollte. Der der Aufhebung des Edikts

Ludwigs XIV. Kirchenpolitik

Hugenottenproblem und Edikt von Fontainebleau

von Nantes folgende „Exodus der Hugenotten" führte neben einer guten Viertelmillion Menschen wesentliches *Know-how* außer Landes und tat dem Renommee
Frankreichs in der öffentlichen Meinung beträchtlichen Abbruch; zudem resultierte aus dieser Maßnahme wegen des passiven und dann sogar offenen Widerstandes der „Nouveaux Catholiques" (Camisardenkrieg) noch auf Jahre hinaus
eine ungeheure Belastung für den Staat. An diesem Punkt lässt sich besonders ein-
drücklich demonstrieren, dass der „Absolutismus" längst nicht alle von der
Theorie postulierten Ziele – Glaubenseinheit als Überhöhung der staatlichen
Einheit – erreichte, dass seine Grenzen in der politischen Praxis bald sichtbar
wurden.

Selbstregierung und 2. Der – in den „Mémoires" dann oft angesprochene – Entschluss Ludwigs
Personalpolitik XIV. zur Selbstregierung bedeutete nicht, dass er auf Berater hätte völlig verzichten können; er traf nur seit 1661 alle Entscheidungen selbst, was mit seiner in
den „Mémoires" formulierten Selbstauffassung korrespondierte, „dass der gebo-
rene Herrscher unabhängig von Talent und Erfahrung nur durch die höchste
Stellung, die er einnimmt, Einsichten besitzt, die sonst niemand haben kann"
(Carl Hinrichs). An die Stelle des Ersten Ministers, dessen Amt ebenso abgeschafft wurde wie andere Kronämter (Großadmiral, Kanzler) in ihren Kompetenzen radikal beschnitten wurden, traten nun mehrere, grundsätzlich dem Bürgertum entstammende Minister, die das Vorrecht des direkten Vortrags besaßen, aber
kaum noch in den *Conseils* als Gremium berieten; Männer wie Lionne, Le Tellier,
Colbert oder Vauban waren in Ludwigs XIV. Augen verlässlicher, befähigter und
effektiver als jeder Angehörige der *noblesse d'épée* (weshalb er auch mit großer
Beharrlichkeit an ihren loyalen Familien festhielt und damit über seine Personalpolitik für politische Kontinuität sorgte). Man wird dies im Übrigen durchaus als
ein generelles Signum des neuen Herrschaftssystems in seiner Formationsphase
ansehen können, dass der Fürst zunächst stärker auf bürgerliche Räte und Minister zurückgreift, was oft eine weitere Eskalation in der Auseinandersetzung mit
den adligen Ständen nach sich zieht, und erst nach der völligen Domestizierung
des Adels ihn wieder stärker für Positionen in der Zentralverwaltung berücksichtigt. – Die exemplarisch genannten „Minister" gehörten dem wichtigsten königlichen Entscheidungsgremium, dem *Conseil d'en haut*, an, leiteten z. T. in Vertretung des Monarchen die *Conseils* – Colbert z. B. den *Conseil royal des finances*
–, hatten aber neben ihrer Sachzuständigkeit (Wirtschaft, Heer usw.) immer auch
noch eine Verwaltungszuständigkeit für einige Provinzen – eine für die Früh- und
Hochphase des „Absolutismus" typische Mischform, die erst viele Jahrzehnte
später vom Prinzip der ausschließlichen Ressortzuständigkeit des Fachministers
abgelöst wurde. Auch von dieser „Doppelzuständigkeit" her erklärt es sich, dass
die Zahl der „Minister" sehr klein (4–6) gehalten werden konnte.

Administration   Das Bedürfnis nach mehr Effektivität und Effizienz war es auch, das den Ausbau eines nur noch kronabhängigen Verwaltungsapparats mit weisungsgebun-
denen Beamten und mit klaren vertikalen Befehlssträngen beschleunigte. Generell
ist dies der vielen, oft am lokalen Adel orientierten traditionellen Behörden-

strukturen wegen ein besonderes Problem des europäischen „Absolutismus" gewesen, wie man sich ja grundsätzlich, was Frankreich speziell betrifft, von der Vorstellung lösen muss, der Staat Ludwigs XIV. sei um 1660 bereits ein „fertiger" Zentralstaat mit einem nur noch von Paris abhängigen Administrationssystem gewesen. Vor allem in den *pays d'état* wie etwa der Bretagne oder der Provence hatten die Provinzialstände nach wie vor in der allgemeinen und Fiskalverwaltung ein beachtliches Mitspracherecht, ebenso wie das Rechtswesen (mit den für Nordfrankreich typischen *coutumes*) noch längst nicht vereinheitlicht war. Es ist, was letzteres betrifft, sicher ein besonderes Verdienst Ludwigs XIV. und Colberts, über die Entmachtung der Parlamente (als Registrierorgane) und eine gezielte Gesetzgebungstätigkeit und Kodifizierung die Rechtsvereinheitlichung immerhin entscheidend vorangetrieben zu haben.

3. Der lange europäische Krieg und die Unsicherheit in seinem unmittelbaren Gefolge wurden für viele europäische Fürsten zum Vorwand, nicht sofort wieder abzurüsten, sondern das unter Waffen stehende Heer zu perpetuieren und zu einem innen- und außenpolitisch jederzeit einsatzfähigen Machtinstrument auszubauen. In Frankreich wurde diese Option für das stehende Heer gekoppelt mit gründlichen Modernisierungen, d. h. der Übernahme neuer Kriegstechniken, dem systematischen Aufbau von Einrichtungen für die Besoldung und Versorgung, für die Bewaffnung und Uniformierung der Soldaten, wofür Le Tellier und Louvois zum Teil auf Ansätze aus der Richelieu-Ära zurückgreifen konnten. Sie verstanden es freilich dann ihrerseits, die fast ununterbrochene Folge von kriegerischen Auseinandersetzungen, in die sich Frankreich verwickelte, zu einer kontinuierlichen Aufstockung des Heeres auszunutzen, so dass am Beginn des Spanischen Erbfolgekrieges 400 000 Mann, fast das Zehnfache des Truppenstandes in den frühen 1660er Jahren, unter Waffen standen. Dieses für die Zeit ungeheure Heer ist freilich kein reines Berufsheer gewesen. Neben den geworbenen Linientruppen und den aus Ausländern (Engländern, Schweizern) rekrutierten Regimentern gehörten ihm mit wachsender Tendenz ausgehobene Milizen zur Sicherung der inneren Ruhe und für die Territorialverteidigung an; die Überwachung der Atlantikküste erfolgte beispielsweise durch die Küstenbewohner selbst, die wehrpflichtartig gegen Sold eingezogen wurden. Man hat deshalb nicht zu Unrecht geradezu von einer „dualistischen Heeresverfassung" (Ulrich Muhlack) gesprochen, ein Faktum, das in das vermeintlich so geschlossene System des französischen „Absolutismus" sicher ebenfalls nur mit Mühe hineinpasst.

Die Verbesserung der Schlagkraft des Heeres durch personelle Aufstockung, einen fulminanten Ausbau der Kriegsmarine und die Übernahme neuer Kriegstechniken – darunter des von Sébastian de Vauban zu einer europäischen Spitzenstellung geführten Festungsbaus und Befestigungswesens – ging einher mit einer sich verstärkenden Disziplinierung, um das Heer als potentiellen innerstaatlichen Unruhefaktor auszuschalten. Das wurde bewirkt durch eine wachsende Anzahl von Disziplinarordnungen, durch den gezielten Einsatz von zivilen Verwaltungsbeamten, die gleichzeitig eine Überwachungsfunktion gegenüber dem Militär

Militärwesen

Heeresreform

hatten, aber auch durch eine systematische Ausbildung der Offiziere, die auf den Kadettenschulen zu loyalen Amtsträgern erzogen wurden und die auch eine gewisse soziale Absicherung für die Zeit nach ihrem aktiven Dienst erfuhren (*Hôtel des Invalides*). Das wurde aber auch dadurch bewirkt, dass die Selbständigkeit der Offiziere konsequent abgebaut wurde, dass die Entscheidungen im Krieg den Heerführern mehr und mehr entzogen und durch die Kriegführung aus dem Kabinett ersetzt wurden. All dies – Aufstockung, Modernisierung, Verbesserung der Infrastruktur, u. a. auch Aufbau einer hochspezialisierten Rüstungsindustrie (St. Etienne) – setzte natürlich die Bereitschaft (und die Fähigkeit) der Krone voraus, sich dauerhaft finanziell zu engagieren (und etwa die Hälfte aller Staatsausgaben für die Armee zu verwenden). Die „Verstaatlichung" von Heerwesen und Heeresunterhalt und damit die Abwendung vom System des privaten Kriegsunternehmertums ist ein Vorgang, dessen Bedeutung für das Entstehen des frühmodernen Staates gar nicht überschätzt werden kann.

Die vermehrten Ausgaben für das Militär, aber auch ein wachsender Finanzbedarf in der Administration und die kostspielige Außenpolitik (diplomatisches Corps, das entsprechend der Ausweitung des Netzwerks diplomatischer Vertretungen kräftig aufzustocken war, Subsidienpolitik usw.) zwangen geradezu

Fiskalverwaltung   zum Aufbau einer staatlichen Fiskalverwaltung, die u. a. dafür zu sorgen hatte, dass die weitgehende „Abschöpfung" der Steuern – 1661 gelangten von 85 Millionen Livres nur ganze 32 Millionen an den Fiskus! – abgestellt wurde, wobei den schon in der Richelieu-Ära geschaffenen Intendanten, dem „innenpolitischen und administrativen Rückgrat der Monarchie" (Jürgen Voss), eine Schlüsselrolle zu-

Intendantensystem   kam. Die 33 Intendanten – die faktisch die adligen Provinzgouverneure politisch entmachteten, deren Ämter aber bezeichnenderweise nicht etwa abgeschafft, wohl aber aller Funktionen entleert wurden und die sich ihrerseits ganz folgerichtig dann nach Versailles zurückzogen – übten vorrangig die Aufsicht über Veranlagung und Einziehung der direkten Steuern aus, gewannen im Lauf der Zeit aber auch die Kontrolle der gesamten Verwaltung und Gerichtsbarkeit, von Straßenbau, Polizei und Militär und schließlich auch der Religionsgemeinschaften in der Provinz. Man hat die französischen Intendanten nicht zu Unrecht als Variante des „Commissarius" charakterisiert, jenes europäischen Phänomens, mit dem der rationalistische Fürstenstaat seinen Kampf gegen Adel, Stände und sonstige feudale Relikte führte; nur mit ihrer Hilfe und ihrer absoluten Loyalität, die ihnen z. B. eine inhaltliche Prüfung der königlichen Befehle untersagte, gelang der Krone allmählich der Zugriff auch auf die lokale Ebene, obwohl der Widerstand hier nie ganz erlosch und es zudem regional zu differenzieren gilt.

Aber „das Problem der Finanzierung der absoluten Monarchie war durch den Aufbau einer staatlichen Fiskalverwaltung noch nicht gelöst" (Ilja Mieck). Das tatsächliche Steueraufkommen des Staates konnte dank der Eingriffe in das Verwaltungssystem zwar schon in den 1660er Jahren nicht unbeträchtlich gesteigert werden, so dass die pointierende Bemerkung eines französischen Historikers –

„L'Absolutisme fut, en grande partie, l'enfant de l'impôt" – nicht einmal an der Sache vorbei geht. Aber natürlich konnte an der Steuerschraube nicht endlos gedreht, die „größte fiskalische Offensive in der Geschichte Frankreichs" (Yves-Marie Bercé) nicht mit aller Rücksichtslosigkeit geführt werden – vor allem war das im witterungsabhängigen agrarischen Bereich, der Produktionssteigerungen kaum zuließ, so gut wie unmöglich. Den Ausweg sah der Staat – in Frankreich wie im übrigen Europa – darin, die allgemeine Steuerkraft des Landes zu heben, was sich nach Anschauung der Zeit, die sich, wie das Schicksal der Vaubanschen Reformprojekte demonstriert, für den Gedanken einer grundsätzlichen, einkommensorientierten und privilegiennegierenden Steuerreform noch nicht erwärmen konnte, nur durch die dirigistische Ankurbelung der Staatswirtschaft erreichen ließ. Die – später von den Physiokraten zunächst mit einem pejorativen Unterton als „Merkantilismus" bezeichnete – Doktrin, derzufolge die staatliche Machtsteigerung durch Wirtschaftsexpansion vor sich zu gehen habe, ist zum Hohen Lied des gesamten „Absolutismus" geworden; Jean-Baptiste Colbert hat diese Lehre zwar nicht „erfunden", er hat sie aber, nicht ohne auf Widerstand zu stoßen, in Frankreich erstmals erfolgreich durchgesetzt, wenn auch die begriffliche Gleichsetzung Merkantilismus – Colbertismus mehr und mehr in Frage gestellt wird.

Staatswirtschaft/ Merkantilismus

Reduziert man Theorie und Praxis des Merkantilismus auf ihre Grundaussage, so intendierten sie Steigerung der Exporte (vor allem von hochwertigen gewerblichen Gütern) bei gleichzeitiger Senkung der Importe, um über einen möglichst großen Vorrat an Geld und Edelmetall verfügen zu können, das im 17. Jahrhundert außerordentlich knapp war. Colbert entwickelte hierzu nun im Rückgriff, aber auch in der Verdichtung eines viel älteren wirtschaftspolitischen Arsenals ein vielgestaltiges Instrumentarium, angefangen von der Rohstoffverarbeitung im eigenen Land über die Modernisierung bestehender Manufakturen, die Errichtung und gezielte Förderung neuer Industriezweige, insbesondere in den Bereichen Luxuswaren und militärische Rüstung, die Beschränkung der Einfuhr auf wirklich unentbehrliche Rohstoffe bis hin zu Verbesserungen der Infrastruktur (Straßen- und Kanalbau, Postwesen, Reduzierung der Binnenzölle usw.). Partielle Erfolge können hierbei auch gar nicht übersehen werden, ob man nun an den raschen Aufschwung der Luxusgüterproduktion, den den Handel fördernden inneren Landesausbau (*Canal du Midi*, 1681; Chausseen, Häfen usw.) oder die Erschließung neuer Rohstoffquellen (und Absatzmärkte) in Nordamerika und in der Karibik denkt. Dennoch: Die „erste staatlich gelenkte Nationalwirtschaft der Neuzeit" (Mieck) mit dem Staat als Unternehmer, der sich in der Gewerbe- und Industriepolitik, bei der Erschließung neuer Märkte, bei der Beseitigung struktureller Wirtschafts- und Handelshemmnisse ebenso wie als Anreger für Modernisierungen (Einrichtung von Musterbetrieben) betätigte, der also über Wirtschaftswachstum mit eigenen Mitteln seine politische Macht zu steigern suchte, blieb bei allen kurzfristigen Erfolgen in dem Jahrzwölft „monarchischer Größe" (Pierre Goubert), also in den Jahren bis zum Ausbruch des Niederländischen Krieges,

Grenzen und Defizite des Colbertismus

unter dem Strich ein Torso, weil es z. B. noch nicht einmal gelang, aus dem Land einen einheitlichen Binnenmarkt mit einer gemeinsamen Außenzollgrenze zu machen, und weil diese „Nationalwirtschaft" zumindest partiell doch eher traditionalistisch-reglementierend als stimulierend-innovativ war, was z. B. der Rückgriff auf das alte Zunftsystem 1673 beleuchtet. Colberts Staatswirtschaftspolitik, die im Übrigen den für Frankreich zentralen landwirtschaftlichen Bereich eklatant vernachlässigte und auch das Handwerk nicht aus seiner Rolle als dominierender Gewerbezweig zu verdrängen vermochte, ist vor allem aber deswegen letztlich gescheitert, weil der „Privilegienstaat" (Martin Göhring) nicht gleichzeitig grundsätzlich durchforstet wurde und weil die ständigen Kriege und die sich steigernden Repräsentationskosten, insbesondere auch für den diplomatisch-außenpolitischen Apparat und die umfangreichen Subsidien, die Fiskalpolitik überforderten, so dass die Defizite im Etat rasch zunahmen und Frankreich beim Tod Ludwigs XIV. vor dem Staatsbankrott stand.

Französischer „Absolutismus" als Vorbild

Das französische Modell staatlicher Verdichtung und Effizienzsteigerung, das den Zugriff des Staates auf die Untertanenschaft erheblich verstärkte und sicherlich Gesellschaft und Institutionen einen nachhaltigen Entwicklungs- und Modernisierungsschub gab, dessen Schwächen und Denkfehler, die ein „Insider" wie Vauban sehr klar erkannte, für die Zeitgenossen aber natürlich noch nicht recht einsehbar waren, ist von den meisten Staaten des Kontinents zum leuchtenden Vorbild und in den Rang eines verpflichtenden Beispiels erhoben worden. Die objektiven, mit der Formierung eines neuen Fürstentypus untrennbar verbundenen Zwänge von Staaten, die den Leidensweg eines kräftezehrenden und existenzbedrohenden Krieges durchschritten hatten und glaubten, sich für neue Herausforderungen (besser) wappnen zu müssen, sollen dabei gar nicht unterschlagen werden. Die Errichtung oder Beibehaltung eines stehenden Heeres ist, oft begleitet von heftigen Auseinandersetzungen mit den Ständen, selbst für die mit politischem Anspruch auftretenden mittleren deutschen Territorialstaaten seit der Jahrhundertmitte ein durchgängiges Thema gewesen, ohne dass immer ein so ausgeklügeltes System der Heeresrekrutierung und -finanzierung gefunden worden wäre wie etwa in Schweden (Indeltasystem). *Mutatis mutandis* hat diese Armee innerhalb eines halben Jahrhunderts dann ihre endgültige Form – mit staatlicher Besoldung, klarer hierarchischer Gliederung, mit einer entsprechenden Infrastruktur (Magazine, Nachschub, Rüstungsindustrie), mit Uniformierung, eigenen Lebens- und Umgangsformen usw. – gefunden. Wie in Frankreich, war das Heer freilich immer mehr als ein Signum und Symbol staatlicher Machtentfaltung, vielmehr stets auch ein Faktor der sozialen Integration, ein Schwungrad für die Staatswirtschaft und letztlich eine Herausforderung für die gesamte Administration, die zu vielfältigen Modernisierungen zwang – dass man mit einem solchen Instrument besonders schonend umzugehen suchte, zumal Ersatz wegen des beschränkten Rekrutierungsreservoirs und der Dauer und Kostspieligkeit der Ausbildung des einzelnen Soldaten immer nur höchst mühsam verfügungsbereit

gemacht werden konnte, dass man es nicht leichtfertig aufs Spiel setzte und damit
die politischen Entscheidungen eher an den Konferenztischen der Friedenskon-
gresse als auf den Schlachtfeldern suchte, ist ein besonderes Charakteristikum der
Epoche. – Ein stärkerer Zuschnitt der Verwaltung auf den Souverän und gleichzeitig ihre Reform ist mit wechselndem Erfolg überall versucht worden; am über-
zeugendsten kann der „Export" französischer Institutionen und der ludovizianischen Verwaltungspraxis nach (dem 1713 definitiv bourbonisch werdenden)
Spanien nachgewiesen werden, aber es ist mehr als wahrscheinlich, dass auch bei
preußischen Verwaltungsreformen im 18. Jahrhundert das ludovizianische Vorbild mit im Spiel war. Verwaltungsreform und Erhöhung der Effizienz der Administration setzten ein Potential fähiger Beamter voraus, was – im Reich
bezeichnenderweise zuerst in Preußen – die Errichtung spezieller, von den neuen
kameralistischen Lehrstühlen getragener Studiengänge erforderte und in einigen
Staaten sogar zur Gründung von praxisbezogenen „Fachhochschulen" für künftige Staatsdiener führte (z. B. Collegium Carolinum in Kassel). Staatswirtschaft-
liche Tendenzen sind ein großes Thema der Innen- und auch der Außenpolitik der
deutschen und europäischen Staaten, wobei ein zusätzliches Engagement außerhalb Europas zur Steigerung des Staatswohlstandes selbst die kleineren deutschen
Höfe (Hanau, Köln) beschäftigte und die meisten sich auch dem französischen
Trend anschlossen, Gewerbe und Manufakturen in besonderer Weise zu favo-
risieren und der Landwirtschaft relativ wenig Augenmerk zu widmen (gleichwohl
aber, ohne dass das durchgängig gelang, zumindest tendenziell den dörflich-
gemeindlichen Bereich seiner bisherigen Autonomie zu berauben, straffer zu
reglementieren und in die staatliche Verwaltungshierarchie einzufügen). In der Intensität reichte das alles zwar kaum an das französische Beispiel heran – die
deutsche Spielart des Merkantilismus, der „Kameralismus", ist vor solch weit-**Kameralismus**
gehenden Eingriffen in das Wirtschaftsleben zurückgeschreckt, hat zwar oft
genug vermeintlich wirtschaftsfördernde Monopole verliehen, fand aber meist
schon an der noch fehlenden Wirtschaftseinheit des Territorialstaates und an
seiner arg begrenzten Ausdehnung seine Grenze, wie überhaupt gerade in der
Sphäre des Wirtschafts-„Absolutismus" ein West-Ost-Gefälle nicht zu übersehen
ist. Das politische Ziel aber, die Absolutheit des Fürsten, die Machtkonzentration
beim Souverän zu steigern und den fiskalischen, sozialreglementierenden und administrativen Zugriff auf die Untertanen zu verstärken, blieb sich doch überall im
Prinzip gleich.

Freilich war im nichtfranzösischen Europa und zumal im Deutschen Reich im **Retardierend-**
Allgemeinen noch weit stärker mit retardierend-oppositionellen Kräften und **oppositionelle**
auch mit einer weniger ausgeprägten Entschlossenheit des Fürstentums zu rech- **Kräfte**
nen, so dass hier erst recht der „Absolutismus" nur höchstens fragmentarisch verwirklicht wurde und „wesentliche Bereiche von Produktion, Handel, Gerichtsbarkeit und darüber hinaus auch die Reglementierung des Sozialverhaltens …
immer noch auf der unterstaatlichen Ebene, in den traditionalen, intermediären
Herrschaftsbereichen, bewältigt" wurden (Kunisch). Von der Vorstellung eines

monolithischen territorialstaatlichen „Absolutismus" hat man selbst für Brandenburg-Preußen schon vor Jahrzehnten Abschied nehmen müssen, seit Otto Hintze den Nachweis führte, dass das Königtum kaum die Sphäre und Ebene der adligen Selbstverwaltung erreichte. In anderen Territorien verzahnten sich ständische und landesherrliche Behörden und Funktionsträger in einer ganz erstaunlichen Weise. Viele deutsche Klein- und selbst mittlere Fürsten hatten weder das Vermögen noch die Kraft, ihren patriarchalischen Fürsorgestaat mit seinen typischen unzähligen „Policey"-Ordnungen und sonstigen „Reglements", den der sächsische Hofrat Veit Ludwig von Seckendorff 1656 so umfassend-eindringlich beschrieben hat („Teutscher Fürsten-Staat"), in einen straffen, omnipotenten Verwaltungsstaat umzuformen, wofür meistens auch die Hilfe der solventen jüdischen „Hoffaktoren", der „eigentlichen Gewinner des Zeitalters" (Kunisch), auf die vom Reichsgrafen bis zum habsburgischen Kaiser kein Fürst verzichten konnte, nicht ausreichte. Neuere Untersuchungen bestätigen etwa auch, wie stark die Reichsgerichte als „außerterritoriale Faktoren" gegen den „Absolutismus" instrumentalisiert werden konnten, von den Ständen und auch von den Untertanen. Die

Fürsten und Medien   Reichsfürsten waren zudem nie immun gegen die zunehmende periodische Berichterstattung in den Medien, die ihr Verhalten kritisierte; wirksame Mittel, sich gegen sie zur Wehr zu setzen, entwickelten sich im Deutschen Reich nicht, so dass dort manche Fürsten eher auf den Gedanken verfielen, sie dezent zu steuern. „Absolutismus" konnte im Deutschen Reich nie in einem strikt ideen- oder verfassungsrechtlichen Sinn verstanden werden, sondern immer nur im Sinn eines vom Schlüsselwort der „Policey" bestimmten und damit gemilderten Regierungssystems, und es war insofern eine richtige und glückliche forschungsstrategische Entscheidung, gerade die Policeyordnungen umfassend aufarbeiten zu lassen. Generell war zudem mit dem Entschluss, sich *praeter propter* am französischen Beispiel zu orientieren, keine Erfolgsgarantie gekoppelt; der Rekurs und Rückgriff auf die merkantilistische Wirtschaftsdoktrin war z.B. kein Blankoscheck dafür, dass sich die erhofften Ergebnisse auch wirklich einstellten. Bezeichnenderweise haben in den deutschen Staaten die Manufakturen trotz starker obrigkeitlicher Förderung erst im 18. Jahrhundert eine gewisse wirtschaftliche Bedeutung erlangt, aber selbst dann geriet das halbe Dutzend besonders protegierter Porzellanmanufakturen immer wieder in krisenhafte Absatzschwierigkeiten. Das gilt etwa auch für Länder, die strukturell weitaus bessere Voraussetzungen als

Merkantilismus   Frankreich hatten, den Staatswohlstand zu verbessern. Spanien etwa verfügte in
in Spanien   seinem Imperium über eigene, immense und beneidenswerte Edelmetallvorkommen und außerdem über riesig dimensionierte Absatzgebiete, um Fertigwaren und veredelte Rohstoffe zu exportieren. Allerdings war das Königtum längst zu schwach geworden, um eine diese günstigen Bedingungen ausnutzende energische merkantilistische Politik zu betreiben: Die auch im späten 17. Jahrhundert noch steigenden Silberausfuhren aus Amerika flossen längst an der *Casa de Contratación* vorbei direkt ins Ausland, die spanischen Fertigwaren wurden – u.a. wegen rückständiger Herstellungsmethoden und höherer Inflationsraten – zu

teuer produziert und gerieten auch auf dem iberoamerikanischen Markt gegenüber der Konkurrenz ins Hintertreffen. So hat man in Spanien zwar manche Elemente des Merkantilismus instrumentalisiert und z. B. das Währungssystem reformiert und stabilisiert, Textil- und Glasmanufakturen gegründet, ausländische Fachkräfte ins Land geholt oder steuerliche Ungleichheiten zwischen den Provinzen beseitigt, aber auch mit diesen merkantilistisch-dirigistischen Maßnahmen konnte der spanischen Wirtschaft letztlich nicht mehr aufgeholfen werden.

Was dem französischen Vorbild seine eigene Faszination verlieh, das war die Tatsache, dass und wie sehr die einzelnen Elemente ineinandergriffen, wie sehr ein unbändiger und konsequenter Rationalisierungswille dem großen Ziel der Epoche nahekam, dem Staat den Charakter einer Maschine, eines vollkommenen „Systems" zu verleihen: Die Voraussetzung für jede Intensivierung der Staatsmacht war in geradezu einmaliger Weise gegeben, seit sich die Krone durch ihren Sieg über die Fronde und Spanien als unangefochtene politische Macht etabliert hatte und gezielt daran gehen konnte, durch Propaganda und Herrschersakralisierung die Grundlagen der Identität von Staat und Herrscher und der Identifikationsbereitschaft der Untertanen zu legen. Aus dem politischen Willen, das zur Sicherung dieser Macht notwendige und allein ihrer Verfügungsgewalt unterworfene stehende Heer auf Dauer zu finanzieren, resultierte das Vorhaben, die Steuerkraft des Landes zu erhöhen und in optimaler Weise auszuschöpfen. Um ein Maximum an Steuerkraft zu erreichen, mussten durch eine entsprechende Wirtschaftspolitik die günstigsten ökonomischen Rahmenbedingungen geschaffen werden, und um dies alles zu bewirken und zu sichern, war ein entsprechend effizienter Beamtenapparat notwendig, der allein auf die Krone ausgerichtet war. Der fürstliche „Absolutismus" im Sinn von Staatsverdichtung und Effizienzsteigerung war nirgendwo in Europa eine so organische Einheit und – unbeschadet aller seiner Defizite – ein so konsistentes System wie in Frankreich, nirgendwo wohl auch so erfolgreich, weil er sein letztes Ziel, die Durchdringung, Homogenisierung und Disziplinierung des Untertanenverbandes in politischer, rechtlicher, religiöser und kultureller Hinsicht, dort – zumindest relativ – am weitgehendsten erreichte. Dabei soll gleichzeitig aber nochmals unterstrichen werden, dass der französische „Absolutismus" kein gewissermaßen am Reißbrett entworfenes Konstrukt war, sondern in der Praxis, „weit entfernt von monolithischer Geschlossenheit, durch ein komplexes Nebeneinander neuer und alter, absolutistischer und ständisch-feudaler Institutionen, Tendenzen, Motive charakterisiert ist" (Muhlack): Die Heeresverfassung wirft nicht alle alten Formen über den Haufen, sondern wird „dualistisch". Adelsprivilegien können ebenso wenig abgeschafft werden wie die Praxis der Ämterkäuflichkeit, zumal gerade sie in Krisensituationen für die Krone ein fast unverzichtbares Instrument der raschen Geldbeschaffung war. Die Finanzpolitik mit ihrem verzweifelten Bemühen, die Ressourcen des Landes zu aktivieren, bleibt in einer „Grauzone" (Ernst Hinrichs), die sich zu einem guten Teil dem staatlichen Zugriff entzieht und beachtliche Gelder auf privater Seite versickern lässt. Die Stände verlieren in

Französischer „Absolutismus" als „System"

Schwächen und Unfertigkeit dieses „Systems"

den Provinzen (Burgund, Languedoc, Provence, Artois) keineswegs alle Funktionen im Steuerwesen und können sie z. T. sogar noch ausbauen (Bretagne), bei den Bischofsernennungen bleibt es in sozialer Hinsicht bei den bisherigen Methoden usw. Der Staat des *Roi-Soleil* ist – aller anderslautenden Stilisierung zum Trotz – keineswegs ein ausschließlich als „modern" zu qualifizierender perfekter „Zentralstaat" gewesen.

Französische
Lebensformen und
Sprache

Frankreich, der Hof des *Roi-Soleil* und das französische Herrschaftsmodell, die „geordnete Monarchie", der sich auch kritische Beobachter wie etwa Pufendorf oder Leibniz nie ganz entziehen konnten, wirkten freilich noch in anderer Hinsicht als Leit- und Vorbild für weite Teile des Kontinents. Christian Thomasius, der Staatsrechtler und Völkerrechtstheoretiker, veröffentlichte 1687 eine kleine Abhandlung „Von der Nachahmung der Franzosen", in der er sich sehr kritisch mit der allgemeinen Tendenz seiner Zeitgenossen auseinandersetzte, sich in Kleidung, Sitten und allen Lebensformen geradezu sklavisch am französischen Beispiel zu orientieren. Mehr aber noch als das: Französisch wurde seit dem letzten Drittel des Jahrhunderts immer deutlicher zur neuen „Weltsprache", in der die europäischen Führungsschichten miteinander kommunizierten, die auch im zwischenstaatlichen Verkehr rasch das Lateinische ersetzte und es z. B. aus dem Rang der beherrschenden Vertragssprache verdrängte. Dass die wichtigsten wissenschaftlichen Periodika – sieht man von den englischen „Philosophical Transactions" einmal ab – in französischer Sprache erschienen („Journal des Savants", seit 1665; „Nouvelles de la République des Lettres", seit 1684 usw.), leistete diesem Prozess noch weiteren Vorschub; man hat nicht zufällig davon gesprochen, dass auf manchen Gebieten die Frankomanie sich geradezu zur „Francolâtrie" auswuchs (Robert Mandrou). Bewusste Reaktionen in einzelnen europäischen Staaten wie z. B. im Reich der verschiedenen Sprachgesellschaften zur Stärkung und Verbesserung der hochdeutschen Sprache („Fruchtbringende Gesellschaft", „Pegnesischer Blumenorden") oder auch das Riesenwerk des Wolfenbütteler Hofrates Justus Georg Schottelius „Ausführliche Arbeit von der teutschen Haubt Sprache …" vermochten an dieser Dominanz des Französischen zunächst kaum etwas zu ändern. Noch 1776 konnte ein in Paris residierender neapolitanischer Diplomat in einer Schrift „Paris, le modèle des nations étrangères, ou l'Europe française" die Ansicht vertreten, so, wie früher die ganze Welt Rom nachzuahmen gesucht habe, gelte das nun für die dominierende Nation seiner Epoche, für Frankreich.

Ludwigs XIV.
Herrschafts-
repräsentation als
Vorbild

Vor allem aber wurde der französische Stil der Herrschaftsrepräsentation im weitesten Sinn zum vielbewunderten Vorbild für die europäischen Nachbarn, die von der Intensität, mit der dort politischer Anspruch und politische Realität in Kunst und Zeremoniell umgesetzt wurden, fasziniert waren. Richard Alewyn hat die europäischen Staaten einmal mit „Trabanten eines Sonnensystems" verglichen, das um den „festlichen Glanz Frankreichs gekreist habe". Architektur, Malerei und Theater, Musik, Inschriften und Medaillen, auf denen jedes auch nur einigermaßen erhebliche Ereignis in Ludwigs XIV. Regierungszeit festgehalten wurde, waren Elemente nicht nur „absolutistischer" Selbstdarstellung, sondern einer recht systematischen Kulturpolitik, die dem Anspruch auf politische Hegemonie die Tatsache der kulturellen Vorherrschaft Frankreichs zur Seite stellen sollte. Ganz gleich, ob man die These von der von Ludwig XIV. angestrebten Universalmonarchie für schlüssig hält oder nicht, scheinen Berninis Entwürfe für den Louvre, die konsequente Aneignung der römischen Antike durch Berninis Schüler und die Errichtung des Invalidendoms als Symbol des Anspruchs des *rex christianissimus*, Schutzherr der Christenheit zu sein, zumindest in eine solche Richtung zu weisen. Um auf kulturell-künstlerischem Gebiet Spitzenleistungen zu erzielen, wurden ganz konsequent die hervorragendsten Experten des Landes mit den entsprechenden Fragen befasst (und solche, die sich widersetzten, ebenso konsequent kaltgestellt!); für die monarchische Selbststilisierung auf den Medaillen und für die Inschriftentexte der königlichen Bauten war z.B. eine eigene Akademie zuständig, die permanent Entwürfe für neue Medaillen und Inschriften vorzulegen hatte. Es gibt eine (überhaupt nicht zu marginalisiernde) Richtung in der Geschichtswissenschaft, die der Meinung ist, nur durch und in der Repräsentation habe Ludwig XIV. eine „absolute" Macht erreicht. Es kann gar keine Frage sein, dass die europäischen Höfe erst durch das französische Vorbild angeregt worden sind, die Möglichkeiten der propagandistischen Umsetzung von Politik durch Kunst und die Unterstützung oder gar die Substitution der Politik durch die Kunst *à fond* zu reflektieren; einige wie z.B. die Wiener Hofburg sind in dieser Hinsicht, freilich mit deutlicher Verzögerung – Leopold I. als Zeitgenosse und Antipode des Bourbonen, konnte dieser straff organisierten Kunstpolitik noch nichts Entsprechendes entgegensetzen –, dann durchaus gelehrige Schüler gewesen.

In der Kunst selbst wirkte der französische Klassizismus mit seinen festen Regeln und seinen Ordnungsprinzipien stilbildend; die (am und im klassischen Rom geschulte) Architektur Blondels und Le Bruns, die Musik Lullys, die Theaterstücke Racines, Molières und Corneilles spiegeln in Ausführung oder in der an der Antike orientierten Thematik jenen klassizistischen Geist wider, der in der „Mathematisierung" aller Kunst das Ideal des *style Louis XIV* erblickte. Dass in der Architektur, um nur sie herauszugreifen, italienische Vorbilder besonders gerne rezipiert wurden, ist auch in einer „ideologischen" Perspektive unbestritten – man mag nur an Berninis monumentale Umgestaltung des Petersplatzes unmittelbar nach der Jahrhundertmitte denken, an die Gesamtkonzeption als eine Art Gestus der offenen Arme für die Weltkirche, vor allem aber an die Adaption der christlich uminterpretierten Architektur der römischen Kaiserzeit, fassbar u.a. im Statuenschmuck.

Zum Brennspiegel und Spiegelbild des europäischen „Absolutismus" gleichermaßen wurde der Hof, der über seine funktionale Seite, dem Fürsten, seinem Mitarbeiterstab und seiner Klientel Unterkunft zur Verfügung zu stellen, immer mehr in die Rolle einer Staatsinstitution hineinwuchs – und mehr als das: in eine geometrische Ordnungsfunktion für den Gesamtstaat, von dessen Zentrum her

Style Louis XIV

Vorbild Antike

Der Hof

idealtypisch das Land nach allen Richtungen hin eingesehen werden konnte, in eine Bühne, auf der die herrscherliche „Präsenz zur Repräsentanz" (Rudolf zur Lippe) wurde. Die Ausgaben für den Hof und die Bauarbeiten in Versailles machten im Frankreich Ludwigs XIV. zwischen 1661 und 1683 im Jahresdurchschnitt rund 11% des Etats aus, und die entsprechenden Zahlen für den habsburgischen Hof zur Regierungszeit Leopolds I. liegen mit durchschnittlich 8,5% nur wenig darunter, in vielen kleinen Territorien mit bis zu 50% des Staatshaushalts aber wesentlich darüber (wobei allerdings in jedem einzelnen Fall zu prüfen ist, was man alles dem Haushaltstitel „Hof" zuordnete). Dabei ist zudem mit zu bedenken, dass meist nicht nur ein Hof zu unterhalten war, sondern auch noch ein Witwen-, Fürstinnen- oder gar Mätressenhof, die einen ähnlichen Aufwand wie der Fürstenhof erforderten, weil sie sich als dessen getreues Spiegelbild – etwa in Bezug auf die Ämter und die Ranghierarchie – verstanden. Dass sich viele Kleinfürsten wie etwa die Grafen von Ysenburg, die sich noch nicht einmal vom Dreißigjährigen Krieg erholt hatten, damit überhoben und sich auf Dauer überschuldeten (und am Ende gewissermaßen unter kaiserliche Kuratel gestellt wurden), vermag da kaum zu überraschen.

Es ginge völlig an der Sache vorbei, wollte man diesen immensen höfischen Aufwand nur mit einer Kategorie wie „Verschwendung" zu fassen und zu erklären suchen. Repräsentation im Hof und durch den Hof, Quantität und Qualität des höfischen Aufwandes wurden für den barocken Fürsten zu einem politischen Mittel, um im innerreichischen und internationalen Konkurrenzkampf der Dynastien zu bestehen, einem Wettbewerb, dessen Schwerpunkt sich immer mehr auf die Architektur verlagerte. Die Bautätigkeit des Herrschers, die im Residenzschloss gipfelte und in der Anlage von Opernhäusern, Orangerien, Lustschlössern, ja ganzer geometrisch angelegter Residenzstädte ihre Ergänzung fand – wobei die Pläne oft noch weit großartiger als die Ausführung waren –, kann geradezu als Indikator und „Thermometer" seiner politischen Macht eingestuft werden. Gerade unter diesem Aspekt wird es verständlich, dass auch solche Staaten, die sich für staatsrechtlich-politische Alternativen zum fürstlichen „Absolutismus" entschieden wie etwa die Republik der Niederlande, an der Institution des Hofes als sozialem und politischem Instrument nicht vorbeigehen konnten. Das Versailles Ludwigs XIV. repräsentiert die Konsolidierung des französischen Königtums, die Bauaktivität am Wiener Hof unter Fischer von Erlach die Annahme der französischen Herausforderung, die Festigung der habsburgischen Hausmacht und die Zurückdrängung der Osmanen. In Berlin trat um die Jahrhundertwende Andreas Schlüter an, um im Wettbewerb mit diesen beiden strahlenden und auf ganz Europa vorbildhaft wirkenden Höfen das wachsende politische Gewicht des Hauses Hohenzollern architektonisch zu artikulieren. Gerade dieses letzte Beispiel spiegelt im Übrigen wider, dass die Funktion des höfischen Aufwands auch darin bestehen konnte, bestimmten Erwartungen und Ansprüchen Aus- und Nachdruck zu verleihen; höfisch-zeremonielle Anstrengungen, z.B. auch der Aufwand und die Prätentionen der Diplomaten, die an der

Aufwendungen

Hof als Ausdruck politischer Macht und Ansprüche

Außenfront um Prestige und Steigerung der *gloire* zu kämpfen hatten, die Etablierung von Prestigeobjekten wie Akademien (1700 Berliner Akademie der Wissenschaften!), verstärkten und verdichteten sich dementsprechend regelmäßig immer dann, wenn neue politische Ziele, Rangerhöhungen u. ä. ernsthaft ins Auge gefasst wurden (oder wenn, wie im Fall Russland, es darum ging, überhaupt erst einmal in dieses System integriert zu werden).

Aber damit erschöpfte sich die Funktion des Hofes in der barocken Welt keineswegs: Die Intention des Fürsten ging – *mutatis mutandis* und mit graduellen Unterschieden – nach dem kräftezehrenden, an die Substanz rührenden Krieg dahin, den ökonomisch geschwächten und damit politisch nur noch unberechenbarer gewordenen Adel in seine unmittelbare Umgebung zu ziehen, um ihn dort wirksam unter Kontrolle halten zu können und letztlich zu domestizieren. Da für den Adel etwa in Frankreich oder im protestantischen Reich neben der zum standesgemäßen Lebensunterhalt immer weniger ausreichenden Landwirtschaft und dem Militärdienst infolge der Tabuisierung der vermeintlich sozial diskriminierenden und deklassierenden bürgerlichen Tätigkeit kaum berufliche Alternativen offenblieben, folgte er dem Ruf seines „zuständigen" Fürsten nur zu gerne, an seinem Hof – was Armee und Verwaltung einschloss – Funktionen zu übernehmen. Diese Funktionen waren, oft über ein differenziertes und peinlich beachtetes Titelwesen, gut dotiert, ermöglichten dem Adel also die Beibehaltung seines bisherigen und gewohnten Lebensstils, setzten allerdings in aller Regel voraus, dass er sein heimisches Gut und seine Burg auf Dauer verließ. Am Fürstenhof war er dann ohne Mühe zu kontrollieren – die Fronde blieb für alle europäischen Fürsten ein Trauma! Der Fürst entmachtete den Adel politisch, schaltete ihn als politische Größe und als Rivalen aus, ein Prozess, der nur durch den barocken Hof, seine Attraktivität und Faszination, möglich wurde – nur der Hof, das sollte jedem im Staat und vor allem jedem Adligen deutlich werden, war der Ort, wo Wichtiges geschah, wo Entscheidungen fielen, wo Ehren und Ansehen verteilt wurden. Es war für den nichtregierenden Adel ein mehr oder weniger langer Lernprozess, bis er verstand (und akzeptierte), dass nur in der höfischen Gesellschaft noch jene Ehre erworben und akkumuliert werden konnte, die seinem Lebensprinzip und seinem Selbstverständnis entsprach. Der landsässige österreichische Adel ging in der Zeit Karls VI. nicht deswegen an den Wiener Hof, um reich zu werden, sondern um sein symbolisches Kapital zu mehren.

Der Fürst forcierte diese Entwicklung auch insofern, als er den Adel in seinem auf Distanzierung von der Untertanenschaft abzielenden Herrscherkult benötigte. Distanzierung meint zunächst einmal räumliche Entfernung: Die Burg in oder in der Nähe der Stadt wird aufgegeben, die neue Residenz wird in die freie, offene Ebene verlegt (Versailles, Schönbrunn, Ludwigsburg, Mannheim usw.), um zum einen den lästigen, immer wieder aufbrechenden Konflikten mit einer selbstbewussten Kommune zu entgehen, um zum anderen aber auch architektonische Gestaltungswünsche ungehindert von den engen Stadtmauern verwirklichen zu können. Diese Vorstellungen beinhalteten als Kern den Gedanken, für den Hof

Kontrolle und Domestizierung des Adels

Hof und Herrscherkult

die gesellige Exklusivität eines ausgedehnten Palastes und Parks zu schaffen, wo man sich ungestört und abgeschottet von der Umwelt dem Fest und dem Spiel – beide außerordentlich vielfältig, vielgestaltig und phantasievoll, gelegentlich auch mit dem Fürsten als Akteur, beide zudem durch die Verlegung in die Nacht nochmals gesteigert – hingeben konnte, eine Ritualisierung im Übrigen, die schon vielen kritischen Zeitgenossen als eher leer erschien. Distanzierung meint insofern dann aber auch – so das gängige, auf Norbert Elias zurückgehende Interpretament – eine doppelte soziale Kategorie: Die Person des Herrschers soll in den Augen der Bevölkerung und als Mittel der „Versinnbildlichung der Lehre vom Gottesgnadentum" in eine geheimnisvolle, für die Erhaltung und Potenzierung seines Charismas notwendige sakrale Sphäre entrückt werden, der Hof bleibt folgerichtig – mit Ausnahmen: es gab auch Fürsten, die auf die Öffentlichkeit ihres Königtums großen Wert legten! – den Untertanen normalerweise verschlossen, wird gleichwohl aber auch für sie in allen Fragen des Geschmacks zum großen Vorbild und löst insofern einen allgemeinen „Zivilisationsschub" (Elias) aus. Andererseits wurde durch die Geschlossenheit des „Sakralisierungsbezirks Hof" dem Brief- und auch dem Schwertadel seine Statistenrolle immer und immer wieder vor Augen geführt, durch ein peinlich beachtetes Zeremoniell, durch Gnadenerweise oder willkürliche Gunstverweigerung demonstriert, dass er über die Funktion einer „Kultdienerschaft" (Hinrichs) nicht hinauskommen sollte. Norbert Elias' mit Blick auf den Hof Ludwigs XIV. formulierte These, dass die höfische Gesellschaft eine soziale Figuration gewesen sei, die sich nur in der besonderen Konstellation des europäischen Absolutismus habe ausbilden können, ist bis in die jüngste Vergangenheit nicht nur als ein tragfähiger, sondern auch als ein für nahezu den ganzen alten Kontinent instrumentalisierbarer heuristischer Ansatz akzeptiert gewesen. Das kann aber nicht meinen, dass das Eliassche Interpretament schlicht auf alle Monarchien Alteuropas übertragbar oder etwa ohne weiteres auf die Sonderform des geistlichen Hofes anwendbar wäre. Auch in Bezug auf das Gefälle der Augenhöhe zwischen Monarch und Untertanen wird selbst für Frankreich inzwischen einiges anders gesehen als in dem Eliasschen Modell. Davon wird aber anderes nicht berührt: Das unvergleichbare Ensemble von Schloss und Garten, Theater und Kirche war die der Epoche gemäße Antwort auf den Prozess der Fürstenfixierung und der Staatsverdichtung: eine „artifizielle Staffage für eine elaborierte Selbstdarstellung und für die gesellschaftliche Disziplinierung des Widerstreits zwischen strikter Hofordnung und leidenschaftlichem Geltungsdrang" (Rudolf Vierhaus). Erst in der zweiten Hälfte des 18. Jahrhunderts, als mit einem neuen Herrscher- und Herrschaftsverständnis das Bewusstsein, den Adel endgültig in den Fürstenstaat eingebunden zu haben, entstand, wurde wieder Abstand gesucht von dem prätentiösen und herrschersakralisierenden Hofwesen und der Hof stärker wieder als Refugium konzipiert (Sanssouci).

Grenzen des „Absolutismus"   Die Machtkonzentration in der Hand des „absoluten" Fürsten erfolgte in aller Regel, ohne dass die formelle Rechtsgrundlage der Herrschaft geändert worden wäre. Dass der „Absolutismus" nicht zur schrankenlosen Despotie pervertierte, dafür sorgte anstelle einer positivrechtlichen Fixierung der Herrschergewalt ein allgemeiner Konsens über unaufhebbare, unverzichtbare Rechtsprinzipien, ein fester Bestand naturrechtlich begründeter Rechtstitel und Institute wie etwa die Staatsform, das Thronfolgeprinzip, die Unveräußerlichkeit des Kronguts oder das Eigentum, die dem Zugriff des Souveräns entzogen blieben; Eingriffe in die privatrechtlichen Verhältnisse z. B. oder Einschränkungen der persönlichen Freiheit (in Frankreich durch die berüchtigten „Lettres de cachet") waren nach der *communis opinio* nur im Ausnahmefall des Staatsnotstands zulässig. Eine positivrechtliche Fixierung der „absoluten" Herrschergewalt ist in Europa die Ausnahme geblieben und nur in Skandinavien anzutreffen: außer in den schwedischen Souveränitätserklärungen von 1682/93 in der dänischen *Lex Regia*.

Das Königsgesetz (*Kongelov*) von 1665 ist einzuordnen in jene Folge von außenpolitischen Rückschlägen, die Dänemark in den Kriegen gegen den schwedischen Nachbarn seit den 40er Jahren trafen (Frieden von Brömsebro 1645, Roskilde 1658, Kopenhagen 1660) und die nicht nur eine bedrohliche Finanzkrise, sondern auch eine bedenkliche innenpolitische Destabilisierung hervorriefen, in der der Adel immer mehr in die Defensive gedrängt wurde. „Das politische Gleichgewicht der dänischen Ständegesellschaft" wurde durch ein „längerfristiges Zusammenwirken ökonomischer und politischer Faktoren" (Peter Brandt) zerstört. Um die Unterstützung des Königs in ihrem Kampf gegen die Adelsvorrechte, insbesondere gegen die Steuerbefreiung des Adels, und für Sozial- und Wirtschaftsreformen zu gewinnen, boten die bürgerlichen Reichsstände – Bauern und Geistlichkeit spielten seit geraumer Zeit in der dänischen Ständeversammlung keine Rolle mehr – 1660 dem Monarchen die Installierung der erblichen Thronfolge anstelle des bisherigen, vom adligen Reichsrat abhängigen Wahlkönigtums an, womit Friedrich III. de facto zum absoluten Herrscher wurde, zum Träger der „Enevaelde". Durch das Zusammenspiel des bürgerlichen Teils der Ständeversammlung mit dem König wurde zudem die Dominanz des Adels so vollständig zerstört, dass an ihre Wiedererrichtung in absehbarer Zeit nicht mehr zu denken war. Ganz konsequent hat der König deswegen fortan auch die Kaufmannsaristokratie nachhaltig gefördert, sie großzügig nobilitiert und Kopenhagen die Chance eröffnet, zu einer wirklichen Zentrale des europäischen Handels aufzusteigen. Parallel zu tiefgreifenden und erfolgreichen Reorganisationen in Steuerwesen und Administration wurde dann ein förmliches Königsgesetz erarbeitet und damit der „vertragsförmige Staatsstreich" (P. Brandt) vollendet, bei dem die modernen juristischen und politischen Traktate aus Frankreich Pate gestanden haben und das ganz direkt auch davon profitierte, dass sein Verfasser das französische System aus eigener Anschauung kannte. Es ist kein Zufall, dass ein britischer Kommentator zwei Generationen später dieses Königsgesetz, das übrigens erst 1709 veröffentlicht wurde, als ein „komplettes System absoluter Regierung" bezeichnete – in der Tat handelte es sich um den erfolgreichen Versuch, „unter Rückgriff auf die staatstheoretische Debatte der Zeit Wesen und Inhalt ab-

Positivrechtliche Fixierung des „Absolutismus": Kongelov

soluter Herrschergewalt als historische Notwendigkeit zu legitimieren und in kodifizierter Form in der Wirklichkeit des Staatswesens zu verankern" (Kunisch). Freiwillige und definitive Unterwerfung des Volkes unter einen fortan unbestrittenen und unwiderruflich herrschenden König, der seinerseits freilich nichts verspricht und sich deswegen auch zu nichts verpflichtet – der bisher das europäische *ius commune* prägende Gedanke eines Rechtsverhältnisses zwischen Herrscher und Volk ist hier aufgegeben –, Qualifizierung des neuen Erbkönigtums als unveräußerlich, unteilbar und unverjährbar, Konkretisierung seines unumschränkten Charakters, darunter der Monopolisierung der Gewaltanwendung in der Hand des Monarchen, des *ius ferendi leges* und des *ius religionis* – dies sind die zentralen Bestimmungen eines die Theorie des „Absolutismus" in die Praxis umsetzenden Staatsgrundgesetzes, dessen zweite, vielleicht sogar gleichgewichtige Intention, den Fortbestand des Hauses über alle dynastischen Wechselfälle zu sichern, dabei aber nicht übersehen werden sollte.

Nicht in dieser umfassenden, expliziten, staatsrechtlichen Form wie in Dänemark, partiell aber und in der politischen Praxis sind bestimmte Grundprinzipien des neuen Herrschaftssystems seit der Jahrhundertmitte fast überall auf dem Kontinent verwirklicht worden. Dazu zählte vor allem, dass aus der Notwendigkeit, zur Bewältigung der innen- und außenpolitischen Herausforderungen die politischen Kräfte des Landes zusammenzufassen, Bemühungen erwuchsen, „das bisher vorwiegend privatrechtlich aufgefasste Erbrecht der Dynastie in Übereinstimmung mit der Staatsräson zu bringen" (Kunisch). Diese Bemühungen führten mit logischer Konsequenz – mit Phasenverschiebungen in den einzelnen europäischen Staaten – zur Etablierung fester Primogeniturordnungen und damit zur Abkehr von dem älteren Prinzip der Landesteilungen; selbst in den deutschen Territorialstaaten, die sich, von den Kurfürstentümern abgesehen, relativ zögernd dieser Entwicklung anschlossen, beginnt diese Tendenz nun eindeutig zu dominieren (1621 Österreich, 1680 Hannover), wobei der staatsrechtliche Weg meist über ewige Hausgesetze ging, die dann in den Politischen Testamenten der Fürsten immer wieder bekräftigt und verbindlich gemacht wurden. Ausnahmen wie Sachsen, wo es noch 1652 zur Einrichtung von Nebenlinien kam, die bis weit ins 18. Jahrhundert hinein Bestand hatten, bestätigen eher die Regel.

„Absolutismus"
und Erbrecht

4. ALTERNATIVEN ZUM „ABSOLUTISMUS"

Die gegenwärtige Forschung zu Staatstheorie und Staatspraxis des Zeitalters findet ihr Charakteristikum darin, dass einerseits immer stärker die nichtabsolutistischen Faktoren im „Absolutismus", die traditionalen Elemente in den sich verdichtenden Staaten hinterfragt und beleuchtet werden und dass andererseits auch in den offensichtlich nichtabsolutistischen Gesellschaftssystemen den (letztlich scheiternden oder zu einem begrenzten Erfolg führenden) „absolutistischen" Tendenzen vermehrt Aufmerksamkeit geschenkt wird. So ist z. B. nachgewiesen worden, dass im Gegensatz zu den Erwartungen und landläufigen Vorstellungen im ständeparlamentarischen England des ausgehenden 17. Jahrhunderts das stehende Heer tendenziell und praktisch durchaus ein Teil der Verfassungswirklichkeit war. Das Bemühen, „idealtypische" Bilder zu korrigieren, eine vermeintlich „stimmige" Gesamtschau von Phänomenen zu relativieren, führt in seiner Konsequenz zu einer Abkehr von dem herkömmlichen Schubladendenken und kann einer vorurteilsfreien Analyse von Staatlichkeit im Zeitalter des Barock nur förderlich sein. Freilich wird bei alledem im Auge zu behalten sein, dass einige Staaten Europas sich ganz explizit und nachhaltig von der Entwicklung hin zu einem „absolutistischen" System abgekoppelt haben. Das betrifft zumal Großbritannien, dessen „Sonderweg" zur großen „Alternative zum Absolutismus" geworden ist.

Die innerstaatliche Entwicklung Englands bzw. Großbritanniens unterscheidet sich von der in den kontinentaleuropäischen Staaten grundlegend; aus einem prinzipiellen Widerstand gegen jede Form des monarchischen Autokratismus, der sich bereits in der Tudorzeit an der Verfassungsfigur des „King-in-Parliament" festmachen lässt, entwickelte sich hier im 17. Jahrhundert – unbeschadet einiger „normaler" Politikfelder – ein völlig anderes Staats- und Gesellschaftsmodell, wobei freilich in England auch manche strukturellen Voraussetzungen nicht gegeben waren, die andernorts den „Absolutismus" nach sich zogen; u. a. fehlte, da England von konfessionellen Bürgerkriegen im Wesentlichen verschont blieb und die im Dynastischen wurzelnde Staatskrise (Rosenkriege) schon lange überwunden war, ein unmittelbarer Anlass für eine „Notstandsherrschaft", also der Zwang, mittels einer unbeschränkten Herrschaft die Einheit des Staates zu retten.

Am Beginn des englischen „Sonderwegs" stand zunächst eine tiefgreifende Verfassungskrise, die aus der offenkundigen Politik der beiden ersten Stuartkönige resultierte, den bisherigen Balancezustand zwischen Parlament und Königtum zu Lasten des ständeparlamentarischen Gremiums zu verändern, die Politik der Kooperation durch eine solche der Konfrontation zu ersetzen. Jakob I., der große Theoretiker auf dem englischen Königsthron (ohne dass diesem Theoriebewusstsein eine analoge Praxisnähe entsprochen hätte), hatte, durchaus atypisch im europäischen Umfeld, zunächst das Stichwort eines dynastischen Absolutismus in theoretischer Form ausgegeben, von dem nun abgewartet werden musste, ob er überhaupt – die verfassungsrechtliche Figur des *princeps legibus solutus* existierte im *common law* natürlich nicht – in die politische Praxis umgesetzt werden konnte. Dafür schien zunächst einiges zu sprechen, auch wenn der erste Stuart-König in London in seinem pädagogischen Eifer vieles „zerredete" (Eike Wolgast). Das Parlament konnte allenfalls noch Scheinerfolge verbuchen – etwa die *Petition of Right* (1628), an die sich der Monarch keineswegs gebunden fühlte – bzw. drang mit seinen Versuchen, das Land gegen das Königtum zu mobilisieren, nicht durch, so dass die Auflösung des Parlaments durch Karl I. 1629 und die anschließende zehnjährige parlamentslose Regierung die momentane politische Überlegenheit der Krone nur zu deutlich widerspiegelte – eine Phase, die, entgegen der lange vorherrschenden Whig-Interpretation, im Übrigen aller verfassungsrechtlichen Probleme zum Trotz eine Zeit allgemeinen Wohlstands war.

Außenpolitische Abstinenz Englands

Freilich bedingte dieser Verzicht auf die parlamentarische Mitregierung eine weitgehende außenpolitische Abstinenz; England schied, zumal die Rüstungen in den vergangenen Jahren gravierende strukturelle Mängel und letztlich Englands „administrative inability to fight a war" erwiesen hatten, bereits 1630 aus dem europäischen Krieg aus und verabschiedete sich damit für ein Vierteljahrhundert fast völlig aus dem europäischen Kräftespiel. Auf dem Forum der europäischen Diplomatie, in Münster und Osnabrück, war es folglich auch nicht vertreten.

Vom Verfassungskonflikt zum Bürgerkrieg

Der schwelende Verfassungskonflikt, der durch einen wachsenden Unmut über die ins Überdimensionale steigenden Kosten der Hofhaltung noch verschärft wurde, aber dennoch zunächst höchstens passiven Widerstand von Untertanen (Steuerboykott) nach sich zog, kam erst in dem Augenblick zum vollen Ausbruch, als die Schotten den Versuch der Krone, die religiöse Uniformität auch im Norden der britischen Insel durchzusetzen, entschlossen zum Scheitern brachten; England befand sich erstmals in der Unerbittlichkeit und Tragik eines durch den Gegensatz Zentrale-Peripherie zusätzlich aufgeladenen Glaubenskampfes, den die kontinentalen Nachbarn schon längst hinter sich gebracht und überwunden hatten. Nach dem Zwischenspiel des „kurzen" Parlaments machte dies die Einberufung eines neuen Parlaments erforderlich, das die notwendigen Steuern für ein schlagkräftiges Heer bewilligen sollte, wofür das nichtparlamentarische *shipmoney*, dessen Eingang seit 1639 dramatisch zurückging, nicht mehr ausreichte. In diesem „Langen Parlament" (seit 1640) fand die Opposition endlich wieder ein Forum und ein Instrument, um den Machtzuwachs der Krone zurückzuschneiden, um die Träger der königlichen Politik zur Rechenschaft zu ziehen und auszuschalten (Hinrichtung Straffords 1641). Dank einer erstaunlichen „Vermengung von formaler Legalität und politischer Pression" (Peter Wende) konnte das Königtum zur Zustimmung zu etlichen Reformgesetzen bewogen werden, um dann aber die sog. *Grand Remonstrance* vom November 1641 mit ihren durchaus verfassungsrevolutionären Zielen seinerseits mit einem Verfassungsbruch und mit dem Übergang zum Bürgerkrieg zu beantworten. Dieser Bürgerkrieg, in dem es formal beiden Seiten um die Wiederherstellung eines früheren Rechtszustandes ging – auch wenn sie bei dem Rekurs auf das „alte Recht" und die Geschichte jeweils sehr willkürlich vorgingen –, ist sicher nicht in erster Linie ein sozialer Konflikt zwischen *Gentry* und Bürgertum hier und Hochadel dort gewesen, auch nicht ein Volkskrieg, der das ganze Land erfasst, alle Teile auch nur der politischen Elite zu Parteinahme und Engagement veranlasst oder gar eine dem kontinentalen Krieg vergleichbare Dimension gewonnen hätte. Wohl aber war er eine Auseinandersetzung, die – vergleichbar der Fronde – die politik- bzw. staatstheoretische Diskussion nachhaltig angeregt und Tausende von Pamphleten provoziert hat, die keineswegs nur für die spezifischen englischen Gesellschaftsverhältnisse von Belang waren. Diese Publizistik hat indirekt zudem dazu beigetragen, die Besonderheiten der englischen Sozialverfassung deutlich werden zu lassen, die auch durch den Bürgerkrieg nicht ernsthaft in Frage gestellt wurden: ein stabiles Herrschaftsgefüge, das nichtsdestoweniger eine beachtliche Mobilität des Einzelnen ermöglichte, ein Nebeneinander von verschiedenen religiösen Richtungen im Schoß einer Nation, die zwar in zum Teil heftiger Konkurrenz standen, für die es auf dem Kontinent aber nichts Vergleichbares gab, sieht man einmal von den Generalstaaten ab.

Der militärische Sieg des Parlaments, das umgehend auch im administrativen und militärorganisatorischen Bereich innovative Akzente (indirekte Verbrauchssteuern, *New Model Army*) setzte, bedeutete freilich keineswegs die Rückkehr zur politischen Stabilität, sondern zog neue Auseinandersetzungen nach sich und endete im revolutionären Umsturz des gesamten politischen Systems; „aus dem erfolgreichen Widerstand erwuchs letztendlich eine ratlose Revolution" (Peter Wende). Die Krone war als politischer Faktor noch keineswegs ausgefallen, taktierte aber auf Zuwarten, was umso naheliegender erschien, als im Parlament Konflikte aufbrachen und die Beziehungen zwischen Parlamentsmehrheit und Armee sich immer mehr zuspitzten. Sie entluden sich schließlich in einem zweiten Bürgerkrieg, an dessen Ende – mehr eine politische Verlegenheitslösung denn Ergebnis einer konsequenten Politik – mit dem König auch das bisherige politische System liquidiert wurde. Allerdings: „Nicht weil seine Richter um jeden Preis die Republik anstrebten, musste Karl I. das Schafott besteigen, sondern die Republik wurde eingerichtet, weil mit diesem Monarchen eine Rückkehr zur überlieferten englischen Monarchie aussichtslos schien" (Wende).

Englische Revolution

Die Neuordnung des (nunmehr republikanischen) Staates gab der Verfassungsdiskussion erneut einen ungeheuren Auftrieb; zum einen musste der politische und militärische Widerstand gegen das sakrale Königtum begründet und legitimiert, zum anderen aber dem Staat mit dem Rekurs auf die Volkssouveränität eine neue „ideologische Basis" gegeben werden, was *eo ipso* eine kräftige Aufwertung des Parlaments implizierte, dem nun durchaus auch das Recht zugebilligt wurde, selbst exekutive Funktionen wahrzunehmen (Henry Parker, Philipp Hunton u. a.). Aber die starke Stellung des Parlaments wurde auch wieder in Frage gestellt, schon – mit explizit „basisdemokratischen" Untertönen – von der Armee, dann auch von radikalen Gruppierungen wie etwa den Levellers, die häufig übrigens mit dem Programm antraten, einen alten Rechtszustand wiederherstellen zu

Verfassungsdiskussion

wollen. Von weittragender Bedeutung waren die damaligen verfassungstheoretischen und gesellschaftspolitischen Diskussionen vor allem aber deswegen, weil in ihrem Verlauf erstmals in der abendländischen Geschichte das freie, mit Gewissensfreiheit und Rechtsgleichheit ausgestattete und damit alle ständestaatlichen Ordnungen zur Disposition stellende Individuum als *nucleus* aller staatlichen Organisation entwickelt wurde, das seit den Revolutionen des ausgehenden 18. Jahrhunderts zum Leitbild einer neuen Zeit werden sollte.

Dieser gesellschaftspolitischen Diskussion, in die z. B. auch ein Mann wie John Milton eingriff, war freilich nur ein begrenzter praktischer Erfolg beschieden – etwa indem eine das gesamte Spektrum protestantischer Konfessionen umfassende Toleranz zustandekam. Letztlich bestimmten nämlich doch die Pragmatiker die Richtung der englischen Politik, die insbesondere den vielen chiliastischen und sozialrevolutionären Sektierergruppen lediglich eine zwar interessante, aber unbedeutende Nebenrolle überließen. Nachdem – bei andauerndem Krieg, um auch Schottland und Irland der Republik einzugliedern – der Rest des Parlaments (Rumpfparlament) die Chance zu radikalen Reformen nicht wahrgenommen hatte, wurde es 1653 von Oliver Cromwell zwangsweise aufgelöst. Damit setzte ein neuerlicher Machtkampf zwischen den radikalen Kräften im Heer und jenen Teilen der *Gentry* ein, die, bei aller Bejahung der Republik, die überlieferte Sozialordnung zu erhalten suchten und die Wiedereinrichtung eines starken Parlaments forderten. Aus dieser Spannung und diesem Kräfteringen resultierten zwischen 1653 und 1660 verschiedene Verfassungsexperimente, die sehr unterschiedliche Formen parlamentarischer Mitwirkung vorsahen, es aber weder verhindern
Militärregime konnten, dass faktisch doch ein permanentes Militärregime das Sagen hatte, noch,
Cromwells dass die restaurativen Kräfte wieder an Boden gewannen. Nach Cromwells Tod und nachdem über eine modifizierte Wiedereinführung der Monarchie bereits intensiv diskutiert worden war, trugen die antimilitärischen Kräfte und die Sehnsucht nach politischer Stabilität schließlich den Sieg davon und ermöglichten – unter verfassungsrechtlich freilich eher fragwürdigen Formen – die Restauration der alten Dynastie; mit der Rückkehr des ältesten Sohnes des hingerichteten Stuart-Monarchen aus dem französischen Exil im Frühsommer 1660 endete das „Intermezzo" von Commonwealth und Protektorat.

Freilich haben die zwei Jahrzehnte zwischen 1640 und 1660 so tiefe Spuren in der englischen Geschichte hinterlassen, dass die bloße Qualifizierung als „Intermezzo" absolut fehl am Platze wäre. Die zum Teil gravierenden Verände-
„Restauration" rungen in der staatlich-administrativen und der kirchenorganisatorischen Sphäre blieben erhalten, und dass keine bedingungslose und einseitig das Königtum begünstigende Restauration zu erwarten war, signalisierte bereits Karls II. (seine Rückkehr erst ermöglichende) Vereinbarung mit dem Parlament, er werde mit allen von einem zukünftigen Parlament vorgeschlagenen Regelungen zur Amnestie, zur freien Religionsausübung und zur Wiederherstellung der alten Besitzverhältnisse einverstanden sein. „Restauration" bedeutete auch Wiederherstellung des Parlaments, mehr: primär parlamentarische Restitution, denn dem Königtum

wurde insbesondere fortan jede außerordentliche Gerichtsbarkeit vorenthalten und jede Möglichkeit genommen, ohne Zustimmung des Parlaments Steuern zu erheben. Das Parlament behielt „faktisch die Suprematie in Kirchen-, Finanz- und Gesetzesangelegenheiten" (Wolgast). Hier liegt wohl der eigentliche Bruch, der Beginn des englischen „Sonderwegs": Mit den „absolutistischen" Tendenzen der beiden ersten Stuart-Könige war England keineswegs aus dem „normalen" Trend in den europäischen Staaten herausgefallen, und die Tatsache, dass sich im Verlauf der „Revolution" ein effizientes und hochmodernes stehendes Heer bildete, hatte England sogar an die Spitze der europäischen Entwicklung gerückt. Erst die Tatsache, dass aus einem – nicht ungewöhnlichen – Konflikt zwischen Krone und Ständeparlament nicht (wie etwa in Frankreich oder in Dänemark) das Königtum als Sieger hervorging, begründete die Einzigartigkeit des englischen Beispiels.

Dass Karl II. versuchen würde, diese zunächst dem Parlament zugute kommende „Restauration" zu seinen Gunsten zu revidieren, lag auf der Hand, und er hat bezeichnenderweise auch keine Minute gezögert, einen Aufstand einer „linksradikalen" Splittergruppe 1661 in geradezu „absolutistischer" Manier zum Vorwand zu nehmen, um zumindest ein kleines Berufsheer auf die Beine zu stellen. Paradoxerweise ist es das royalistisch dominierte „Kavaliersparlament" selbst gewesen, das zunächst zum treuen Gehilfen der stuartschen Revisionspolitik wurde und zum Beispiel anstelle der Fortsetzung der religiösen Toleranzpolitik das Monopol der anglikanischen Staatskirche wiederherstellte, was – freilich nicht ohne auf Widerstand zu stoßen – auf die konfessionelle Uniformität und Homogenität der Nation hinauslief. Just dies ist freilich dann zu einem Punkt geworden, an dem König und Parlament doch wieder aufeinanderstießen: Karl II. versuchte, Einzelpersonen, darunter Katholiken, von diesem Gesetz zu dispensieren, die anglikanische *Gentry* im Unterhaus beantwortete das 1673 mit der scharfen *Test Act*, die jeden zivilen und militärischen Amtsträger verpflichtete, einen antipäpstlichen Treueid zu leisten und vor Zeugen nach anglikanischem Ritus die Kommunion zu nehmen. Da das Verhältnis des Monarchen zum Parlament sich seit den ausgehenden 1660er Jahren wegen seiner tendenziell profranzösischen Außenpolitik und seiner teils bekannten, teils erahnten Bestechlichkeit ohnehin bereits spürbar abgekühlt hatte, vergrößerte sich jetzt die Distanz zwischen den beiden englischen Verfassungspfeilern zusehends, was letztlich zum Entstehen einer neuen politischen Opposition führte. Die englische Öffentlichkeit war in den 1670er Jahren extrem aufgewühlt – dass sie in diesen Jahren eine besondere Affinität zu Masken und Maskeraden entwickelte, könnte einen Tiefenpsychologen sicher herausfordern.

Am Beginn dieses – wie sich dann herausstellen sollte: entscheidenden – neuerlichen Machtkampfes zwischen Krone und parlamentarischer Opposition, der immer mehr auch in die Öffentlichkeit hineingetragen wurde, stand der Versuch, den katholischen Bruder Karls II., Jakob, zugunsten eines unehelichen Sohns von der Thronfolge auszuschließen (*Exclusion Crisis* 1679–81). Die monarchische Erbfolge durch das Parlament regeln zu lassen, stellte natürlich einen

„Absolutistische" Tendenzen Karls II.

Stuart-Königtum und Parlamentarismus

gravierenden Eingriff in das Verfassungsgefüge dar und nahm im Grunde den Verfassungskonflikt der 1640er Jahre wieder auf. Der König reagierte mit wiederholten Auflösungen des Parlaments, zumal dieses sich 1679 „erkühnt" hatte, jedes stehende Heer in England für ungesetzlich zu erklären, um dann seit 1680 völlig ohne Parlament zu regieren. Er benutzte schließlich die Aufdeckung einer Verschwörung radikaler Whigs gegen sein und seines Bruders Leben, um nicht nur die Autonomie Londons (zeitweise) aufzuheben, sondern auch gegen die führenden Oppositionellen mit der ganzen Schärfe des Gesetzes vorzugehen und sie faktisch mundtot zu machen.

Diese Durchsetzungsfähigkeit des Königtums gegenüber der Parlamentsmehrheit korrespondierte mit einem deutlichen Zuwachs des vor allem aus der *Gentry* sich rekrutierenden royalistischen Lagers (Tories), das durch Wahlrechtsänderungen auch im nach dem Thronwechsel 1685 neugewählten Parlament eine erdrückende Mehrheit besaß und absolut loyal zu dem neuen katholischen Herrscher stand. Aber seine offenkundigen „absolutistischen" Tendenzen holten Jakob II. sehr schnell von diesem Gipfel monarchischer Restauration wieder herunter: Der Aufbau eines stehenden Heeres, die Signalflagge europäischer Staatsverdichtung, dessen Offizierscorps sich zudem überwiegend aus Katholiken rekrutierte, konnte vom Parlament ebenso wenig akzeptiert werden wie die systematische Umgehung der *Test Act* durch den Monarchen oder seine Bemühungen, die lokale Machtposition der *Gentry* – das eigentliche Geheimnis ihres Erfolges und ihrer Stellung im Verfassungsgefüge – zu schwächen. Mit der Auflösung des Parlaments war es schließlich auch nicht mehr getan. Als der König im Frühjahr 1688 die *Test Act* förmlich aufhob und die allgemeine Freiheit des Gottesdienstes verkündete und ihm schließlich auch noch ein Thronfolger geboren wurde, von dem angenommen werden musste, dass er das katholische Regime Jakobs II. perpetuieren würde, formierte sich ein nationaler Widerstand aus anglikanischer Kirche, Whigs und Tories, dem zwar das parlamentarische Forum fehlte, der aber entschlossen Unterstützung außerhalb Großbritanniens suchte und in Wilhelm von Oranien auch fand, dem Ehemann von Jakobs II. ältester Tochter Maria, einem mit einem ausgeprägten Machtinstinkt ausgestatteten Mann, der sich bereits seit geraumer Zeit ein ausgeklügeltes System von Günstlingen auf der Insel aufgebaut hatte. Aufgrund einer verfassungsrechtlich recht dubiosen Zusicherung, ihn bei einem Eingreifen auf der Insel zu unterstützen, wagte der Oranier den großen Coup, „als Verbündeter der politischen Nation gegen einen abtrünnigen Herrscher, dessen Allianz mit Katholiken und Absolutismus die essentielle Bedrohung darstellte" (Wende), nach der englischen Krone zu greifen.

Außerparlamentarischer Widerstand

Die wichtigste Konsequenz der „glorious", also unblutigen Revolution, die auch deswegen so rasch zum Erfolg führte, weil diesmal im Unterschied zu 1640 die Opposition eine personelle Alternative zum regierenden Monarchen präsentieren konnte, war, dass die Gewichte zwischen Krone und Parlament neu verteilt, ihr Verhältnis zueinander neu bestimmt wurde. In einer alles andere als systematischen Verfassungsgesetzgebung, die 1689 so disparate Ergebnisse wie die *Bill*

Glorious Revolution

of Rights und das Meutereigesetz (*Mutiny Act*) hervorbrachte, wurde gleichwohl das Fundament der englischen konstitutionellen Monarchie gelegt, die eine wirkliche Alternative zur kontinentalen Staatspraxis darstellte und für die europäischen Aufklärer dann zum vielbewunderten Vorbild werden sollte.

Versteht man die *Act of Settlement* noch als Bestandteil dieses „revolutionären" verfassungsrechtlichen Pakets – wobei „revolutionär" von den Zeitgenossen im ursprünglichen Sinn als Rückkehr zu einem früheren Zustand begriffen wurde –, dann zielten die Maßnahmen von 1689/1701 zum einen auf die Absicherung des Parlaments im Verfassungsgefüge, zum anderen auf die Erst- bzw. Neuumschreibung der Freiheitsrechte der Untertanen, zum dritten schließlich auf eine verbindliche Thronfolgeregelung (über die die meisten kontinentalen Monarchien bereits längst verfügten). Gerade in der Thronfolgefrage demonstrierte das Parlament, das den Monarchen in verfassungsrechtlich eher zweifelhafter Form eingesetzt hatte, nachdrücklich seine neue politische Suprematie, seine Funktion als politisches Kontrollorgan: Unter gleichzeitigem Ausschluss aller (besser legitimierten) katholischen Prätendenten wurde für den Eventualfall die Sukzession des Hauses Hannover festgeschrieben (die dann 1714 eintreten sollte). Aber auch die anderen verfassungsrechtlichen Fixierungen ließen an der Gewichtsverteilung zwischen Parlament und Krone keinen Zweifel mehr aufkommen: Der König musste auf die (von den Stuarts oft benutzte) Prärogative verzichten, von Gesetzen dispensieren bzw. sie sogar aufheben zu können; Heere durfte er in Friedenszeiten nur noch mit Zustimmung des Parlaments unterhalten; die Steuerhoheit wurde „zum wesentlichen Akt der parlamentarischen Praxis" (Mandrou); regelmäßige Einberufungen des Parlaments, dessen Legislaturperioden erstmals genau begrenzt wurden (1694 bzw. 1716), sollten eine effiziente parlamentarische Kontrolle gewährleisten. Nimmt man die beiden weiteren zentralen Regelungen aus dem „Reformpaket" von 1689 noch hinzu – die Unabhängigkeit der Rechtsprechung bzw. Rechtssicherheit sollte gewährleistet werden durch die Nichtabsetzbarkeit von Richtern, die Toleranz-Akte sicherte zumindest den nichtkonformistischen Protestanten außerhalb der Staatskirche freie, nichtdiskriminierte Religionsausübung zu –, dann wird deutlich, wie sehr sich England verfassungsrechtlich und politisch mit und aufgrund der *Glorious Revolution* einen Sonderplatz im zeitgenössischen Europa gesichert hatte. In einer Zeit, in der sich anderswo die Tendenz zur Ausweitung der Königsgewalt durchsetzte, hatte sich England für ihre empfindliche Beschneidung entschieden, für eine deutliche Aufwertung des ständeparlamentarischen Gremiums, das sich, auch wegen des Fehlens regionaler Ständekörperschaften, nun mit gutem Grund als Repräsentantin der Nation empfand, und für einen größeren Freiraum und Schutz der Individualsphäre, was – alles zusammengenommen – in Europa zumindest ungewöhnlich war und eine strukturelle Voraussetzung für jene innenpolitische Stabilität darstellte, die sogar in dem kriegserfüllten Vierteljahrhundert nach 1688 durch die Regelmäßigkeit des Parlaments, das nun endgültig von einem „Ereignis zur Institution" wurde (Wolfgang Reinhard), gewährleistet wurde und die letztlich erst

Revolution Settlement

den Aufstieg Englands zur Weltmacht im 18. Jahrhundert ermöglichte. Dass im Verlauf des 18. Jahrhunderts dann zwischen Verfassungsrecht und Verfassungswirklichkeit eine Spannung aufkam und sich beispielsweise das eine oder andere Parlament eher in außenpolitischer Abstinenz übte oder als Organ einer nationalen Öffentlichkeit verstand oder gerierte, steht dabei auf einem völlig anderen Blatt.

Englands wirtschaftliche Prosperität

Es war freilich nicht nur diese verfassungspolitische Entscheidung für ein parlamentarisch dominiertes Herrschaftssystem, die England im Zeitalter der Aufklärung mit ihren teilweise antimonarchischen Tendenzen zum vielbewunderten Vorbild für Kontinentaleuropa werden ließ, sondern auch die Einsicht, dass die strukturellen Voraussetzungen für wirtschaftliche Prosperität und ökonomisch-kommerziellen Höhenflug in den ständeparlamentarischen Staaten offenbar günstiger waren als in den absoluten Monarchien. Seit der „Handelsstaat England" (Ernst Schulin) sich entschlossen hatte, die merkantile Herausforderung der Niederlande anzunehmen, hatte sich das immer wieder erwiesen: Es war höchst bezeichnend, dass der Aufschwung des englischen Handels auch durch die revolutionären Wirren kaum behindert wurde – zwischen 1640 und 1680 hat sich der Londoner Hafenumschlag absolut kontinuierlich entwickelt und dabei verdoppelt –, ganz typisch auch, dass Cromwell und sein Parlament mit der Navigationsakte (1651) den englischen Außenhandel nachhaltig förderten und gegen die niederländische Konkurrenz zu stärken suchten. Ebenso symptomatisch war, dass die Krone nach der Restauration das permanente Gespräch mit der Kaufmannschaft zwar suchte und auch institutionalisierte (1666 Council of Trade and Plantation), ansonsten Eingriffe in den Überseehandel, etwa durch die Gründung mit staatlichem Oktroi versehener Monopolkompanien, aber nur zögernd und ausnahmsweise vornahm und weit mehr der Dynamik des Unternehmertums und seinen freien Aktiengesellschaften vertraute. Es hat in England niemals einen

Fehlen des Merkantilismus

Merkantilismus im kontinentalen Sinn gegeben, allenfalls einen nicht vom Staat reglementierten, wobei die Parallelen im Bereich des Monopolwesens vielleicht noch am augenfälligsten sind. Der Unterschied musste den Zeitgenossen in die Augen springen: Die staatlichen französischen Handelskompanien mussten ausnahmslos nach relativ kurzer Zeit wieder aufgelöst werden, weil sie nicht in der Lage waren, dauerhaft die erwarteten wirtschaftlichen Erfolge zu erzielen, die nichtstaatlichen englischen Indienkompanien dagegen verhalfen Großbritannien zur merkantilen Spitzenstellung und begründeten Londons Führungsposition auf den Meeren und in Übersee. Der politischen Revolution entsprach

Commercial Revolution

die Commercial Revolution, die sich u. a. auch darauf gründete, dass die einseitige Abhängigkeit von der einheimischen Wollproduktion überwunden und England durch den Zwischenhandel mit exportfähigen Gütern zur Welthandelsmacht Nr. 1 wurde, die aber sozialgeschichtlich auch dadurch begünstigt wurde, dass sich wie sonst nirgendwo auf dem Kontinent die ständischen Grenzen verwischten und auch Hochadel und Gentry sich in den Handel hinein bewegten.

Und noch in einer dritten Hinsicht fiel das „englische Modell" aus dem Rahmen des Epochenüblichen und wirkte seinerseits stimulierend auf den Kontinent. 1662 wurde, anknüpfend an vielfältige andere Bemühungen, den praktischen Wissenschaften zum Aufschwung zu verhelfen, aufgrund einer königlichen Intervention mit der *Royal Society* die erste wissenschaftliche Akademie gegründet, die sich nach den Statuten von 1663 dem Gesamtspektrum der naturwissenschaftlichen Forschung und der Entwicklung von praxisbezogenem technischem *Know-how* – etwa auch in Bezug auf die Schifffahrt – widmen sollte. Im Gegensatz aber zu der nur wenige Jahre später (1666) von Colbert ins Leben gerufenen *Académie des Sciences*, der von der politischen Zentrale ihre Arbeitsvorhaben präzise vorgeschrieben wurden, war die *Royal Society* in ihren wissenschaftlichen Projekten und Projektionen völlig frei, und aus dieser nicht staatlich gelenkten, sondern aus wissenschaftlicher Eigenverantwortung erwachsenen Forschungspolitik resultierten dann auch die überragenden wissenschaftlichen Erfolge der *Royal Society*, die seit 1669 in den „Philosophical Transactions" regelmäßig publiziert wurden. In diesem Rahmen und durch diesen ständigen, freien und intensiven Meinungsaustausch in der *Royal Society* wurde u. a. die Persönlichkeit Isaac Newtons geformt, der 1672 in die Akademie eintrat und nach seiner Konstruktion des Reflektionsteleskops und seinen vielen sonstigen mathematischen, astronomischen und physikalisch-chemischen Arbeiten zum führenden europäischen Naturwissenschaftler emporstieg (was ihn nicht hinderte, mit anderen Gelehrten kleinlich und peinlich um das „Erstgeburtsrecht" bei bestimmten Entdeckungen und Entwicklungen zu streiten). Der liberalen Atmosphäre der Restaurationszeit verdankte nach allgemeiner Einschätzung England einen guten Teil seines wissenschaftlichen Vorsprungs vor den Kontinentalmächten.

Wissenschaftlicher Aufschwung: Royal Society

Die Resonanz auf die Option Englands für das parlamentarisch geprägte Verfassungsmodell setzte auf dem Kontinent aus systemimmanenten Gründen zwar erst mit einer gewissen Verzögerung ein, sie war aber dann umso positiver, weil England zugleich auch eine Verfassungstheorie mitlieferte, die zum großen *Credo* der europäischen Aufklärer werden sollte. Konzipiert vielleicht schon in den Niederlanden einige Jahre vor der *Glorious Revolution*, also ursprünglich nicht als deren Apologie, veröffentlichte John Locke seine „Two treatises of Government" 1690 unmittelbar nach dem „Machtwechsel" in London, in dessen Sog er selbst erst nach dort zurückgekehrt war – der staatstheoretische Gehalt, aber auch der Zeitpunkt der Publikation begründeten den säkularen (und weit ins nächste Säkulum hineinreichenden) Erfolg dieses Werkes. Wie Thomas Hobbes vier Jahrzehnte früher, der daraus aber die Notwendigkeit einer absoluten Herrschaft abgeleitet hatte, ging Locke von dem Konstrukt des Gesellschaftsvertrages aus, der eine naturrechtliche Voraussetzung zur Verhinderung von Machtmissbrauch im „absolutistischen" Sinn sei, gleichzeitig aber die Gewähr gebe, dass die Menschen, die grundsätzlich nur der legislativen Gewalt unterworfen seien, sich ihren Pflichten und ihrem schuldigen Gehorsam nicht entzögen. Unabdingbar für eine wahrhaft „öffentliche Gesellschaft" sei das allgemeine Einvernehmen zwi-

Verfassungstheorie: Locke

schen Amtsträgern und Bürgern; wenn dieses gestört werde, könne selbstverständlich jede Delegierung von Gewalt von der Gemeinschaft, die sie vorgenommen oder ihr zugestimmt habe, widerrufen werden. – Die politisch sensibilisierte englische und später auch die kontinentaleuropäische Öffentlichkeit wusste dieses Staatsmodell als zukunftsweisend einzuordnen: Die Ablehnung fürstlicher Willkür und des Anspruchs des absoluten Monarchen, nicht dem Zwang des positiv gesetzten Rechts unterworfen zu sein, stellten auf dem Höhepunkt des kontinentalen „Absolutismus" einen politischen Frontalangriff dar, der noch dadurch an Schärfe gewann, als Locke die Behauptung aufstellte, dem Gesetzgeber, nicht etwa dem Monarchen, komme die oberste Gewalt zu, er genieße also gegenüber dem Fürsten die Präzedenz, und als er den Bürgern ausdrücklich das Recht zusprach, gegen eine vom rechten Weg abgewichene und ihren präzise festgelegten Aufgabenbereich überschreitende Obrigkeit auch mit Gewalt und Aufstand vorzugehen. Die politische Alternative zum kontinentalen „Absolutismus" war damit komplett: Politische Praxis und politische Theorie hatten sich in einer geradezu idealen Weise ergänzt und sollten, ohne je in der Praxis den Rang eines verpflichtenden Vorbilds zu gewinnen, Europa auf Dauer beeindrucken – wobei man Schwächen sowohl des politischen Systems als auch der Lockeschen Staatstheorie dann nur zu gern hintanstellte.

Königtum und Ständewesen

England als ein Beispiel für die „Ungleichzeitigkeit des Gleichzeitigen" ist ein Beleg dafür, dass die Entwicklungslinien von der dualistischen Ordnung des ausgehenden Mittelalters nicht *eo ipso* zum monarchischen Alleinvertretungsanspruch, der Zurückdrängung der Stände durch das Königtum, hinführten, sondern dass es auch den Ständen gelingen konnte, die Fürstenmacht zu begrenzen, wie überhaupt noch einmal unterstrichen werden muss, dass auch das absolute Königtum keineswegs auf die Beseitigung des Ständewesens insgesamt fixiert war, sondern lediglich die Ständeversammlungen lahmzulegen und die ständischen Selbstverwaltungseinrichtungen einzuschränken und in die staatliche Regie zu überführen suchte. In anderen europäischen Staaten konnten die Stände ebenfalls die Ausbildung eines monarchischen „Absolutismus" verhindern (Deutsches Reich) oder ihn mit neuen Verfassungskonstruktionen (Polen, *liberum veto*) bzw. im Gefolge politischer Umbrüche (Schweden, 1718) wieder stürzen. Andere Staaten standen ihrer verfassungsrechtlichen Eigenheiten wegen sogar nie in der Gefahr, dass sich der monarchische „Absolutismus" in dieser oder jener Form durchsetzte; die verfassungspolitische Landschaft Europas war immer weit bunter, als es der Begriff „Absolutismus" assoziiert, auch wenn diese nicht-absolutistischen Staaten niemals im eigentlichen Sinn für das damalige kontinentale Europa wegweisend-vorbildhaft wurden; auch die Generalstaaten fielen im letzten Viertel des 17. Jahrhunderts aus dieser Rolle wieder heraus.

Vereinigte Niederlande

Die Republik der Vereinigten Niederlande, ein „Staatenbund ohne Monarch" (Ivo Schöffer), hatte sich im Kampf gegen das spanische Imperium konstituiert, eine Gemeinschaft von sieben autonomen Provinzen, in denen die Stände Träger der Souveränität und des politischen Lebens waren. Die Provinzialstände waren sehr unterschiedlich – je nach der sozioökonomischen Struktur bürgerlich-groß-bäuerlich, patrizisch oder aristokratisch-adlig – dominiert; sie beschickten ihrerseits die Generalstände (*Staten generaal*), die – subsidiär, also in Situationen, in denen die Provinzialstände nicht weiterkamen, und in Grundsatzfragen – im Haag über die Außenpolitik, die Kolonialverwaltung, allgemeine Finanzfragen usw. entschieden. Sowohl in den Provinzialparlamenten als auch in der Bundesversammlung herrschte, was die Entscheidungsprozesse oft über Gebühr hinauszog, das Prinzip der Einstimmigkeit, d.h. Beschlüsse konnten durch das Veto einer provinzialen Korporation oder einer Provinz verhindert werden – ein ganz archaisches und schwerfälliges Verfahren, das in die Zeit schneller Entscheidungen und Entschlüsse nur schwer passte.

Diese Schwerfälligkeit wurde dann aber doch dadurch gemildert, dass es in der Praxis des politischen Alltags eine Provinz war, die den Staatenbund leitete: das reiche, wirtschaftlich überlegene und bevölkerungsstärkste Holland, das nicht nur über die Hälfte des Finanzvolumens der Republik aufbrachte, sondern dementsprechend durch den Ratspensionär auch die Geschäfte der Haager Bundesversammlung führte. Die holländischen Ratspensionäre, die Johan de Witt oder Antonie Heinsius, waren Politiker von europäischem Rang und brachten immer deutlicher die Leitung der gesamten Politik der Republik in ihre Hand. Auch die Tatsache, dass die Statthalterposten in den Provinzen und das Amt des Generalstatthalters, des militärischen Oberbefehlshabers, Leiters der Exekutive und Kontrollorgans der Justiz, fast durchgehend von Angehörigen der Familie Oranien eingenommen wurden, war für die Effizienz der Politik von Vorteil.

Haben die Oranier zumindest tendenziell in der niederländischen Republik eine Art embryonales monarchisches Element verkörpert, so fehlte das in der Eidgenossenschaft völlig. In den dreizehn „Orten", den seit 1648 auch formell nach innen wie nach außen souveränen Genossenschaften, hatte die Landgemeinde bzw. in den Städten der jeweilige (patrizisch dominierte) Große Rat die oberste Gewalt inne – wobei der Große Rat in „normalen" Zeiten zu einer Delegation seiner Kompetenzen an einen kleineren Ausschuss tendierte. Zusammengefasst und überwölbt wurde die sehr heterogene Vielfalt der Orte von einem „Bundesgeflecht" (Hans Conrad Peyer), in dessen Mittelpunkt die Tagsatzung stand, ein nirgendwo näher umschriebener und doch relativ häufig abgehaltener Gesandtenkongress, der aber wegen der religiösen Gegensätze und des ausgeprägten Eigenbewusstseins der Orte nie zu einem wirklichen und effizienten gesamtstaatlichen Organ fortentwickelt werden konnte; ein letzter Versuch zu einer größeren Bundesvereinheitlichung über die Organisation der gesamteidgenössischen Verteidigung scheiterte in den 1650er Jahren. Da gegen die faktische Vormacht Zürichs und Berns die katholischen Orte alte Sonderbünde, die sich vor allem an Frankreich anlehnten, reaktivierten, wurde das Bundesgeflecht weitgehend gelähmt und das Verfassungsleben in die Kantone zurückgedrängt – ohne

Eidgenossenschaft

dass es auch dort jemals gelungen wäre, „das ständische Eigenleben der Bürger-
schaften und Untertanen der Landstädte, Talschaften, Regionen und Dorfgemeinden ... entscheidend zu durchbrechen" (Peyer). Die Eidgenossenschaft ist
somit ein besonders schlagendes Beispiel für staatliche Verbände, die verfassungsrechtlich in starkem Maß spätmittelalterliche Elemente bewahrten und den Weg
zum modernen Staat nur ansatzweise mitmachten.

5. LUDWIG XIV. UND EUROPA: DER KAMPF GEGEN DIE BOURBONISCHE „UNIVERSALMONARCHIE"

Das zweite Vierteljahrhundert der Epoche Ludwigs XIV. (1688–1713/15) war noch stärker als das erste von internationalen Konflikten mit vielfältigen Veränderungen der inneren und äußeren politischen Landschaft in ihrem Gefolge geprägt, darunter der Neuformierung eines europäischen Bündnissystems, das – zugegebenermaßen mit Unterbrechungen – als Idee und in der politischen Wirklichkeit die europäische Geschichte bis 1756 strukturierte. Es war aber auch davon geprägt, dass diese Konflikte nun eine gewissermaßen globale Ausweitung erfuhren und außerdem zumindest in Einzelfällen in Bezug auf Rücksichtslosigkeit gegenüber dem militärischen Gegner (Pfalzverwüstung) und gegenüber den eigenen Untertanen bis an den Rand des für die Epoche Erträglichen gingen. Im Unterschied zu den ersten Kriegen Ludwigs XIV., die mehr oder weniger deutlich aus persönlicher Ruhmsucht und zur Demonstration staatlicher Macht und dynastischen Prestiges vom Zaun gebrochen worden waren – was die Opposition gegen den *Roi-Soleil* dann auch oft genug kritisiert hatte –, resultierten die neuen Konflikte freilich eher aus Zwängen, die sich aus der (tatsächlichen, vermeintlichen oder drohenden) Entwicklung des europäischen Staatensystems ergaben.

Der Krieg von 1688, aus der Sicht Ludwigs XIV. erwachsen aus seinen pfälzischen Ansprüchen und aus der Absicht, Fürstenberg vielleicht doch noch auf den Kölner Erzstuhl zu hieven, Kaiser und Reich zu zwingen, den Regensburger Stillstand in einen Definitivfrieden umzuwandeln, die bedrohlich wachsende kaiserliche Macht und ihr innerreichisches Bündnis zu schwächen, der zunehmenden Isolierung Frankreichs zu begegnen – dieser Krieg begann in dem Augenblick seinen Charakter zu verändern, als Wilhelm von Oranien und die nach der *Glorious Revolution* in der Person des Fürsten vereinigten Seemächte ein enges Bundesverhältnis mit Frankreichs sonstigen Gegnern suchten. Über alle religiös-konfessionellen Skrupel in Wien hinweg wurde im Mai 1689 zwischen Leopold I. und Wilhelm III. die Urform jener Großen Allianz geschlossen, die bis zum *Renversement des Alliances* als Gegengewicht gegen Frankreich das politische Leben Europas bestimmte, Kristallisationskern auch für alle anderen Gegner Frankreichs, die sich – so Spanien und Savoyen – diesem Bündnis in der Folgezeit anschlossen. Mit dieser Großen Allianz veränderte sich natürlich auch das Volumen der Kriegsziele; es ging seitdem auch um die Restitution des (nach Frankreich geflohenen) Stuart-Exkönigs und um die neue politische Ordnung auf der Insel, es ging auch um die Dominanz des niederländischen Überseehandels, gegen den die französische Handelsflotte bereits beachtliche Teilerfolge errungen hatte, und schließlich ging es um die koloniale Hegemonie in Nordamerika, wohin sich erstmals nun ein europäischer Konflikt ausweitete (*King William's War*). Freilich war damit gleichzeitig abzusehen, dass es nicht bei einem kurzen Krieg bleiben würde, wie ja die Kriegstheorie der Epoche ohnehin nicht am

Neunjähriger/
Orléansscher Krieg

Große Allianz

Ausweitung des
Krieges nach
Übersee

Prinzip des „Blitzkriegs", sondern am bedächtigen Einsatz der kostbaren und kostspieligen Regimenter orientiert war – und auf einen langandauernden Konflikt war Frankreich 1688/89 miserabel, wenn überhaupt, vorbereitet. Umso bemerkenswerter, angesichts der strukturellen Schwierigkeiten eines Koalitionskrieges aber wieder auch nicht gar so überraschend, war, dass Frankreich dieser numerisch weit überlegenen Großen Allianz – auch wenn die Hofburg einen Teil ihrer Kräfte zum Türkenkrieg wieder abziehen musste – standhielt, wobei Versailles wie stets nicht ohne Geschick auch innere Konflikte in den gegnerischen Staaten wie den sozialrevolutionären Aufstand der *Barretines* in Katalonien für sich auszunutzen suchte und 1696 dann mit Savoyen einen der Gegner aus dieser Front herausbrechen konnte und die Koalition damit friedenswilliger machte – ein Ereignis im Übrigen, das erhebliche konfessions- und kulturgeschichtliche Konsequenzen hatte, weil sich der savoyische Herzog verpflichten musste, alle als französische Untertanen geborenen Protestanten, darunter auch die Waldenser, aus seinem Territorium auszuweisen. Kriegsbündnisse im Ancien Régime waren in aller Regel mehr von eigensüchtigen Interessen der Partner und einem kleinsten gemeinsamen Nenner getragen als von einem klaren zweckgerichteten Bemühen, dem Gegner gemeinsam und zielstrebig eine Entscheidung aufzuzwingen, so dass ihr Kollaps lange vor Erreichen der vereinbarten Kriegsziele fast zur Norm wurde – dies umso mehr, als das Pomponne-Ministerium seit Louvois' Tod (1691) das Agreement mit dem schwächsten Glied in der gegnerischen Kette zum Kernpunkt seiner Politik gemacht hatte. Ähnlich wie in Nimwegen, trat auch in Rijswijk die (Rest-)Koalition nicht mehr als homogene Einheit an den Konferenztisch, vielmehr suchte jeder der Partner nur noch seine spezifischen Sonderwünsche zu befriedigen, was es Frankreich leicht machte, die militärisch schlechtere Position bei den Friedensverhandlungen wieder auszugleichen. Wie in Nimwegen, kamen die Partner Kaiser und Reich – die möglicherweise die Chance der Restitution Straßburgs und der elsässischen Reunionsgebiete sich entgehen ließen – beim Friedensschluss zuvor, wie dort mussten Kaiser und Reich dann unter Druck abschließen und konnten außer der Herausgabe Freiburgs und der nichtelsässischen Reunionen sowie dem Verzicht Frankreichs auf alle pfälzischen Erbansprüche nicht viel erreichen. Mit der Unterschrift taten sich dann vor allem aber die Protestanten schwer, weil die französischen Unterhändler in letzter Minute eine folgenschwere Klausel in den Vertragstext brachten, derzufolge in allen den deutschen Fürsten restituierten außerelsässischen Orten die katholische Religion in dem Stand verbleiben sollte, in dem sie gegenwärtig war – eine Art verdeckte Gegenreformation, von der immerhin fast 2000 deutsche Kommunen betroffen waren, die den Reichstag über Jahrzehnte hinweg beschäftigte, die bis zu bewaffneten Auseinandersetzungen führte und bis weit ins 18. Jahrhundert hinein bei allen internationalen Verhandlungen immer wieder zum Stein des Anstoßes wurde.

Die Rijswijker Klausel war im Übrigen nicht das einzige reichsverfassungspolitische Problem, das der Krieg geschaffen hatte; ein anderes, das ebenfalls be-

Friede von Rijswijk [margin note]

Rijswijker Klausel [margin note]

trächtliche Turbulenzen auslöste und einen heftigen Federkrieg nach sich zog, das
schon die Kriegführung belastete und als Hypothek auch in die Zeit nach Rijswijk
weiter mitgeschleppt werden musste, war die in reichsrechtlich bedenklicher
Form zustande gekommene Erhebung Braunschweig-Lüneburgs in den Kur-
fürstenstand, das damit militärisch bei der Stange gehalten werden sollte. Das Beispiel zog, wie die Vorgänge um die Schaffung der preußischen Königswürde 1701
belegen, natürlich andere Ansprüche nach sich, wie überhaupt um die Jahrhundertwende ein förmlicher Wettlauf deutscher – und im Übrigen auch italienischer – Fürsten um Rangerhöhungen und ausländische Kronen (1697 August
der Starke König von Polen) einsetzte. Das letztgenannte Ereignis führt wieder
zur Reichsverfassungsgeschichte zurück, weil im Gefolge der Konversion des
Wettiners eine lange Diskussion über die Leitung des *Corpus Evangelicorum* einsetzte, die am Ende dann aber doch im ganzen 18. Jahrhundert in den Händen der
katholischen sächsischen Dynastie verblieb – eine der vielen Merkwürdigkeiten
der Reichsverfassung.

Reichsverfassungs-
probleme

Der Rijswijker Friede, für Ludwig XIV. sicher trotz der Rijswijker Klausel alles
andere als ein Triumph, weil diesmal überhaupt keine territorialen Arrondierungen gelangen, sondern sogar Rückschläge wie die Restitution Lothringens an die
angestammte Dynastie hingenommen werden mussten und weil die Abhängigkeit
der Krone von den privaten Geldgebern wie z. B. Samuel Bernard, Antoine
Crozat oder dem Deutschen Barthélemy Herwarth sich dramatisch zugespitzt
hatte, konnte schon deswegen kein Beitrag zur dauerhaften Friedenssicherung
sein, weil er über das brennendste internationale Problem, die spanische Erbfrage,
ohne ein Wort hinwegging. So konnte Frankreich nach Rijswijk – gewiss nicht zur
Freude der Seemächte – zwar in einer gewaltigen neuerlichen Anstrengung seine
Flotte stark ausbauen und bemerkenswerte kommerzielle Erfolge erzielen, die
sogar die Perspektive einer beispielsweise von Vauban propagierten verstärkten
außereuropäischen Reichsbildung implizierten, aber im Zusammenhang mit der
offenen spanischen Erbfolge sprach eigentlich alles dafür, dass der Friede nur von
sehr kurzer Dauer sein würde.

Vorläufigkeit der
Friedensordnung
von 1697

Die spanische Erbfolgefrage hatte seit den 1660er Jahren, seit es absehbar
wurde, dass der habsburgische Mannesstamm vor dem Erlöschen stand, die europäischen Höfe nicht mehr ruhen lassen – ohne Zweifel das eigentliche Leitmotiv
der europäischen Diplomatie im gesamten Zeitalter Ludwigs XIV. Der aussichts-
reichste Prätendent für das Gesamterbe war zunächst aufgrund seiner Ehe mit der
Infantin Margarete Theresia, aber auch aufgrund der Rechtskonstruktion des
„Majorasco", also der zu wahrenden Einheit des habsburgischen Gesamthauses,
Kaiser Leopold I., neben dem – der Devolutionskrieg hatte einen Vorgeschmack
davon gegeben – auch Ludwig XIV. Ansprüche erhob, ungeachtet des Sukzes-
sionsverzichts seiner Gemahlin Maria Theresia bei der Eheschließung. Der Kaiser
hatte seine gute Ausgangsposition freilich entscheidend durch einen in einer kurzzeitig frankophilen Stimmung am Wiener Hof zustandegekommenen Teilungsvertrag vom 19. Januar 1668 geschwächt, der dem Kaiser Spanien mit den über-

Spanische Erbfolge

Teilungsvertrag
1668

seeischen Besitzungen – ausgenommen denen in Afrika und den Philippinen – sowie Mailand und Sardinien zusprach. Man war in Wien zwar von diesem Teilungsvertrag schnell wieder abgerückt, hatte damit aber doch die Ansprüche des Bourbonen grundsätzlich aufgewertet. Seit der Mitte der 1680er Jahre war jedoch mit dem bayerischen Kurfürsten ein weiterer Prätendent hinzugekommen, der im Zuge seiner politischen Umorientierung zur Hofburg mit der Hand der 16jährigen Erzherzogin Maria Antonie bedacht wurde, dem einzigen am Leben gebliebenen Kind aus der Verbindung Kaiser Leopolds mit seiner 1673 verstorbenen spanischen Kusine. Auch die junge Habsburgerin musste bei der Vermählung zwar auf die Gesamtheit der spanischen Erbschaft Verzicht leisten – immerhin wurde ihr nach dem Erlöschen der spanischen Manneslinie der Übergang der Niederlande in ihren bzw. ihres Gemahls Besitz in Aussicht gestellt –, nichtsdestoweniger aber galt in Spanien selbst sie als die am besten berechtigte Erbin des

Bayerischer
Kurprinz als
Universalerbe? spanischen Thrones, so dass die politischen Perspektiven des „blauen Kurfürsten" bzw. seines Kurprinzen immer strahlender zu werden schienen. Max Emanuel trat mit den beiden Konkurrenten in Wien und Versailles wegen einer vorzeitigen einvernehmlichen Regelung in Verhandlungen ein, die Tendenz wurde allerdings auch erkennbar, dass die Seemächte bei derart gravierenden Veränderungen der politischen Landkarte Europas, bei denen es ja um das Erbe einer Weltmacht ging, eine Mitsprache verlangten und über diesen mächtepolitischen Ansatz hinaus gleichzeitig auch ihre handelspolitischen Interessen zu wahren suchten, war doch Spanien ein Hauptabsatzmarkt englischer und niederländischer Kaufleute und der spanische Überseeverkehr fast zur Gänze in ihrer Hand. Da verstarb, völlig überraschend, im Februar 1699 Max Emanuels und Maria Antonies erst sechsjähriger Sohn Joseph Ferdinand, zu dessen Gunsten inzwischen auch Karls II. Testament geändert worden war, also der designierte Erbe des spanischen Weltreichs. Der weltgeschichtliche Todesfall des kleinen Wittelsbacherprinzen hatte nicht nur die Konsequenz, dass Bayern aus dem Kreis der Anwärter auf das spanische Imperium wieder ausschied, denn für sich selbst konnte Max Emanuel ja keine Rechte reklamieren, zumal Marie Antonie längst verstorben war, sondern erforderte auch neue politische Entscheidungen. Die These, dass mit dem Tod des Kurprinzen, des einzigen ernsthaften nichthabsburgischen und nichtbourbonischen Anwärters, der Konflikt unvermeidlich wurde, mag überspitzt sein, sie ist aber tendenziell richtig, weil nur Joseph Ferdinands Nachfolge das Gleichgewicht zwischen den Großmächten nicht verändert hätte. Die Seemächte und Frankreich

Partagetraktat 1700 einigten sich Anfang 1700 zwar noch über einen neuen Teilungsvertrag, der im Wesentlichen den Anfall Spaniens an Erzherzog Karl und der süditalienischen Besitzungen sowie Lothringens – dessen Dynastie in der Lombardei entschädigt werden sollte – an den Dauphin vorsah, Wien aber trat diesem Vertrag in der Hoffnung nicht bei, Karl II. würde nun den zweitältesten Erzherzog zum Universalerben bestimmen. Diese Hoffnung erfüllte sich nicht; im Gegenteil erreichten die französische Diplomatie und eine nach Frankreich hin orientierte Hofgruppierung unter Führung des Kardinalerzbischofs Portocarrero, dass im letzten

Testament Karls II. das gesamte spanische Erbe an Philipp von Anjou, den Enkel Ludwigs XIV., übertragen wurde – der verzweifelte Versuch „zu verhindern, dass mit dem Ende der spanischen Habsburger auch deren Erbe erlösche" (Hartmut Heine). Als der Erbfall mit dem Tod Karls II. im November 1700 dann tatsächlich eintrat und Ludwig XIV. seinen Enkel unverzüglich zum König von Spanien ausrief – auch um zu verhindern, dass andernfalls dem Testament gemäß die Krone Erzherzog Karl angeboten wurde –, war der Konflikt unvermeidlich: Eine internationale, von allen Beteiligten wirklich akzeptierte Vereinbarung war nicht zustande gekommen, und es war selbstverständlich, dass weder Leopold I. als Mitkonkurrent noch die Seemächte einen derartigen Macht- und Territorialzuwachs des Hauses Bourbon, auch wenn die Vereinigung der beiden Linien ausgeschlossen sein sollte, stillschweigend hinnehmen würden. Eine Neuauflage der Großen Allianz des Neunjährigen Krieges war damit vorprogrammiert, die – das letzte Werk Wilhelms III. – 1701 tatsächlich ihre Wiedergeburt feierte. Philipp von Anjou als Gesamterbe

Der Konflikt um die Erbfolge im weltumspannenden spanischen Imperium hat Mittel-, West- und Südeuropa ein Dutzend Jahre lang in Atem gehalten und ist gezielt auch nach Übersee, in die Kolonien, ausgedehnt worden. Er ist eine für die Epoche besonders typische Auseinandersetzung, weil er aus einer Krise einer Dynastie erwuchs, die fast zwangsläufig zu einem Kräftemessen der europäischen Mächte eskalierte, weil die Versippung der Dynastien eine solche Stufe erreicht hatte, dass sie schlechterdings keinen Fürsten ohne handfeste oder vage Ansprüche ließ, die dann in Territorialforderungen umgesetzt wurden. „Das Prinzip dynastischer Legitimität hatte ein solches Gewicht erlangt, dass die Erbberechtigungsfrage jedes Hauses zu einer Haupt- und Staatsaktion der gesamten europäischen Politik wurde, zu deren Instrumentarium selbstverständlicher denn je auch der militärische Konflikt gehörte" (Johannes Kunisch). Versucht man, ohne auf Einzelheiten einzugehen, das Geschehen zu strukturieren, so erscheinen die folgenden Aspekte besonders erwähnenswert: Erbfolgekrieg

1. Das Reich hat Frankreich zwar 1702 den Krieg erklärt, hat aber insgesamt bei den militärischen Auseinandersetzungen nur eine untergeordnete Rolle gespielt. Wesentlicher war die Option der größeren armierten Reichsstände für oder gegen die Haager Allianz: Die bayerischen Wittelsbacher in München und Köln blieben auf französischer Seite und mussten damit Reichsacht und Sequestration ihrer Territorien hinnehmen, was in Bayern übrigens heftige Reaktionen vor allem bei der besonders in Mitleidenschaft gezogenen ländlichen Bevölkerung auslöste (Bauernaufstand 1705), die Welfen in Hannover und Brandenburg-Preußen entschieden sich, auch weil sie dem Kaiserhof wegen der Überlassung der 9. Kur bzw. der Zustimmung zur preußischen Königskrone verpflichtet waren, für den Anschluss an die Allianz. Rolle des Reiches und der armierten Stände

2. Militärisch war der Krieg lange von vergeblichen Bemühungen der beiden sich auf verschiedene Provinzen und verschiedene Sozialschichten stützenden Prätendenten, sich in Spanien entscheidend durchzusetzen, geprägt, vom Zusammenspiel der genialen Feldherren Eugen von Savoyen und Marlborough, von Militärische und politische Strukturen

Versuchen französisch-bayerischer Kooperation in Süddeutschland, die mit der Schlacht bei Höchstädt (1704) zu ihrem Ende kamen, aber auch von der Langsamkeit und Bedächtigkeit der Kriegführung, die nicht immer die Entscheidung im Auge hatte, sondern mehr die Konservation von Plätzen, Linien und Truppen – man hat das insbesondere immer wieder dem Markgrafen Ludwig Wilhelm von Baden nachgesagt, der aber auch von den „Armierten" eklatant im Stich gelassen wurde und seiner politisch-militärischen Vision, der Errichtung einer linksrheinischen Festungsbarriere, erneut keinen Schritt näher kam. Als Frankreich 1708 militärisch am Ende und zum Nachgeben gezwungen zu sein schien – es musste außer Adelstiteln bereits das Versailler Silbergeschirr verkauft werden, um den Krieg überhaupt noch notdürftig weiterführen zu können –, ließ die politische Unklugheit der Alliierten, Versailles allzu überzogene Forderungen zu präsentieren, Ludwig XIV. keine andere Wahl als die Fortsetzung des Krieges. Als Frankreich dann erneut am Boden zu liegen schien und sich zudem einem geradezu horrenden demographischen Einbruch gegenübersah, der sich aus den üblichen Elementen der „demographischen Krise des alten Typs" (katastrophale Ernteergebnisse, dramatischer Rückgang der Heiratsziffern, Hungeramenorrhöe) speiste, ist es durch einen politischen Umschwung in London und die beginnende Auflösung der Allianz gerettet worden.

3. In der politischen Hauptfrage – der spanischen Erbfolge – vertraten die beiden Seemächte immer, auch nach dem Scheitern des Partagetraktats, das Prinzip der Teilung; eine allzu große Machtkumulation in der Hand einer der beiden Großmächte musste vermieden werden. Dieses Prinzip wurde aber spätestens in

Politischer
Umschwung
1710/11

dem Augenblick bedroht, als dem einen der beiden Prätendenten, Erzherzog Karl von Österreich, nach dem überraschenden Tod seines fähigen und energischen kaiserlichen Bruders Joseph im Herbst 1711 das österreichisch-ungarische Länderkonglomerat und die Kaiserkrone zufielen – der politische Umschwung in London zugunsten der friedenswilligen Tories war zu diesem Zeitpunkt zwar bereits erfolgt, in dessen Konsequenz bezeichnenderweise Marlboroughs Kompetenzen sofort auf den rein militärischen Bereich reduziert wurden; aber auch ohne ihn wäre für London jetzt der Punkt erreicht gewesen, auf die Beendigung des Krieges auf der Grundlage einer neuerlichen Teilung der spanischen Erbmasse hinzuarbeiten. England setzte den Krieg seit 1711, begleitet von einem heftigen Krieg der Federn, nur noch fiktiv fort und hatte alle Kommandeure angewiesen, die militärische Konfrontation zu vermeiden.

4. In der politischen Theorie wurde gerade während dieses Krieges aus dem Gefühl heraus, eine Hegemonie bourbonischer oder aber habsburgischer

Balance-of-Power-
Doktrin

Couleur, eine „Supermachtbildung" zu verhindern, das Gleichgewicht der Kräfte immer mehr zu einem beherrschenden Prinzip, dem schließlich auch im Text des Utrechter Friedens selbst Rechnung getragen wurde. Diese vor allem von britischer Seite propagierte Denkfigur, in deren Kontext auch erstmals der Begriff „Europa" – seine Ruhe, seine Sicherheit – mit politischem Leben gefüllt wurde, ging von einem europäischen Staatenpluralismus aus, der durch erdrückende Vorherrschaften jeder Art nicht gefährdet werden durfte, vielmehr durch die Großmächte ausdrücklich zu schützen war und insofern moralische und auch völkerrechtliche Regeln in die Staatenbeziehungen einführte, die auf der grundsätzlichen territorialen Integrität des Einzelstaats beruhten. Freilich standen die kleinen Staaten weder an der Wiege noch im Mittelpunkt der Gleichgewichtsdoktrin, die vielmehr primär das Gleichgewicht unter den Großmächten im Auge hatte. Die *Balance-of-power*-Doktrin, so unbestimmt und facettenreich sie auch sein mochte, war die Antwort Europas auf Ludwig XIV., sie wurde geradezu zum ideologischen Fundament der internationalen Beziehungen im 18. Jahrhundert, auch wenn sich zwischen Ideologie und politischer Praxis oft genug eine weite Kluft auftat und der Begriff dann zunehmend mit dem der *Convenance* in einen Zusammenhang gebracht und im Sinn der „pragmatischen Eingrenzung des freien Spiels der Kräfte auf eine allen zuträglich erscheinende Größenordnung" (Kunisch) verwendet wurde. Bezeichnend genug, hat selbst im (ansonsten nicht immer dem Denken in Kategorien von Macht und Staatendynamik verpflichteten) Deutschen Reich unmittelbar nach Utrecht die wissenschaftliche Beschäftigung mit der *Balance-of-power*-Problematik eingesetzt (Johann Jakob Lehmann 1716, Georg Ludwig Erasmus von Huldenberg 1720 u. a.), wie überhaupt das frühe 18. Jahrhundert erstmals auch die internationalen Beziehungen als wissenschaftlichen Gegenstand entdeckte und sich über ihre bisherige Zuordnung zum Arkanbereich eines Staates hinwegsetzte.

5. Der (Utrechter) Friedensschluss, dem, wie üblich, lange Sondierungen und **Utrechter Friede** scheiternde Vorgespräche vorangingen und der erstmals gar nicht mehr auf dem Friedenskongress, sondern bilateral bereits in seinem Vorfeld fixiert wurde, sah vor, dass Philipp von Anjou unter Ausschluss jeder französischen Option als neuer spanischer König und Herr der Kolonien installiert wurde, dass die sonstigen Teile der spanischen Erbschaft an Österreich (Spanische Niederlande, Mailand, Neapel und Sardinien) und Savoyen (Königreich Sizilien) fielen, dass aber auch gleichzeitig etliche andere Klärungen erfolgten, so dass die preußische Königswürde anerkannt und den Generalstaaten in den nun österreichischen Niederlanden das Besatzungsrecht in einer „Barriere" von Festungen zur Sicherung ihrer Grenze gegenüber Frankreich eingeräumt wurde. Am erfolgreichsten hinsichtlich der politischen Abrundung des Utrechter Friedenswerkes aber war Großbritannien, das ohnehin in ganz augenfälliger Weise diesem Frieden seinen **Großbritanniens** Stempel aufgedrückt hatte: Frankreich musste die hannoversche Erbfolge, die **Dominanz** dann schon 1714 eintreten sollte, anerkennen und auf jede Unterstützung der landlosen und von einem Exil zum anderen ziehenden Stuarts verzichten, musste große Gebiete in Übersee (Kanada) abtreten, die zum Kristallisationskern des englischen Kolonialimperiums werden und zusammen mit etlichen neuen Handelsvorteilen Englands merkantile Dominanz begründen sollten, und musste es hinnehmen, dass London fortan von Gibraltar und Menorca sowie von dem völlig in britische Abhängigkeit geratenen Portugal aus die beiden bourbonischen Monarchien unter ständiger Beobachtung und Kontrolle hielt; zudem konnte

Großbritannien es durchsetzen, dass seine Sicherheit auch im und jenseits des Kanals gewährleistet wurde.

Savoyen 6. Zu den Gewinnern von 1713 muss aber zweifellos auch Viktor Amadeus II. von Savoyen gezählt werden, der nicht nur den seit langem heiß ersehnten Königstitel zugesprochen erhielt, sondern der mit dem Zugewinn von Sizilien – das er allerdings einige Jahre später gegen Sardinien tauschen musste – auch die Voraussetzung dafür schaffen konnte, dass der Prozess der italienischen Einigung unter nationalen Vorzeichen Mitte des 19. Jahrhunderts mit Aussicht auf Erfolg nur von Savoyen ausgehen konnte. Der Alpenstaat wurde dieser Teilung seines Territoriums wegen nur noch stärker auf den Weg verwiesen, der militärischen Aufrüstung sein besonderes Augenmerk zu schenken.

Mit dem Utrechter Frieden, den der Kaiser für sich und das Reich – ein bekanntes Muster – zunächst ablehnte, um ihn im Jahr darauf (1714) letztlich doch mit geringen Modifikationen zu übernehmen, hatte keiner der beiden Hauptkontrahenten seine Ziele zu erreichen vermocht. Es war Englands große Aufgabe, als eine inzwischen als saturiert geltende Macht diese Friedensordnung aufrechtzuerhalten und vor habsburgischen und bourbonischen Revisionsabsichten zu schützen, eine Aufgabe, der sich die ersten beiden Hannoveraner und ihre Whig-Minister in den folgenden einhalb Jahrzehnten auch nachdrücklich widmen sollten. England rückte faktisch, wenn auch längst nicht so demonstrativ wie das Frankreich Ludwigs XIV., in die Rolle einer Hegemonialmacht ein, übte freilich nur eine indirekte, eine informelle Hegemonie aus, um den Frieden und die *Balance of power* zu erhalten, um zugleich aber ziemlich unverhüllt seine eigenen kommerziellen und kolonialen Ziele weiterzuverfolgen. Freilich ist dieser Aufstieg einer neuen Großmacht, die sofort in eine Schiedsrichterstellung einrückte, längst nicht überall in Europa mit lachenden Augen angesehen worden; es ist höchst bezeichnend, dass das turbulente, im Kern vom habsburgisch-bourbonischen Gegensatz geprägte Zeitalter Ludwigs XIV. ausklingt mit den sog. „letzten Instruktionen" des *Roi-Soleil*, dem (zukunftsträchtigen) Versuch, gegen die neue protestantische Dominanz in Europa ein Bündnis der großen katholischen Mächte zustandezubringen.

Die mit einem rapiden Autoritätsverfall der Krone einhergehende Verunsicherung in Frankreich wurde im Übrigen potenziert – ein nicht unwesentliches Nebenergebnis des Spanischen Erbfolgekrieges – dadurch, dass der Staat Ludwigs XIV. beim Ableben des Monarchen vor dem finanziellen Ruin stand. Die öffentlichen Finanzen existierten im Wesentlichen nur noch in Gestalt der Staatsschuld, die, bei einem Etat mit beinahe doppelt so viel Passiva wie Aktiva (132 Mio. zu 69 Mio. Livres), die horrende Summe von 3,5 Milliarden Livres erreicht hatte. Diese Staatsschuld war bis 1714/15 fast vollständig in die Hände privater Finanzunternehmer geraten, die den Handlungsspielraum der Krone nicht unerheblich einengten. Die Pariser Zentrale zog dann die Konsequenzen aus dieser ungesunden Entwicklung und betraute in einem spektakulären Unternehmen den Schotten John Law damit, über eine „Nationalisierung" der Staats-

Erhaltung der
Utrechter
Friedensordnung

„Letzte
Instruktionen"
Ludwigs XIV.

Frankreich am Ausgang der Epoche
Ludwigs XIV.

schuld die Staatsfinanzen aus dem Griff der privaten Kreditgeber wieder zu befreien – ein Vorhaben, das ebenso spektakulär scheiterte, vor allem wegen des Widerstandes der betroffenen privaten Interessengruppen und ihrer Lobbyisten. Dies bedeutete praktisch die Rückkehr zur Finanzierung des Staates durch private Unternehmer, deren Erträge es im weiteren Verlauf des 18. Jahrhunderts übrigens durchaus erlaubten, die der königlichen Finanzverwaltung zu entrichtenden Pachtsummen beachtlich steigen zu lassen.

Die finanziellen Probleme des Staates hatten aber auch noch andere Aus- *Finanzkrise und* wirkungen. Unbeschadet aller politischen Überlegungen in der Vormundschafts- *Außenpolitik* regierung nach Ludwigs XIV. Tod, den österreichischen Aktivitäten entgegenzuarbeiten bzw. diese Gefahr einer Ausrichtung des Reiches auf die Hofburg hin marginalisieren zu können, nahm nach 1715 sowohl die Zahl als auch Rang und Qualifikation der ins Reich entsandten Diplomaten rapide ab. Diplomaten wurden zwar nie regelmäßig und ausreichend besoldet: aber in diesem französischen Fall kann der Zusammenhang zwischen allgemeiner Finanzkrise und Rückwirkungen auf die Außenpolitik besonders schlagend nachgewiesen werden.

6. ORDNUNG, VERWISSENSCHAFTLICHUNG, RELIGIOSITÄT: DIE BAROCKE WELT

Der rationale, hierarchische, auf den Fürsten zugespitzte Aufbau des Staates entsprach einem allgemeinen Trend der Barockzeit nach Ordnung und nach Symmetrie, der die Forschung veranlasst hat, in der Geometrie das beherrschende Charakteristikum der Epoche zu sehen. Der Mathematik und der Physik wurden in der Tat für das Staatenleben zentrale Vorstellungen entlehnt: Das Bild vom Staat als einer (rational durchkonstruierten und in ihren verschiedenen Teilen ineinandergreifenden) Maschine setzte ebenso ein physikalisch-mathematisch-technisches Weltbild voraus wie die um 1700 zu einer Doktrin sich verfestigende Vorstellung von einem (regionalen, europäischen oder gar globalen) Gleichgewicht der Kräfte oder aber die Denkfigur des Staatensystems, die bestimmte Regeln und Gesetzmäßigkeiten im zwischenstaatlichen Bereich annahm, die aus dem Einander-Anziehen und -Abstoßen der Kräfte resultierten. Aber über solche abstrakten Vorstellungen hinaus wurden bewusst geometrische Verhaltensmuster geschaffen, für die dann auch ein entsprechendes geometrisches Exterieur notwendig wurde. Es ist kein Zufall, dass im Tanz, in der Fechtkunst, beim Voltigieren – eine umfangreiche Lehrbuchliteratur gibt davon Kenntnis – geometrisierende Formen gesucht wurden, die zur „Disziplinierung des Körpers nach Maßstäben der Anmut und Zierlichkeit" (Kunisch) beitrugen, kein Zufall, dass seit dem 17. Jahrhundert, nachdem der Neustoiker Justus Lipsius an seinem Beginn die entsprechenden Wege gewiesen hatte, das strenge, präzise und geometrische Exerzieren sich durchsetzte (und sich in zahlreichen Reglements niederschlug), das seinerseits die Tendenz zur methodischen, auf geometrischen Einheiten beruhenden Kriegführung („Lineartaktik") verstärkte. Die Musik „lebte" sogar bis um die Mitte des 18. Jahrhunderts von einer außerordentlich präzisen Kompositionsstruktur, in der das Prinzip der Symmetrie (Fuge) dominierte, das freilich in der Oper (Jean Baptiste Lully, Alessandro Scarlatti, Georg Friedrich Händel) oft mit barocker Prachtentfaltung überlagert wurde. Ähnlich wie in der Kammermusik, wo häufig eine konzertierende Solostimme fast hierarchisch hervorgehoben wurde, wurde in der bildenden Kunst die Komposition oft beherrscht von einem augenfälligen Fixpunkt, etwa einem Lichteffekt oder einer einzigen Diagonalen (Franz Anton Maulpertsch). In der Architektur war der „Zwang" zu Ordnung und Symmetrie am offenkundigsten: Säulen bzw. Pilaster assoziierten Regelmäßigkeit und Geometrie, ganze Städte, vornehmlich Residenzstädte (Mannheim, Karlsruhe, Nancy), aber z. B. auch Amsterdam, wurden geometrischen Regeln entsprechend und oft unter bewusstem oder unbewusstem Rückgriff auf „Idealstädte" in den Staatsutopien der Epoche (Campanella) gewissermaßen am Reißbrett konzipiert und ausgeführt, wobei Einöden und trockenzulegende Sümpfe oder andere „Unebenheiten" der Natur für die Planer eine besondere Herausforderung darstellten und beseitigt wurden. Selbst in einer gewachsenen Stadt wie

Geometrie als Charakteristikum der Epoche

Geometrie in den Künsten

Wien wurde nach 1683, nachdem die äußere Gefahr überwunden zu sein schien, rational-geographisch geplant und gebaut: mit dem sakralen Programmbau der Karlskirche und der Hofburg, auf die die Achsen der Gartenanlagen der großen Adelsfamilien ausgerichtet waren – die beiden für das Herrscherprogramm der Habsburger zentralen Bauten, die auf einer zentrifugal von der Hofburg wegstrahlenden Achse lagen und damit miteinander verbunden waren. In den für den Herrscherkult konzipierten Repräsentationsbauten (Schloss, Theater usw.) kam dem Moment der Zentralperspektive eine zusätzliche Bedeutung zu, dem Bemühen also, die gesamte Architektur auf den Herrschersitz auszurichten, „dem alles durchdringenden Auge des Herrschers ... das ganze Panorama der Welt" darzubieten (Rudolf z. Lippe). Dem hatten auch die Außenanlagen sich unterzuordnen; die Alleen, Kanäle, Bassins und Wasserkünste waren bei aller Verspieltheit streng in einen gestalteten Landschaftsraum eingebunden, dessen Fixpunkt die Fürstensuite darstellte. Dabei konnte gerade in der Gartenarchitektur auch im Einzelobjekt die Geometrie Triumphe feiern: Kurven, Rundungen, Zirkelschlag, aber auch das Spiel mit der Perspektive verleihen auch heute dem barocken Schlossgarten noch seinen besonderen Reiz. Geometrische Elemente, vor allem die Ellipse, aber auch die Überschneidungen verschiedener geometrischer Körper und die bewusste Einbeziehung der Veränderungen von Licht und Schatten, dominierten schließlich auch die Sakralarchitektur, die für den Menschen der Barockzeit von eminenter Bedeutung war.

Zentralperspektive

Bei aller Akzentuierung der „geometrischen Kunst" darf freilich nicht übersehen werden, dass der weitaus größte Teil der Gebrauchskunst – etwa in den Niederlanden der Nach-Rembrandt-Epoche, die längst nicht mehr als Verfalls- und Abstiegsperiode gesehen wird – ganz anderen Sujets huldigte (und in einem hochentwickelten Distributionssystem an den Käufer zu bringen suchte). Auf der anderen Seite gab es in der Malerei des beginnenden 18. Jahrhunderts aufregende, wenn letztlich auch gescheiterte Bemühungen, in Zusammenarbeit von Physikern und Künstlern eine empirisch überprüfbare Proportionen- und Farbenlehre zu entwickeln.

Ordnung und Einheitlichkeit auf geometrischer Grundlage entsprachen dem Staatswillen und dem Selbstverständnis des Herrschaftssystems so weitgehend, dass es selbst diesen Prinzipien auch nach außen hin Geltung verschaffte. Vom barocken Schlossbau, seiner Symmetrie und Zentralperspektive, war bereits die Rede, ebenso charakteristisch war das Fortifikationswesen, in dem – Vauban mag hier als das große Beispiel stehen – die Nutzbarmachung von Geometrie und Mathematik zum Staatszweck erhoben wurde. Man hat geradezu von der Festung als der „gebauten Souveränität" (Henning Eichberg) gesprochen und damit u. a. zum Ausdruck bringen wollen, dass durch den Übergang von der einzelnen Festung zu einem umfassenden System, wie es Vauban verwirklichen konnte, die territoriale Integrität des Staates und das politische Ideal des kompakten, auf die Person des Herrschers symmetrisierten Untertanenverbandes nach außen hin demonstriert werden konnte. Nicht zufällig ist die Fortifikationslehre zu einer der

Geometrie und Mathematik als Staatszweck

Fortifikationslehre

großen „Schlüsselwissenschaften" der Epoche geworden, zu der längst nicht nur die Fachleute, also die Architekten, Ingenieure, Offiziere, sondern bis zu den geistigen Koryphäen wie etwa Leibniz auch Juristen, Mediziner, Verwaltungsbeamte u. a. etwas beizutragen hofften und die zum unverzichtbaren Bestandteil der Fürstenerziehung wurde. Die einschlägige Literatur – Abbildungswerke, Lehrbücher, Traktate zu Spezialfragen – ist von einer beeindruckenden Abundanz, ihre Verbreitung ein Indiz dafür, dass auch die Träger des Staates den Zusammenhang zwischen technisch-technologischer Rationalität und dem auf Ordnung, Symmetrie und Hierarchie gründenden Herrschaftsapparat zu spüren imstande waren.

Verwissenschaftlichung   Mit dem fortifikatorischen Schrifttum ist ein weiteres Charakteristikum der Epoche im Prinzip bereits angesprochen worden: eine ungeheure „Verwissenschaftlichung", die durchaus auch für den einzelnen Untertan positive Auswirkungen haben konnte.

Akademie-„Bewegung"   Die Barockzeit ist eine Epoche, die mit großer Entschiedenheit den wissenschaftlichen, insbesondere naturwissenschaftlichen Fortschritt auf ihr Panier schrieb, die die Welt, die bisher stark von Traditionen und relativ unreflektiert Tradiertem geprägt gewesen war, mit einem rationalen Ansatz neu zu durchdringen suchte. Sie schuf dafür – die Epochengrenze 1660 spielt hier erneut eine Rolle – auch rasch einen organisatorischen Rahmen; die ersten Akademien entstanden in den frühen 1660er Jahren in England und Frankreich und wurden dann in allen europäischen Staaten zu einer geradezu obligatorischen Institution zur teils staatlich gelenkten, teils freien naturwissenschaftlichen Forschung (die im Übrigen zunehmend auch in die Funktion hineinwuchs, die staatliche Reputation zu steigern, so dass die eigene Akademie für Aufsteiger-Staaten wie etwa Preußen oder Russland rasch zu einem Muss wurde). Natürlich hatte die allmähliche Auflösung des christlichen Weltbildes auch schon vor dieser Zäsur grundlegende Einsichten in mathematisch-physikalische Zusammenhänge ermöglicht, für die der Name Johannes Kepler stellvertretend stehen mag; aber das Zeitalter Ludwigs XIV. wurde doch in einem bisher nicht gekannten Maß zu einer naturwissenschaftlich-technisch geprägten Epoche, in der an die Stelle des statischen Wissensarchivs endgültig der Forschungsbetrieb trat, der sich an dem Ideal fortschreitender Erkenntnis orientierte. Die Geometrie, das Suchen nach festen Regeln, nach Harmonie, wurde dabei auch in dieser Hinsicht zu einer der großen Antriebskräfte, um die harmonische Vollkommenheit der Schöpfung, des ganzen Universums nachzuweisen. Man begann rationale, empirisch beweisbare, nicht mehr biblisch prädisponierte Regeln zu suchen, dass der ganze Kosmos nach den Prinzipien einer nach geometrischen Regeln konstruierten und sich bewegenden Maschine funktioniere, ja, versuchte schließlich sogar (Descartes), Gottesbeweise nach geometrischer Art zu führen. Naturvorgänge wurden nicht mehr spirituell, sondern aus einem zyklischen oder anderen geometrischen, auf jeden Fall empirisch nachweisbaren Kreislauf gedeutet – vor diesem Hintergrund erhellt, als welche Sensation die von dem englischen Arzt William Harvey entdeckte und formulierte Lehre vom Blutkreislauf empfunden wurde.

Auf jeden Fall entwickelte der rationale Empirismus des ausgehenden 17. Jahrhunderts einen ungeheuren Optimismus, durch naturwissenschaftlich-mathematische Deduktion die großen Geheimnisse des Universums entschleiern zu können, eines Universums, das sich nach den Auffassungen der großen Naturwissenschaftler-Philosophen darstellte als ein „zusammenwirkendes kontinuierliches, nach dem Prinzip einer prästabilierten Harmonie organisiertes System, als ein geordneter, wohlfunktionierender Mechanismus, der den Menschen und den letzten Grund seiner Existenz in sich barg" (Kunisch). Die Ablösung des ptolemäischen Weltbildes durch das heliozentrische, die „kopernikanische Wende", begann sich wissenschaftlich erst jetzt voll auszuwirken. Zu dieser „Entschleierung" des Menschen, der Erde und des Universums trugen unzählig viele praxisbezogene Entwicklungen und Entdeckungen bei; von der Medizin und dem Ingenieurwesen war bereits die Rede, die Kartographie und die Navigationslehre müssten hinzugefügt werden, die Fortschritte in der Astronomie durch den Bau von Observatorien usw. „Was den Wissenschaftler zum exakten Vordringen in den Kosmos befähigte, hatte … seine praktischen Folgen für Seefahrt, Handel, Staat und Verwaltung" (Carl Hinrichs). Eine einzigartige Leistung stellte z. B. in den 1730er Jahren auch die von der russischen Regierung veranlasste und finanzierte Erforschung des riesigen sibirischen Raumes durch ein halbes Tausend europäischer Forscher – Geographen, Kartographen, Physiker, Biologen usw. – dar („Große Nordische Expedition"). Charakteristisch für die Epoche war freilich zugleich, dass sich universelle Geister wie Leibniz, Descartes und Newton über alle einzelnen naturwissenschaftlich-mathematisch-technischen Fortschritte hinaus darin versuchten, sie in ein größeres, auf den Prinzipien von Naturgesetzlichkeiten beruhendes Weltbild einzubinden, das natürlich auch die Allmacht Gottes tangieren konnte und die Stellung des Menschen im Universum relativieren musste.

Wenn der Name Gottfried Wilhelm Leibniz – „einer der großen Integratoren der europäischen Gelehrtenrepublik" (Horst Möller), „das universale Ruhmesblatt des Heiligen Römischen Reiches" (Robert Mandrou) – hier hervorgehoben wurde, so darf das jedoch nicht darüber hinwegtäuschen, dass der Beitrag Deutschlands zu diesem „Wissenschaftsschub" eher gering war; hier fehlten äußere Herausforderungen wie die Überseeschifffahrt oder Impulse durch den transozeanischen Handel, es fehlten auch manche sozialen Voraussetzungen für Innovationsfreudigkeit, so dass sich Wissenschaft im Deutschen Reich lange noch in späthumanistischer Gelehrsamkeit erschöpfte, ohne vorerst zu den Fragestellungen der experimentellen Naturwissenschaft vorzustoßen; Otto von Guerickes Nachweis und Demonstration des Vakuums steht ziemlich isoliert da. Lässt man Leibniz' freilich revolutionäre Leistungen in den Bereichen Mathematik, Physik, Mechanik, Chemie und Physiologie hier einmal außer Betracht, fällt die relative Bescheidenheit des deutschen Beitrags zur Wissenschaftsexplosion des 17. Jahrhunderts noch mehr ins Auge. Ein Mann wie der Naturwissenschaftler und Mediziner Ehrenfried Walter von Tschirnhaus, dem für seine Bemühungen um

Entschleierung des Universums

Praxisbezogenheit der Wissenschaft

Beitrag Deutschlands zum Wissenschaftsschub

Verbreiterung der naturwissenschaftlichen Bildung schließlich auch europäische Anerkennung zuteil wurde (1682 Aufnahme in die Pariser Akademie), ist neben Leibniz eine ungewohnte Ausnahme. Nicht unerwähnt bleiben soll freilich, dass etliche deutsche Naturwissenschaftler sich seit dem frühen 18. Jahrhundert engagiert in ausländische Akademien einbrachten.

Wissenschaftsorganisation   Dieses Defizit ist durchaus als solches empfunden worden; Leibniz etwa hat seit den späten 1660er Jahren eine Fülle von Projekten für gelehrte Gesellschaften entwickelt, die systematisch theoretische Erkenntnisse gewinnen und in die Praxis umsetzen sollten. Ein gewisser Umschwung erfolgte erst seit der Wende zum 18. Jahrhundert: Die neuen Universitäten – Halle (1694) und Göttingen (1734/37) – waren für neue Fächer (Kameralistik) und Methoden weit offener als die verkrusteten alten und die im 17. Jahrhundert gegründeten Hohen Schulen (Duisburg, Bamberg, Kiel usw.) und nahmen zögernd auch naturwissenschaftliche Disziplinen in ihren Fächerkanon auf – exemplarisch ist dies zu verdeutlichen an dem 1736 nach Göttingen berufenen Albrecht von Haller, der die hohe Schule der niederländischen Anatomie und Chirurgie ins Reich brachte. Symptomatisch war insbesondere aber auch, dass nach der kleinen privaten Akademie von Naturforschern in Schweinfurt (Leopoldina, gegr. 1652) nun (1700) erstmals ein bedeutender Territorialstaat (Brandenburg) eine Akademie ins Leben rief, an der, ganz im Sinn der am Praxisbezug von Forschung orientierten europäischen Akademiebewegung, die Naturwissenschaften von Anfang an ihren festen Platz hatten. Die „Umsetzung" dieser Hinwendung zu den Naturwissenschaften in die praktische Pädagogik ist freilich noch ein langer Prozess gewesen; immerhin gab es an den Franckeschen Anstalten in Halle schon zu Beginn des 18. Jahrhunderts naturkundliche, mathematische und physikalisch-mechanische Kurse, die seit der Jahrhundertmitte sich zögernd zu den neuen ökonomisch-mathematisch orientierten „Realschulen" verdichteten.

Wandel in den Geisteswissenschaften   Bei aller Fixierung der „barocken Welt" auf die naturwissenschaftlich-mathematischen Disziplinen: es würde ein falscher Eindruck entstehen, wenn man die Entwicklungen im geisteswissenschaftlichen Bereich, etwa im Hinblick auf die Formierung einer kritischen Geschichtswissenschaft, ganz unterschlüge. Ausgehend von der kritischen Überprüfung von Heiligenlegenden, entwickelten die Bollandisten und die benediktinischen Mauriner seit der Mitte des 17. Jahrhunderts die ersten hilfswissenschaftlichen Instrumentarien und Methoden und edierten die ersten kritischen Quellensammlungen, denen sich im Deutschen Reich dann etwa Männer wie Gottfried Bessel oder Bernhard Pez anschlossen bzw. denen deutsche Gelehrte wie der Helmstedter Polyhistor Hermann Conring ganz unverwechselbare, Staats- und Völkerrecht in die Fragestellungen mit einbeziehende und auch zeitgeschichtliche Probleme nicht ausklammernde Beiträge

Kompilation als Grundtenor   zur Seite stellten. Der Grundtenor in den sog. Geisteswissenschaften war freilich der der Kompilation, der des Edierens, der des Rekonstruierens eines Textes; die wissenschaftliche Durchdringung wurde weniger durch eine nach wie vor ausgeübte Zensur behindert als durch ein eher noch präwissenschaftliches Ver-

ständnis und einen antisystematischen Habitus, das zum Beispiel die Geschichts-
darstellungen in der Regel noch nicht über das Additiv-Kompilatorische hinaus-
wachsen ließ.

Mit dem Westfälischen Frieden hatte zwar das Zeitalter der Religionskriege seinen
Abschluss gefunden, das heißt aber nicht, dass Kirche und Religion sowie Staat
und Politik fortan zwei sauber getrennte Sphären gewesen wären. Es ist mit gutem
Grund festgestellt worden, dass der frühmoderne Staat einen „Fundamentalkon-
sens" (Reinhard) über Kirche und Religion erforderte und sich deswegen nur auf
konfessioneller Grundlage entfalten konnte. Grundsätzlich und überall, auf protestantischer wie auf katholischer Seite, war die Konfessionalisierung – und das
bedeutete faktisch religiöse Intoleranz – ein wesentliches, wenn nicht kon-
stitutives Element der Staatsbildung; die Defizite an innerer Kohärenz konnten
noch nicht mittels Nationalbewusstsein oder dem Konsens über eine Staatsidee,
wohl aber mit dem Rekurs auf das gemeinsame Bekenntnis ausgeglichen werden.
Insofern kann es gar nicht überraschen, dass nicht nur die protestantischen
Fürsten der Etablierung des Kirchenregiments ihr besonderes Augenmerk zu-
wandten (was ihr Summepiskopat nachdrücklich gebot), sondern dass auch in den
katholischen Staaten, wo es eine funktionierende Kirchenorganisation seit jeher
gab und für den Fürsten „ein unvergleichliches Instrument der sozialen Kontrolle
und der Vermittlung (seiner) politischen Ziele bis in die untersten Schichten der
Bevölkerung hinein" (Vierhaus) darstellte, der Staat den Prozess der Konfessionalisierung nicht nur förderte, sondern in seine Regie zu bekommen suchte.

Das gilt nicht nur für Spanien und die italienischen Fürstentümer, wo „nationalkirchliche" Tendenzen ganz unübersehbar sind, sondern etwa auch, was in
anderem Zusammenhang bereits anklang, für Frankreich, dem Ludwig XIV. noch
einmal einen kräftigen Konfessionalisierungsschub gab. Die Aufhebung des
Edikts von Nantes zielte ebenso auf die konfessionelle Homogenität des Staates
wie die Fixierung der sog. gallikanischen Freiheiten 1682 auf die völlige Unterwerfung der vorhandenen Kirchenorganisation unter die Verfügungsgewalt des
Monarchen.

Für protestantische wie katholische Fürsten gleichermaßen gilt auch, dass sie
sich eines ganz bestimmten Instrumentariums bedienten, um die konfessionelle
Geschlossenheit des Staates zu gewährleisten und sich von – möglicherweise
anderskonfessionellen – Nachbarn abzugrenzen. Hierher gehörte die Ausbildung
der Pfarrer, Lehrer und Beamten an der oder einer eigenen Universität und ihre
eidliche Verpflichtung auf das „richtige" Bekenntnis. Den Bemühungen auf
katholischer Seite, mittels der Orden, der Visitationen und des Synodalwesens den
religiösen Zugriff auf den Untertan zu intensivieren, entsprach in den protestantischen Ländern ein verstärkter Rekurs auf die staatlichen Disziplinierungs-
möglichkeiten wie Kirchen- und Polizeiordnungen, um die gewünschten Verhaltensnormen im Bewusstsein der Menschen zu verankern. Typisch war überall,
wie eng der staatliche und der kirchliche Apparat zusammenarbeiteten, um kon-

Marginalien:

Konfessionali-
sierung und
Staatsverdichtung

Instrumentarien
zur Wahrung der
konfessionellen
Geschlossenheit

fessionelle Homogenität zu erzielen. Das gilt z. B. auch für das seit dem späteren 16. Jahrhundert auf beiden Seiten fest eingerichtete Institut der Visitation, also der periodischen Überprüfung der Geistlichkeit und der Gemeinden, deren Ergebnis schriftlich festgehalten wurde und damit für den Historiker tiefe Einblicke in Mentalitäten und Sozialverhalten der Menschen der Barockzeit ermöglicht, sozusagen den Menschen in seinem Alltag spiegelt. Um bei den Visitationen, die im kalvinistischen Bereich von den lokalen Presbyterien oder Konsistorien durchgeführt wurden, mit möglichst präzisen Angaben aufwarten zu können, verstärkten sich auch in diesem Bereich die bürokratisch-statistischen Elemente; Kommunikantenlisten, Kirchenbücher – oft unterteilt nach den jeweiligen Situationen, an denen der Einzelne auf die Kirche angewiesen war (Taufe, Heirat, Tod/Beisetzung) – waren das (der Zeit gemäße) Mittel, sich jederzeit über das religiöse Leben und die Affinität der Untertanen zur (jeweils einen) Kirche kundig zu machen.

So sehr grundsätzlich die Aussage zutrifft, dass die Tendenz der Barockzeit auf den auch in kirchlichen Fragen unumschränkten Fürstenstaat zielte, der gerade aus der konfessionellen Geschlossenheit wesentliche Kräfte zur inneren Regeneration und Konsolidierung schöpfte, so sehr muss freilich betont werden, dass es auch Reaktionen und Widerstände gegen die Bestrebungen gab, Klerus und Gemeinden gewissermaßen zu verstaatlichen, Bemühungen, die Einbeziehung des kirchlich-sakralen Bereichs in den Omnipotenzanspruch der Fürstenherrschaft zu unterlaufen: spiritualistisch-mystische Frömmigkeitsbewegungen von Gläubigen, die sich in ihrer Glaubensnot oder ihrer Suche nach persönlicher Glaubensgewissheit in der etablierten Staatskirche nicht mehr wiederfanden und nicht mehr aufgehoben fühlten.

Unter den religiösen Erscheinungen, die sich der Einvernahme und Indienststellung durch den absoluten Fürstenstaat zu entziehen suchten und widersetzten, ist in erster Linie der Jansenismus zu nennen, jene geistig-geistliche Erneuerungsbewegung, die auf den Yperner Bischof Cornelius Jansen (1585–1638) zurückging und die dann bis weit ins 18. Jahrhundert hinein in vielen europäischen Ländern, u. a. bis nach Österreich und Italien, nachwirkte. Die in der augustinischen Gnadenlehre wurzelnde Theologie der Jansenisten, die vom Einzelnen ein hohes Maß an Verantwortungsbewusstsein und eine strenge, bis zur Askese gesteigerte Lebensauffassung verlangte und die sich in ihrer Konsequenz auch gegen jeden barocken Luxus und alle Prachtentfaltung wandte, erhielt ihre spezifische Prägung – ganz im Gegensatz zu ihrer eigentlichen Intention – freilich durch ihre „Politisierung": Der Jansenismus machte Front u. a. gegen die weltliche Machtstellung der Kurie, was sowohl Rom als auch eine Institution wie den Jesuitenorden tangieren musste, und er verband sich aus seiner Grundhaltung heraus, der Ablehnung jedes Ineinandergreifens von Kirche und Staat, insbesondere früh mit den regimekritischen Kräften im französischen Königreich, den Ständen und den Parlamenten. Dies, aber auch die grundsätzliche Bezweiflung des Prinzips der Reglementierung von Glauben und Gesinnung durch den Souverän, musste Kon-

Marginalien:

Spiritualistisch-mystische Frömmigkeitsbewegungen

Jansenismus

flikte mit der Krone nach sich ziehen, in die auf jansenistischer Seite auch tief-religiöse „Prominente" wie etwa Blaise Pascal eingriffen. Die Auseinandersetzungen mit dem Souverän fanden ihren Höhepunkt – mitten in der Existenzkrise des Spanischen Erbfolgekriegs – im gewaltsamen Vorgehen Ludwigs XIV. gegen das als Zentrum des Widerstandes angesehene Zisterzienserinnenkloster Port Royal des Champs nahe Paris, das 1709/10 nicht nur geschlossen, sondern dann auch zerstört und samt Friedhof dem Erdboden gleichgemacht wurde. Diese Maßnahme, die in der Sache durch die Kurie unterstützt wurde, die 1713 durch die Bulle „Unigenitus" die jansenistische Lehre endgültig verdammte, konnte das Problem freilich nicht bereinigen, sondern beschwor im Gegenteil eine tiefgreifende Vertrauenskrise von großer Langzeitwirkung zwischen Krone und Intellektuellen herauf, die die Tendenz verstärkte, den eigentlich eher spirituellen und introvertierten Jansenismus zu „politisieren": Die Bewegung wurde zum großen Sammelbecken antiabsolutistischer (sowie antijesuitischer und letztlich auch antikurialer) Kräfte und damit auch zu einem maßgeblichen Wegbereiter und Begleiter der Aufklärung, mit einer starken Verankerung einerseits im politisch ambitionierten Bürgertum und andererseits im Amtsadel und den von ihm beherrschten Parlamenten. Die extrem starke Indienstnahme der Kirche durch den Fürstenstaat hat in Frankreich mithin den entgegengesetzten Effekt des Entstehens einer rasch über das Spirituelle hinauswachsenden politischen Opposition gehabt.

Eine prinzipiell andere Entwicklung als der Jansenismus nahm auf protestantischer Seite der Pietismus: Zwar war auch er ursprünglich – und blieb es z. B. in Württemberg – eine eher introvertierte, kontemplative und subjektivistische Frömmigkeitsbewegung mit einer Tendenz hin zur Askese, im Unterschied zum Jansenismus überwand der Pietismus aber die in ihm angelegte Weltfluchtstimmung ziemlich rasch und rief stattdessen die Gläubigen zu tätigem Engagement in Staat und Gesellschaft auf – nicht im kalvinistischen Sinn, um durch eine irdische Erfolgsbilanz die eigene Auserwähltheit zu dokumentieren, sondern im Rückgriff auf die lutherische Position, dass die Rechtfertigung vor Gott den Dienst an der Gemeinschaft unabdingbar erfordere (und im Übrigen auch die Variante einschloss, der Judenmission ein besonderes Interesse entgegenzubringen). Die „Beamtenreligion" (C. Hinrichs) zielte darauf, die Welt, wo es notwendig war, umzugestalten und die ihr innewohnenden sozialen und politischen Gegensätze zu überwinden. Bei dieser Bereitschaft, auf den Staat zuzugehen, war es freilich nicht minder wichtig, dass der Pietismus Fürsten fand, die in ihm eine Kraft erkannten, „systemerhaltende Reformen" auf den Weg zu bringen. Es waren vor allem die brandenburg-preußischen Herrscher, die den Pietismus nachhaltig förderten und in den Dienst einer Art „Staatsideologie" stellten, die auf einen Beitrag jedes Untertanen zur Wohlfahrt aller abzielte. Die erstmals in Philipp Jakob Speners „Pia desideria" (1675) mit aller Deutlichkeit und allem Nachdruck formulierte theologische Grundposition des Pietismus, über eine vertiefte Frömmigkeit mit strenger Sittlichkeit zu tätiger Nächstenliebe zu gelangen,

Pietismus

fand zunehmend in allen Schichten des Bürgertums und auch im Adel Resonanz und wurde vom Fürstenhaus immer deutlicher instrumentalisiert, um die letzten Widerstände gegen die Omnipotenz des Fürsten, die bisher an der lutherischen Orthodoxie einen großen Rückhalt gehabt hatten, zu brechen. 1691 wurde der Elsässer Spener nach Berlin berufen und erhielt alle staatliche Unterstützung, um Bildungsanstalten, Fürsorge- und Wohlfahrtseinrichtungen ins Leben zu rufen, die über alle Reglementierung hinaus die Identifikationsbereitschaft des Einzelnen mit Staat und Dynastie fördern sollten. Zum wichtigsten Repräsentanten des brandenburgischen Pietismus wurde dann freilich August Hermann Francke, der in Halle (und auch in anderen Städten des Kurstaates) geradezu ein „pädagogisches Großunternehmen" schuf (Hartmut Lehmann), durch das ein dem Staat zugute kommender allgemeiner Mentalitätswandel erzeugt werden sollte und erzeugt wurde.

Franckesche Stiftungen

Die „Franckeschen Stiftungen" in Halle wurden im Bildungsbereich Mitte der 1720er Jahre von über 170 – auch weiblichen – Lehrpersonen und Inspektoren getragen, die nicht weniger als 2200 Schüler unterrichteten. Typisch für dieses Hallesche Modell war indes, dass die Schuleinrichtungen umgeben waren von einem Kranz von Wirtschaftsunternehmen wie etwa einer Glashütte oder einer Seidenmanufaktur und mit einer entsprechenden – im Übrigen weitreichenden – kommerziellen Infrastruktur, die Einsichten in ökonomische Fakten und Zusammenhänge aus theoretischen Studien und Praxiserfahrung erwachsen ließ. Das Franckesche System bewirkte damit nicht nur einen allgemeinen Aufschwung des Schulwesens auf allen Ebenen, sondern befruchtete auch das Wirtschaftsleben nachhaltig und sorgte zudem dafür, dass über Halle hinaus der Sozialfürsorge verstärkt Beachtung geschenkt wurde (Waisen- und Invalidenhäuser usw.). Aus einer religiösen Bewegung, die in der die Obrigkeitsunabhängigkeit und die Freiwilligkeit des gemeindlichen Zusammenschlusses betonenden sächsischen Variante der Herrnhuter Brüdergemeine des Grafen Zinzendorff dann auch die Blicke nach außen zu richten begann (Missionierung), erwuchs in Preußen dank der Förderung durch die Fürsten eine auf das Gemeinwohl fixierte „Ideologie", ohne deren sittliche Kraft der Aufstieg dieses Staates aus dem Schatten der Geschichte ins europäische Rampenlicht wohl kaum denkbar gewesen wäre.

Die Konfessionalisierung war freilich im religiösen Bereich nur das eine – wenn vielleicht auch beherrschende – Charakteristikum der Barockzeit, das in der praktischen Politik auch noch zur Unterdrückung konfessioneller Minderheiten (Salzburger Protestanten 1731) oder zu gezielten (und nicht selten erfolgreichen) Konversionsbemühungen vor allem um protestantische Fürsten führen konnte. Das andere war, zumindest im Deutschen Reich, ein bemerkenswerter Zug hin zur religiösen Toleranz, der z.B. einen durch die „Schule" der Niederlande gegangenen Fürsten wie Karl Ludwig von der Pfalz veranlasste, 1672 die Landesuniversität Heidelberg allen Konfessionen zu öffnen oder zumindest den Versuch zu unternehmen, den jüdischen Philosophen Baruch Spinoza für diese Hohe

Religiöse Toleranz, Kirchenunionsprojekte

Schule zu gewinnen. In die gleiche Richtung zielte es, wenn der ebenfalls stark am niederländischen Vorbild orientierte Große Kurfürst das Projekt einer für alle Geistes- und Konfessionsrichtungen offenen „Universaluniversität" ventilieren ließ. Die Helmstedter Schule von Georg Calixtus entwickelte eine – dann als „Synkretismus" geschmähte und perhorreszierte – theologische Lehre, die die allen Konfessionen gemeinsamen fundamentalen Glaubenswahrheiten betonte und die trotz aller Anfeindungen von Seiten der konfessionellen Parteien in breiten Bevölkerungskreisen Resonanz fand. Die Bemühungen um eine Kirchenunion durchziehen die Epoche Ludwigs XIV. in einer bemerkenswerten Dichte und Intensität und trugen sicher auch zu einer Grundstimmung bei, die ein paritätisches und friedliches Nebeneinander der Konfessionen möglich werden ließ. Von den Unionsbestrebungen sind diejenigen des Mainzer Schönborn-Boineburg-Kreises seit den frühen 1660er Jahren am bekanntesten geworden, die auf gemischte Theologenkonferenzen abzielten, die die Grundlagen für die Wiedervereinigung der christlichen Bekenntnisse erarbeiten sollten. Sie gingen fast nahtlos über in die entsprechenden langjährigen Bemühungen des spanischen Bischofs Rojas y Spinola und Leibniz', in deren Verlauf etwa auch ein intensiver Gedankenaustausch mit Bossuet stattfand, um sich beim Scheitern in dem von den brandenburgischen und braunschweigischen Herrschern unterstützten Gedanken fortzusetzen, dann wenigstens eine Union der beiden protestantischen Bekenntnisse zustandezubringen, der u. a. mit maßgebenden Theologen in England und der Universität Genf diskutiert wurde. Auch diesen Verhandlungen fehlte am Ende zwar der Erfolg und der positive Abschluss, die beachtlichen ökumenischen und reunifizierenden Tendenzen der Epoche sollten deswegen aber nicht übersehen werden, umso weniger als sie sich dann auch ins 18. Jahrhundert hinein – festzumachen etwa an der Gestalt des württembergischen Theologen Christoph Matthäus Pfaff – fortsetzten.

Sie haben mittelfristig sicher auch dazu beigetragen, dass selbst im konfessionell so sensiblen Reich die Konfrontationspolitik allmählich von einer emotionsfreieren Souveränität überlagert wurde, die oft mit einem beachtlichen Maß an praktischer Toleranz einherging (brandenburg-neuburgischer Religionsvergleich 1672) und sich u. a. daran ablesen lässt, dass für das 18. Jahrhundert fürstliche Konversionen oder Konfessionsverschiedenheit von Fürst und Land (Württemberg, Hessen-Kassel) – bei allen sich daraus ergebenden Problemen und bisweilen kleinlichen Streitereien – kein Grund mehr für Hysterie waren. Die Generation der um 1700 Lebenden, die auch sonst in manchem Gedankengänge der späteren Aufklärung vorwegnahm, ist auf jeden Fall in einem beachtlichen Maß von der Toleranzidee geprägt worden – Gottfried Arnolds Verteidigung sogar der Ketzer gegenüber dem von der Amtskirche fixierten Glauben mag stellvertretend dafür noch genannt sein. Für die Forschung ist dies ein Gesichtspunkt unter anderen, diese Epoche relativ nahe an die Aufklärungszeit heranzurücken und die Konfessionsstreitigkeiten zwar nicht zu marginalisieren, aber auch nicht mehr als die Existenz des Reiches bedrohend einzustufen.

Praktische Toleranz

Die beginnende Toleranz war kein Symptom für religiöse Indifferenz – im Gegenteil. Das Religiöse intensivierte sich – freilich in unterschiedlicher Ausprägung – hier wie dort. Auf katholischer Seite ist typisch für die Epoche der Aufschwung der außerliturgischen Frömmigkeitsformen. Das Bruderschaftswesen nahm in periodisch auftretenden, oft an Naturkatastrophen oder an religiöse Präferenzen der Dynastie anknüpfenden Frömmigkeitswellen einen neuerlichen Aufschwung, wobei unter den zahlreichen neuen Sodalitäten (Rosenkranz, Herz-Jesu) den Totenbruderschaften eine besondere Bedeutung zukam, die sich insbesondere der Beisetzung der sozialen Unterschichten und Außenseiter einschließlich der zum Tod verurteilten Delinquenten annahmen. Die Bruderschaften, die auf ihren Festen und durch ihre regelmäßigen Prozessionen an die Öffentlichkeit traten, waren ebenso außer- bzw. überständisch organisiert wie das Wallfahrtswesen grundsätzlich Menschen aus allen sozialen Schichten vereinigte. Eine besondere Blüte erlebten die marianischen Wallfahrten, die von den Fürsten ganz gezielt gefördert wurden und in deren Rahmen etwa Altötting in Bayern und Mariazell in Österreich zu ausgesprochenen „Reichsheiligtümern" entwickelt wurden, zu denen auch die Fürstenfamilie regelmäßig wallfahrtete. Kernstück insbesondere der *Pietas Austriaca* war die Marienverehrung, die sich bis zu der Stufe steigerte, dass die niederösterreichischen Stände und Kaiser Ferdinand III. das Land ausdrücklich der Gottesmutter weihten.

Die Zugehörigkeit zu einer oder mehreren Bruderschaften, aber auch die Teilnahme an den regelmäßigen Ablassfesten in den Wallfahrtsorten kamen dem Bedürfnis des barocken Katholiken entgegen, möglichst viele „unvollkommene" oder aber einen „vollkommenen" Ablass zu gewinnen, ein Bedürfnis, das oft in eine wahre Sucht nach den „hohen Zahlen" umschlug. Für den Barockkatholiken wurde die Frage nach dem ewigen Heil zu einem Brennpunkt seines Lebens und seines diesseitigen Verhaltens; durch die Teilnahme an den großen Bußprozessionen, die mit immensem Aufwand begangen wurden, versuchte er ebenso seine Chancen für das Jenseits zu verbessern wie durch die Regelmäßigkeit der Beichte, die aus einer förmlichen Beichtbewegung erwuchs.

Marginalien:
Außerliturgische Frömmigkeitsformen: Bruderschaften

Wallfahrten

Ablasswesen

7. STRUKTURVERÄNDERUNGEN IN OST- UND OSTMITTELEUROPA: NORDISCHER KRIEG, AUFSTIEG DES PETRINISCHEN RUSSLAND, PREUSSENS UND ÖSTERREICHS WEG ZUR GROSSMACHT

Ein wichtiges mächtepolitisches Ergebnis des Utrechter Friedens war, dass das bisherige, ohnehin labile Großmächtesystem weiter destabilisiert worden war: Großbritannien war neu in den Kreis der Großmächte eingetreten, aber Spanien war, obschon nicht seinem Selbstverständnis nach, aus ihm ausgeschieden, und an der weiteren Zugehörigkeit der bisherigen Handels- und Kolonialvormacht, der Niederlande, zu dieser Gruppe mussten 1713 zumindest ernsthafte Zweifel bestehen – man hat nicht zu Unrecht formuliert, die Niederlande seien als „Schaluppe im Kielwasser einer Fregatte" (Heinz Schilling) seitdem nur noch im Windschatten Großbritanniens gesegelt. Die Frage, wie der Kreis der europäischen Großmächte wieder ergänzt und aufgefüllt werden würde, beantwortete und entschied sich freilich nicht nur im Spanischen Erbfolgekrieg, sondern auch im parallel laufenden und zeitlich sogar noch darüber hinausragenden (2.) Nordischen Krieg, der mit dem Konflikt im Süden und Westen des Kontinents zwar in einem „Wirkungszusammenhang" (Rudolf Vierhaus) stand, letztlich aber, nicht erst seit der endgültigen Verweisung Karls XII. auf den Osten in Altranstädt, doch sein Eigenleben führte und seine eigene Dynamik entwickelte.

Neuformierung des Großmächtesystems

Eine Koalition zur Revision der durch die schwedische Großmachtstellung geschaffenen politischen Verhältnisse hatte sich im Ostseebereich seit den ausgehenden 1690er Jahren abgezeichnet und zu bilden begonnen, in der, aus verschiedenen Gründen, Friedrich IV. von Dänemark, der neue polnische König August von Sachsen und Zar Peter I. zusammenfanden – eine Koalition, die sich, einem eisernen Gürtel vergleichbar, um Schweden legte und das Ostseeimperium zu sprengen suchte. Von den „natürlichen" Gegnern Schwedens war zunächst nur Brandenburg abseits geblieben, das des Krontraktats wegen um die Jahrhundertwende sich stärker an der Wiener Politik – und das hieß: im Kampf um das spanische Erbe – zu orientieren hatte.

Antischwedische Allianz

Am weitesten gesteckt – neben den eher kleinräumig-begrenzten Dänemarks und Polens – waren dabei sicher die russischen Ziele, die zunächst auf die Sicherung einer Ostseeposition und damit auch auf Partizipation am immer noch höchst lukrativen Ostseehandel, im weiteren Sinn aber auch auf die generelle Öffnung Russlands zum Westen gerichtet waren. Der atemberaubende und in seiner Konsequenz weltgeschichtliche Prozess des Hineinwachsens Russlands nach Europa war beim Abschluss der antischwedischen Allianz bereits in vollem Gang. Unter oftmaligem Bruch mit der altrussischen Tradition und entsprechend häufig mit fremden- und innovationsfeindlichen Kräften kollidierend, hatte Peter I. seit der Übernahme der alleinigen Regierungsverantwortung (1694) die ersten Schritte zur Modernisierung Russlands im westlichen Sinn (Kriegsflotte)

Russland auf dem Weg nach Europa

unternommen; während seiner epochemachenden Europareise hatte er nicht nur eine Fülle von *Know-how* gesammelt, sondern auch die Entscheidung getroffen, seine Außenpolitik nicht, wie ursprünglich geplant, gegen das Osmanenreich zu richten, sondern gegen Schweden.

Der Eintritt in den Nordischen Krieg hat das Aufstoßen des Tores nach Europa noch nicht einmal wesentlich verzögert, denn die Europäisierung Russlands konnte auch während des Krieges fortgesetzt werden und erhielt durch die territoriale Expansion noch eine zusätzliche Dynamik. Am Ende des 20jährigen Krieges war Russland nämlich im Besitz des gesamten Baltikums, und das konnte nur seinerseits einen erneuten gewaltigen Modernisierungsschub bedeuten.

Der bewusst gesuchte militärische Konflikt der nordosteuropäischen Mächte mit Schweden hat schon auf die Mitlebenden eine eigenartige Faszination aus-
Karl XII. von geübt. Dies hängt nicht zuletzt mit der Gestalt des bis zu seinem Soldatentod
Schweden jugendlichen schwedischen Königs Karl XII. zusammen, eines genialen Feld-
herrn, der die militärtheoretischen und militärpolitischen Dimensionen seiner Epoche zu sprengen schien – nicht zufällig haben sich sowohl Voltaire als auch Friedrich der Große verschiedentlich mit dieser Gestalt beschäftigt –, der aber politisch oft eher unbeholfen agierte, die Diplomatie eklatant vernachlässigte und deswegen letztlich trotz seiner militärischen Fähigkeiten die strukturellen Schwierigkeiten seiner vieljährigen Kriegführung weit vom Mutterland entfernt (Nachschub, Kriegsfinanzierung) nicht mehr ausgleichen konnte.

(2.) Nordischer Der Krieg war in seinem ersten Drittel geprägt von einer einzigartigen und
Krieg atemberaubenden Erfolgs- und Siegesserie des Schwedenkönigs, die zunächst auch politisch umgesetzt werden konnte, indem beispielsweise in Polen anstelle Augusts des Starken mit dem Woiwoden Stanislaus Leszczynski eine schwedische Marionette auf dem Thron installiert wurde – er sollte nach dieser Episode später, in den 1730er Jahren, in der internationalen Politik noch einmal eine Rolle spielen. Mit der Schlacht von Poltawa, der Niederlage gegen die Russen 1709, erfolgte der große Umschwung, den Karl XII. auch durch die militärische Aktivierung der Pforte nicht mehr zu seinen Gunsten verändern konnte: Das Osmanische Reich, das überraschend schnell und wohl nur mit innertürkischen Gegensätzen erklär-
bar wieder Frieden mit Zar Peter I. schloss, verpasste hier wohl die „welt-
politische Chance" (Ilja Mieck), seinen eigenen Abstieg zu stoppen und damit zu-
gleich Russlands Aufstieg zumindest zu verzögern. Seit dem Frieden von Adrianopel (1713) ging es im Grunde nur noch um die endgültige Demontage der schwedischen Ostseeherrschaft, an der sich nun, nach dem Ende des Spanischen Erbfolgekriegs, auch Preußen und Hannover beteiligten. Bis 1716 waren alle schwedischen Besitzungen jenseits der Ostsee verloren gegangen. Ernsthafte Friedensgespräche, bei denen Schwedens traditioneller Alliierter Frankreich bezeichnenderweise keine Rolle mehr spielte und bei denen noch einmal aben-
teuerliche Projekte wie z.B. ein Zusammengehen Schwedens mit Spanien ventiliert wurden, kamen allerdings erst nach dem Soldatentod des Königs (1718) in Gang. In ihrem Verlauf konnte die britische Diplomatie ihre große Fähigkeit

unter Beweis stellen, der Gleichgewichtsidee entsprechend vermittelnd – und das hieß in diesem Fall: politischen Druck ausübend – zu wirken, um zu verhindern, dass an die Stelle der einen Großmacht – Schweden – gleich eine neue trat, Russland nämlich, das aber immerhin nun bis zur Ostsee und „einflusspolitisch" (Klaus Zernack) sogar bis nach Warschau vorstieß. In einem Bündel von Verträgen, deren Abschluss sich bis 1721 (Nystad) hinzog, wurden im Ostseebereich Verhältnisse geschaffen, die zum größten Teil bis ins 19. Jahrhundert hinein Bestand hatten: Schweden wurde bis auf einen Rest Vorpommerns endgültig wieder aus Norddeutschland herausgedrängt und verlor seine baltischen Provinzen an Russland, das deren rechtliche Sonderstellung (Religion, Sprache) garantierte. Es konnte zwar Finnland, das zeitweilig von den Russen erobert worden war, behaupten, büßte aber insgesamt seine Stellung als europäische Großmacht und als Hegemonialmacht in der Ostseeregion ein und konnte in der Folgezeit auch nicht mehr daran denken, noch einmal als Schutzmacht der erbländischen Protestanten aufzutreten, was in der Altranstädter Konvention (1706) noch einmal mit Erfolg praktiziert worden war. Es war überaus symptomatisch, dass die kurze Phase des schwedischen „Absolutismus" mit Karls XII. Tod und den ernüchternden Friedensschlüssen abrupt wieder zu Ende ging, dass das schwedische Ständeparlament, der Reichsrat, in seine früheren Funktionen wieder einrückte und z.B. auch schon die Neubesetzung des schwedischen Thrones (zugunsten Landgraf Friedrichs von Hessen-Kassel, der mit einer jüngeren Schwester Karls XII. verheiratet war) vornahm. Schweden stand vor einer neuen, ständisch-parlamentarisch und von Konflikten zwischen Ständegruppierungen geprägten und deswegen primär innenpolitisch akzentuierten Phase seiner Geschichte, der sich über mehr als ein halbes Jahrhundert erstreckenden sog. Freiheitszeit. Nichts aber ist bezeichnender für die eingetretene Verschiebung im nordosteuropäischen Kräftegefüge als die Tatsache, dass Russland es war, das diese neue schwedische Verfassung garantierte und sich damit ein ständiges Interventionsrecht sicherte, das Schweden nun für Jahrzehnte degradierte zu einem Faktor der „Vorfeldpolitik des Zarenreiches" (Kunisch).

Konsequenzen für Schweden

Das andere Hauptergebnis des Nordischen Krieges war der Vorstoß Russlands an die Ostsee unter gleichzeitiger Beibehaltung der bisherigen rechtlich-kulturellen Strukturen der neuen Provinzen, womit der während des Krieges zügig weiter vorangetriebene Prozess der Europäisierung Russlands einen fast symbolischen Abschluss fand. Signifikant für diesen Prozess war auch, dass Peter der Große unmittelbar nach dem Ende des Nordischen Krieges den russischen Zarentitel ablegte und den Kaisertitel (*Gossudar Imperator*) annahm: ein Signal, dass Russland über Moskowien hinausgewachsen war, zu Europa gehörte und sein Herrscher durchaus mit dem Römischen Kaiser zu konkurrieren vermochte (der sich freilich, wie andere Monarchen auch, schwer tat, dies anzuerkennen).

Russland an der Ostsee

Diese in weniger als zwei Jahrzehnten vollzogene Europäisierung des russischen Reiches hat an sich noch keinen Staat schaffen können, der mit den „modernen" Staaten Westeuropas vergleichbar gewesen wäre. Zwar wird die

Europäisierung Russlands

ältere These, dass eine Parallelisierung des russischen Herrschaftssystems trotz aller Staatsverdichtung mit dem monarchischen Absolutismus des Westens nicht statthaft sei, zunehmend in Frage gestellt und die Position vertreten, dass es durchaus einen russischen „Absolutismus" gegeben habe, der allerdings im Gegensatz zu Westeuropa nicht erst durchgesetzt werden musste, sondern um 1680 bereits vorhanden war – „Autokratie" scheint dennoch, alles in allem der angemessenere Begriff zu sein. Man wird auch nicht aus dem Auge verlieren dürfen, dass diese unbestreitbare Modernisierung oft genug außerordentlich rücksichtslos und inhuman durchgesetzt worden ist. Aber die Ergebnisse konnten sich sehen lassen: Klammert man die Gründung einer neuen (an der Ostsee gelegenen!) Hauptstadt, des reinen Prestigeobjekts St. Petersburg, einmal ganz aus, so zielten die sog. petrinischen Reformen vor allem auf eine Verbesserung des Funktionierens der staatlichen Machtinstrumente: die Heeresreform, mit der u. a. in diametralem Gegensatz zum 1682 abgeschafften *Mestnicestvo* auch der Offiziersdienst Nichtadligen geöffnet und der Adel gezwungen wurde, dem Leistungsprinzip folgend alle Sprossen der militärischen Karriereleiter zu erklimmen (und u. U. auch auf halbem Weg nach oben hängen zu bleiben), die – z.T. an schwedische Vorbilder angelehnte – Verwaltungsreform mit der Errichtung u. a. von Fachministerien oder die auf ein starkes Bürgertum ausgerichtete, letztlich freilich gescheiterte Ständereform mögen hier genannt werden. Nicht weniger revolutionär waren die Bemühungen, das öffentliche Leben zu „verwestlichen": Die Abschaffung der alten byzantinischen Zeitrechnung, die Einführung einer vereinfachten sog. „bürgerlichen" Schrift, die Verbesserung des Schulwesens auf allen Ebenen, der Kampf gegen den russischen Bart, frühemanzipatorische Bestrebungen und anderes haben das russische Riesenreich auf eine neue Entwicklungsstufe gebracht, eine historische Leistung, die ursächlich – wie später wohl erst wieder bei Katharina II. und Joseph II. – auf die Energie und Tatkraft einer bedeutenden Herrscherpersönlichkeit zurückzuführen ist. Es hat zwar noch Jahrzehnte gedauert, bis Russland in das System der europäischen Großmächte voll eingegliedert wurde, weil die Vorbehalte in West- und Mitteleuropa – trotz einer gezielt ins Reich gerichteten Heiratspolitik des Zaren – noch lange virulent blieben. Aber es ist keine Frage, dass die innenpolitischen Voraussetzungen dafür durch Peter den Großen († 1725) geschaffen worden sind.

Die Veränderungen im petrinischen Russland waren freilich nur ein Teil eines säkularen Wandlungsprozesses in Ostmittel- und Osteuropa, der dieser Großregion auch im europäischen Kräftespiel eine neue Bedeutung verlieh. Der Aufstieg Preußens und Österreichs zu Großmächten, der mittelfristig den sog. „Dualismus" nach sich zog, ist sehr unterschiedlich durch endogene bzw. exogene Faktoren verursacht worden.

Dieser österreichisch-preußische Dualismus ist ein Phänomen der Zeit ab 1740; der Grund für diese Entwicklung wurde aber in den Jahrzehnten vor dem deutschen Schicksalsjahr gelegt, durch die innere Konsolidierung Preußens einerseits und die sich unabhängig vom Reich vollziehende, sogar zu einer gewissen

Wurzeln des deutschen Dualismus

Abkehr vom Reich tendierende Großmachtwerdung des habsburgischen Österreich andererseits – ungeachtet der Tatsache, dass Wien und Berlin seit 1686 mit ganz wenigen eher episodenhaften Unterbrechungen miteinander verbündet waren und in einem und demselben politischen Lager standen.

Die deutschen Territorialstaaten orientierten sich im frühen 18. Jahrhundert hinsichtlich ihrer inneren Strukturen weitgehend am französischen Vorbild, also am Hof Ludwigs XIV., seinen Repräsentationsformen, seinem Herrscherkult – soweit die Stände, die Domkapitel und/oder die begrenzten Ressourcen dies gestatteten. Nur *ein* deutscher Fürst trat aus diesem Rahmen und Schema ganz bewusst heraus, bemühte sich um völlig andere Schwerpunkte in seiner Regierungstätigkeit als seine Standesgenossen, schuf in relativ kurzer Zeit ein Staatswesen, das sich von seiner Umwelt scharf abhob und das dann eine Art Modellcharakter gewann – ohne dass es deswegen gleich zum Paradigma frühneuzeitlicher Staatsbildung im Deutschen Reich hochstilisiert werden darf: König Friedrich Wilhelm I. und sein Preußen.

Ungewöhnlichkeit der preußischen Staatsentwicklung

Dieser „preußische Sonderweg" war sicher eine Konsequenz der scharfen Reaktion des 1713 auf den Thron gelangten Hohenzollern gegen das Regiment seines Vaters. Friedrich I., der Begründer des – auf ein Territorium außerhalb des Reiches rubrizierten, vom Kaiserhof aber genehmigten und in eine Fülle ähnlicher, teils erfolgreicher (Sachsen, Hannover), teils vergeblicher (Bayern, Pfalz, Baden-Durlach) Bemühungen deutscher Dynasten um Königskronen einzuordnenden – preußischen Königtums (1701), hatte in absolut zeittypischer Weise und natürlich auch in der Perspektive dieser neuen Dignität den Hof ungeheuer ausgeweitet und einen Luxus entfaltet, der die Einkommensverhältnisse des Landes erheblich überstieg und einen Staatsbankrott nicht mehr ausgeschlossen erscheinen ließ. Zwar können bei diesem leichten Umgang mit dem Geld auch einige positive Aspekte wie z. B. eine großzügige Kulturpolitik (1694 Errichtung der Universität Halle, für die sogleich mit Christian Thomasius eine Potenz von höchster Reputation gewonnen werden konnte, 1700 Akademie der Wissenschaften mit Leibniz als Gründungspräsidenten) nicht übersehen werden, aber insgesamt hinterlässt die Regierungszeit Friedrichs I. (III.) mit den vielen Hofintrigen, einer extremen Günstlingswirtschaft und der horrenden Verschuldung einen eher unerfreulichen Eindruck, der in den Augen der Zeitgenossen durch die schwere Subsistenzkrise von 1709/10 noch weiter gesteigert wurde. Freilich ist hier die Forschung in Bewegung; zumindest zum Teil schuldet sich das negative Image des ersten Preußenkönigs sicher dem Verdikt, das sein Enkel über ihn fällte.

Das Reformprogramm des neuen Königs, unmittelbar nach dem Regierungswechsel auf Schloss Wusterhausen, seiner politischen „Schule", entworfen, grenzte sich davon nun entschieden ab: Unbedingte Subordination auch der Minister, die zu bloßen Befehlsempfängern und ausführenden Organen degradiert wurden, mit denen der Monarch meist nur noch schriftlich in Form der „Kabinettsordre" oder des Kabinettsdekrets verkehrte, gesteigerter Leistungsdruck auf alle Mit-

Friedrich Wilhelms I. Reformprogramm

arbeiter und Untertanen und unbedingte Sparsamkeit und Unbestechlichkeit wurden zu den neuen politisch-sozialen Prinzipien, deren Einhaltung der König auf seinen ungezählten Inspektionsreisen immer wieder überprüfte. Das doppelte Ziel dieses neuen Regierungsstils, der sich letztlich die Sozialdisziplinierung der gesamten Untertanenschaft zum Ziel setzte, war die Gesundung der Staatsfinanzen, die sich auf der Einnahmenseite vor allem dank der nachhaltigen Verbesserung der Domäneneinkünfte in der Regierungszeit Friedrich Wilhelms I. mehr als verdoppelten – der Überschussetat war in der damaligen europäischen Staatenwelt etwas Singuläres – und, dies voraussetzend, der sukzessive Ausbau der Armee. Das Heer stand zwar in den meisten Regimes auf dem Kontinent im Mittelpunkt des fürstlichen Interesses und des staatlichen Planens, aber in der Dimension reichte das alles längst nicht an das Preußen Friedrich Wilhelms I. heran. Während nur noch etwa 1% der Einkünfte für den Hof verausgabt werden durfte, flossen meist mehr als zwei Drittel der vereinnahmten Gelder dem Heer zu. Die Folge war eine fast explosionsartige Aufstockung der Mannschaftsstärke, die von 30 000 Mann beim Tod des Großen Kurfürsten 1688 auf 83 000 beim Regierungsantritt Friedrichs II. 1740 hochschnellte; die Folge war aber auch, dass andere soziale Aufgaben des Staates – im Bildungswesen, aber auch z. B. die Versorgung invalider Soldaten – in bedenklicher Weise zurückgestellt wurden und sich der Anspannung aller Kräfte zugunsten der Armee unterzuordnen hatten.

Heeresorganisation Nach dem Spanischen Erbfolgekrieg fand dieses dank des eisernen Ladestocks und seiner großen Manövrierfähigkeit zu den modernsten und schlagkräftigsten in Europa zählende Heer dann auch seine endgültige Organisation, indem an die Stelle der bisherigen Zwangsrekrutierung die Bindung der Regimenter an einen bestimmten, durch die Zahl der (ca. 5000) Feuerstellen definierten Bezirk (Kanton) und die Verwendung von Stammrollen, nach denen die jungen Männer ausgehoben wurden, trat (1733, in den Westprovinzen 1735). Dieses System, das sich offenbar an das schwedische *Indelta*-Vorbild anlehnte, war bei aller Effektivität mit gravierenden sozialen Ungerechtigkeiten und Problemen verbunden, weil bestimmte Berufs- und Besitzgruppen aus ökonomischen und standespolitischen Rücksichten von der Enrollierung und damit dem Wehrdienst befreit blieben, der letztlich zu einer primär bäuerlichen Dienstpflicht zusammenschrumpfte, und weil es immer schwieriger wurde, für die Soldaten während der regelmäßigen, langen soldlosen Beurlaubung Verdienstmöglichkeiten zu finden.

Preußischer Staat und Adel Auch die vielen Appelle des Königs an die Adresse des preußischen Adels, den Militärdienst als seine ethische und moralische Standespflicht zu begreifen, fanden keineswegs sofort die erhoffte Resonanz. Letzten Endes aber haben diese Ermahnungen doch bewirkt, dass der Adel als „Kriegerkaste" zum Grundpfeiler einer „staatlich disziplinierten Militäraristokratie" (Theodor Schieder) wurde, dem in der Gesellschaft eine exzeptionelle (freilich auch Arroganz und Überlegenheitsgefühl fördernde) Stellung eingeräumt wurde, deretwegen der Fürst schließlich auch seiner absoluten Loyalität sicher werden konnte. Es war ein säkularer Vorgang mit Ausstrahlungen weit über Preußen hinaus, wie über das

Militär und den Hof „Dienst bzw. Gehorsam für den Adel standesgemäß" (Bernd Wunder) wurden. Der Adel wurde zur eigentlichen sozialen und politischen Stütze des preußischen Staates und blieb es – aller Adelskritik zum Trotz – bis weit über das Ende des Ancien Régime hinaus; noch im Allgemeinen Preußischen Landrecht von 1794 ist bezeichnenderweise festgestellt worden: „Dem Adel als dem ersten Stand im Staate liegt nach seiner Bestimmung die Verteidigung des Staates sowie die Unterstützung der äußeren Würde und inneren Verfassung desselben hauptsächlich ob".

Eine „ökonomische Revolution", also ein abruptes Zurücktreten der zivilen Produktion zugunsten der militärischen, löste die Militarisierung Preußens zwar nicht aus, aber Maßnahmen wie das „Montierungsreglement" von 1714, das für die Herstellung der Uniformen ausschließlich inländisches Tuch vorschrieb, gaben doch zumindest partiell wirtschaftliche Anstöße, indem z.B. die stark zurückgegangene ländliche Schafzucht oder das Tuchmachergewerbe in den Städten einen neuen Aufschwung erlebten. Insgesamt kann zumindest aber eine deutliche Orientierung von Staat und Wirtschaft auf das Heer kaum abgestritten werden. Die auf das Montierungsreglement zurückgehende „Uniformierung" Preußens – die abgelegten Uniformen wurden im Zivilbereich weiterverwendet – wurde für viele Beobachter zu einem untrüglichen Symptom für die fortschreitende „Militarisierung" Preußens. Ganz von der Hand zu weisen sind solche Urteile nicht, wenn man sich etwa vergegenwärtigt, dass das verstärkte Einrücken ausgedienter Soldaten in niedere Beamten- und Lehrerstellen auch in weiten Bereichen des zivilen Lebens eine Übernahme militärischer Denkkategorien und Verhaltensweisen nach sich zog, dass ein Geist von Zucht und Unterordnung, ein System von Befehl und Gehorsam sich langsam über die gesamte Gesellschaft ausdehnte und die schönen Künste geradezu erstickte: die Akademie der Künste beispielsweise sank zu einer einfachen Zeichenschule herab.

> Sozioökonomische Auswirkungen der Militarisierung Preußens

Gilt die These vom Heer als Schwungrad und Motor der Wirtschaft in Preußen zumindest bedingt, so trifft die andere These, dass die Administration wesentliche Modernisierungseffekte der Armee verdankte, in Preußen sicher voll und ganz zu. Die Grundlagen für eine einheitliche zentrale Behördenorganisation waren hier bezeichnenderweise bereits in der Phase des Ringens mit den Ständen um den *miles perpetuus* gelegt worden (Geheime Ratsordnung 1651), und das Problem der Integration des Heerwesens in den Staat hat dann auch zu einer Verfestigung der Institution des die Truppen begleitenden und ihren Unterhalt regelnden „Commissarius" und seiner Oberbehörde, des Generalkriegskommissariats (1660), geführt, das über das Heerwesen hinaus von Anfang an auch allgemeine staatliche Ordnungsfunktionen übernahm. Unter Friedrich Wilhelm I. wurden Domänenverwaltung und Generalkriegskommissariat, eine Behörde „alten Stils" aus der Territorialstaatsepoche und eine „neuen Stils", also des neuen militärischen und bürokratischen Obrigkeitsstaates, miteinander verknüpft und 1723 schließlich das Generaldirektorium geschaffen, eine kollegial strukturierte oberste Zentralbehörde zunächst für den weiteren Ausbau des Heerwesens, dann aber

> Modernisierung der Verwaltung

auch für die gesamte Verwaltung und die Wirtschaftspolitik. Bezeichnend genug, fand die Verwaltungsreform noch im gleichen Jahr (1723) ihren logischen Abschluss in der Errichtung des ersten kameralwissenschaftlichen Lehrstuhls an der Universität Halle, der die für eine effiziente Administration, den weiteren Landesausbau und die Verbesserung der Infrastruktur nötigen Fachleute auszubilden hatte. – Dieses Behördensystem, das sich auf der mittleren Ebene im Steuerrat bzw. Landrat – einem zugleich königlich geprüften wie adlig-ständischen Beamten – fortsetzte, konnte sich freilich niemals verselbständigen; es wurde an einer relativ kurzen Leine gehalten und fand seine Grenzen im ludo-

Selbstregierung des Monarchen vizianischen „décider soi-même", das der Soldatenkönig zur Richtschnur seines fürstlichen Gestaltens erhob: Friedrich Wilhelm trat mehr und mehr aus den kollegialen obersten Behörden heraus und praktizierte mittels des Prinzips der Schriftlichkeit eine konsequente königliche Selbstregierung. Umso wichtiger war es, auf eine wirklich verlässliche Beamtenschaft vertrauen zu können, deren Professionalisierung (Richterexamen 1737) in Friedrich Wilhelms Regierungszeit deutliche Fortschritte machte und auf die auch ihres relativ einheitlichen Weltbilds und Staatsdenkens Verlass war, in dem neben Kalvinismus, Neustoizismus und Pietismus vor allem ein spezifisch preußisches Naturrechtspostulat die maßgebliche Rolle spielte.

Der Aufbau der – primär aus defensiven Gründen und zur Garantie des preußischen Handlungsspielraums errichteten und nur im Polnischen Thronfolgekrieg einmal kurzzeitig eingesetzten – Armee und die eher archaische Anhäufung eines Staatsschatzes für den Kriegsfall, der Preußen auch von den Subsidien der Großmächte unabhängig machen sollte, waren freilich nicht die einzigen Weichenstellungen für Preußens Aufstieg zu einer modernen Mittel- und dann Großmacht. Einer der besten Kenner des Monarchen hat zu Recht von einem „Gesamtaufbau in Wirtschaft, Kirchen- und Schulwesen" und von einem

Sonstige innere Reformen „harten Erziehungswerk, das Verwaltungsausbau, Steigerung des Steueraufkommens, Bevölkerungsvermehrung, Religion und Elementarbildung vereinigte", gesprochen (Gerhard Oestreich): Binnenkolonisation zur Vermehrung der landwirtschaftlich nutzbaren Anbaufläche, Ausbau der Getreidemagazinierung, faktische Einführung des Schulzwangs (auch wenn das Edikt von 1734 den entsprechenden Schuleinrichtungen vorläufig noch vorauseilte), ja sogar – gemäß den Maximen Rentabilität und Nutzen – eine begrenzte Förderung praxisorientierter Wissenschaften (Kameralistik, Medizin) hatten unbestreitbare Modernisierungseffekte, auch wenn das Ziel des oft engstirnigen, menschlich schwierigen Monarchen sicher alles andere als der emanzipierte Bürger war, sondern vielmehr Qualität und Rationalität der Arbeit einer ihm bedingungslos ergebenen Bevöl-

Instrumentalisierung des Pietismus kerung. Dass dem König, um dieses Ziel zu erreichen, der preußische Pietismus eine willkommene Hilfe war, wird heute nicht mehr bestritten, ebenso wenig, dass er ihn politisch umgeformt und damit verengt hat. Die auf der lutherischen Lehre aufbauende, gleichwohl auch die reformierte Theologie voll akzeptierende und einbeziehende Pflichtenethik mit Elementen wie Sparsamkeit, strenger Arbeitsmoral, Einsatz für die Gemeinschaft war ein wesentlicher Motor für die innerstaatliche Entwicklung Preußens unter dem „Soldatenkönig" und trug letztlich auch dazu bei, soziale Gegensätze abzubauen und die Gräben zwischen einer kalvinistischen Oberschicht und den lutherischen Untertanen einzuebnen. Die überaus zwiespältigen Urteile schon seiner Zeitgenossen und der Nachwelt, die in ihm zum einen den kulturlosen und in seine Epoche eigentlich nicht „passenden" Barbaren, der aus Preußen eine große Kaserne gemacht habe, und zum anderen den großen „inneren" König sahen, den frommen Erzieher seiner Untertanen, der die innenpolitischen Grundlagen für den Aufstieg Preußens zur Großmacht gelegt habe, finden im zwiespältigen Charakter des Monarchen ihre Begründung. Im Übrigen hielt auch der Sohn und Nachfolger – trotz aller harschen Gegensätze und Konfrontationen in der Kronprinzenzeit – längst nicht alles für verwerflich, was der Vater gestaltet hatte. So minderte er nach seinem Regierungsantritt den Steuerdruck keineswegs und schaffte keineswegs den Vorrang der Armee ab; über den spektakulären ersten Entscheidungen des jungen Friedrich wie der Abschaffung der Folter, der Rückberufung Christian Wolffs nach Halle oder der Errichtung des Opernhauses durch Knobelsdorff verlieren sich allzu leicht solche Kontinuitätslinien. Kontinuitätslinien

Preußen hatte ein gutes Vierteljahrhundert Zeit, ohne außenpolitische Konflikte sich mit seiner inneren Entwicklung zu beschäftigen: die permanente Souveränitätskrise der polnischen Republik, die Preußens Aufstieg nicht mehr zu behindern vermochte und gegen die Berlin und Petersburg ihre Interessen im Sinn einer „negativen Polenpolitik" (Zernack) koordinierten, muss hier als wesentliche strukturelle mächtepolitische Voraussetzung genannt werden, eine außenpolitische Selbstbeschränkung aber auch, aus der lediglich die ungelöste jülich-bergische Frage herausragte, deretwegen es letztlich in den ausgehenden 1730er Jahren auch zur Entfremdung mit Wien und zur Wiederannäherung an Versailles kam (Geheimvertrag 1739). Eine ähnlich lange Phase kontinuierlichen innerstaatlichen Aufbaus blieb Österreich versagt. Österreichs Aufstieg zur Großmacht gründete sich auf militärische Erfolge, die trotz defizitärer innerstaatlicher Strukturen erzielt wurden, gründete sich auf eine tiefverwurzelte, im Schlagwort von der besonderen *Pietas Austriaca* gipfelnde und als Integrationsfaktor wirkende kirchlich-gegenreformatorische „Staats"-Ideologie und auch darauf, dass die Wiener Hofburg dem Aufbau eines habsburgischen Gesamtstaats immer deutlicher den Vorzug gab vor dem Ausbau der Beziehungen zum und Verflechtungen mit dem Reich. Außenpolitische Selbstbeschränkung Preußens Österreichs Aufstieg zur Großmacht

Spätestens seit den 1680er Jahren war das Prestige Kaiser Leopolds I. im Reich wieder deutlich gestiegen, aber die Hofburg machte nun, nachdem das Projekt einer auf den Kaiser zugeschnittenen Reichskriegsverfassung gescheitert war, gar keinen Versuch mehr, zu einer auf die „Monarchisierung" des Reiches abzielenden Politik zurückzukehren: Eine wirkliche Zukunft im europäischen Konzert hatte nicht mehr das Kaisertum, auch wenn dessen Funktion als Vorkämpfer der

Christenheit gegen die Ungläubigen nach 1683 noch einmal deutlich ins allgemeine Bewusstsein rückte, sondern allenfalls ein moderner habsburgischer Zentralstaat, also ein aus dem disparaten und wenig kohärenten, immerhin nach dem
Rückfall Tirols an die Hauptlinie (1665) nicht mehr mit dem Strukturdefizit von
Nebenlinien bedachten habsburgischen Länderkonglomerat zu schaffendes
„Totum", wie der Motor dieser Bemühungen, Prinz Eugen von Savoyen, das aus-
drückte. Das musste nicht unbedingt zu einer Geringschätzung der Kaiserkrone
führen, die weiterhin für Prestige, für eine Klientel, für ein zusätzliches Macht-
potential sorgte – und dementsprechend wurde nach dem Vorbild vergangener
Jahrzehnte die erste außenpolitische Krise genutzt, um 1690 im Neunjährigen
Krieg dem noch längst nicht volljährigen Erzherzog Joseph die Römische Königskrone und damit die Nachfolge im Kaiseramt zu verschaffen. Aber in der Wiener
Gesamtpolitik begannen nun doch andere Akzente zu dominieren. Es war
bezeichnend, dass 1688 die Erblichkeit der Stephanskrone im Haus Habsburg von
den ungarischen Magnaten zugestanden werden musste: die Habsburger wechsel-
ten gewissermaßen das Standbein und verlagerten es zudem nach außerhalb des
Reiches. Dieser Tendenz entsprach die ungewöhnliche Energie, die man fortan bis
zum für die Pforte demütigenden und desillusionierenden Frieden von Karlowitz
(1699) in den Türkenkrieg investierte. Das Ergebnis des Spanischen Erbfolgekriegs, der Österreichs nichtdeutsche Positionen in Italien und den Niederlanden
stärkte, förderte diesen Trend weiter. Dass unmittelbar nach dem Frieden von
Rastatt und Baden sich die Hofburg entschloss, an der Seite Venedigs in einen
neuerlichen Türkenkrieg einzutreten, der den Ruhm des Prinzen Eugen krönte
und die Grenzen des habsburgischen Herrschaftsbereichs weit auf den Balkan
vorschob, bestätigte nur noch einmal die Option für den reichsfreien Großmachtstatus.

Diese Entwicklung des teils reichszugehörigen, teils reichsfreien habsburgischen Länderkonglomerats, jener „monarchischen Union von Ständestaaten"
(Otto Brunner), für die 1684 in einer Schrift des Kameralisten Philipp Wilhelm
von Hörnigk der Begriff „Österreich" im Sinn der staatlichen und Wirtschaftseinheit überhaupt erstmals verwendet wurde, zu einer eigenständigen Großmacht
suchte Karl VI. staats- und dann auch völkerrechtlich abzuschließen. Die 1713
verkündete und im Prinzip das ältere *Pactum mutuae successionis* der veränderten
Situation anpassende Pragmatische Sanktion war zunächst eine Erbfolgeordnung,
die für den Fall des Aussterbens des habsburgischen Mannesstamms den Erbvor-
rang der Töchter Karls VI. vor denen Josephs I. festlegte. Sie war zugleich aber
auch eine Unteilbarkeitserklärung, die nach und nach von allen Ständeversammlungen der Erblande und schließlich auch in Ungarn und den im Frieden von
Rastatt neu in habsburgische Hand gelangten Reichsteilen als ewiges Staatsgrund-
gesetz akzeptiert wurde.

Es kann gar keinem Zweifel unterliegen, dass durch diesen Vorgang die
Gesamtstaatsidee einen ungeheuren Auftrieb erhalten hat. Der für die Epoche
konstitutive und charakteristische Zusammenhang von Dynastie und Staat, d. h.

Option für den
habsburgischen
Zentralstaat

Türkenkrieg und
Großmachtstatus

Pragmatische
Sanktion

die Staatsverdichtung aufgrund innerdynastischer Prozesse und Regelungen, wird hier besonders manifest. Klug geworden durch die Erfahrungen mit der spanischen Erbfolge, hat Wien seit den mittleren 20er Jahren des 18. Jahrhunderts aber auch keine Kosten und Mühen gescheut, um die Pragmatische Sanktion bilateral von den Reichsständen und den europäischen Mächten garantieren zu lassen. Insgesamt wurde das freilich eher zu einem Handikap der österreichischen Außenpolitik, weil die Hofburg damit politisch erpressbar wurde und sie Zustimmungen im Allgemeinen nur gegen politische Konzessionen oder gegen Subsidienzahlungen erreichen konnte, was letztlich über ihre Finanzkraft hinausging. Die europäischen Mächte, wohl wissend, dass die Zertrümmerung Österreichs das gesamte europäische Gleichgewichtssystem destabilisieren würde, entzogen sich der Anerkennung der Pragmatischen Sanktion nicht, aber sie ließen sich diesen Schritt teuer bezahlen. Ob sich der ganze Aufwand gelohnt hatte, ob die erstmalige Einbettung eines Hausgesetzes in das *Ius Publicum Europaeum* die Integrität des habsburgischen Gesamtstaates wirklich bewahren würde, ob die innerhabsburgischen Regelungen (Verzicht der Töchter Josephs I. und ihrer Ehemänner) wirklich über jeden Zweifel erhaben und unanfechtbar waren, konnte sich erst nach dem Tode Karls VI. erweisen.

Einbindung der Pragmatischen Sanktion in das Völkerrecht

Ein Preis, den Österreich im Verlauf dieses Kampfes um die Anerkennung der Pragmatischen Sanktion – fast eine Art Leitmotiv der internationalen Politik der 1720er und 1730er Jahre – bezahlen musste, war die Ostendekompanie. Der Zugewinn der bisher Spanischen Niederlande 1714 war in Wien anfangs keineswegs lauthals begrüßt worden; zu der peripheren Lage kam hinzu, dass der Kaiser damit in ein Kraftfeld zwischen Frankreich, England und den Generalstaaten geriet, aus dem er sich eigentlich viel lieber herausgehalten hätte. Nach und nach aber hatte man dann doch erkannt, dass dieser territoriale Zuwachs auch positive Aspekte beinhaltete, zumindest die Möglichkeit, Anschluss an den gewinnversprechenden Überseehandel zu finden, von dem Österreich bisher – den altösterreichischen Adrialändern fehlte die nötige Infrastruktur, so dass sich auch eine 1719 gegründete Orientalische Kompanie nicht zu halten vermochte – ganz ausgeschlossen gewesen war. Dies erschien umso notwendiger, als es um die Finanzkraft der Hofburg katastrophal schlecht bestellt war und der Staatsbankrott eigentlich nur noch von den jüdischen Hoffaktoren verhindert wurde, von denen Samuel Oppenheimer und Samson Wertheimer geradezu in eine für die Monarchie existentielle Schlüsselrolle hineinwuchsen. Nachdem englische Exulanten in den südlichen Niederlanden schon seit 1715 zum Ärger der Seemächte beachtliche Handelsaktivitäten entfaltet hatten, hatte Karl VI. 1722 eine kaiserliche Handelskompanie ins Leben gerufen und mit dem Handel nach beiden Indien und nach Ostafrika privilegiert. Dieses Unternehmen, das auch bemerkenswert moderne infrastrukturelle Maßnahmen (Straßenbau, Abbau der Binnenzölle usw.) nach sich zog, hatte sich als ungemein erfolgreich erwiesen, hatte unerhörte Gewinne – vor allem aus dem Chinahandel resultierend – abgeworfen, und dieser wirkliche Einbruch in die Handelsdomäne der Generalstaaten und Großbritanniens musste

Ostendekompanie

natürlich politische Reaktionen der Regierungen im Haag und in London hervor-rufen, die seit den mittleren 20er Jahren bei bilateralen Verhandlungen und auf den Kongressen von Cambrai und Soissons keine Gelegenheit ausließen, Wien dahingehend unter Druck zu setzen, die florierende Kompanie wieder zu liquidieren. 1729, in Soissons, war es dann so weit, dass der in die außenpolitische Isolation abgedrängte Kaiserhof nachgab und gegen die vorbehaltlose An-erkennung der Pragmatischen Sanktion durch Whitehall die Ostendekompanie endgültig aufgab. Der Zutritt zum Kreis der kommerziell-kolonialen Groß-mächte war – diese Erfahrung hatte Jahrzehnte vorher auch Brandenburg schon machen müssen – seit dem 3. Viertel des 17. Jahrhunderts kaum noch möglich.

Fragilität des Großmachtstatus Österreichs

Der Großmachtstatus Österreichs war aber nicht nur wegen des fehlenden Akzents Kolonien/Welthandel eher fragiler Art, sondern auch, weil die inneren Strukturen des Habsburgerstaates hinter der Zeit und dem politischen Anspruch zurückgeblieben waren. Heeresaufbringung und Steuerwesen waren z. B. immer noch Sphären, in denen sich ohne die Stände der vielen Einzelterritorien nichts bewegte – eine effiziente, zentralisierte Administration war auch im ersten Drittel des 18. Jahrhunderts nicht mehr als ein kühner Wunschtraum. Der „habsburgi-sche Traditionalismus" (Hans Sturmberger) war vor wirklich konsequenten und nachhaltigen Eingriffen in die ständische Autonomie bisher zurückgeschreckt, hatte – wohl auch mitbedingt durch das Kaiseramt – ständische Strukturen eher konserviert als in Frage gestellt, so dass man für den österreichischen und böh-misch-schlesischen Teil des habsburgischen Länderkonglomerats geradezu von einem „dyarchischen Regierungssystem" gesprochen hat (Jean Bérenger). Das hatte u. a. zu einem desolaten Zustand des Finanzwesens geführt, das trotz aus-ländischer Subsidien ständig am Rande des Kollapses stand – die Staatsschulden wuchsen in der Regierungszeit Karls VI. von 60 auf über 100 Millionen Gulden! – , und auch zu bedenklichen Schwächen in der Heeresorganisation, die selbst Prinz Eugen nicht hatte beseitigen können und die erstmals mit aller Deutlichkeit im Türkenkrieg der späten 1730er Jahre sichtbar wurden. Gegenüber Preußen, dem aufstrebenden, innovationsbereiten und reformfreudigen norddeutschen Staats-wesen, war Österreich um 1740 erheblich in Rückstand geraten: Es war nicht wirklich gelungen, die „wirtschaftlichen und sozialen Potentiale der Gesamt-monarchie zu aktivieren" (Vierhaus), was z. T. auch mit der Person des letzten männlichen Habsburgers zusammenhängt, der ganz und gar nicht den Typ des energischen, zupackenden Staatsmanns verkörpert, zu dessen Charakteristika vielmehr gravitätische Würde, imperial-herrscherlicher Anspruch und barocke Frömmigkeit zählten.

Defizite in Verwaltung und Finanzwesen

Imperiale Politik Josephs I. und Karls VI.

Bei aller Tendenz hin zur österreichischen Eigenstaatlichkeit darf freilich nicht übersehen werden, dass die beiden letzten männlichen Habsburger auch einen gewissen Ehrgeiz daransetzten, die Kaiserwürde, die immerhin den zeremoniellen Vorrang in der europäischen Staatengemeinschaft garantierte und den Hebel dar-stellte, um zumindest im „reichischen" Deutschland das traditionell habsbur-gische Beziehungsgeflecht von Fürsten und Städten, Personenverbänden und

Einzelpersonen für die eigene Politik zu aktivieren, wiederzubeleben und mit neuem Leben zu erfüllen. Die Kunstpolitik Karls VI. mit ihrer imperialen Programmatik und dem bewussten Rückgriff auf die kaiserliche Symbolik spiegelt dieses Bemühen im „ideologischen Raum" wider, und in der praktischen Politik legt eine ganze Fülle von Aktivitäten Zeugnis ab von der „imperialen Renaissance" des frühen 18. Jahrhunderts: Wegen des Fehlens nachgeborener Erzherzöge konnte die Hofburg sich im Unterschied zu den bayerischen Wittelsbachern, die im Nordwesten und im Süden des Reiches ganze geistliche Imperien zu errichten vermochten, zwar nicht mehr direkt um Bischofssitze im stiftischen Deutschland bemühen, konnte aber über verwandte Familien wie z.B. die Pfalz-Neuburger oder die Lothringer bzw. eine habsburgtreue Klientel (u.a. Schönborn) doch bemerkenswerte Erfolge verzeichnen, ebenso wie ganz bewusst wieder der Einfluss auf Reichsinstitutionen wie das Reichskammergericht verstärkt wurde oder die Reichsritterschaft, jener archaische Personenverband im Süden und Westen des Reiches, wieder gezielter als Instrument der kaiserlichen Reichspolitik in Dienst und Pflicht genommen wurde. Joseph I. versuchte entschlossen und dezidiert, die feudalen kaiserlichen Rechte in Reichsitalien wiederzubeleben, drohte den zahlungssäumigen Ständen mit gewaltsamer Eintreibung der Matrikularbeiträge oder vollzog mit großer Geste in bewusster Demonstration seines oberrichterlichen Amtes die Achterklärung über die Wittelsbacher Max Emanuel und Joseph Klemens sowie den Herzog von Mantua. Karl VI. griff mit großer Konsequenz mittels kaiserlicher Kommissionen, einem politischen Instrument, das seit der Mitte des 17. Jahrhunderts kontinuierlich weiterentwickelt worden war, in die vielen reichsstädtischen Verfassungskämpfe der Zeit – z.B. in Frankfurt und Hamburg – ein, wobei er zwar eher die alten Verfassungsstrukturen konservierte, aber die oligarchischen Magistrate doch sehr deutlich fühlen ließ, wer der eigentliche Souverän der Stadt war. Karl VI. trat etwa auch in dem sich fast nahtlos an einen Verfassungskonflikt am Reichstag anschließenden großen Konfessionsstreit des ausgehenden zweiten Jahrzehnts des 18. Jahrhunderts, der sich an der kurpfälzischen Religionspolitik entzündete und in den schließlich fast alle protestantischen *Potentiores* einzugreifen versuchten, mit imperialen, oberrichterlichen Ansprüchen auf, auch wenn er sie am Ende nicht durchsetzen konnte. Die Besonderheit der beiden letzten männlichen Habsburger liegt zweifellos darin begründet, dass und wie sie österreichische Großmachtpolitik und eine Neubetonung des Kaiseramtes miteinander zu verbinden suchten; ihre Nachfolger, Franz I. oder Joseph II. etwa, haben keine imperiale Politik im eigentlichen Sinn mehr betrieben. – Die Reichsstände haben das auf ihre Weise durchaus „honoriert": Während das „ständische" Reichsgericht, das seit 1689 in Wetzlar beheimatete Reichskammergericht, in seiner Bedeutung und in der Gewichtigkeit seiner Rechtsprechung im frühen 18. Jahrhundert – vor allem auch nach dem jahrelangen Stillstand 1705-1713 – deutlich einbüßte, gewann der konkurrierende kaiserliche Reichshofrat selbst bei den Protestanten an Ansehen und Sympathie, weil er sich von dem Geruch der konfessionellen Parteilichkeit zu

Reaktionen der Reichsstände

befreien wusste, rascher arbeitete und den Vorteil hatte, dass hinter die Exekution eines Urteils auch einmal kaiserlicher Druck gesetzt wurde.

Deutsche Staaten-welt im frühen 18. Jahrhundert

Zwischen den beiden deutschen Großmächten war die Fülle der deutschen Klein- und Mittelstaaten angesiedelt, die geistlichen und die weltlichen, die protestantischen und die katholischen, die monarchisch-„absolutistisch", dualistisch, ständisch oder demokratisch-oligarchisch geprägten Gebilde, insgesamt noch weit stärker nach Wien als nach Berlin orientiert, teilweise schon mit einem Modernisierungspotential, das neben dem österreichischen durchaus bestehen konnte. Die Landstände waren weitgehend stärker zurückgedrängt worden als in dem habsburgischen Länderkonglomerat, z. T. hatten sie – wie etwa in Sachsen vor dem Hintergrund der aufwendig-ambitionierten Politik Augusts des Starken, die wie eh und je auf die nachhaltige hohenzollernsche Rivalität traf – aber auch eine Renaissance erlebt; selbst in Brandenburg-Preußen sollte nach der Jahrhundertmitte das Gewicht der Stände tendenziell wieder eher zu- als weiter abnehmen. Die Reformpolitik, soweit sie die Administration betraf, zeitigte vor allem in kleineren Fürstentümern wie Braunschweig-Wolfenbüttel beachtliche Erfolge, während eine merkantilistische Wirtschaftspolitik größeren Stils im Allgemeinen erst nach dem Schwellenjahr 1740 „griff". Namentlich im letzten Drittel des Jahrhunderts entwickelten die Klein- und Mittelstaaten oft mehr Sensibilität für die Notwendigkeit oder Machbarkeit von Reformen als Preußen und Österreich, wenn man etwa an das geschickte *Rétablissement* Sachsens nach Augusts III. Tod oder an den badischen Musterregenten Karl Friedrich denkt, der als überzeugter und mit dem Reformschrifttum der Epoche bestens vertrauter Physiokrat 1783 die Leibeigenschaft der Bauern aufhob. Generelle Aussagen sind bei ca. 300 Staaten, deren Zahl vor dem Hintergrund dynastisch bedingter „Rück-Vereinigungen" (Bayern, Baden) jedenfalls nicht mehr zunahm, besonders schwer möglich; nichts wäre jedoch verfehlter, als die deutsche Geschichte des 18. Jahrhunderts auf die beiden großen „Orientierungsstaaten" zu reduzieren. Auch das „dritte Deutschland" nahm am gesellschaftlichen und kulturellen Wandel seit dem frühen 18. Jahrhundert teil, die Spannung und der Facettenreichtum der deutschen Geschichte gründet zu einem nicht geringen Teil gerade in ihm.

Germania Sacra

Wenn hier ein ergänzendes Wort zu den geistlichen Staaten der *Germania Sacra* hinzugefügt wird, dann geschieht dies vor allem deswegen, weil sie in Europa eine singuläre Erscheinung darstellten und weil sie im 18. Jahrhundert nicht nur ihren vielen Kritikern, die ihre Existenzberechtigung grundsätzlich in Zweifel zogen, standhalten und immer wieder als politische „Manövriermasse" herhalten mussten (Säkularisationsprojekte), sondern weil sie stets auch in einem ungeheuren Spannungsverhältnis zur Kurie standen. Dank des Instituts „Bischof als Landes-herr" gab es im Reich zwar niemals – bzw. erst seit dem letzten Viertel des 18. Jahr-

Geistliche Staaten und Kurie

hunderts – so etwas wie eine nationalkirchliche Bewegung wie etwa in Frankreich oder in Spanien, aber die geistlichen Fürsten bemühten sich immer, ihren Freiraum gegenüber Rom zu bewahren, zumal die Kurie seit ihrem spektakulären Verbot von Koadjutorwahlen (1695) direkt oder über die Nuntien die deutsche

Kirche an den kürzeren Zügel zu nehmen suchte. Die Reaktion kulminierte in der Auseinandersetzung um die Schrift des Trierer Weihbischofs Johannes Nikolaus Hontheim „De statu ecclesiae" (1763), in der u. a. die Oberhoheit des Papstes bestritten und für eine größere Selbständigkeit der Bischöfe plädiert wurde. Der Episkopalismus, also die Einschränkung kurialer Rechte zugunsten der Bischöfe, ist über die Station der Koblenzer „Gravamina" bis hin zur Emser „Punktation" von 1786 ein ständiges Thema geblieben, die Diskussion hat aber kaum praktische Ergebnisse gezeigt, vor allem deswegen, weil es den geistlichen Fürsten nicht gelang, die Unterstützung der deutschen Groß- oder auch nur Mittelmächte zu gewinnen.

8. DAS INTERNATIONALE SYSTEM DER „ZWISCHENKRIEGSZEIT"

Das Zeitalter Ludwigs XIV. war zu Ende gegangen nicht nur mit allgemeiner Erschöpfung und dem drohenden finanziellen Kollaps der meisten europäischen Staaten, sondern auch mit einem ungeheueren Aufschwung der Friedenspublizistik, die die zurückliegenden jahrzehntelangen Kriege zum Anlass nahm, um Mechanismen für die Krisenbewältigung, insbesondere die Friedenswahrung, zu propagieren und Zusammenhänge zwischen innerem und äußerem Frieden aufzuzeigen. In aller Regel liefen diese Vorschläge auf die Schaffung einer Institution hinaus – eines am Vorbild der Generalstaaten oder des deutschen Reichstags orientierten europäischen Gesandtenkongresses –, die verbindlich und präventiv über alle anstehenden Streitfragen entscheiden, also gewissermaßen eine „übersouveräne" Stellung einnehmen sollte. So problematisch ein solcher Ansatz in einer Epoche übersteigerten Souveränitätsbewusstseins der Fürsten gewesen sein mag: keine Frage ist, dass die Werke etwa William Penns oder des Abbé de Saint-Pierre in Europa auf den verbreiteten Wunsch trafen, den mühsam erreichten Frieden nicht wieder leichtfertig aufs Spiel zu setzen.

Es macht den besonderen Reiz des halben Jahrhunderts nach dem Abschluss des Spanischen Erbfolgekrieges bzw. der Jahrzehnte bis zum Aachener Frieden von 1748 aus, dass die neue Struktur des europäischen Mächtesystems lange ungewiss war, dass nach der Verdrängung Frankreichs aus seiner bisherigen Hegemonialstellung, dem deutlichen Niedergang Spaniens und unübersehbaren Prestige- und Machtverlusten der Generalstaaten und Schwedens es keineswegs ausgemacht war, welche europäischen Staaten den Rang von wirklichen Großmächten erreichen oder behalten würden – denn dass die europäische Staatenpolitik in Zukunft von einem System dirigierender Großmächte geprägt sein würde und eine neuerliche, oft noch mit dem immer pejorativer konnotierten Begriff der „Universalmonarchie" bedachte Hegemoniebildung nicht mehr zuließ, dafür hatte der Utrechter Friede die nötigen Vorkehrungen getroffen. Savoyen, das im Utrechter Frieden Sizilien und die Königskrone erhalten hatte, und die Personalunion Sachsen-Polen hatten gewiss nicht nur den Ehrgeiz, sondern zeitweise durchaus auch gute Chancen, in den exklusiven Kreis der europäischen Großmächte vorzustoßen, und es zeichnete sich endgültig erst nach dem europäischen Schicksalsjahr 1740 ab, dass nicht sie, sondern Russland und Preußen es waren, die das europäische System zu einer Pentarchie auffüllten. Die Unsicherheit, welche der europäischen Staaten sich auf Dauer im Kreis der Großmächte etablierten, trug im Übrigen auch dazu bei, dass es in Europa nach 1713/21 keine interessenfreien Zonen mehr gab, dass irgendwo immer zwei oder mehr potentielle Großmächte gegeneinanderstießen, so dass – der Konflikt um die polnische Thronfolge in den 1730er Jahren mag als Beispiel dienen – die regionalen Auseinandersetzungen generell europäisiert wurden.

Friedenspublizistik

Neustrukturierung des Mächtesystems

Dennoch, trotz aller der politischen Profilierung dienenden diplomatischen Bewegungen und Bündniswechsel, waren die Jahrzehnte nach der Friedensregelung von 1713/14 in Mittel-, West- und Südeuropa von einer relativen Beharrung geprägt, die aus einer weitgehenden Bereitschaft herrührte, schon allein aus Gründen der eigenen Erschöpfung die gefundene Friedensordnung intakt zu erhalten und nicht sofort wieder zur Disposition zu stellen. Der Utrechter Friede hatte deutlich die britische Handschrift getragen, und es war folgerichtig Großbritannien – das 1713 alle partikularen Ziele zur Gewährleistung seiner eigenen Sicherheit und zur Kontrolle der bourbonischen Mächte erreicht hatte –, das sich unter der neuen hannoverschen Dynastie um eine systemerhaltende Politik bemühte. Zum „ideologischen" Fundament dieser Politik wurde das Motiv des europäischen Gleichgewichts, das von der praktischen Politik zwar immer wieder relativiert wurde, das als „praktikable Leitvorstellung" (Rudolf Vierhaus) aber trotzdem keinesfalls unterschätzt werden darf. Sie erhielt ihre Anstöße aber auch aus der Sorge, eine neue allgemeine Diskussion über die Legitimität der neuen Dynastien zu vermeiden – die vermeintliche oder tatsächliche Bedrohung der hannoverschen Dynastie durch die Stuarts blieb bis in die 1740er Jahre ein bewegendes Element der britischen Politik, die mögliche „französische Option" der spanischen Bourbonen wurde während der *Régence* und darüber hinaus in Versailles als eine schwere psychologische Belastung und als Grund für zahlreiche politische Irritationen empfunden.

Großbritannien als Garant der Utrechter Friedensordnung

Balance-of-Power-Doktrin

Der eigentliche Unsicherheits- und Unruhefaktor im Nach-Utrecht-Europa war zunächst der spanische Revisionismus: Der Bourbone Philipp V. hielt einerseits grundsätzlich das System von 1713, das die spanische Gesamtmonarchie ja aufgeteilt hatte, nicht für akzeptabel, und war andererseits entschlossen, ganz konkret die Engländer wieder aus Gibraltar und Menorca und Karl VI. aus Sardinien und seinen anderen neuen italienischen Besitzungen zu verdrängen. Es war eine der großen Leistungen der britischen Diplomatie, das bourbonische Spanien – unter gleichzeitiger vorsichtiger Wiederbelebung der alten „Großen Allianz" – immer mehr zu isolieren und dadurch indirekt in die Utrechter Ordnung einzubinden. Die mächtepolitische Voraussetzung dafür war, dass – ein fast revolutionäres Ereignis – London und Versailles in einem Bündnis zusammenfanden (November 1716).

Spanischer Revisionismus

Britisch-französische Entente

Für Frankreich war mit dem Tod Ludwigs XIV. die Zeit der großen außenpolitischen Alleingänge zunächst einmal vorbei; der Staat war am Ausgang der Epoche des *Roi-Soleil* mehr noch als alle Nachbarn finanziell am Ende und sah sich einer offenkundigen Autoritätskrise (Jansenismus-Problem u. a.) gegenüber, die der (wie gezeigt keineswegs unangefochtene) Regent, Philipp von Orléans, zwar erkannte, die aber doch eine selbstbewusste und selbstherrliche Außenpolitik früherer Prägung verhinderte und eine zumindest zeitweise Annäherung an die neue Großmacht nahelegte (und im Übrigen die Reichspolitik in ihrer Wertigkeit deutlich abstufte). Diese Kooperation zur Erhaltung des Friedens fand ihren Höhepunkt in der auf Entwürfe des dirigierenden *Secretary of State*

Stanhope zurückgehenden Quadrupelallianz (1718), dem Versuch, Spanien durch politischen Druck zur Anerkennung des *status quo* zu bewegen. Im Gegensatz zur Wiener Hofburg, der in Italien manche Konzessionen abverlangt wurden (u. a. Anerkennung der spanisch-bourbonischen Anwartschaft auf die Toskana und Parma-Piacenza, wohingegen der Tausch Sardiniens gegen das reichere Sizilien durchaus begrüßt wurde) und die deshalb dem Vertrag nicht leichten Herzens beitrat, verweigerten sich Philipp V. und seine (2.) Gemahlin Elisabeth Farnese jedoch und mussten erst mittels militärischer Pressionen gezwungen werden, die Vertragsbedingungen zu akzeptieren; insofern ist es nicht unproblematisch, die Quadrupelallianz als das erste funktionierende europäische Sicherheitssystem zu bezeichnen, weil sie letztlich eher eine *pax franco-britannica* war, die einem Teil des Kontinents mit Drohung und Waffengewalt oktroyiert wurde.

Diese britisch-französische Zusammenarbeit war erfolgreich nicht nur insofern, als Spanien in die den Erfordernissen entsprechend modifizierte Ordnung von 1713 integriert wurde und ein gewisser Interessenausgleich in Italien zustandekam, sondern auch deswegen, weil die beiden westlichen Großmächte eine maßgebende Rolle bei der Liquidierung des Nordischen Krieges zu spielen vermochten, auch wenn es dann in dieser Großregion nicht mehr gelang, die Staaten in ein der Quadrupelallianz vergleichbares System von gegenseitiger Garantie und Verzicht einzubinden.

Die Quadrupelallianz mit ihrem französisch-britischen Kern ist dennoch eher eine kurzlebige Erscheinung geblieben; es waren Meinungsverschiedenheiten über die Durchführung der italienischen Vertragsbestimmungen, nicht so sehr die wegen des deutschen Religionsstreits wachsenden Spannungen zwischen England/Hannover und Wien, die zu ihrem Auseinanderfallen führten. Besonders gravierend war, dass Spanien den zugesicherten Anfall von Parma und Piacenza an Don Carlos, den älteren Sohn aus der Verbindung Philipps mit Elisabeth Farnese, schon vorzeitig realisieren wollte und damit bei Frankreich und auch bei Großbritannien moderate Unterstützung fand, in Wien aber auf schärfsten Widerspruch stieß, wo man insgeheim nach wie vor hoffte, die Errichtung einer bourbonischen Sekundogenitur in Italien verhindern zu können. Bei den Verhandlungen über die Einbeziehung Spaniens in die Quadrupelallianz war vereinbart worden, alle noch ungelösten Fragen im westlichen und südlichen Europa auf einem Kongress in Cambrai zu verhandeln und zu entscheiden, dessen Eröffnung sich allerdings wegen der Umschichtung der politischen Verhältnisse – Isolierung Österreichs, zögernde Wiederannäherung der bourbonischen Höfe, die in einer Doppelverlobung 1721 manifest wurde – um über drei Jahre verzögerte. Diesem ersten europäischen Kongress zur Friedenserhaltung kommt, auch wenn er schließlich von der Macht- und Interessenpolitik der Großmächte wieder unterlaufen wurde, mehr als nur der Rang einer bedeutungslosen Episode zu; er kam Forderungen der Friedenspublizistik der Zeit entgegen, verhinderte es in der Tat, dass die Parma-Piacenza-Frage zum militärischen Konflikt eskalierte, und gewann für die Staatsmänner der folgenden Generationen als politische Verhaltens-

norm Vorbildfunktion. Wenn den Staaten des 18. Jahrhunderts zu Recht ein
Defizit an „Handlungsrationalität" nachgesagt wird, das sich in vielen von vornherein zum Scheitern verurteilten ökonomischen Experimenten, in der Unver-
hältnismäßigkeit der Militärausgaben oder der Hektik und Überstürztheit
diplomatischer Frontwechsel dokumentierte: hier ist zumindest vom Ansatz her
der Versuch gemacht worden, mehr Vernunft und Transparenz in die internationalen Beziehungen hineinzubringen.

Es kam einer politischen Sensation gleich – und dies bedeutete zugleich auch
das Ende des Kongresses von Cambrai –, dass sich über und durch Geheimver-
handlungen im Frühjahr 1725 die beiden scheinbar unversöhnlichsten Mitglieder
der Quadrupelallianz in einem Bündnis zusammenfanden. Österreich, inzwi-
schen mit Abstand „die politisch empfindlichste Macht Europas" (Volker Press), **Wiener Friede**
erkannte hier die Chance, die gefährliche diplomatisch-politische Isolierung zu **von 1725**
überwinden; Madrid war enttäuscht über die in der Parma-Piacenza-Frage eher
dilatorische Politik der beiden Westmächte und konsterniert über die Rück-
sendung der für Ludwig XV. vorgesehenen Infantin nach Spanien: Die Prämissen
für den in der Hofburg allerdings keineswegs unumstrittenen Wiener Frieden
waren gegeben, mit dem die Utrechter Friedensordnung insofern endgültig kom-
plettiert wurde, als beide Dynastien sich und ihre jeweilige Erbfolge gegenseitig
anerkannten und den Übergang von Toskana und Parma an Don Carlos (bei
gleichzeitiger Bestätigung ihrer Lehensabhängigkeit vom Reich) regelten.

Mit dem Wiener Frieden kam Bewegung in die internationalen Beziehungen, **Allianzen und**
indem sich Gegenbündnisse bildeten (Herrenhausener Allianz zwischen Groß- **Gegenallianzen**
britannien, Frankreich und Preußen 1725), indem bisherige Bedenken zurückgestellt und nun auch Russland stärker in das westliche Kräftespiel eingebunden
wurde (österreichisch-russisches Bündnis 1726), indem sich – vor allem nach dem
Machtwechsel in Paris zugunsten des Bischofs Fleury – neue politische Kom-
binationen (Madrid, Wien, Versailles) abzeichneten, indem ein allgemeines Säbel-
rasseln einsetzte und die Hochrüstungen nichts Gutes zu verheißen schienen.
Europa wandelte auf einem ungeheuer schmalen Grat zwischen Krieg und
Frieden, die Einmündung der Bündnisse in einen neuen allgemeinen Krieg wurde
fast durchgehend erwartet; insofern trifft die These zu, dass das Sicherheitssystem
von 1718 nun endgültig kollabierte. Dass es dann doch nicht zum neuerlichen
„heißen Krieg" kam, dass schließlich noch einmal die Einsicht siegte, war einem
mit der Kurie abgestimmten Vorstoß Fleurys zu verdanken, alle Streitfragen
einem neuen Kongress zu überweisen und die Kriegsvorbereitungen zu sistieren.

Dieser zweite Versuch der Friedenswahrung durch einen Kongress hatte bei **Kongress von**
aller Kritik von ernüchterten Teilnehmern *post festum* erneut einen begrenzten **Soissons**
Erfolg – man überlegte sogar, ihn zu perpetuieren bzw. zu einer periodisch zu
wiederholenden Einrichtung zu machen. Aber wie Cambrai ist auch Soissons
durch einen fundamentalen Bündniswechsel, also die Geheimdiplomatie, *ad
absurdum* geführt worden; der Ersatz des je eigenen Geltungsbedürfnisses und
des individuellen Machtstrebens durch ein wirkliches Gemeinschaftsbewusstsein

der europäischen Fürsten war ein zäher Prozess und weder im ersten noch im zweiten Anlauf zu bewerkstelligen. Aus Enttäuschung über die Wiener Indifferenz, bestimmte Vertragspunkte von 1725 zu realisieren, vollzog Spanien erneut eine Kehrtwendung und verbündete sich im Vertrag von Sevilla 1729 mit Frankreich und den Seemächten. – Die vielen und raschen Bündniswechsel in den späten 1720er Jahren beleuchten im Übrigen besonders grell ein Charakteristikum der Epoche, nämlich die Kurzfristigkeit von Bindungen, die eingegangen werden um begrenzter eigener Interessen willen, die aber skrupellos wieder gelöst werden, wenn sich der erhoffte Gewinn nicht einstellt. Das Zeitalter kannte noch kein mächtepolitisches Blockdenken.

Vertrag von Sevilla 1729

Freilich geriet Wien durch den Vertrag von Sevilla längst nicht mehr im gleichen Maß wie in den frühen 20er Jahren in die Isolierung, weil inzwischen Bündnisse sowohl mit Russland als auch seit 1728 mit dem aufstrebenden Preußen vorhanden waren, und auch deswegen nicht, weil die italienischen Herzogtümer völkerrechtlich inzwischen mehrfach als Reichslehen anerkannt worden waren, somit gegen eine vorzeitige Besetzung von Parma-Piacenza und Toskana durch spanische Truppen jetzt jederzeit das Reich aktiviert werden konnte. Und zudem erwies sich schneller als erwartet, dass das Bündnis von Sevilla keinen Bestand hatte. Die britisch-französische Entente, die seit bald eineinhalb Jahrzehnten im europäischen Kräftespiel dominiert und den Frieden gesichert hatte, begann seit den späten 1720er Jahren unübersehbare Bruchstellen und Verschleißerscheinungen zu zeigen. Ein Grund dafür war, dass Frankreich innenpolitisch mit der Großjährigkeit Ludwigs XV. und einem deutlichen wirtschaftlichen Aufschwung einen Punkt erreicht hatte, der es ermöglichte und zu fordern schien, sich aus der engen Anlehnung an die britische Krone wieder etwas zu lösen. Von Seiten Großbritanniens war mit der Liquidierung der Ostendekompanie 1729 das eigentliche Hindernis für bessere Beziehungen mit der Hofburg aus dem Weg geräumt worden, und als London nach dem Vertrag von Sevilla zunehmend den Eindruck gewann, dass die bourbonischen Monarchien doch wieder auf eine Art Hegemonie abzielten, begann man in London und in Wien – dort vor allem gefördert vom Prinzen Eugen – aufeinander zuzugehen und sich, unter der Bedingung, dass die Hofburg in der Frage der spanischen Besatzung in den italienischen Fürstentümern nachgab, im März 1731 im Wiener Vertrag zu treffen, mit dem das „alte System" aus dem Spanischen Erbfolgekrieg faktisch restituiert wurde. Da England die Wirkung dieser auf geheimem Weg zustandegekommenen Vereinbarung auf Frankreich und Spanien vollkommen falsch einschätzte und sich vorher in Versailles und Madrid auch nicht rückversichert hatte, schien zeitweise sogar ein Krieg zu drohen („Panik von 1731"); auf jeden Fall aber hat der Wiener Vertrag die Wege Londons und Versailles' endgültig wieder getrennt, zudem insgesamt die Stellung Englands im internationalen System eher geschwächt. Von hier ist das zählebige Stereotyp der britisch-französischen „natürlichen" Feindschaft zu datieren, von hier auch jene Entwicklung zu einer spezifischen „Britishness", die sich aus der Gegnerschaft zum Nachbarn jenseits des Kanals speiste.

Zerfall der britisch-französischen Entente

Restitution des „alten Systems"

Aber Fleury hat diese außenpolitische Isolation rasch wieder überwinden können – ein Anschluss an die Wiener Allianz kam für Versailles ja nicht in Betracht, weil das u. a. die Anerkennung der Pragmatischen Sanktion erfordert hätte, der man ohne entsprechende politische Gegenleistungen aber nicht zustimmen wollte. Ludwig XV. und sein Kardinal orientierten sich, zunehmend selbstbewusster werdend, außenpolitisch mehr und mehr in Richtung Madrid – 1733 wurde dann auch der Erste Bourbonische Familienpakt geschlossen – und benutzten die erste sich bietende Gelegenheit, um selbst wieder expansionistische Ziele ins Auge zu fassen. Zum gern gewählten Vorwand dafür wurde die 1733 akut werdende Thronfolge in der polnischen Adelsrepublik, die seit dem Ende des Nordischen Krieges faktisch unter der von Preußens Solidarität begleiteten Kontrolle Russlands stand, das alle auf eine Umwandlung Polens in eine Erbmonarchie abzielenden Projekte Augusts des Starken vereitelt hatte. Die Nachfolge Augusts, die die europäischen Kabinette schon seit geraumer Zeit bewegte, suchte Fleury auf den Schwiegervater seines Königs, Stanislaus Leszczynski, zu lenken, der Anfang des Jahrhunderts unter dem Patronat Karls XII. von Schweden bereits einmal kurzzeitig die polnische Krone getragen hatte; gegen seine Wahl solidarisierten sich allerdings Wien und Petersburg und setzten schließlich, mehr *nolens* als *volens*, die Erhebung des neuen sächsischen Kurfürsten durch. Frankreich sah damit den *casus belli* als gegeben an und zog auch sofort das bourbonische Spanien mit in diesen Konflikt hinein. Das implizierte zugleich, dass dieser erste größere multilaterale Konflikt seit 20 Jahren nicht nur den Oberrhein als das traditionelle Operationsgebiet berühren, sondern sich auch nach Italien als der neuen bourbonisch-habsburgischen Konfliktzone ausweiten würde.

Militärisch ist dieser letzte Krieg, der vom Prinzen Eugen geleitet wurde, schon bald – was die Kritik von Teilnehmern, etwa dem preußischen Kronprinzen Friedrich, nach sich zog – zu einem zeitüblichen („methodischen") Stellungskrieg ohne spektakuläre Aktionen erstarrt, in dem statt der viel zu risikoreichen Schlacht allenfalls noch das Nachschubwesen des Gegners Ziel der militärischen Operationen war.

Politisch konnte er insofern begrenzt werden, als es Wien nicht gelang, Großbritannien trotz unbezweifelbarer Bündnisverpflichtungen zu einem aktiven Eingreifen zu bewegen, dessen immer stärker unter innenpolitischen Druck geratende Regierung (Akzisekrise) sich stattdessen gemeinsam mit den Niederlanden um das Zustandekommen einer Vermittlung bemühte. Sie gelangte allerdings dann nicht ans Ziel, weil die vor unüberwindlichen finanziellen Problemen stehende Hofburg über einen anderen geheimen Kanal in direkten Kontakt mit Versailles trat und nach kurzen Verhandlungen den Wiener Präliminarfrieden (3. Oktober 1735) abschloss, der vor allem die politische Landkarte Italiens nicht unwesentlich veränderte: Das Herzogtum Lothringen und Bar sollte an Stanislaus Leszczynski, der formell auf die polnische Krone verzichtete, übergehen, wofür dessen bisheriger Landesherr, der mit der habsburgischen Erbtochter verlobte Herzog Franz Stephan, nach dem absehbaren Aussterben der Medici mit der Toskana ent-

1. Bourbonischer Familienpakt

Polnischer Thronfolgekrieg

Wiener Friede (1735)

schädigt werden sollte. Im österreichischen Königreich „beider Sizilien" wurde Don Carlos eingesetzt, dessen bisherige Besitzungen Parma und Piacenza mit dem österreichischen Gebietskomplex in Oberitalien vereinigt wurden. Schließlich garantierte – mit der später wichtig werdenden Einschränkung „vorbehaltlich der Rechte Dritter" – Frankreich als letzte europäische Großmacht die Pragmatische Sanktion.

Man wird diesem Produkt nüchterner, emotionsloser Politik, das über die Köpfe der übrigen europäischen Mächte hinweg vereinbart wurde und in seiner definitiven Form (1738) vom Reich als einer der Kriegsparteien übrigens nie ratifiziert wurde, eine gewisse Anerkennung nicht einmal versagen können: In Italien trat an die Stelle der bisherigen gefährlichen Gemengelage eine klare Abgrenzung eines habsburgischen Nordens von einem bourbonisch-spanischen Süden, zwischen die sich als zusätzlicher Puffer der Kirchenstaat schob. Nicht weniger bedeutsam war, dass ein jahrzehnte-, ja jahrhundertelanger Streit um die politische und verfassungsrechtliche Zuordnung des für das Reich im Übrigen militärisch längst bedeutungslos gewordenen Herzogtums Lothringen jetzt definitiv entschieden wurde; Lothringen sollte nach Leszczynskis Tod an die Krone Frankreich direkt übergehen.

Strukturelle Schwächen Österreichs   Auch wenn Österreich diesen Konflikt militärisch und politisch noch einmal einigermaßen ausgeglichen gestalten konnte, hatte er nicht nur ein erschreckendes Ausmaß an finanzieller Misswirtschaft enthüllt, sondern zugleich auch militärische Schwachpunkte aufgedeckt, die in der Zukunft wohl nicht mehr durch Feldherrengenie ausgeglichen werden konnten – zwischen dem Präliminar- und dem Definitivfrieden starb 1736 das „Denkmal" Prinz Eugen, dem das Haus Habsburg seinen Aufstieg zu einer europäischen Großmacht entscheidend verdankte. Wie gravierend die strukturellen Defizite der habsburgischen Monarchie tatsächlich waren, zeigte mit schonungsloser Deutlichkeit der nächste Konflikt auf, in den die Hofburg 1737 eher ungewollt bzw. nur auf Drängen einer Hof-

Türkenkrieg   partei hineinrutschte, einen schon zwei Jahre andauernden russisch-türkischen Krieg, für den Petersburg aufgrund eines Freundschaftspaktes österreichische Unterstützung reklamierte. Der Krieg wurde der strukturellen Schwächen Österreichs wegen, aber auch wegen einer verhängnisvollen Unterschätzung des Gegners, in der Tat zu einem völligen Fiasko: An Eroberungen war nach wenigsten Anfangserfolgen nicht zu denken, im Gegenteil, im Belgrader Frieden 1739 wurden fast alle Erwerbungen, die Österreich zwei Jahrzehnte zuvor in Passarowitz erreicht hatte, wieder rückgängig gemacht, was nicht nur eine erhebliche Bevölkerungsbewegung aus Serbien und Kroatien zurück nach Ungarn, v. a. ins Banat nach sich zog, sondern auch einen eklatanten Prestigeverlust Österreichs bedeutete, das seitdem kaum noch als Vormacht auf dem Balkan gelten konnte.

Man hat in Wien aus diesem gravierenden politischen Rückschlag zwar personelle Konsequenzen gezogen, zu wirklichen institutionellen und organisatorischen Reformen aber nicht mehr die Kraft – und die Zeit – gefunden. So waren die Perspektiven für den Habsburgerstaat beim überraschenden Tod Kaiser Karls VI.

(20. Oktober 1740) sicher nicht gerade glänzend, umso weniger, als Fleury in den ausgehenden 1730er Jahren mehr als einmal deutlich gemacht hatte, wo in Europa die politischen Fäden zusammenliefen: Frankreich, nicht etwa Großbritannien, war es gewesen, das den Frieden von Belgrad vermittelt und garantiert hatte, Frankreich war es gelungen, den über die Haltung Karls VI. in der jülich-bergischen Erbfolgefrage enttäuschten preußischen König aus seinem traditionellen Bündnis mit der Hofburg zu lösen und an seine Seite zu führen, wie sich überhaupt seine Klientel im Reich durchaus sehen lassen konnte. Die große, beherrschende Frage der europäischen Politik war freilich, ob das System der Pragmatischen Sanktion seine Bewährungsprobe bestehen würde, ob die Bemühungen Karls VI., das Hausgesetz zur Regelung der Erbfolge im *Ius Publicum Europaeum* und im Reichsstaatsrecht zu verankern, tragfähig genug waren, um die Integrität des habsburgischen Länderkonglomerats zu gewährleisten. Hier hing vieles von Bayern ab, das seit langem begehrliche Blicke auf Teile des Habsburgerstaates warf, zudem von Kaiserplänen träumte und das die Pragmatische Sanktion demonstrativ nicht garantiert hatte. Nicht ohne Grund und mit großer Weitsicht hatte der Prinz Eugen, dem das Debakel des Türkenkriegs und das ganze Ausmaß der militärischen Führungsschwäche erspart geblieben war, in seiner letzten Denkschrift die Frage gestellt, ob das kleinere weltpolitische Übel nicht vielleicht das sei, sich mit dem Haus Wittelsbach zu arrangieren und Maria Theresia statt mit Franz Stephan von Lothringen mit dem bayerischen Kurprinzen zu vermählen.

Frankreich im politischen Aufwind

Tragfähigkeit der Pragmatischen Sanktion?

9. DAS ENTSTEHEN DER PENTARCHIE: DEUTSCHE, EUROPÄISCHE UND GLOBALE AUSEINANDERSETZUNGEN 1740-1763

Das ganze kunstvolle Gebilde der Pragmatischen Sanktion, um deren Anerkennung und Stabilisierung die österreichische Politik zwei Jahrzehnte lang gekreist, für die sie gigantische Mittel investiert und die sie letztlich auch erpressbar gemacht hatte, brach bereits wenige Wochen nach Karls VI. Tod – und damit dem Erlöschen des Mannesstamms der Habsburgerdynastie, die seit 1438 die deutsche Königs- und die Römische Kaiserwürde ununterbrochen behauptet hatte – in sich zusammen. Überraschend für die europäische Öffentlichkeit war weniger, *dass* der Habsburgerstaat in seiner territorialen Integrität in Frage gestellt wurde, sondern vielmehr, dass der erste und zugleich entscheidende Streich nicht etwa von einem der beiden Schwiegersöhne Josephs I. geführt wurde, von denen der bayerische Kurfürst Karl Albrecht übrigens finanziell völlig von Fremdmitteln abhängig war, sondern von dem jungen ehrgeizigen Preußenkönig, der nur wenige Monate zuvor den Thron bestiegen hatte und der, in der Frühneuzeit immer ein wichtiger Gesichtspunkt bei der Kriegsursachenforschung, nun sein ganz persönliches „Rendezvous mit dem Ruhm" suchte. Noch überraschender war, *wo* er losschlug: nicht etwa am Niederrhein, dem Hauptzankapfel der vergangenen Jahre, sondern im wirtschaftlich prosperierenden Schlesien, das er bereits in der Kronprinzenzeit seiner geopolitisch-militärstrategischen Schlüsselstellung wegen als mögliches Annexionsobjekt ins Auge gefasst hatte und wo die Gefahr einer Internationalisierung des Konflikts, die auf keinen Fall Friedrichs Ziel war, weitaus weniger zu bestehen schien. Der rasche und erfolgreiche Zugriff auf Schlesien – im Grunde die erste Bewährungsprobe der Armee, die seit einem Vierteljahrhundert aufgebaut und gehätschelt, aber noch niemals wirklich und ernsthaft eingesetzt worden war – bedeutete freilich zugleich eine ungeheure Hypothek für Preußens Politik, die über zwei Jahrzehnte davon absorbiert werden sollte, diesen wichtigen Gewinn politisch und völkerrechtlich abzusichern; bei allen weiteren tatsächlichen oder projektierten territorialen Arrondierungen (Ostfriesland, fränkische Markgrafentümer, Polen) wählte Friedrich II. nie mehr den Weg nackter militärischer Gewalt.

Dass das Schlesienunternehmen, eines der „sensationellsten Verbrechen der neueren Geschichte" (George P. Gooch), mit dem sich der Preußenkönig in eklatanter Weise außerhalb des Reichsrechts stellte, über den Rang eines begrenzten und begrenzbaren regionalen Konflikts hinauswuchs, hatte mehrere Gründe. Zum einen war die Habsburg-Erbin Maria Theresia, empört über die „rücksichtslose und unchevalereske Ausnutzung einer für sie kritischen Situation durch den preußischen Parvenü" (Rudolf Vierhaus), nicht gewillt, an einer Stelle eine Verletzung der Pragmatischen Sanktion hinzunehmen, weil sonst sicher eine Kettenreaktion befürchtet werden musste. Zum anderen fühlten sich die Kurfürsten von

Ende des Hauses Habsburg

Friedrichs II. Schlesienunternehmen

Ausweitung des Konflikts

Sachsen und Bayern nun ebenfalls bemüßigt, sich in die vermeintlich anstehende Verteilung des Kuchens einzuschalten und ihre Ansprüche anzumelden. Drittens verwob sich der ganze Fragenkomplex mit der fälligen Kaiserwahl. Viertens schließlich war vorhersehbar, dass ein im Vorjahr in den amerikanischen Kolonien entbrannter spanisch-englischer Krieg, auf den die englische Opposition und die *City* mehr oder weniger intensiv seit Jahren hingearbeitet hatten und der unter der Oberfläche schon längere Zeit geschwelt hatte, auf Europa zurückschlagen und einen Stellvertreterkrieg nach sich ziehen würde.

Die politischen Strukturen im Österreichischen Erbfolgekrieg waren zunächst davon geprägt, dass die drei die territoriale Integrität des Habsburgerstaates in Frage stellenden Kurfürsten sich mit Frankreich zusammenschlossen, das seine Politik Frankreichs von Kardinal Fleury getragene Friedenspolitik der letzten Jahre jetzt wieder aufgab und mit unverkennbarer Mühe den Ausstieg aus seinen Verpflichtungen des Wiener Friedens vollzog. So brachten sie nicht nur den mariatheresianischen Staat an den Rand des Zusammenbruchs, sondern verhalfen gemeinsam auch dem bayerischen Wittelsbacher zur Kaiserkrone – ein finanziell völlig von Frankreich abhängiges Kaisertum, das jahrzehntealte bayerische Wunschträume erfüllte, Kaisertum Karls VII. allerdings die hohen Erwartungen in Bezug auf eine Reichsreform, die sofort wach wurden und an den „ständischen" Kaiser Karl VII. herangetragen wurden, enttäuschte.

Freilich war diese Allianz längst keine kohärente Einheit; vor allem Friedrich von Preußen, der als *Roi-Connétable* in durchaus riskanter, aber letztlich erfolgreicher Weise sein Prestige mit dem militärischen Erfolg verknüpfte, war keineswegs bereit, sich auf Gedeih und Verderb mit dem Schattenkaiser von Frankreichs Gnaden zu verbinden: wenn er der Sicherung Schlesiens, dessen Annexion er im Friedrich II. und Karl VII. Übrigen niemals als einen Akt der Infragestellung der Pragmatischen Sanktion interpretierte, einen Schritt näher gekommen zu sein glaubte, hat er dem französischen Bündnis ziemlich skrupellos den Rücken gekehrt. Freilich gab es daneben auch Phasen, in denen er sich politisch und militärisch engagierte und versuchte, das Reich zugunsten Karls VII. zu aktivieren und zu instrumentalisieren. Das andere Strukturelement war, dass Großbritannien, auch vor dem Hintergrund der Ereignisse in Amerika, lange, wie schon im Polnischen Thronfolgekrieg, zögerte, Britische Politik an der Seite Maria Theresias in den Krieg einzutreten, und das seit 1742, nach dem Sturz Walpoles, letztlich auch nur unter dem formalen Titel von Hilfstruppen tat. Es war London – zumindest seitdem spanische Truppen von Neapel aus den Österreichern das Leben zusätzlich schwer machten – durchaus klar, dass der Österreichische Erbfolgekrieg Bestandteil eines neuen „englisch-bourbonischen Ringens um Weltgeltung" (Fritz Wagner) war, aber in Situationen, als die Niederwerfung Frankreichs nicht mehr als utopisch erschien, z. B. nach dem Sieg der „Pragmatischen Armee" bei Dettingen (1743), intervenierte das Londoner Parlament regelmäßig im Sinn der Erhaltung des europäischen Gleichgewichts. Diese auch nach der formellen Kriegserklärung Frankreichs (1744) weiterhin spürbare britische Zurückhaltung, die oft genug mit den viel weitergehenden österreichischen Vorstellungen kollidierte, fand ihre Entsprechung darin, dass Großbritannien, obwohl selbst Kriegspartei, keine Gelegenheit auslieſś, um durch seine Vermittlung zumindest Teilfriedensschlüsse zustande zu bringen, wenn schon der allgemeine Friede vorläufig nicht erreichbar war – Teilfriedensschlüsse, die deutlich auf die Wiedererrichtung der Großen Allianz, also auf die seine Versöhnung mit der Hofburg voraussetzende Wiedereingliederung Preußens in das traditionelle Bündnissystem, abzielten.

Abschluss der
Schlesischen Kriege Seit dem – durch Großbritannien vermittelten – Dresdener Frieden (1745), der Preußen ganz Schlesien (mit Ausnahme eines südöstlichen Zipfels) überließ und ihm dadurch den endgültigen Kriegsaustritt ermöglichte, und seit der vorangegangenen Kaiserwahl, mit der nach dem frühen Tod des unglücklichen Wittelsbachers das Reich wieder für die (neue) Wiener Dynastie optierte, trat in Deutschland eine gewisse Beruhigung und Entkrampfung ein, was den sich immer deutlicher zu einem britisch-bourbonischen Hegemonialkampf zuspitzenden Krieg allerdings zunächst nicht berührte. Dies umso weniger, als die Hofburg nach wie vor auf den Rückgewinn Schlesiens hoffte, dessen Verlust für ihren Haushalt – der schlesische Anteil an den Gesamteinkünften der Habsburgermonarchie hatte 1739 ca. 17,5% betragen! – katastrophale Folgen hatte, und in bilateralen Verträgen, z. B. dem Petersburger Pakt mit Russland vom Juni 1746, dafür auch schon Weichenstellungen vorzunehmen begann. Für die Großmächte aber war, auch wenn Maria Theresia dies nicht zur Kenntnis nehmen wollte, das Thema Schlesien zunächst einmal abgehakt und spielte bei den Friedensverhandlungen kaum noch eine Rolle. Es waren eine gewisse physische Erschöpfung beiderseits, die Erkenntnis in London, dass Frankreich auch nach etlichen Jahren Krieg noch durchaus zu militärischen Kraftakten – wie insbesondere in den Niederlanden unter Marschall Moritz von Sachsen – imstande war, und die (letztmalige) Bedrohung der Welfen-Dynastie durch einen Stuart-Prätendenten, die die Weichen für den Frieden stellten, der nach kurzen und eher oberflächlichen Ver-Aachener Friede
(1748)handlungen im Herbst 1748 – weitgehend über den Kopf Maria Theresias hinweg und unter Ausklammerung der österreichischen Diplomaten – zustandekam. Der Aachener Friede stellte im Wesentlichen, vor allem in den Kolonien, den *status quo ante* wieder her und hatte von daher in den Augen politischer Beobachter von vornherein nur die Funktion eines Waffenstillstandes: Es sprach alles dafür, dass die Hofburg den Verlust Schlesiens noch nicht als das letzte Wort in dieser Sache ansah, dass der preußisch-österreichische Gegensatz eine konstante Größe in den internationalen Beziehungen bleiben würde, umso mehr als Wien auch in Italien empfindlich zurückgedrängt worden war, wo es Parma, Piacenza und Guastalla an den Infanten Don Felipe, Don Carlos' jüngeren Bruder, hatte abtreten und damit die Errichtung einer zweiten spanischen Sekundogenitur auf der Apenninenhalbinsel hatte hinnehmen müssen. Wesentlicher aber war, dass der koloniale Entscheidungskampf zwischen den bourbonischen Kronen und Großbritannien noch aus- und bevorstand, wobei alles dafür sprach, dass seine Eigendynamik dann auch wieder auf Europa zurückschlagen würde.

Dieser, noch nicht beendete und seine Schatten schon wieder vorauswerfende, koloniale Entscheidungskampf ist von dem Wettlauf der Mächte im späteren 17. Jahrhundert um Handel und Handelsstützpunkte insofern zu unterscheiden, als sich bei den Europäern generell und besonders bei den Engländern und Franzosen in Amerika und Indien die Tendenz durchsetzte, über den bisherigen „informellen" zu einem „formellen Imperialismus" (Ernst Schulin) vorzustoßen: Frankreich band Kanada und Louisiana administrativ stärker an das Mutterland und begann systematisch, militärischen Schutz zu organisieren, England richtete die Rechtsform der Kronkolonie ein und verstärkte ebenfalls seine militärische Präsenz in Außereuropa. Der Charakter der kolonialen Auseinandersetzungen seit 1739 war vom Territorialwettbewerb geprägt, von der staats- und völkerrechtlichen Ausdehnung der Mutterländer im außereuropäischen Raum. Kolonialer Entscheidungskampf

Trotz seines eher transitorischen Charakters veränderte der Aachener Frieden nachhaltig die innen- und außenpolitischen Strukturen in Europa. Das eine war, dass sich Preußen unter den europäischen Großmächten etabliert hatte – ob auf Dauer, das musste die Zukunft zeigen – und faktisch Frankreich aus seiner Rolle als Protektor des nicht-habsburgisch gesinnten Reiches verdrängt hatte. Das andere war, dass die Partei der „Tauben" in Versailles, die 1741 von Belle-Isle überspielt worden war, sich jetzt wieder durchsetzte und *peu à peu* die alte, von Fleury propagierte, aber bis zu den „letzten Instruktionen" Ludwigs XIV. zurückreichende Politik des Ausgleichs mit Habsburg(-Lothringen) wieder aufgriff, die die Möglichkeit eines grundsätzlichen Systemwechsels näherrücken ließ. Das dritte war, dass sich in Österreich nach einem existenzbedrohenden Krieg, in dem nur die Energie und Entschlossenheit Maria Theresias noch Schlimmeres verhütet hatten, die Erkenntnis Bahn brach, durch administrative Reformen die Voraussetzungen für einen Abbau der strukturellen Defizite des Staates zu schaffen. Der entscheidende, schon vom Prinzen Eugen immer wieder bemängelte Nachteil Österreichs gegenüber den anderen kontinentalen Großmächten war, dass die durch die Dynastie zusammengehaltene Ländermasse immer noch nicht als ein auch nur halbwegs zentralistischer Staat gelten konnte, weil die einzelnen Teile – die österreichischen Erblande, Böhmen und Ungarn, die italienischen und niederländischen Besitzungen – mehr oder weniger eifersüchtig auf ihre Selbständigkeit bedacht waren und in den jeweiligen Ständeversammlungen Garanten dieser Autonomie sahen, die peinlich genau darauf achteten, dass ihnen von ihrer Finanzhoheit nichts genommen wurde. Eine Konsequenz dieses „dyarchischen" Systems war u. a. die, dass die Habsburgermonarchie schon am Vorabend des Erbfolgekriegs vor dem totalen finanziellen Zusammenbruch gestanden, mit riesigen Staatsschulden und erheblichen Liquiditätsproblemen fertigzuwerden und den militärischen Konflikt nur durch viel Improvisation, ausländische Subsidien und internationale Anleihen überstanden hatte. Durch die mit dem Namen des Grafen Haugwitz verbundenen Reformen, die weit mehr als bloße Verwaltungs-, vielmehr grundlegende Verfassungs- und Staatsreformen waren, wurden die Kompetenzen der Stände nach und nach auf die bloße Justizpflege reduziert, während Großmacht Preußen Österreichische „Verwaltungsreform" die gesamte politische und Finanzverwaltung der deutschen und böhmischen Länder in die Regie der monarchischen Zentralgewalt überging und – mit der Konsequenz einer rasanten Zunahme des „Berufsbeamtentums" – auf eine oberste Behörde hin ausgerichtet wurde (*Directorium in publicis et cameralibus*). Nach der Schaffung eines entsprechenden mittleren Behördenapparats (Repräsentationen und Kammern) sahen sich die Stände aus der politisch-administrativ-fiskalischen Sphäre so gut wie ausgegrenzt – ein Vorgang, der die Effizienz des Staates erhöhen musste und zudem den erwünschten Effekt hatte, die bisherigen staatsrechtlichen Grenzen zwischen den böhmischen und den österreichischen Erbländern zu beseitigen. Auch ständische Reaktionen und Modifikationen der Haugwitzschen Reform – z. B. 1760/61 – änderten am grundsätzlichen Ergebnis, der erheblichen Reduktion des ständischen Einflusses und der administrativen und damit politischen Union der nichtungarischen Erblande, nichts mehr, einem Ergebnis, das im Übrigen im Prinzip bis zum Ersten Weltkrieg Bestand hatte.

Innere Reformen in Österreich und Preußen

Neben der Haugwitzschen „Verwaltungsreform" verblassen andere Modernisierungsmaßnahmen wie z. B. die Neuordnung des Münzwesens, aber insgesamt muss man auch zu dem Urteil gelangen, dass in Österreich zwischen dem Frieden von Aachen und dem Ausbruch des Siebenjährigen Krieges die notwendigen Verbesserungen im Bereich von Wirtschaft, Finanzen und Sozialwesen ausblieben bzw. – was z. B. die Rechtsreform betrifft – allenfalls vorsichtig ins Auge gefasst wurden – Gerard van Swieten als einer der Vordenker und Wegbereiter der späteren josephinischen Reformpolitik mag hier immerhin noch genannt sein, der in den 1750er Jahren das Hochschulwesen gründlich reformierte und in den Universitäten der Frühaufklärung Zutritt verschaffte. In Preußen, wo die Staatsverwaltung bereits weit besser strukturiert war und durch die Einrichtung von Fachdepartements in den 1740er Jahren noch effizienter geworden war, wurde die Atempause nach dem Ausscheiden aus dem Krieg 1745 zupackender und intensiver genutzt, um die Folgen des Krieges zu überwinden, um die innenpolitischen, d. h. militärischen, finanziellen und wirtschaftlichen Voraussetzungen zu schaffen, damit Preußen seine eben errungene Großmachtstellung auch in einem neuerlichen Krieg behaupten konnte – dies ist das große Thema von Friedrichs umfassender politischer Bilanz und Projektion von 1752, seinem (1.) Politischen Testament. Von Bedeutung war hier u. a., Schlesien möglichst rasch politisch und zollpolitisch zu integrieren und – im Blick auf seine Steuerkraft – gezielt wirtschaftlich zu fördern, von Gewicht waren aber etwa auch die Peuplierungsmaßnahmen und die Anfänge einer umfassenden Justizreform.

Fehlende Reformbereitschaft in Frankreich

In anderen europäischen Staaten, in Frankreich etwa, wurde die Chance zu innenpolitischen Reformen nicht erkannt oder nicht wahrgenommen. Frankreich hatte zwar schon seit der *Régence* und dem Lawschen Finanzexperiment die fast hoffnungslos scheinende Staatsverschuldung abzubauen gesucht – der Überseehandel hatte sich recht kontinuierlich weiterentwickelt, mit den Ämterverkäufen, mit der Methode der Privilegienentziehung und finanziellen Erpressung z. B. der *Secrétaires du Roi* waren beachtliche Sanierungsergebnisse erzielt worden, und

1738 war sogar (letztmals vor der Revolution) ein ausgeglichenes Jahresbudget zustande gekommen. Ansonsten aber hatten sich seit der Herrschaftsübernahme Ludwigs XV. (1723) eher die restaurativen Tendenzen wieder durchgesetzt, die bereits Montesquieus „Lettres persanes" angeprangert hatten und die in der Rückübersiedlung des Hofes nach Versailles eine Art symbolischen Ausdruck fanden. Einige Maßnahmen zur inneren Landesentwicklung – z. B. zur Verbesserung der Infrastruktur oder im Gesundheitswesen – rechtfertigen jedenfalls kaum den gelegentlich verwendeten Begriff vom „goldenen Zeitalter Ludwigs XV.". Auch Fleury hatte den Staat zwar innenpolitisch weiter gefestigt, hatte sich in der großen Krise 1730/32 z. B. gegen das Pariser Parlament durchgesetzt, aber kaum Anstöße für grundlegende Reformen – etwa im Steuerbereich – und gesellschaftlichen Wandel geben können. Hinzu kam, dass das mühsame finanzielle Aufbauwerk durch das Engagement im Krieg wieder zerstört worden war, so dass das einst beachtliche Renommee Ludwigs XV., auch mitbedingt durch den anstößigen Lebensstil seiner Mätresse Pompadour und einige Missernten, fast dramatisch wieder zurückging, umso mehr als der König einigen erfolgversprechenden Projekten für mehr Steuergerechtigkeit letztlich eine Absage erteilte. Stattdessen rückte in Versailles nach dem Aachener Frieden das Thema einer außenpolitischen Neuorientierung in den Vordergrund.

Dieser „Systemwechsel" hatte eine lange Vorgeschichte, erwachte nun – noch einmal unter konfessionellen Gesichtspunkten – vor dem Hintergrund des Aufstiegs bzw. Durchsetzungsvermögens protestantischer Mächte (Großbritannien, Preußen) zu neuem Leben und fand, wie Kaunitz' Gutachten ausweisen, seit 1749 auch in Wien verstärkt Befürworter. Zwar konnte ein solcher Allianzenwechsel wegen der politischen Labilität und preußischen Interventionen in Versailles nicht im ersten Anlauf herbeigeführt werden. Aber seit der Ernennung Kaunitz' zum Leiter der österreichischen Außenpolitik wurde eine solche Entwicklung zumindest denkbar, die auf Wiener Seite auch erwuchs aus den Erfahrungen des vergangenen Krieges, dass ein Zweifrontenkrieg um Schlesien und die von Frankreich bedrohten Niederlande die österreichischen Kräfte einfach überstieg. *(Mächtepolitischer Systemwechsel?)*

Dass es schließlich in der Tat zu diesem „Systemwechsel" kam, hing freilich eher mit exogenen Faktoren zusammen. Seit 1754 häuften sich lokale Streitigkeiten zwischen Engländern und Franzosen zunächst in den nordamerikanischen und dann auch in den indischen Kolonien, die von den zuständigen Gouverneuren zwar sicher übermäßig aufgebauscht wurden, aber doch nicht einfach stillschweigend unter den Teppich gekehrt werden konnten. Eher ungewollt, schlitterten London und Versailles damit in einen neuen Krieg um Kolonien und maritime Dominanz hinein, der die Frage aufwarf, ob er auf Außereuropa begrenzt oder auf den Kontinent ausgeweitet werden würde. Vor allem um die Sicherheit des Stammlandes der Dynastie zu gewährleisten, nicht nur des großen Einfalltors britischen Wesens, Denkens und politischen Bemühens nach Mitteleuropa, sondern auch der Achillesferse der englischen Politik, bemühte sich Georg II. seit der Jahreswende 1754/55 um kontinentale Verbündete, die ein *(Rückwirkungen des Kolonialkrieges)* *(Englische Bündnispolitik)*

Übergreifen Frankreichs auf Hannover verhindern sollten. Da sich Wien, über das englische Verhalten im Krieg und bei den Aachener Friedensverhandlungen immer noch verstimmt, zu der von Whitehall gewünschten Massierung seiner Truppen in den Niederlanden nicht verstehen konnte, knüpften Georg II. und seine Regierung außer mit Russland auch mit Preußen Verhandlungen an, die Westminster-konvention schließlich in der Westminsterkonvention vom 16. Januar 1756 ihren Abschluss fanden – in einem Vertrag, der von Friedrich II. keineswegs als grundsätzliche Option gegen Frankreich empfunden wurde und preußischerseits auch mit der Perspektive verbunden war, das mit Großbritannien durch einen (freilich noch nicht ratifizierten) Subsidienvertrag verbündete Russland aus der Front der Preußengegner zu lösen bzw. wenigstens zu neutralisieren, der für Berlin aber auch wegen des sich zuspitzenden schlesischen Handelskriegs wichtig war, der den Befürchtungen neue Nahrung gab, ein Revisionskrieg stehe vor der Tür. Preußen und Großbritannien sahen die Westminsterkonvention als durchaus kompatibel mit ihren sonstigen Verpflichtungen an und keineswegs als einen Wendepunkt der internationalen Beziehungen. In Versailles dagegen interpretierte man die Westminsterkonvention als einen weiteren Beleg für die notorische Unzuverlässigkeit des Preußenkönigs und zog daraus die politische Konsequenz, die ohnehin schon weit vorangeschrittenen Verhandlungen mit der Hofburg weiter zu forcieren, die am 1. Mai 1756 in den (1.) Vertrag von Versailles einmün-
Versailler Vertrag deten. Die Geheimdiplomatie alten Stils um neue Partner und Allianzen schlug in eine bemerkenswerte Beschleunigung der Staatenpolitik um.

Mit diesem französisch-österreichischen Freundschafts- und Defensivvertrag, nicht bereits mit der Westminsterkonvention, lösten sich die bisherigen Allianzen auf, die – mit gewissen Unterbrechungen und Modifikationen – seit den ausgehenden 1680er Jahren das politische Kräftespiel in Europa bestimmt hatten; der Antagonismus Habsburg-Valois/Bourbon war geradezu eine Konstante der internationalen Beziehungen in der gesamten Frühen Neuzeit, so dass der Begriff „Diplomatische der „diplomatischen Revolution" nicht ganz zu Unrecht Verwendung findet. Die Revolution" Fortschreibung des Versailler Vertrages zu einer Offensivallianz lag zwar ursprünglich nicht im französischen Kalkül, auf das nachhaltige Drängen Maria Theresias schwenkte Versailles aber schließlich auf diese Linie ein, was Friedrich der Große dann zum Anlass für seinen Präventivschlag gegen die neugebildete Koalition nahm. Es kann somit keinem Zweifel unterliegen, dass das „Renversement des Alliances", das die politischen Strukturen Europas bis zur Revolution prägen sollte, primär aus dem Kurswechsel Österreichs resultierte, das für seine Revisionspolitik in Bezug auf Schlesien von London keine Unterstützung mehr erwartete und sich deswegen an der anderen großen katholischen Macht auf dem Kontinent orientierte, für die es ihrerseits immer klarer wurde, dass vor dem kolonial-maritimen Hintergrund ihr eigentlicher Kontrahent und Konkurrent nicht mehr in der Wiener Hofburg saß. Die „diplomatische Revolution" von 1756 entsprach den mittelfristigen politischen Zielvorstellungen Wiens und Versailles' und ist nicht auf persönliche Stimmungswechsel hier und dort zurückzuführen.

Der überraschende Einfall Friedrichs II. in Sachsen im August 1756, mit dem der Übergang vom kalten zum heißen Krieg vollzogen wurde, hat die Forschung seit der berühmten Naudé-Lehmann-Kontroverse kurz vor der Jahrhundertwende immer wieder beschäftigt und ist oft genug auch politisch instrumentalisiert worden, um politischen Gegnern notorische Unzuverlässigkeit und bizarre Unredlichkeit „nachzuweisen". Es kann heute als erwiesen gelten, dass Friedrich Kenntnis davon hatte, dass Zarin Elisabeth seit dem (programmatischen, die Abkehr vom englischen Subsidienbündnis signalisierenden) Sturz des Kanzlers Bestužev mit Wien über ein Offensivbündnis verhandelte, das das territoriale *démembrement* Preußens vorsah, dass er von den militärischen Aufrüstungen in Russland wusste, dass er Gründe hatte anzunehmen, auch Sachsen-Polen habe sich dieser großen antipreußischen Koalition bereits angeschlossen. Subjektiv war Friedrich davon überzeugt, sein Staat stehe in der unmittelbaren Gefahr des Eingekreistwerdens, also vor der Existenzfrage, weshalb er sich – auch in Übereinstimmung mit dem geltenden Völkerrecht – legitimiert fühlte, einen Präventivschlag zu führen („Besser praevenire als praeveniri"). Dass der Preußenkönig 1756 trotz seiner etwas anders lautenden Bemerkungen in seinem (1.) Politischen Testament keine weitergehenden Expansionspläne hatte, insbesondere nicht, wie ihm von russischer Seite unterstellt wurde, in Richtung Baltikum, ist heute unstrittig; die aggressivste und annexionistischste europäische Großmacht war im Vorfeld des Kriegsausbruchs ganz fraglos das Russland der Zarin Elisabeth.

Der erst sechseinhalb Jahre nach seinem Beginn wieder beendete multilaterale bzw. „omnilaterale" Krieg, der sich in mehrfacher Hinsicht (Ausdehnung, Ziele, freigesetzte Energien usw.) von den mehr oder weniger dynastisch begründeten Kriegen der Vergangenheit unterscheidet, hatte eine mitteleuropäische und eine global-koloniale Ebene. Auf dem Kontinent gelang es Friedrich II., obwohl mehrfach persönlich und mit seinem Staat am Rand des Abgrunds stehend, unter Aufbietung aller Kräfte und Ressourcen die territoriale Integrität und die Stellung Preußens als Großmacht zu behaupten – militärisch weitgehend auf sich allein gestellt, in einem Konflikt, in dem einige Gegner dezidiert auf die Reduktion Preußens auf den Status einer entscheidend amputierten bloßen Mittelmacht abzielten. Die Frage hat schon die Zeitgenossen und dann die Forschung immer wieder bewegt, wie es Preußen gelingen konnte, einer militärisch weit überlegenen Koalition, zu der aufgrund eines entsprechenden Reichsschlusses auch noch das Reich und das von seinem Wiederaufstieg träumende Schweden hinzustießen, Paroli zu bieten; denn es ist gar keine Frage, dass die Hauptmächte, die sich 1756 gegen Preußen zusammenfanden, von dem wirklichen Willen beseelt waren, die Brüskierungen, die – oft auch ins Persönliche hineinreichenden – Beleidigungen, das Unrecht, das ihnen im Verlauf der vergangenen eineinhalb Jahrzehnte von Preußens König zugefügt worden war, zu rächen.

Das „Mirakel des Hauses Brandenburg" kann allerdings nicht mehr, wie Friedrich selbst es tat, auf den (übrigens keineswegs überraschenden) Tod der Zarin Elisabeth und das Ausscheiden Russlands aus der Koalition und dem Krieg in

Beginn des
Siebenjährigen
Krieges

Behauptung
Preußens

„Mirakel des
Hauses
Brandenburg"?

seinem Gefolge zurückgeführt werden, bei dem auch Hoffnungen des neuen Zaren Peter III. auf einen Tausch seiner holstein-gottorfischen Erblande eine Rolle gespielt haben mögen. Neben dem Unvermögen mancher Militärs müssen dabei vielmehr auch strukturelle Schwächen der Monarchien und der Koalitionskriegführung beachtet und gewichtet werden, etwa Probleme der Abstimmung und Koordination, der verhängnisvolle, aus einem tiefen gegenseitigen Misstrauen resultierende Wunsch nach vollständiger Gleichzeitigkeit aller zu ergreifenden Maßnahmen, komplizierte und langwierige nationale Befehls- und Entscheidungsstränge, schwerwiegende Mängel in der Militärorganisation usw. Man wird auch die grundsätzliche Interessendivergenz der „Versailler Koalition" nicht aus den Augen lassen dürfen, deren einer Partner nur und ausschließlich auf den – durch die Rückgewinnung Schlesiens zu bewerkstelligenden – Schutz des Habsburgerstaates vor dem „europäischen Störenfried" und dem seiner Natur nach aggressiven Militärstaat abzielte, während der andere jeden Krieg auf dem Festland nur halbherzig betrieb, der nicht vorrangig der Schwächung des großen Kolonialrivalen diente; auch der Hinzutritt Russlands trug kaum dazu bei, den gemeinsamen politischen Nenner der Koalition zu stärken, weil auf französischer und österreichischer Seite die Besorgnis wach blieb, Russland könne diese Chance zu einer weiteren Expansion im Ostseebereich und nach Westen (Ostpreußen!) nutzen.

Strukturelle Vorteile Preußens

Die militärorganisatorische Situation auf der Gegenseite hob sich scharf von diesem Wirrwarr und diesen Divergenzen ab: Ein *Roi-Connétable*, der anstelle der üblichen „Manöverstrategie" entschlossen die militärischen Entscheidungen suchte, weil an eine Ermattung der vielen Gegner ohnehin nicht zu denken war, der an keine Kabinettsordres gebunden war und deswegen viel rascher als die Koalition reagieren konnte, der auch, weil er ja nicht befürchten musste, zur Rechenschaft gezogen zu werden, zu unerwarteten, unkonventionellen, allerdings im Wesentlichen im Rahmen der zeitgenössischen Kriegskunst bleibenden militärischen Maßnahmen greifen konnte und sich dieser strukturell-persönlichen Vorteile wegen letztlich zu behaupten wusste. Zudem agierte Preußen politisch teils mit beachtlichem Geschick, bewog deutsche Fürsten schon lange vor Kriegsende und einem entsprechenden Reichstagsbeschluss zu einer wohlwollenden Neutralität, vermochte in bisher ungewohntem Maß die „öffentliche Meinung" zu aktivieren und für sich zu gewinnen, verhinderte den drohenden Staatsbankrott durch – allerdings gewagte – Münzmanipulationen. Als die Subsidien und die politische Unterstützung durch London dann aber aufhörten, weil man in der Regierung des neuen Monarchen (Georg III.) mit dem unmittelbar bevorstehenden Zusammenbruch Preußens rechnete, ergriff Berlin freilich die erste wirkliche Chance zur Liquidierung des Krieges – nach einem nicht zustande gekommenen Augsburger Kongress 1761 – und behauptete im Hubertusburger Frieden den Besitz Schlesiens ein weiteres Mal und nun definitiv.

Mächtepolitisches Ergebnis des Siebenjährigen Krieges

Preußen hatte damit zugleich trotz einer existentiellen Gefährdung unter Anspannung aller Kräfte und unter Anwendung auch unlauterer Mittel seinen Rang als europäische Großmacht gefestigt und war endgültig in die Stellung eines zweiten Gravitationszentrums der deutschen Staatenwelt hineingewachsen; Friedrich hatte freilich trotz seiner nun einsetzenden öffentlichen Stilisierung zu einem „nationalen" Retter zugleich den Nimbus der Unbesiegbarkeit verloren. In mächtepolitischer Sicht nicht geringer zu veranschlagen ist, dass unter die „Episode" der preußisch-russischen Interessendivergenz ein Schlussstrich gezogen und die „Entente zur Beherrschung des östlichen Europa" (Klaus Zernack), die bereits seit 1720 als Faktor der internationalen Beziehungen erkennbar gewesen war, nun voll wiederhergestellt wurde. Russland, das noch 1748 nicht zum Aachener Kongress zugelassen worden war und das Wien und Versailles im Verlauf des Krieges immer wieder zu einer bloßen Hilfsmacht zu degradieren gesucht hatten, trat durch diesen Krieg endgültig in den Kreis der Großmächte ein. Aber auch Österreich ging, obwohl es sein Hauptziel nicht erreicht hatte, keineswegs geschwächt aus dem Krieg hervor, der übrigens letztmals praktisch-politisch und vor allem in der propagandistischen Sphäre auch eine konfessionelle Dimension gehabt hatte: Außer der Fortsetzung des habsburg-lothringischen Kaisertums, die in Hubertusburg verabredet worden war und in der Römischen Königswahl Erzherzog Josephs 1764 manifest wurde, hatte der Krieg u. a. gezeigt, dass die Reorganisationsmaßnahmen der „Zwischenkriegszeit" die Belastbarkeit und Effizienz von Administration und Militärwesen deutlich erhöht hatten – auch wenn nach wie vor noch viel zu verändern blieb.

Die im globalen Rahmen wichtigeren Entscheidungen fielen dagegen in den Kolonien, wo die britisch-französischen Auseinandersetzungen, in die seit dem Zweiten Bourbonischen Familienvertrag auch die Krone Spanien wieder eingriff, immer mehr den Charakter eines Hegemonialkampfes um die Dominanz in Außereuropa annahmen und von englischer Seite dementsprechend zunehmend mit regulären staatlichen Truppen geführt wurden. Die Hauptschauplätze dieses neuerlichen Ringens um die weltpolitische Führungsrolle waren der nordamerikanisch-karibische Raum und der indische Subkontinent: Mit einer geradezu atemberaubenden englischen Erfolgsserie in der Karibik, die – mit Ausnahme von St. Domingo – alle größeren Inseln einschließlich des reichen Guadaloupe und der Zuckerinsel Kuba in englische Hand brachte, korrespondierten die Ergebnisse der Auseinandersetzungen auf dem nordamerikanischen Festland, wo die Londoner Regierung erstmals von dem Prinzip „Let Americans fight Americans" abging und es als geopolitisch opportun und als eine Angelegenheit der nationalen Ehre zu begreifen begann, die sog. „mainland colonies" und damit britische Untertanen gegen eine französische Aggression zu schützen. Das berühmte Pittsche Wort, Kanada sei in Europa erobert worden, entbehrt nicht jeder Grundlage; in britischen Augen waren kolonialer und kontinentaler Krieg komplementär miteinander verzahnt, weil damit ein massiver Einsatz französischer Truppen hier oder dort verhindert wurde.

An seinem Ende stand die englische Kontrolle über das gesamte Gebiet am unteren St.-Lorenz-Strom einschließlich Montréals, also das bisherige Neu-Frankreich. In Indien, seit Jahrzehnten in einem eher anarchischen Zustand und in

Großbritanniens Siegeszug in Übersee

eine Fülle schwacher Teilfürstentümer aufgesplittert, konnte auch der Einsatz regulärer französischer Truppen durch den Gouverneur Dupleix nicht verhindern, dass sich die englische Ostindienkompanie der Kontrolle Bengalens und der gesamten Carnatic versicherte; im Frieden musste Frankreich ohne jeden Vorbehalt Indien als englisches Einflussgebiet anerkennen.

Tauziehen um den Frieden in England

Um diesen Frieden setzte spätestens 1759 in Großbritannien ein heftiges innenpolitisches Tauziehen ein, bei dem die Konzeptionen eines totalen Siegfriedens mit dem Ziel der dauernden kolonial-kommerziellen Inferiorität Frankreichs bzw. eines „guten" Friedens miteinander in Wettstreit lagen, der Frankreich eine gewisse, wenn auch reduzierte koloniale Präsenz beließ und nicht sofort einen Automatismus in Gang setzte, eine erlittene Demütigung wieder zu korrigieren. Unter dem Einfluss des neuen Monarchen Georg III. setzte sich schließlich die letztere Konzeption durch, deren Repräsentant Lord Bute im Pariser Definitivfrieden vom Januar 1763 – das Bündnis mit Preußen, in dem beide Seiten dann eher eine Belastung als einen Sinn erblickten, war 1762 zerbrochen – Frankreich vor allem in der Karibik einige fette Brocken (die wichtigen „Zuckerinseln" Martinique und Guadaloupe) zurückgab. Trotz dieser überaus moderaten Haltung, die sich letztlich freilich kaum auszahlte, weil in Frankreich die Fixierung auf die Revision des Pariser Friedens doch den Sieg davontrug, war der eigentliche

Konsequenzen des Pariser Friedens

Gewinner aber natürlich Großbritannien, das sich insbesondere, auch zu Lasten Spaniens, nunmehr den gesamten nordamerikanischen Teilkontinent bis zur Mississippi-Linie zu seiner alleinigen Disposition stellte. Hier und in der Durchsetzung der britischen Dominanz in Indien lag die eigentliche weltpolitische Entscheidung: Frankreich blieb zwar als Großmacht auch in Außereuropa präsent, aber an der maritim-kolonialen Superiorität Großbritanniens konnte seitdem niemand mehr zweifeln. Konsequenzen hatte der Pariser Friede deswegen in wenigstens zweifacher Hinsicht: Großbritannien, seit dem Bruch mit Preußen ohne kontinentalen Verbündeten, zog sich zunehmend auf die Meere und in die Kolonien zurück und nahm an den Entscheidungen der kontinentalen Politik nur noch passiv Anteil, in Frankreich stürzte die nach dem Negativerlebnis des Siebenjährigen Krieges nun unumgänglich gewordene Reorganisation des Finanz- und Steuerwesens das Königtum in eine tiefe Autoritätskrise, die mehr oder weniger zielstrebig auf die künftige Revolution zusteuerte. Insofern drängt es sich für die angloamerikanische und die französische Geschichtsschreibung geradezu auf, das Jahr 1763 als ein Epochendatum anzusehen.

10. AUFKLÄRUNG UND AUFGEKLÄRTER ABSOLUTISMUS

Es gibt seit Kant eine Fülle von Definitionsversuchen der „Aufklärung"; eine besonders knappe stammt z. B. von Werner Schneiders, der in der Aufklärung „wesentlich kritisches Denken in praktischer Absicht" erkannte, eine andere auch heute, nach mehr als 100 Jahren, noch nicht überholte von Ernst Troeltsch, der 1897 zu drei fundamentalen Erkenntnissen gelangte: „Die Aufklärung ist Beginn und Grundlage der eigentlich modernen Periode der europäischen Kultur und Geschichte ... Sie ist keineswegs eine rein oder überwiegend wissenschaftliche Bewegung, sondern eine Gesamtumwälzung der Kultur auf allen Lebensgebieten ... Eine immanente Erklärung der Welt aus überall gültigen Erkenntnismitteln und eine rationale Ordnung des Lebens im Dienste allgemeingültiger praktischer Zwecke ist ihre Tendenz".

Definitionen von „Aufklärung

Troeltschs zu Recht erfolgte Akzentuierung der Aufklärung als einer übernational-allgemeineuropäischen Bewegung darf freilich nicht darüber hinwegtäuschen, dass sie in den einzelnen Ländern des alten Kontinents eine je unterschiedliche Entwicklung genommen hat, zeitversetzt eintrat und verschiedene Schwerpunkte setzte. „Diese Differenzierung bezieht sich auf Ausbreitung und Intensität, auf Ziele und Stile" (Horst Möller).

Die Grundrichtungen der „intellektuellen Bewegung mit dem Ziel praktischer Verbesserung des Denkens und Handelns der Menschen" (Rudolf Vierhaus) wurden, ohne die enormen Impulse unterschätzen zu wollen, die von England, von Locke und Pope, von Newton und Tindal ausgingen, sicher von den französischen Denkern angegeben: Just zu dem Zeitpunkt, als Frankreichs politische Vorbildfunktion zu Ende ging, gewann es dank seiner praktischen Philosophen und Kritiker eine neue, qualitativ andere Vorbildrolle für ganz Europa. Das Fundament dafür war bereits in der zweiten Hälfte der Regierungszeit Ludwigs XIV. gelegt worden, in jener Zeitspanne zwischen 1680 und 1715, in der Paul Hazard eine „Krise des europäischen Bewusstseins" zu erkennen glaubte und in der in der Tat Pflöcke von wegweisender Bedeutung für die Entwicklung des Fortschrittsgedankens eingeschlagen wurden, etwa Pierre Bayles „Dictionnaire historique et critique" von 1697; den exakter als anderswo zu bestimmenden Ausgangspunkt bildete 1687/88 die berühmte „querelle des anciens et des modernes". Freilich darf man auch in Frankreich die Breitenwirkung der Frühaufklärung im ersten Drittel des 18. Jahrhunderts, in der der Friedensutopist Abbé de Saint-Pierre nach den neuesten Forschungen eine bisher verkannte Schlüsselrolle spielte, noch nicht überschätzen; es dauerte auch dort viele Jahrzehnte, bis die Infragestellung traditioneller Positionen und Mentalitäten und alter Dogmen den „Mann auf der Straße" erreichte.

Anfänge der Aufklärung

Die französische Aufklärung speiste sich aus ganz verschiedenen – und natürlich längst nicht nur französischen – Quellen. Da war zum einen die von den großen Denkern und Praktikern des 17. Jahrhunderts bewirkte Loslösung der

Grundtendenzen der Aufklärung

exakten Naturwissenschaften von den antiken Autoritäten, die das wissenschaftliche Experiment und damit auch das traditionenfreie, selbständige Denken („sapere aude!") voraussetzte und die, wiederum nicht nur in Frankreich, einen ungeheueren Innovationsschub im technischen Bereich nach sich zog. Die rationale, logisch deduzierbare Mathematik und die auf Beobachtung und Experiment beruhende Mechanik bildeten auch für die Aufklärer die Grundlage ihres Weltbildes. Die Emanzipation von den klassischen Gewährsleuten setzte sich – zum anderen – unter Rückgriff auf Fontenelles epochemachende Schrift von 1688 „Digression des anciens et des modernes" in der theoretischen und praktischen Philosophie fort und spitzte sich zu einem allgemeinen Kampf gegen das „scholastische" Denken und für Geistes- und Meinungsfreiheit zu. Davon wurde – zum dritten – die religiöse Sphäre nicht ausgespart; die kirchlichen Traditionen und Dogmen wurden zunehmend skeptisch (Skeptizismus) in Frage gestellt, also die transzendenten Begründungen der Religion ebenso wie die Historizität und „Stimmigkeit" der Heiligen Schrift, wobei die Kritik der frühen Autoren wie Bayle oder Montesquieu zunächst bloß auf Kirchenreformen im Rahmen der gegebenen Ordnung abzielten und erst nach der Mitte des 18. Jahrhunderts sich die für Frankreich spezifische Tendenz verstärkte, Christentum und Kirche grundsätzlich zur Disposition zu stellen; jene Strömung, die im Jansenismus eine mit der Aufklärung kompatible Form von Kirchlichkeit sehen wollte, versickerte indes nie völlig. Was diesen Wandel hin zur Infragestellung der Glaubenswahrheiten und des göttlichen Heilsplanes betrifft, so mag für viele sich

Erdbeben von Lissabon

dann radikalisierende Aufklärer das verheerende Erd- bzw. Seebeben von Lissabon (1755) ein negatives Schlüsselerlebnis gewesen sein, bei dem, noch dazu am Allerheiligentag, zwischen 30 000 und 60 000 Menschen – so stark schwankend die zeitgenössischen Angaben! – umkamen und das von den Radikalen unter den Aufklärern rasch in einen unmittelbaren Zusammenhang mit Heiligenverehrung und katholischem Aberglauben gestellt wurde und Voltaire bewog, endgültig einen Trennstrich zwischen Gott und Vernunft zu ziehen. Der Kampf gegen kirchliche Bevormundung, der, wie die Analysen provençalischer und rheinisch-westfälischer Testamente und Legate gezeigt haben, auch im breiten Publikum seine Spuren hinterließ und nicht selten in religiöse Gleichgültigkeit umkippte, hatte dann aber auch den Nebeneffekt, dass die Toleranzidee schärfer konturiert und geradezu zu einer Standarte der literarischen Aufklärungsbewegung (Bayle, Voltaire, aber auch Locke, Lessing usw.) wurde; ihre Impulse für die Umsetzung der Toleranzidee in die politische und religionspolitische Praxis müssen als einer der säkularen Erfolge der Aufklärungsbewegung schlechthin gelten. Lösung von den Traditionen und Autoritäten setzte zum vierten Lösung aus der räumlichen Enge voraus: Die internationale Gelehrtenrepublik der Aufklärung war nicht nur, wie in der Spätrenaissance oder auch noch im Frühbarock, eine literarisch und durch Korrespondenzen miteinander verknüpfte Gesellschaft, sondern ein ungewöhnlich mobiles Gebilde, dessen Mitglieder durch Reisen in Europa und auch nach Außereuropa Einsichten in das Andere und Erkenntnisse über die Relativität des eigenen Sozialsystems gewannen (und damit übrigens auch erstmals Sinn und Gespür für weltgeschichtliche Zusammenhänge, wobei die Geschichte generell überaus optimistisch als ein Prozess zunehmender Entfaltung des menschlichen Fortschritts verstanden wurde). Die Blickerweiterung über die Grenzen des eigenen Staates und des alten Kontinents hinaus war u. a. auch dem Toleranzgedanken entscheidend förderlich. Schließlich – zum fünften –, damit zusammenhängend, zog das Kennenlernen anderer politischer Systeme durch die französische Aufklärung aber auch eine Infragestellung des eigenen Herrschaftssystems nach sich; hier gewann die Bewegung nun eine ungeheuere politische Sprengkraft. Es war vor allem die konstitutionelle Monarchie jenseits des Kanals, die man vor Ort – wie etwa Voltaire oder Montesquieu – studierte und die man literarisch feierte, indem etwa die ausgleichende und mäßigende Funktion des Parlaments oder die Toleranz gegenüber und zwischen den verschiedenen Glaubensbekenntnissen gewürdigt wurden. Bezeichnend genug für die potentielle Sprengkraft solcher Publikationen, ließ Versailles Voltaires „Lettres philosophiques ou Lettres sur les Anglais" polizeilich verfolgen und unterdrücken. Vor allem waren Voltaires und dann auch Rousseaus Schriften, insbesondere sein „Contrat social" (1762), aber auch deswegen von einer solchen Brisanz, weil sie über die Systemkritik zur Forderung allgemeiner und unveräußerlicher „natürlicher" Menschenrechte vorstießen (Voltaire) und dies in das die Gleichheit aller Menschen voraussetzende Postulat der Volkssouveränität münden ließen (Rousseau) – einen Denkansatz, den das „absolutistische" Regime als eine existentielle Bedrohung ansehen musste.

Diese zunehmend gesellschaftspolitische und gesellschaftsutopische Ausrichtung der Aufklärung, die in der Unerbittlichkeit ihres Hinterfragens und Infragestellens der vorgegebenen Sozialstrukturen die Repräsentanten des Herrschaftssystems einem immer drängenderen Rechtfertigungsdruck aussetzte und in Form von Schmähgedichten („Affaire des Quatorze", 1749) gewissermaßen auf die öffentliche Anklagebank setzte, war freilich ein französisches Spezifikum und in der deutschen Aufklärung mit ihren eher praktisch-ökonomischen und volkspädagogischen Intentionen kaum anzutreffen, obwohl den deutschen Aufklärern die Grundwerke ihrer westeuropäischen Weggenossen natürlich bekannt waren (wobei die relativ geringe Verbreitung der „Encyclopédie" im Reich eher aus dem Rahmen fällt). Vorbildhaft für ganz Europa aber wurde das von der französischen Aufklärung entwickelte Leitbild des an keine gesellschaftliche Schicht gebundenen „Philosophe", des nach der *ratio* urteilenden und handelnden und grundsätzlich, bei allem Patriotismus, kosmopolitisch orientierten Gebildeten, ein Leitbild, dem außer den bewusst aus ihrem bisherigen Elfenbeinturm heraustretenden bürgerlichen Gelehrten und Schriftstellern auch Fürsten zu entsprechen suchten („Roi-philosophe"), denen die 34 Bände der „Encyclopédie" in unvergleichlicher Systematik alles Wissenswerte und Wissensnotwendige ihrer Epoche zur Verfügung stellten. Dass diese französischen „Philosophes" bei alledem längst keine homogene Einheit darstellten, sondern eine Vielzahl ganz unterschiedlicher und oft nicht konform gehender Gruppen umfassten – die Enzyklopädisten, die

Gesellschaftspolitische Ausrichtung

„Philosophe" als Leitbild

Vielfalt der französischen Aufklärung

Physiokraten, die gemäßigten Voltairianer und die radikalen Holbachianer, um nur die wichtigsten zu nennen –, wird von der Forschung immer deutlicher erkannt. Die „Gesellschaft" der französischen Aufklärer war ein Ausbund an Vielfalt.

Dominieren in der französischen Aufklärung Schlüsselbegriffe wie Kritik, Toleranz und Freiheit (wobei freilich erst die Spätaufklärung den Boden der ständisch strukturierten Gesellschaftsordnung verließ und gleiche Freiheit für alle forderte), so eignet der deutschen Aufklärung, auf die sich die folgenden Ausführungen schwerpunktmäßig konzentrieren müssen, insgesamt ein stärker utilitaristisch-pädagogischer Affekt und eine Tendenz, die grundsätzlich neuen Denkmodelle des Nachbarlandes wie den Materialismus oder den Skeptizismus Voltairescher Prägung gar nicht oder allenfalls sehr spät zu rezipieren. Sie unterscheidet sich von der französischen Aufklärung zudem dadurch, dass sie später einsetzte und, wenn überhaupt, allenfalls nach 1763 in die praktische Politik hineinwirkte. Über die Gründe für dieses „Nachhinken" ebenso wie für die andere Akzentuierung der deutschen Aufklärung ist viel geschrieben worden; sie hatte, das ist durch die Diskussion offenkundig geworden (in der in letzter Zeit freilich auch die Tendenz deutlich wird, Gewicht und Funktion der deutschen „Voraufklärung" leibnizscher und thomasiusscher Prägung im Prozess des „Denkprinzips" Aufklärung (Horst Möller) neu zu bestimmen und aufzuwerten), in Deutschland andere Ausgangs- und Entwicklungsbedingungen als im westlichen Ausland, wofür z.B. im trikonfessionellen Reich das Gefälle in der Akzeptanz von Aufklärung zwischen protestantischen und katholischen Gebieten ebenso steht wie die Tatsache, dass der (ältere) Pietismus manche Positionen der Aufklärung bereits besetzt hatte. Der unterschiedliche Grad der „Politisierung" der Aufklärung im Reich gegenüber der in Frankreich hängt einerseits mit der beruflich-sozialen Stellung der deutschen Wortführer – meist Staatsbeamte –, andererseits mit der verbreiteten Überzeugung zusammen, dass der deutschen Staatspraxis die Kraft zur Selbsterneuerung und zur evolutionären Veränderbarkeit ihres eigenen Systems innewohne. – Trotz des Rückgriffs auf Leibniz' optimistisches „Theodizee"-Modell und seine Theorie, dass der wahre Fortschritt der Menschheit im Fortschritt der Erkenntnis bestehe, wandte sich die deutsche Aufklärung von der scholastischen Metaphysik rasch ab und entwickelte eine praxisorientierte Philosophie, für die der Name Christian Wolff steht und die sich bemühte, durch eine klare Begrifflichkeit und durch Beweise ein rationalistisches und „nützliches" Lehrgebäude zu entwickeln, in das als überhöhender Faktor grundsätzlich auch die Offenbarungsreligion integriert werden konnte – im Unterschied zur französischen Aufklärung mit ihren radikalen religionskritischen Tönen, die in Österreich bezeichnenderweise 1762 zu der Reaktion führten, dass die „Encyclopédie" indiziert wurde, war die deutsche im Allgemeinen keineswegs a- oder gar antireligiös, sondern allenfalls antikirchlich. Von dieser Praxisorientierung war es dann nur noch ein kleiner Schritt zu der breitenwirksamen, wenn auch philosophisch wenig originalen „Popularphilosophie" der

Deutsche Aufklärung [marginal note]

Praxisorientierung [marginal note]

[handwritten margin note: –später –nicht so wirklich politisierung]

Wolff-Schüler, die sich überaus lebensnah mit Fragen der Moral, der Psychologie und der praktischen Lebensbewältigung beschäftigten und damit einem weiteren Grundzug der europäischen Aufklärung Rechnung trugen, ihrer Anthropozentrik.

Die deutsche Aufklärung als ein „Erziehungsprogramm mit dem Zweck, einen umfassenden Prozess der Befreiung der Menschen von unverstandener Autorität, des Lernens und Selbständigwerdens im Denken und Handeln in Gang zu setzen" (Vierhaus), erforderte nicht nur beim einzelnen Bereitschaft zur Selbsterziehung, sondern auch in Staat und Verwaltung Einsicht und Fähigkeit, die Rahmenbedingungen zu schaffen, damit der vernünftig denkende und handelnde Untertan und Patriot die Möglichkeit hatte, sich nützlich zu machen und anderen zu helfen, dieses Ziel zu erreichen. Schulen aller Art, aufklärerische Presseorgane als Propagatoren aufgeklärter Ziele u. a. wurden im Sinn des sog. „Philanthropismus" als selbstverständliche Unterstützung vom Staat erwartet, beides gab direkt oder indirekt auch der Entwicklung der deutschen Hochsprache nachhaltige Impulse, umso mehr als sich bei den Aufklärern früh die Erkenntnis Bahn brach, dass nur mittels der deutschen Sprache ein großes Publikum erreicht werden könne – bezeichnenderweise sank der Anteil der im Reich in lateinischer Sprache veröffentlichten Werke zwischen 1740 und 1800 von 27,7 auf knapp 4%! Dabei wandte sich die deutsche Aufklärung dann auch – freilich mit mehr Zurückhaltung als in Frankreich – der Ordnung von Gesellschaft und Staat an sich zu und unterbreitete beispielsweise im Justizbereich einschließlich Strafvollzug, im Ökonomischen und hinsichtlich der öffentlichen Moral vielfältige Verbesserungsvorschläge; der „gesellschaftliche Nutzen", die „Nützlichkeit" ist neben der „Kritik" einer der Schlüsselbegriffe der Aufklärung und mitverantwortlich für den Aufschwung etlicher wissenschaftlicher Disziplinen, etwa der Bevölkerungslehre. Die Vielfalt ist charakteristisch für die Aufklärung insgesamt und für die deutsche Aufklärung insbesondere: Eine allgemeingültige und damit auch verbindende politische, soziale und ökonomische Theorie hat es niemals gegeben, der Weg vom „teutschen Fürstenstaat" zum säkularen Wohlfahrtsstaat wurde als ein sehr pragmatischer gesehen. [Randnote: „Nützlichkeit"]

Die deutsche Aufklärung wirkte – es ist darauf zurückzukommen – auf die Fürsten unübersehbar ein, wenn auch mit unterschiedlicher Intensität und Akzentuierung; aber damit ist die Frage noch nicht beantwortet, wie weit sie von der hohen Reflexionsebene der Philosophen und Kameralisten nach unten zu dringen vermochte und auch bei breiteren Bevölkerungsschichten Bewusstseins- und Verhaltensänderungen auslöste: Rezeption und Funktionalisierung der Aufklärung durch die Fürsten oder auch die Adaption bestimmter Elemente „der" Aufklärung durch die jüdische Oberschicht mit dem Ziel der Säkularisierung und Rationalisierung ihres Glaubens (*Haskala*) sind etwas grundsätzlich anderes als die Frage nach der Breitenwirkung der Aufklärung. Das Instrumentarium, dessen sich die (immer zugleich gelehrte wie pädagogisch-lehrhafte) Aufklärung bediente, um ihr eigentliches Zielpublikum, die noch in ihr altes Traditions- und [Randnote: Breitenwirkung der Aufklärung]

Bezugsgeflecht eingebundenen Untertanen, zu erreichen, war vielfältig und differenziert. Allgemeinverständliche kleine Abhandlungen und Traktate, möglicherweise sogar Kalender, forderten – außer der (zunehmenden) Lesefähigkeit – die Bereitschaft und Möglichkeit, Geld anzulegen und die psychologische Barriere vor dem Buch zu überwinden. Zum eigentlichen Medium der Aufklärung wurden deswegen in Deutschland auch weniger die Gebrauchsbroschüren als vielmehr die

Moralische Wochenschriften unzählig vielen sog. Moralischen Wochenschriften, die verstärkt seit 1740 – oft nur kurzfristig und mit dem deutlichen geographischen Schwerpunkt im protestantischen Norddeutschland – erschienen. Deren Absicht zielte primär auf moralische Belehrung und Unterhaltung, um – in den Augen der Aufklärer eine zentrale Herrscherpflicht – die „Glückseligkeit" der Menschen zu befördern, um indirekt auch dem häufig als marode und korrupt eingestuften Hofleben eine eigene „bürgerliche" Wertewelt gegenüberzustellen. Oft mit appellativen bzw. identifikationsfördernden Titeln – „Der Patriot", „Der Menschenfreund", „Der Weltbürger" – versehen, manchmal an bestimmte Berufsgruppen („Der Wirt und die Wirtin") gerichtet oder aber geschlechtsspezifisch („Der Mädchenfreund") orientiert, fanden diese Wochenschriften vor allem im Bürgertum beachtliche Resonanz, weil sie dessen Selbstwertgefühl und Selbstbewusstsein stärkten, mit dem ja noch keine entsprechende politische Partizipation korrelierte. Der Anteil von Frauen und Mädchen am Lesepublikum der „Moralischen Wochenschriften" ist allem Anschein nach besonders hoch gewesen, so dass man geradezu davon sprechen kann, von diesen Zeitschriften sei ein neues Lesepublikum geschaffen worden, das zumindest indirekt Anteil nahm an der Diskussion der für es interessanten Fragen wie praktisches Tugendsystem, Kindererziehung, Bildung von Frauen usw. Freilich darf man dieses Publikum quantitativ andererseits nicht überschätzen: Matthias Claudius' „Wandsbecker Bote" erreichte 1772 eine Auflage von ganzen 400 Exemplaren – eine Ziffer, die auch dadurch nichts von ihrer Bescheidenheit verliert, dass für jedes Heft ca. 10 Leser angenommen werden müssen. Seit den 1770er Jahren scheint in diesen „Moralischen Wochenschriften" im Übrigen eine leichte Trendwende weg von den Fragen der Moral und der Ästhetik hin zu gesellschaftlichen, ökonomischen und auch politischen Problemen eingetreten zu sein.

Der Transfer von Aufklärung ins breite Publikum – das war das eine. Das andere war, wie und woher sich die Trägerschichten der Aufklärung rekrutierten und wie sie sich organisierten. Für die Beantwortung beider Fragen kommt den

Lesegesellschaften sog. Lesegesellschaften zumindest in Deutschland eine zentrale Bedeutung zu, die sich immer deutlicher als Sammelbecken der Aufklärer und als „Umspannzentralen" für Aufklärung herauskristallisieren und die ohne Frage „den allgemeinsten, offensten und verbreitetsten Organisationstyp der Aufklärung" (Möller) darstellten. Seit etwa dem Beginn des letzten Drittels des 18. Jahrhunderts schossen überall in den deutschen Staaten – man hat bisher ca. 500, schwerpunktmäßig vor allem in Nord- und Mitteldeutschland und im Rheinland angesiedelte Gründungen ermittelt – und auch im westeuropäischen Ausland kleine, selten mehr als

100 Mitglieder umfassende Organisationen aus dem Boden, Sozietäten, Vereinigungen, die über eigene Bücher- und vor allem Zeitschriftenbestände und Lektüreräume verfügten und die in ihren Statuten ganz im Sinn der aufklärerischen Grundstimmung ihre Ziele umrissen: Verfeinerung der Sitten, Nützlichkeit, Förderung der Wissenschaften usw. Diese Lesegesellschaften waren ab einer bestimmten sozialen Schwelle grundsätzlich für alle ständischen Schichten offen, wobei die Mitglieder, über deren Aufnahme abgestimmt wurde, prinzipiell gleichberechtigt waren. In den Lesegesellschaften entstand zumindest ansatzweise so etwas wie eine ständeübergreifende politisierbare Öffentlichkeit, für die es ansonsten im Reich und in der Gesellschaftsordnung noch kein Forum gab: Das akademische Bürgertum und die Kaufmannschaft, die neben dem Beamten- und Hofadel den Kern der Sozietäten bildeten, haben hier wenigstens an den geistigen Bewegungen der Zeit teilnehmen können, nachdem ihnen die politische Teilhabe im Allgemeinen ja noch verwehrt war, und die bürgerliche Mittel- und Oberschicht hat damit auch zum ersten Mal in der Praxis erlebt, dass der Abbau ständischer Schranken durchaus keine bloße Utopie war; die Lesepräferenz für politische Journale, dann aber etwa auch für Berichte über die amerikanische Revolution spiegelt diese ansatzweise Politisierung mehr als deutlich wider. Neben den Logen der Geheimgesellschaften haben die Lesegesellschaften eine kaum zu überschätzende Rolle bei der Entstehung „überständischer", interständischer Gruppen gespielt, die mit wachsendem Selbstbewusstsein die Führung zunächst im kulturellen Leben übernahmen; darüber hinaus sind die Lesegesellschaften aber auch zu den Keimzellen der neuartigen „Vereine" geworden, einem zentralen „Faktor der Mobilisierung im Übergang von der ständischen zur bürgerlichen Gesellschaft" (Thomas Nipperdey). `Ansatzweise Politisierung`

Die Lesegesellschaften – den Behörden längst nicht immer willkommen, oft Zensurverschärfungen auslösend und nach Ausbruch der Revolution sogar verboten bzw. zu gesellschaftlichen Clubs reduziert – waren häufig personell mit den sog. geheimen Gesellschaften verzahnt, dem anderen großen Sammelbecken der Trägerschichten der Aufklärung. Das Paradoxon, dass gerade in der Epoche der „offenen" Aufklärung das Geheimwesen einen solchen Aufschwung nahm, war schon den Zeitgenossen bewusst, findet aber eine gewisse Erklärung darin, dass Kritik am absoluten Staat notwendigerweise (Zensur!) zunächst einmal der nichtöffentlichen Klärung bedurfte. Man hat im Deutschen Reich allein mehr als 300 Freimaurerlogen nachgewiesen und eine Zahl von 15 000 bis 20 000 Personen hochgerechnet, die kurz- oder längerfristig einer Loge angehörten (wobei die Zahlen für Frankreich [ca. 700] und auch für England, das Mutterland des Logenwesens, noch deutlich höher lagen). Die soziale und Funktions-Elite – Verwaltungsbeamte, Adlige, Ärzte, Professoren, Kaufleute – suchte in den Logen nicht nur die neuen Formen aufgeklärter Geselligkeit, sondern erkannte, dass die hier vermittelte moralische Erziehung zur Mäßigung, Beständigkeit, Unerschrockenheit auch im staatlich-sozialen Leben zur Richtschnur des Handelns werden konnte. Zwar ging es den Freimaurerlogen nicht um die „Verwirklichung eines `Geheimgesellschaften` abstrakten aufklärerischen Programms ..., noch wurde der Versuch unternommen, aus dem moralischen Innenraum heraus bewusst die äußere Welt zu reformieren, die staatlich-soziale Ordnung den Maximen der Moral zu unterwerfen" (Richard van Dülmen). Dennoch darf ihr indirekter Beitrag zur Entstehung einer aufgeklärten bürgerlichen Gesellschaft, in der die Gräben zwischen den Ständen eingeebnet waren und in der es keine konfessionelle Diskriminierung mehr gab, wegen der von den Mitgliedern praktizierten Humanität und (einen antiständischen Effekt implizierenden) Brüderlichkeit keinesfalls unterschätzt werden. Wenn man unter „Aufklärung" eine „intentional ... ständetranszendierende gesellschaftliche Bewegung" (Möller) versteht, dann repräsentieren die Maurerlogen die Signatur dieser Bewegung in besonderer Weise. – Wesentlich stärker „politisiert" war der von dem Ingolstädter Professor Adam Weishaupt 1776 aus einem ursprünglich antijesuitischen Affekt begründete Illuminatenorden, dessen Mitglieder, darunter viele hochrangige Politiker, sich eher an der radikalen Aufklärung französischer Couleur orientierten und davon überzeugt waren, dass Aufklärung und Vernunft, Rechtsgleichheit und Gedankenfreiheit sich keineswegs von selbst verwirklichten, sondern von ihnen, wenn sie in die entscheidenden Schlüsselpositionen vorgedrungen waren, herbeigeführt werden müssten. Der Orden übte zwar, anders als ihm bei seiner Auflösung durch den pfalzbayerischen Kurfürsten 1785 unterstellt wurde, allenfalls einen bescheidenen indirekten öffentlichen Einfluss aus, prägte aber doch viele Männer, die sich dann von staatlichen Stellen aus für Reformen einsetzen konnten. *Mutatis mutandis* gilt

Private Zirkel ähnliches im Übrigen auch für manche esoterischen privaten Zirkel, etwa die berühmte Berliner Mittwochsgesellschaft („Gesellschaft von Freunden der Aufklärung"), in der die Reformvorhaben des preußischen „Absolutismus" in kleinem Kreise vordiskutiert wurden, die teils (Justizreform) ziemlich bald, teils (Judenemanzipation) aber auch erst mittelfristig zum Tragen kamen.

Auch wenn zu den Trägern der deutschen Aufklärung neben vielen „Staatsbeamten" vor allem Professoren zählten – etwa der berühmte Göttinger Histo-
Universitäten und riker August Ludwig Schlözer, der fast ganz Europa aus eigener Anschauung
Aufklärung kannte und in seinen Zeitschriften für Toleranz, Meinungsfreiheit, Rechtsgleichheit und andere Aufklärungsideale eintrat –, war sie nicht ein an sich akademisch-universitärer Vorgang. Foren der Aufklärung waren im Reich eher die Lesegesellschaften, die Salons, ja im protestantischen Norden sogar die Kanzeln, die für die vielfach von der Aufklärung begeisterten Pastoren zum Ort zur Propagierung theologischer Aufklärung wurden, weniger die Hörsäle. Sieht man von Einzelbeispielen wie etwa Göttingen ab, waren diese seit dem 17. Jahrhundert ihrer erstarrten und damit ineffizienten scholastischen Methode wegen zunehmend kritisierten Institutionen mit einer immer noch weitgehenden korporativen Autonomie bis hin zu den Studienreformen der 1780er Jahre sicher noch nicht die Transmissionsriemen, die Aufklärung in die gesellschaftliche und politische Praxis
Gelehrte hinein vermittelten. Weit eher waren das die vielen gelehrten Gesellschaften, deren
Gesellschaften Zahl seit den 1760er Jahren rapide zunahm: Die Leipziger Ökonomische Societät,

die Landwirtschaftsgesellschaft in Celle, die Landesökonomiegesellschaft in Altötting oder die Patriotische Gesellschaft in Hamburg mögen hier nur beispiels-
halber genannt sein, in denen über Probleme der Sozial- und Wirtschaftsordnung,
über Reorganisations- und Reformmaßnahmen diskutiert und auch publiziert
wurde. Die Hamburger Patriotische Gesellschaft engagierte sich z. B. ganz
praktisch bei der Errichtung von Fachschulen oder der Schaffung der ersten
Flussbadeanstalt an der Elbe, regte ein Feuerlöschwerk an, bemühte sich um die
Stadtreinigung oder um die Neuorganisation des Armenwesens. Selbst eine Institution wie die Erfurter Akademie nützlicher Wissenschaften war sich unter
dem Statthalter Dalberg nicht zu schade, sehr praxisorientierte Preisfragen zu
stellen und in ihrem Organ „nützliche" Vorschläge beispielsweise an die Adresse
des Landwirts zu publizieren. Das gilt übrigens auch für die größeren und
bedeutenderen Akademien wie etwa München oder Mannheim, die – bei aller
Präferenz der Geisteswissenschaften – immer auch naturwissenschaftlich-tech-
nische Erkenntnisse in ein breiteres Publikum hineinzuvermitteln oder das
Realschulwesen anzukurbeln suchten. – Ein gewisses Nord-Süd-Gefälle ist bei   Nord-Süd-Gefälle
der deutschen Aufklärung übrigens unübersehbar, deren Akzeptanz – bei aller
Anerkennung der spezifisch „katholischen Aufklärung", die als ein interessanter
und ganz spezifischer eigener Typus erkannt und gewürdigt wird, – im protestantischen Norden und in der Mitte Deutschlands deutlich höher lag als im
Süden, ohne dass man auch dort von einer Massenbewegung sprechen könnte. Es
kommt hinzu das Phänomen der Mehrfachmitgliedschaft einzelner in den ver-
schiedensten aufgeklärten Zirkeln, das jetzt für Mitteldeutschland paradigmatisch
untersucht worden ist. Der Grad der Lesefähigkeit, der in Deutschland am Ende
der Aufklärungsepoche wohl erst – Spitzenwerte wie der für die oldenburgische
Marsch ermittelte dürfen den Blick nicht verstellen –zwischen einem Viertel und
einem Drittel der Gesamtbevölkerung gelegen hat, und anderes setzten hier
natürliche Grenzen, so dass man über Berechnungen nicht erstaunt sein darf, dass
selbst renommierte Aufklärungszeitschriften wie Schlözers „Stats-Anzeigen"
über Auflagen von 3–4000 nicht hinauskamen und damit allenfalls – wahrscheinlich ist diese Zahl aber zu hoch gegriffen – 80 000 Rezipienten erreichten. Das
eigentliche, ständig Gedrucktes konsumierende Lesepublikum wird noch kaum
mehr als 1% der Bevölkerung ausgemacht haben.

In Deutschland gewann die Aufklärung, die grundsätzlich überall über den
bloßen theoretisch-gelehrten Diskurs hinaus in die staatliche Realität und in die
praktische Bewährung drängte, ihren ganz spezifischen Charakter durch ihr
Bündnis mit dem politischen System: Die Träger der deutschen Aufklärung waren   Aufklärung und
– außer an die landesherrliche Beamtenschaft ist hier auch an die vielen Literaten   politisches System
zu denken, die erst nach ihrer sozialen Absicherung durch eine Pfarr-, Biblio-
thekars- oder Professorenstelle in der Lage waren, ihrer Schriftstellerei zu
huldigen – überwiegend dem Territorialstaat eng verbunden und konnten sich
eine Durchführung der von ihnen ins Auge gefassten Reformen meist nur mit ob-

rigkeitlicher Hilfe vorstellen. Sie artikulierten niemals mit der gleichen Stringenz und Unerbittlichkeit eine Fundamentalkritik an Gesellschaftsordnung, staatlicher Verkrustung und Kirche wie die französischen Aufklärer: Der Staat im Sinn des nun mehr und mehr als überlebt angesehenen *Policey*-Staats und die ständische Gesellschaft sollten nicht etwa total über den Haufen geworfen, sondern durch Aufklärung und Reformen effizienter gemacht, modernisiert werden (weshalb bei den deutschen Publizisten beispielsweise auch Montesquieu mit seiner Betonung der Notwendigkeit ständischer Zwischengewalten eine solche Resonanz fand und ihre Tendenz verstärkte, für ein erneuertes Ständewesen mit einem ihm unterstellten Modernisierungspotential einzutreten). Freilich war diese Verbindung von Aufklärung und Staat nicht nur ein deutsches Spezifikum; das Ausgreifen der Aufklärung in die Staats- und Regierungspraxis, das man unter dem (ursprünglich nur auf Friedrich den Großen bezogenen) Begriff des „Aufgeklärten Absolutismus" subsumiert, der ähnlich überdenkenswert wie der Begriff „Absolutismus" ist, war ein europäisches Phänomen, das in abgestufter Form den ganzen Kontinent mit Ausnahme der Seemächte und Frankreichs erfasste. Seine wesentlichen Ziele und Ergebnisse sind im Folgenden systematisch darzustellen.

Fürst und
Aufklärung

Am Beginn von Reformen stand überall ein Fürst, der willens und in der Lage war und über die nötige Autorität verfügte, Veränderungs- und Innovationsvorschläge nicht nur aufzugreifen, sondern auch durchzusetzen, der somit insbesondere über einen entsprechend zuverlässigen Beamtenapparat verfügen musste, dessen Tendenz, sich vom Fürsten- zum Staatsdiener zu wandeln, sich im ausgehenden 18. Jahrhundert signifikant verstärkte. Da diese Autorität Ludwig XVI. z. B. fehlte, kam es in Frankreich – andere Gründe traten hinzu – trotz aller Intensität der literarischen Diskussion nicht mehr zu einem wirklichen Aufgeklärten Absolutismus. Dieser setzte beim Fürsten ein neues Selbstverständnis voraus; die bloße Berufung auf das Gottesgnadentum als Legitimation der Herrschaft wurde parallel zu den wachsenden Zweifeln an der Heiligkeit der Person des Monarchen zunehmend obsolet, der Fürst begründete seinen Anspruch auf die Staatsführung nun mehr und mehr rational, durch seine besondere Einsicht, wie die Vernunft dem Staat nutzbar gemacht werden könne, wie er „als exzeptionelles Individuum das generelle Glück" (Werner Schneiders) besorgen und fördern könne: Der Fürst ist über die Diskussion unter den Aufklärern informiert, er nimmt im Sinn eines *Roi-Philosophe* daran teil und ist bereit, den aufklärerischen Denkanstößen bei der als notwendig erachteten Neugestaltung des Staates Rechnung zu tragen, und zwar so weitgehend, dass grundsätzlich keine Sphäre des Staates davon ausgegrenzt bleibt. Aus der großen Palette der Anregungen der philosophischen Aufklärung wählt der Fürst freilich jeweils nach seinen persönlichen Präferenzen und/oder staatlichen Bedürfnissen aus, d. h. er setzt Schwerpunkte, er hält sich nicht sklavisch an einen bestimmten „Kanon" von Reformen (den es nicht gibt). Das erleichtert es nicht gerade, das Phänomen des „Aufgeklärten Absolutismus" zu beschreiben.

Wenn ein Ansatzpunkt für „Aufklärung" überall in Europa die Kritik an Kirche, Religion und ihren Erscheinungsformen war, so entspricht dem, dass der „Aufgeklärte Absolutismus" zumindest im katholischen Europa in aller Regel seinen Ausgang nahm von einer wachsenden Distanz zur Kirche, der Wendung gegen die Omnipotenz und Allgegenwart der Kirche und ihrer Organisationen, dem Kampf gegen die Rolle der Kirche als Staat im Staat. Das konnte bis zur drängenden Intervention bei der Kurie führen, den Jesuitenorden aufzulösen (1773), was z. B. dann im Universitätsbereich nachhaltige, überwiegend positive Konsequenzen hatte, weil dort nun verstärkt „moderne", aufklärungsfreundlichere Orden wie die Benediktiner zum Zuge kamen. Das hatte vor allem aber den Effekt, die Bindungen der Bischöfe an die Kurie im nationalkirchlichen Sinn zu lockern, sie zu primär auf den Fürsten hin orientierten Staatsbeamten zu machen (josephinische Bistumsreform) – im Reich war dieses Bemühen eher von mäßigem Erfolg begleitet, weil sich hier das System der Reichskirche als relativ konsistent erwies und die Ausbildung landeskirchlicher Strukturen nur ausnahmsweise zuließ. Dem Zug der Zeit und dem Utilitätsprinzip der Aufklärung entsprach es weiterhin, die Existenzberechtigung der kontemplativen Orden in Frage zu stellen und ihre Klöster – oft mit viel Rigorismus – aufzuheben (josephinische Klosteraufhebung 1781), die Bettelorden zu dezimieren, kirchlichen Prunk, das Prozessions- und Wallfahrtswesen kritisch zu hinterfragen. Gerade was das pompöse Wallfahrtswesen betrifft, war die Kritik von katholischer Seite – „Lustreisen" des einfachen Volkes, Unterschlupf für Arbeitsscheue – oft nicht weniger scharf als von protestantischer, wobei sich die katholische Aufklärung und die katholischen Fürsten dann auch mit der gleichen Vehemenz gegen das Ablasswesen oder Auswüchse bei der Heiligen- und Reliquienverehrung wandten. Dabei eignet freilich – es sei wiederholt – keineswegs allen aufgeklärten Fürsten ein a- oder gar antireligiöser Grundzug; Joseph II. bemühte sich beispielsweise bei allem in seiner unmittelbaren Umgebung und bei ihm selbst nachweisbaren Antikurialismus intensiv um eine Verdichtung des Pfarrnetzes und damit um eine bessere Organisation der Seelsorge, wobei die Tendenz allerdings zugleich dahin ging, die Ausbildung der Priester in die Regie des Staates zu verlagern (staatliche Generalseminare) und sie als Sprachrohr der Staatsreform zu benutzen. Zurückdrängung der Kirche in die ihr eigene Sphäre, zugleich aber Einbindung der Kirche, ihrer Repräsentanten und Träger in den Staat mündeten zwangsläufig dann auch in die Infragestellung der Steuerprivilegien des Klerus, dessen Steuerexemtion in Verbindung mit der Praxis der „toten Hand", also der Ausgrenzung kirchlichen Eigentums aus dem allgemeinen Wirtschaftskreislauf, nach Ansicht der Aufklärer dem Staat gerade die Finanzmittel entzog, die er für seine Modernisierungsabsichten benötigte.

Die Auseinandersetzung mit der katholischen Kirche wurde insgesamt zur entscheidenden Nagelprobe für den „Aufgeklärten Absolutismus", die er – wie in Neapel und den beiden iberischen Staaten – entweder nicht bestand oder doch nur mit so viel Reibungsverlusten, dass daraus – wie in Österreich und der Toskana –

Gegenrevolten erwachsen konnten. Zu dem generellen Problem der Reduktion der Kirche und ihrer Indienstnahme für den modernisierten Staat kam überall ja noch hinzu, dass es innerkirchliche Reform- bzw. Emanzipationsbewegungen wie den Jansenismus oder den Febronianismus zu berücksichtigen galt, die teils unterstützt, teils für die eigenen Interessen benutzt wurden, die ihrerseits von den Fürsten aber auch oft zu viel reformerischen Schwung erwarteten, was dann seinerseits wieder zu Spannungen führte.

Spielten bei etlichen vordergründig als antikirchlich erscheinenden Maßnahmen (z. B. bei der Reduzierung der Zahl der kirchlichen Feiertage oder auch bei der numerischen Begrenzung der Kerzen im Gottesdienst) deutlich wirtschaftliche Gesichtspunkte eine Rolle, so gilt dies erst recht bei der Bereitschaft,

Abbau gesellschaftlicher Diskriminierungen

gesellschaftliche Diskriminierungen von religiös-konfessionellen Randgruppen abzubauen – selbst in Frankreich, wo man sich der gravierenden wirtschaftlichen Konsequenzen des Edikts von Fontainebleau (1685) sehr rasch bewusst geworden war, wurde den Reformierten am Vorabend der Revolution schließlich bürgerliche Gleichberechtigung gewährt (1787). Die – oft direkt von der publizistischen Diskussion ausgelöste – Tolerierung von Juden, Protestanten und griechischorthodoxen Christen im Habsburgerstaat Josephs II. z. B. war eindeutig getragen von der Vorstellung, die Wirtschaftskraft dieser Untertanen für den Staat zu gewinnen und zu aktivieren; dementsprechend waren es überall zunächst auch die finanzkräftigen jüdischen Hoffaktoren wie die Oppenheimer und Wertheimer in Wien oder die Itzig und Gompertz in Berlin, die vor den allgemeinen Reformgesetzen in den Genuss individueller Eximierungen und Privilegierungen gelangten. Im Hintergrund schwang dabei die Vorstellung mit, dass die (protestantischen) Seemächte ihre ökonomisch führende Stellung der Wirtschaftskraft ihrer (protestantischen) Untertanen bzw. ihrer Toleranz gegenüber Andersgläubigen – in beiden Staaten gab es ja faktisch keine Beschränkungen (mehr) für die Juden – verdankten. Judentoleranz bedeutete in der politischen Wirklichkeit übrigens noch keineswegs volle bürgerliche und politische Gleichstellung, war auch kaum getragen von einem tieferen Verständnis für die theologische Eigenheit des Judentums, das vielmehr oft mit der ebenfalls diskreditierten protestantischen Orthodoxie in Parallele gesetzt wurde, sondern hatte bis weit ins 19. Jahrhundert hinein immer den Nebenakzent der Assimilierung dieser Minorität.

Sozialreformen

Der Bereich der Sozialreformen war das Feld, auf dem sich die aufgeklärten Fürsten mit Vorliebe tummelten. Ihrer aus unübersehbaren und unabweisbaren strukturellen Defiziten in der bäuerlichen Wirtschaft und aus der großen Modebewegung des Physiokratismus herfließenden besonderen Affinität zur Landwirtschaft entsprang der Versuch, die Leibeigenschaft der Bauern zu beseitigen – allerdings war das für manche Staaten ein allenfalls theoretisches Thema (Preußen) und wurde in anderen überhaupt nicht zur Diskussion gestellt (Russland) – oder aber zumindest ihre Leistungsverpflichtungen deutlich zu reduzieren. In der Sicherung des bäuerlichen Besitzes wurde vom Physiokratismus und dann auch von Reformern wie Joseph von Sonnenfels geradezu die Voraussetzung jeglicher positiven Entwicklung in der Landwirtschaft gesehen, und es ist z. B. überaus bezeichnend, dass sich in Dänemark der Hof und der Hochadel an die Spitze der Bewegung setzten, ihre Güter für Agrarexperimente zur Verfügung stellten und für die Ablösung von Frondiensten bis hin zur völligen Bauernbefreiung sorgten. Eine Verbesserung der Infrastruktur im sozial-karitativen Bereich wurde mehr oder weniger nachdrücklich überall in Angriff genommen und schlug sich, auch weil die entsprechenden kirchlichen Einrichtungen jetzt häufig in Abgang gerieten, in der Errichtung von Spitälern, Waisen- und Findelhäusern, Irrenanstalten usw. nieder – der humanitäre Affekt des Josephinismus z. B. ist sicher nicht zu unterschätzen. Gerade das Problem der „unversorgten Kinder" hat, wie mehrere neuere Arbeiten erwiesen haben, die Landesfürsten nachhaltig beschäftigt. Zum sozialen Bereich mögen schließlich auch noch die Justizreformen gezählt werden, die zum einen auf die größere Unabhängigkeit der Justiz (z. B. von den Ständen wie in Österreich), zum anderen auf mehr Rechtssicherheit und Humanität abzielten. Die Coccejischen Reformen in Preußen, die freilich weniger auf qualitative Veränderungen im Rechtswesen als auf Rechtsvereinheitlichung und Rechtssicherheit durch Kodifizierung abzielten, blieben äußerer Umstände wegen zwar zunächst liegen, wurden dann gegen Ende von Friedrichs II. Regierungszeit aber intensiv wiederaufgegriffen, weil der Eindruck sich durchzusetzen begonnen hatte, dass zu einem modernen Staat – Schweden mit seinem Reichsgesetzbuch hatte hier 1734 bereits eine Art Vorbild gegeben – auch eine moderne Rechtskodifikation gehöre. Die preußische Kodifizierung ist jedoch kein Einzelfall: Ihrer ersten Phase parallel lief z. B. in Bayern das Entstehen des Kreittmayrschen Gesetzbuches, das allerdings ebenfalls noch keine aufgeklärten Reformen im Straf- und Zivilrecht intendierte, oder es ist auf die einschlägigen Bemühungen in Österreich seit den 1750er Jahren zu verweisen, die im „Josephinischen Gesetzbuch" (1786) ihre Fixierung fanden, das ebenfalls noch „vormodern" blieb, weil es insbesondere strikt an der ständischen Gesellschaftsstruktur festhielt. Generell war dies wohl ein Charakteristikum aller Kodifikationen der zweiten Hälfte des 18. Jahrhunderts, dass sie – aller Vernunftkritik am positiven Recht ungeachtet – über die Stufe der Systematisierung und Vereinheitlichung noch kaum hinausgelangten, noch nicht wirklich auf Veränderung im Sinn des modernen Rechtsstaats abzielten. Einige wenige Ausnahmen bestätigen diese Regel: Die Humanisierung im Strafvollzug, oft auf das Standardwerk Beccarias zurückgreifend, schlug sich zunächst im weitgehenden Verzicht auf die Folter nieder und konnte bis zur faktischen Abschaffung der Todesstrafe reichen – erneut mit durchaus utilitaristischer Zweckrichtung, weil auch der Schwerstverbrecher durch seine Zwangsarbeit dem Staat noch Nutzen bringen sollte. Auf jeden Fall aber begann sich auch im Rechtswesen ein größeres Maß an Rationalität durchzusetzen, die ein Phänomen wie die Hexenprozesse, die noch 1749 (Würzburg), 1756 (Landshut) und 1775 (Kempten) im katholischen Süden zu spektakulären Hinrichtungen geführt hatten, endgültig Geschichte werden ließ.

(Randnotiz: Justizreformen)

Die Reformen im Rechtswesen und die Rechtskodifikationen, die immerhin so
etwas wie einen Gesetzesstaat schufen, gingen oft Hand in Hand mit einer allgemeinen Verwaltungsreform, deren Grundrichtung auf die Ausformung einer
vorschriftengebundenen Beamtenschaft sowie auf die Ersetzung alter ständischer
oder patrimonialer Einrichtungen durch rational durchstrukturierte neue Ver-
waltungsbehörden abzielte, für die auch bisherige Freiheitsräume des einzelnen
kein Tabu mehr waren. Hier entstand zweifellos ein ins Grundsätzliche reichen-
des Konfliktpotential, das aus dem Abbau der „korporativen Freiheit" (Kurt v.
Raumer) resultierte: „Die alten Freiheiten wurden von einer neuen Verwaltung in
Frage gestellt, ohne dass für den Untertan ein persönlicher Freiheitsraum geschaffen wurde" (Karl Otmar v. Aretin). – Alle Bereitschaft zu administrativen
Reformen kann im Übrigen nicht darüber hinwegtäuschen, dass das Ziel noch
keineswegs die Montesquieusche Gewaltenteilung war; dies, z. B. also die Unabhängigkeit der Justiz, widersprach prinzipiell und diametral dem Selbstverständnis des Fürsten, der sich immer noch als Quelle und Fixpunkt der gesamten
Administration verstand – auch wenn Friedrich II. die Unabhängigkeit der Justiz
verbal immer wieder postuliert hat.

Eher uneinheitlich ist das Bild, das die Reformen der aufgeklärten Fürsten im
wirtschaftlichen Sektor assoziieren. Von ihrer besonderen Affinität zu Landwirtschaft und Bauerntum war bereits die Rede; in der Entlastung der Bauern und der
gezielten Förderung des Landanbaus sind wichtige Weichenstellungen vorgenommen worden, ohne dass der Staat hier im eigentlichen Sinn als „Unternehmer"
auftrat. Immerhin vermochte er Impulse zu geben, z. B. was den Anbau neuer
Kulturpflanzen (Kartoffeln, Mais, Raps, Tabak usw.) betraf, und er hat auch durch
seine Peuplierungsmaßnahmen die überkommenen Landschaften indirekt (Ur-
barmachung oder Sonderkulturen) nachhaltig verändert. Kommerz und gewerb-
liche Produktion versuchte er dagegen stärker in die eigene Regie zu bekommen:
Sofern dieses Ziel nicht zwei Generationen vorher bereits erreicht worden war,
ging das Bemühen dahin, noch vorhandene binnenstaatliche Zollschranken ein-
zureißen, also einheitliche Zollgebiete zu schaffen; außerdem wurden staatliche
Steuerverwaltungen aufgebaut und bisherige Steuerprivilegien nach Möglichkeit
aufgehoben, was insgesamt auch zu beachtlichen Erfolgen, also Einnahme-
steigerungen, führte. Periodische Bevölkerungserhebungen, wie sie seit den ausgehenden 1760er Jahren zum Beispiel in Lippe und in Schleswig und Holstein üblich wurden, konnten hier behilflich sein. Betriebsgründungen wurden, auch mit
finanziellen Anreizen, gezielt gefördert, die Zünfte wurden, soweit sie noch eine
Rolle spielten, weiter zurückgedrängt. Die grundsätzliche Intention, Anschluss
zu finden an die entwickelten frühindustrialisierten Seemächte, wurde in aller
Regel aber mit eher unzulänglichen wirtschaftspolitischen Instrumenten umgesetzt. Als ein grundsätzliches Handikap erwies es sich zudem, dass bei allen partiellen Erfolgen im Hinblick auf die Gewinnmaximierung der neuartige „Staats-
kapitalismus" den Abstand zu den kapitalistischen Wirtschaftsriesen einfach nicht
aufholen konnte, weil Handel und Industrie viel zu stark bürokratisch bevor-

mundet wurden; mehr Freiheit statt Gängelei hätte hier wohl nur gutgetan. Man hat geradezu die Frage gestellt, ob die Planungs- und Steuerungsmaßnahmen des Staates, z. B. durch Monopolerteilungen, nicht eher hinderlich für den Wirtschaftsaufschwung gewesen seien, umso mehr als das Einkommensniveau der Bevölkerung überwiegend eher bescheiden blieb, also keine nennenswerte Nachfrage entstand, und auch in der Produktionstechnik kaum wesentliche Fortschritte erzielt wurden. – Typisch war im Übrigen für das Deutsche Reich, dass die bereits im letzten Drittel des 17. Jahrhunderts einsetzende wissenschaftliche Beschäftigung mit der deutschen Variante der merkantilistischen „Staatswirtschaft", dem Kameralismus, erst um die Mitte des 18. Jahrhunderts zu den großen theoretischen Entwürfen eines Johann Heinrich Justi führte, ebenso wie – mit ganz ähnlicher Zielsetzung, sich über die Ressourcen der Staaten klar zu werden – die ältere wissenschaftliche Disziplin der „Statistik" (im Sinn von „Staatenkunde") erst jetzt zu ihrer eigentlichen Höhe gelangte (Gottfried Achenwall). Wissenschaftliche Begleitung

Erfolgreicher war der „Aufgeklärte Absolutismus" bei der Propagierung von Bildung und bei der Schaffung der institutionellen Voraussetzungen für die Erhöhung der Bildungschancen; auf diesem Gebiet waren die Impulse der literarisch-philosophischen Aufklärung, deren pädagogischer Affekt lange dominierend blieb und sich in Deutschland z. B. in Johann Heinrich Campes 16bändiger Enzyklopädie der Aufklärungspädagogik (1785–92) niederschlug, auch besonders intensiv. Der Trivialschulbereich wurde überall, vor allem auf dem flachen Land – das preußische „Generallandschulreglement" von 1763 mit seiner starken Betonung des sog. „Realienunterrichts" mag hier stellvertretend genannt sein –, ausgebaut, womit der Alphabetisierungsgrad nun deutlich nach oben ging. Schätzungen für das Reich gehen in die Richtung, für 1700 bei 15% und für 1800 bei 25% der erwachsenen Bevölkerung Lesefähigkeit anzunehmen. An den Universitäten wurden, der utilitaristischen, praxisorientierten Grundrichtung des „Aufgeklärten Absolutismus" entsprechend, vor allem die Disziplinen mit einem anwendbaren Nutzeffekt gefördert (Medizin) bzw. neu eingerichtet (Kameralistik). Die zweckfreie, insbesondere die geisteswissenschaftliche Forschung erfuhr dagegen nur bescheidene Unterstützung, die man nach wie vor eher an die sich allmählich über ganz Europa erstreckenden Akademien zu verlagern suchte; immerhin profitierte, freilich auch hier mit deutlich praxisbezogener Akzentuierung, die Erforschung der außereuropäischen Kontinente und Kulturen von gewissen staatlichen Impulsen und Finanzmitteln. Reformen im Bildungssektor

Ein (gewollter oder ungewollter) Nebeneffekt dieser grundsätzlichen Reformoffenheit des aufgeklärten Fürsten war, dass sich überall ein eigener Stand von Literaten und Journalisten bildete, von – zunehmend übrigens auch mit einem „national-patriotischen" Vokabular dem politischen Bewusstsein einen „nationalen" Akzent verleihenden – Gebildeten, die ihre faktische Machtlosigkeit durch die staatsloyale oder kritische Propagierung der Vernunft als der Grundlage sozialen Wandels zu kompensieren suchten, die diese Reformen verteidigten oder erklärten, teils bekämpften, überwiegend aber anzuregen suchten und konsequent Aufschwung des Journalismus auch solche Themen in die öffentliche Diskussion brachten, die bisher tabuisiert gewesen waren. Der „Markt" an literarisch-publizistischen Organen weitete sich jedenfalls erheblich aus, umschloss natürlich immer auch eher aufklärungsferne Periodika wie die zu einem guten Teil von Anzeigen „lebenden" Intelligenzblätter, das „Institut" des Raubdrucks tat ein Übriges, wobei im Gefolge dieser Entwicklung sogar die Zensur gelegentlich erkennbar gelockert wurde (Österreich). Es wurde zudem immer selbstverständlicher, geplante Reformmaßnahmen einem öffentlichen Diskurs zu unterwerfen; Friedrich II. etwa hat die aufgeklärten Publizisten und die Rechtsgelehrten geradezu ermuntert, am Entwurf des „Allgemeinen Gesetzbuches für die preußischen Staaten" Kritik zu üben und Verbesserungsvorschläge zu machen: Die „öffentliche Meinung" – England hatte in dieser Hinsicht schon eine viel längere Tradition – wurde innenpolitisch instrumentalisiert.

Grundtendenzen des „Aufgeklärten Absolutismus"   Versucht man, die politischen Ziele des „Aufgeklärten Absolutismus" global zu umreißen, so muss an erster Stelle wohl das Bemühen genannt werden, ein starkes, innovationsfreudiges Bürgertum und ein kräftiges, selbstbewusstes Bauerntum zu schaffen, mit deren Hilfe der wirtschaftliche Rückstand gegenüber den prosperierenden Seemächten, den Wirtschaftsriesen der damaligen Zeit, aufgeholt werden sollte. Modernisierung hatte es freilich mit den beharrenden Kräften der etablierten Gesellschaftsordnung zu tun, deren bisheriger Freiraum empfindlich begrenzt wurde, und diese Kräfte des *status quo* – ob es sich nun um den Adel, die Zünfte, die Kirche, die breite Opposition gegen die Judentoleranz handelte – waren es schließlich auch (wie z. B. in Österreich), die manche guten Ansätze des Monarchen und Initiativen seiner Beamtenschaft wieder zum Scheitern brachten. An der ausschlaggebenden Rolle des Fürsten darf bei alledem, bei diesem Versuch einer Revolution von oben, kein Zweifel bestehen, eines Fürsten, der sich nicht selten für den Staat, für die Allgemeinheit, geradezu verzehrte – eine Konsequenz der alles beherrschenden und seit der Jahrhundertmitte auch in die Fürsten-

Neue Herrscherauffassung   erziehung einfließenden Theorie des Gesellschaftsvertrags, derzufolge der Herrscher zu Gegenleistungen für sein Volk und für den Staat verpflichtet war. Diese neue Haltung („Ich bin der erste Diener meines Staates") setzte ein fundamental verändertes, am Staatswohl und nur an ihm orientiertes Selbstverständnis des Herrschers voraus, der zur Begründung seiner Herrschaft nicht mehr auf das Gottesgnadentum rekurrierte – oder wenn, wie in Frankreich, dafür nur noch harsche oder ironische Kritik erntete. Der Fürst stand „nicht mehr als ein von Gott Auserwählter der Masse seiner Untertanen gegenüber" (v. Aretin), sondern schloss sich in die Gesellschaft ein. Selbst im autokratischen Russland warben die aufgeklärten Monarchen ganz deutlich um informelle Zustimmung und um – zumindest – das Mittragen von Reformmaßnahmen durch den aufgeklärten Adel. Seine Vorzugsstellung gegenüber den Mitbürgern leitete er nur noch aus seiner eigenen Tüchtigkeit ab. Das aber barg zumindest mittelfristig Gefahren: Tüchtigkeit kann – was Joseph II. in Bezug auf seine Person ausdrücklich gestattete, während Friedrich II. 1784 jede öffentliche Kritik am Hof und also auch an der

Person des Herrschers strikt untersagte – in Frage gestellt werden, und dies konnte, logisch weitergedacht, durchaus implizieren, dass die auf dem Erbrecht beruhende Monarchie sich selbst die Existenzberechtigung nahm. Die spätere Generation der Aufklärer, die Anhänger Rousseaus etwa oder Mably, haben, desillusioniert über die Entwicklung in Frankreich, die Liquidierung der Monarchie explizit gefordert, weshalb diese letzte Phase der französischen Aufklärung von den europäischen Fürsten auch gar nicht mehr rezipiert wurde.

Die Reformen der aufgeklärten Fürsten konnten teils wegen der skizzierten strukturellen Probleme überhaupt nicht, nur fragmentarisch oder nicht auf Dauer verwirklicht werden, teils aber auch deswegen nicht, weil die Zeit zu kurz war, bis die Revolution zu einer Existenzbedrohung wurde und nach anderen politischen Prioritäten verlangte (was dann nicht selten innenpolitisch in Reaktion umschlug). Hinzu kam, dass die Fürsten oft auf halbem Weg stehen blieben, den (für die Gesamtbewegung und die Modernisierung des Staates unerlässlichen) Aufstieg des Bürgertums nicht nachdrücklich genug förderten, die Adelsvorrechte – Ausnahmen wie Schweden oder Portugal bestätigen diese Regel nur – nicht so konsequent abbauten, wie es nötig gewesen wäre (wobei freilich ein parallel laufender Verbürgerlichungsprozess des Adels in etlichen europäischen Staaten nicht übersehen werden sollte). Dennoch darf die Bedeutung dieser Phase der europäischen Geschichte nicht unterschätzt werden: Es waren Wege in eine modernere Gesellschaft gewiesen, es waren ökonomische Entwicklungen zumindest in Gang gesetzt, es waren staatliche Steuerverwaltungen aufgebaut und bisherige Steuerprivilegien nach Möglichkeit aufgehoben worden, die Menschen waren sensibilisiert worden, dass die bloße Erhaltung des *status quo* nicht das alleinige Ziel der Politik sein konnte. Der „Aufgeklärte Absolutismus" legte die entscheidenden Fundamente für die Transformierung von Staat und Gesellschaft in der Revolutionszeit und im frühen 19. Jahrhundert. Er trug freilich selbst noch kaum zur Ausbildung individueller Freiheit bei; sein Grundgedanke, die Beförderung des Gemeinwohls durch den Herrscher und seine Untertanen, schuf keineswegs mehr obrigkeitsfreie Räume, sondern verstärkte im Gegenteil den Zugriff des Staats auf die Untertanenschaft im Sinn einer allgegenwärtigen und alles regelnden Aufsicht noch einmal in eigentümlicher Weise.

Torsocharakter der aufgeklärten Reformen

Der „Aufgeklärte Absolutismus" setzte in den einzelnen europäischen Ländern überaus unterschiedliche Akzente und wurde nirgendwo so weitgehend verwirklicht, wie es der obige systematische Überblick assoziieren könnte. An drei Beispielen – das mit Abstand am besten erforschte friderizianische Preußen wurde bewusst ausgeklammert – soll das verdeutlicht werden.

Ein besonders eindrückliches Exempel, wie oft der „Aufgeklärte Absolutismus" auf halbem Weg stehen blieb bzw. nur wenige „Angebote" aus dem großen Reformenkatalog aufnahm, ist Spanien. Bei aller begrenzten, von spanischer Seite gelegentlich aber auch in Zweifel gezogenen Reformbereitschaft Karls III. konnte sich jenseits der Pyrenäen insbesondere der Toleranzgedanke nicht einmal ansatz-

„Aufgeklärter Absolutismus" in Spanien

weise durchsetzen; ein weiteres gravierendes Handikap war es, dass es weder gelang, den Adel durch die Zuweisung einer staatstragenden Rolle in seine Staatspflicht zu nehmen und zu integrieren, noch, ihn politisch und ökonomisch entscheidend zu schwächen. So suchte die Krone zwar den spanischen Kurialismus zu bekämpfen, wies als erster Staat Europas den Jesuitenorden (wegen seiner vorgeblichen Beteiligung am sozialrevolutionären „Hutaufstand" von 1766) aus, band die spanische Kirche durch die Reform des Nuntiaturtribunals, durch das Genehmigungsrecht der päpstlichen Bullen und die endgültige Aneignung des Spolien- und Vakanzenrechts (Konkordat 1753) enger an sich („Regalismus"), aber den Konservatismus des hohen und niederen Klerus konnte sie letztlich nicht erschüttern, und bei den notwendigen Sozialreformen konnte sie sich ebenfalls nicht gegen die Kirche als den größten Grundbesitzer des Landes und ihr Prinzip der Unveräußerlichkeit von geistlichem Besitz durchsetzen. Die (überfälligen) Agrarreformen blieben somit ein Torso: Zwar konnten einige strukturelle Verbesserungen zugunsten der Landwirtschaft wie die Anlage von Stauseen und Bewässerungskanälen erzielt oder auch Peuplierungsmaßnahmen – beispielsweise in der Sierra Morena unter starker Beteiligung deutscher Bauern – eingeleitet werden, aber der für die Landwirtschaft zentrale Aspekt des Verkaufs des Gemeindelandes mit dem Ziel der Schaffung eines kräftigen bäuerlichen Mittelstandes scheiterte ziemlich kläglich und kam letzten Endes nur den Großgrundbesitzern zugute. Auch die mentalen Sperren gegen eine Ausweitung von Manufaktur und Industrie konnten trotz einiger Einzelförderungen und der nicht unpopulären Auseinandersetzung mit den Zünften kaum überwunden werden, so dass die eigentlichen Leistungen des „Aufgeklärten Absolutismus" in Spanien noch am ehesten im kulturellen Bereich zu finden sind (wozu man auch die Kodifizierung des spanischen Rechts zählen könnte, die allerdings erst 1805 vollendet wurde): Die Unterstützung von hochrangigen wissenschaftlichen Unternehmen wie z. B. der Vermessung des Meridians durch den Staat, die Einführung der Grundschulpflicht in Navarra, eine gewisse Verstärkung der Staatsaufsicht über die Universitäten, die Förderung praxisorientierter Fächer wie spanisches Recht, Medizin und Biologie mit teilweiser Neuerrichtung von entsprechenden Lehrstühlen, vor allem aber ein kräftiger Aufschwung der „spanischen Studien" lassen das Urteil zu, dass der spanische „Aufgeklärte Absolutismus" wenigstens auf diesem Feld mehr war als eine Episode.

Josephinismus   Zum anderen Extrem, zu Joseph II., der „mit einer geradezu revolutionären Radikalität den Staat und seine Institutionen nach einem rationalen Plan von Grund auf umzuformen" suchte (Eberhard Weis). Im Gegensatz zu seinem mehr bewunderten als gehassten Antagonisten Friedrich II. von Preußen, der sich letztlich stärker theoretisch mit der Aufklärung als mit der praktischen Umsetzung von Aufklärung in Politik beschäftigte, war Joseph II. ein – der naturrechtlichen Philosophie, aber auch dem Physiokratismus vielfältig verpflichteter – Doktrinär, der von der Idee besessen war, das Gesamtvolumen der Aufklärung auszuschöpfen und seinen Staat gewissermaßen im Sturmritt zu modernisieren. Es sollte sein Schicksal werden, dass die habsburgische Gesamtmonarchie auf einen solchen Sturmritt noch nicht vorbereitet war und die mentalen Voraussetzungen für eine derart rasche Homogenisierung und Nivellierung des Untertanenverbandes und für so abrupte Reformen im administrativen und ökonomischen Bereich einfach noch fehlten.

Joseph begann, unmittelbar nachdem der Tod der Mutter ihm den Weg freigemacht hatte, seine in den Jahren der Mitregentschaft konzipierten Vorstellungen in die praktische Politik einzubringen. Das eine war, dass er, in konsequenter Fortschreibung der alten Verwaltungsreformen, ständische Relikte und Selbstverwaltungsreste aus der Administration zu eliminieren suchte, um ein einheitliches, uniformes und damit leichter zu regierendes Gesamtstaatsgebiet zu schaffen. Hierher gehörte etwa, dass die Regierungsbezirke neu geschnitten wurden, dass die Stände endgültig entmachtet oder die Selbstverwaltung der Städte beseitigt und überall ein einheitlicher staatlicher Befehlsstrang bis zur lokalen Ebene eingerichtet wurde. Gravierender aber war anderes: In bewusster Umsetzung aufklärerischer Postulate von der Gleichheit aller Menschen wurden Privilegierungen bestimmter sozialer Gruppen (Adel, Klerus) abgeschafft und die Gleichheit aller vor dem Gesetz hergestellt (Gerichtsordnung von 1781), wurden, nachdem die Mutter in der Vergangenheit immer wieder ihr Veto eingelegt hatte, die bisherigen Benachteiligungen religiöser Minderheiten wie der Orthodoxen oder Protestanten aufgehoben (Toleranzpatente 1781) und Religionsfreiheit verfügt, wurden auch die Juden – ohne dass ihnen schon volle staatsbürgerliche Gleichstellung gewährt worden wäre – mehr und mehr in den Staat integriert. Im Strafgesetzbuch von 1787, Teil einer umfassenderen Kodifikation, wurden, der humanitären Grundtendenz entsprechend, wesentliche Verbesserungen wie z. B. die Abschaffung der Folter oder die Beschränkung der Todesstrafe auf standrechtliche Delikte vorgesehen. Wichtig im Rechtswesen, das im Übrigen einen straffen Instanzenzug erhielt, war ferner das neue Ehe- und Erbrecht, das u. a. Ehescheidungen grundsätzlich ermöglichte und die Stellung von Töchtern und unehelichen Nachkommen im Erbschaftswesen deutlich aufwertete. Den humanitären Grundzug verdeutlichten etwa auch Einzeldekrete zum Schutz fabrikarbeitender Kinder oder wirtschaftspolitische Maßnahmen, die als Beginn einer allgemeinen Sozialgesetzgebung charakterisiert werden können und die indirekt illustrieren, dass Joseph auch die Anfänge der Frühindustrialisierung nicht aus dem Auge verlor und unter anderem durch Zollvereinheitlichung und Bekämpfung des Zunftzwangs zu stützen suchte. Von seiner Affinität zum Physiokratismus her wandte Joseph ein besonderes Augenmerk der „Bauernbefreiung", also der Aufhebung der Erbuntertänigkeit der Bauern, zu; als flankierende Maßnahme, um dem Ziel eines selbständigen und kräftigen Bauernstandes näherzukommen, wurden die Verbesserung der Rechtssicherheit der Bauern (mit der Möglichkeit der Klage gegen die Grundherren bis zur obersten Instanz) und die gänzliche Abschaffung des Robot angesehen. Typisch für den Geist der planenden, rationalen und zugleich den Staatsfinanzen zugute kommenden josephinischen Aufklärung war beispielsweise auch die den Gesamtstaat erfassende Katastrierung des Grundes und Bodens, um ein Bemessungskriterium für eine allgemeine Grundsteuer zu gewinnen.

Die Eingriffe in das Kirchenwesen, die einerseits auf eine Staatskirche abzielten, konkurrierende Abhängigkeiten möglichst ausschalten sollten (staatliche Priesterseminare) und als überflüssig oder nicht mehr zeitgemäß angesehene kirchliche Institute (tote Hand, Zölibat) und Institutionen für das Staatswohl nutzbar zu machen suchten (Klosteraufhebung zugunsten des staatlichen Schulwesens) und die andererseits die Kirche von bestimmten Auswüchsen (Wallfahrtswesen) befreien und sie in die ihr eigene Sphäre zurückdrängen sollten, können hier nur global erwähnt werden. Gerade in diesem Bereich aber zeigte sich das oft fehlende Fingerspitzengefühl des Monarchen, der Reaktionen der Betroffenen und die öffentliche Meinung kaum jemals richtig vorherzusehen imstande war; hier wie etwa auch in der Sprachenfrage, dem Versuch, allen, auch den nichtdeutschen Staatsteilen, eine einheitliche Staatssprache zu oktroyieren, schoss Joseph zudem oft eklatant übers Ziel hinaus. Alles sollte, konnte aber wohl nicht „genormt und der Idee der allgemeinen Wohlfahrt dienstbar" gemacht (Johannes Kunisch) und unterworfen werden.

Noch zu seinen Lebzeiten, verstärkt aber nach seinem (frühen) Tod, meldete sich die Reaktion gegen diese vielfach rücksichtslose und überhastete Politik mit Macht zu Wort – der Adel und die Kirche, die Belgier und die Ungarn, ein vielstimmiger Chor der Betroffenen und Übergangenen, der die vielen josephinischen Keimlinge und Sprößlinge entschlossen wieder zurückschnitt. So blieb vom „Josephinismus" jenes hektischen Jahrzehnts der Alleinregierung des Monarchen zunächst nur ein Torso übrig; aber dass an die Impulse, die er gegeben hatte, an die grundlegenden Veränderungen in Staat und Gesellschaft, die er initiiert hatte, irgendwann wieder angeknüpft werden würde, war ebenso klar.

So sehr heute eine gesunde Skepsis obwaltet, ob man eine so oder so geartete Reformpolitik im Sinn des „Aufgeklärten Absolutismus" vom Selbstverständnis des Fürsten deduzieren darf und ob man sich Fürsten überhaupt als „Exekutoren aufgeklärter Reformkonzepte" (Horst Dreitzel) vorstellen darf, so sehr treten derartige skeptische Einschränkungen bei der russischen Kaiserin Katharina II. zurück. Es ist das mit Abstand eindrucksvollste und vielleicht sogar geschlossenste theoretische Konzept für die Umsetzung von „Aufklärung" in Staat und Gesellschaft, das von der (lange vom Erwerb politischer Erfahrung ausgeschlossenen, aber dann umso entschlossener nach der Macht greifenden) deutschen Prinzessin auf dem Zarenthron entwickelt wurde. Katharina, aus der Erfahrung eines „wohlgeordneten" patriarchalischen protestantischen Kleinstaates und dem Bewusstsein sowohl der zivilisatorischen Rückständigkeit Russlands als auch der permanenten Reformbedürftigkeit lebend, in einem ständigen Meinungsaustausch mit Voltaire, Diderot und D'Alembert stehend und auch mit den Werken der deutschen Kameralisten und Beccarias sowie der englischen Verfassung und politischen Kultur bestens vertraut, hat wenige Jahre nach Beginn ihrer Allein-

„Aufgeklärter Absolutismus" in Russland: Katharina II.

herrschaft in einer großen „Instruktion" die Summe ihrer politisch-philosophischen Reflexionen gezogen und einer (mehr als 500 Köpfe zählenden) Kommission gewählter Deputierter zur Erarbeitung eines neuen Gesetzbuches die Richtung ihrer Modernisierungspolitik gewiesen – eine Schrift, der allenfalls noch das toskanische Verfassungsprojekt Großherzog Leopolds an die Seite gestellt werden könnte. Bei aller Brutalität, die ihre ersten Regierungsjahre begleitete, war das ein von einem hohen Ethos getragenes und auf die spezifischen Belange Russlands abgestelltes Programm gemäßigter Aufklärung, das geeignet gewesen wäre, das (trotz erster aufgeklärter Reformansätze ihrer Vorgängerin Elisabeth und auch Peters III.) unbestreitbare Entwicklungsdefizit Russlands gegenüber West- und Mitteleuropa auszugleichen: Die ständische Gliederung der Gesellschaft wurde zwar auch hier nicht in Frage gestellt, aber mit ihrer Forderung nach strikter Gewaltentrennung, nach Schaffung standesgleicher Gerichte, nach Präferenz des Prinzips der Verbrechensvorbeugung gegenüber dem der Bestrafung und nach Humanisierung des Strafvollzugs beschritt sie einen Weg, der in Europa noch längst nicht selbstverständlich war. Ihre wirtschaftspolitischen Reformüberlegungen hatten Handelsfreiheit, Industrieförderung und Peuplierung als wichtigste Ziele, aber – in Übereinstimmung mit dem Physiokratismus – vor allem auch Stützung und Förderung der Landwirtschaft, ohne dass die Rechtsstellung der Bauern so entscheidend verändert werden sollte wie z. B. in der Habsburgermonarchie Josephs II. Auch wenn die entsprechenden Abschnitte relativ knapp und abstrakt gehalten waren, ließ Katharina schließlich keinen Zweifel daran, dass das Erziehungswesen, das sie ebenso wie das Gesundheitswesen im Übrigen in ihren ersten Regierungsjahren bereits angepackt hatte, in Anlehnung an die Prinzipien einer pietistischen Pflichtenlehre verbessert werden musste, um „gute Bürger" zu bekommen.

In der Forschung ist der herrschaftsstabilisierende Charakter der „Instruktion" Katharinas II. vielleicht zu stark gewichtet worden; bedeutsamer ist sicher, wie rasch dieses theoretische Modernisierungspotential auch in die praktische Politik umgesetzt wurde und wie wenig ihr Reformwille im Lauf der Jahre erlahmte. Die Aufhebung der Monopole, die Herstellung von Handelsfreiheit und Freiheit der städtischen Gewerbe wurde noch in den 1760er Jahren im raschen Zupacken verwirklicht; die Säkularisation der Kirchengüter kam nicht nur der Staatskasse, sondern auch den aus der kirchlichen Abhängigkeit entlassenen Bauern zugute; die Reformen in der Administration und im Gerichtswesen Mitte der 1770er Jahre führten zu mehr Rechtssicherheit und mehr Rechtsgleichheit; im Bildungsbereich war in den 1780er Jahren die Einführung der allgemeinen Schulbildung ein Vorgang von epochaler Bedeutung, der in seiner Konsequenz weit über die Förderung und Neugründung von Akademien hinausreichte, aber natürlich, wie so vieles, nicht in einem Zug verwirklicht werden konnte. Bemerkenswert ist im Übrigen auch, mit welchem Geschick die Kaiserin die orthodoxe Kirche zur Propagierung und als Multiplikator für ihre Reformvorhaben zu gewinnen vermochte – eine Kirche, deren Funktionsträger sehr konsequent zu Staatsbeamten gemacht wurden und die ihrer Toleranzpolitik kaum Steine in den Weg legten.

Der Ausbruch der Revolution in Frankreich und die erneute Belastung des Reiches durch auswärtige Kriege haben, wenige Jahre nach dem Volksschulgesetz, zu einer deutlichen Reaktion und zu einem Abrücken von der aufgeklärten Politik geführt und etliche Reformansätze nicht so fruchtbar werden lassen wie erwartet. Natürlich musste auch Katharina immer mit einer gewissen Opposition – u. a. des Adels – rechnen, die aber längst nicht so breit war wie in Österreich und keineswegs den Adel insgesamt umfasste, der zum Teil die Reformbewegung ausdrücklich mittrug. Es waren also primär exogene Faktoren, die dem „Aufgeklärten Absolutismus" in Russland wieder ein Ende bereiteten, nicht endogene. Die Kaiserin beherrschte die Klaviatur, um mit ganz verschiedenen literarischen Genres ihren Untertanen ihre Vorstellungen nahezubringen und um eine europäische Öffentlichkeit zu überzeugen, wie überhaupt durch ihre „Öffentlichkeitsarbeit" manche Kritik schon im Keim erstickt wurde. Aber vor dem Hintergrund der Reaktion gilt dasselbe, was für Österreich gesagt wurde: Auch wenn zunächst nur die Wirtschaftsreformen wirklich „griffen", waren durch die Zarin, die nicht zufällig auch Ehrenmitglied der Berliner Akademie der Wissenschaften wurde, Grundlagen gelegt worden, an die später wiederholt angeknüpft werden konnte, und es kann insgesamt gar keinem Zweifel unterliegen, dass mit Katharina der bisherige „autokratische Absolutismus" Russlands (Hans Jürgen Torke) endgültig gleichzog mit dem „normalen" europäischen Herrschaftssystem der aufgeklärten Tendenz. Katharinas Reformpolitik stellte insofern eine Art Abschluss des Prozesses des Hineinwachsens Russlands nach Europa dar.

Es ginge sicher an der Sache vorbei, im Fall Katharinas II. von einem Idealtypus des „Aufgeklärten Absolutismus" zu sprechen, weil die atypischen Elemente – ein Imperium ohne ausgebildete Ständeverfassung, eine Herrscherin, die durch einen Akt der Usurpation auf den Thron gelangt war und unter einem permanenten Legitimationsdruck stand – nicht wegzudiskutieren sind. Aber das ändert an dem hohen Rang der Kaiserin im Prozess der modernisierenden Aufklärung und ihrem hervorragenden Platz im Wettstreit der aufgeklärten europäischen Fürsten nicht das mindeste.

11. KRISEN UND KONFLIKTE IM AUSGEHENDEN ANCIEN RÉGIME

Es gab in Europa Staaten, die ihrer wirtschaftlichen Potenz und ihrer strukturell bedingten Reformfähigkeit wegen auf das Experiment des „Aufgeklärten Absolutismus" verzichten konnten. Andere fanden, vor allem weil die fürstlichen Impulse fehlten oder nicht zum Tragen kamen, nicht die innere Kraft, um ein überfälliges Reformprogramm energisch in Angriff zu nehmen und glitten damit immer mehr in eine Staats- und Autoritätskrise hinein.

Besonders eklatant und gravierend war die Krise in Frankreich, dem Mutterland und eigentlichen Resonanzboden des aufklärerischen Denkens, wo allen Anstößen, aller fundamentalen Systemkritik und allem Rigorismus ungeachtet Staat und Gesellschaft eher in einen Zustand der Verkrustung als in den des Wandels übergingen. Die in Frankreich besonders notwendige Steuerreform, zu der in den frühen 1750er Jahren der Finanzminister Machault einen neuen Anlauf unternommen hatte, war am mangelnden Durchsetzungsvermögen des Monarchen gescheitert. Durch den Siebenjährigen Krieg, in den Frankreich zwar zunächst in einer wirtschaftlichen *Hausse* eintrat, die zudem keineswegs sofort abbrach, wuchs dann aber doch die Staatsschuld erneut auf exorbitante 2,35 Milliarden Livres, vor allem weil die Krone das Steuerwesen nicht zu ändern wagte und den Krieg zu mehr als 3/5 aus Anleihen finanzierte. Aber auch vor diesem Hintergrund sah sich die Krone außerstande, die Staatsfinanzen wirklich zu sanieren oder die von Aufklärern geforderten ökonomischen Reformen anzugehen, was letztlich eine gravierende Vertrauenskrise nach sich zog. Es gab nicht wenige kritische Beobachter, die bereits nach dem Pariser Frieden von 1763 einen allgemeinen Umsturz in Frankreich heraufziehen sahen. Die lähmende Staatsverschuldung konnten auch begrenzte Erfolge in der Außenwirtschaftspolitik und bei der Heeresform nicht mehr aufwiegen, wobei die Militärreformen ohnehin schon allein deswegen torsohaft bleiben mussten, weil die innere Homogenisierung des Offizierskorps sich nach wie vor als illusionär erwies. Entscheidender aber als die Staatsverschuldung, entscheidender vielleicht auch als das faktische Nichteingehen auf das Reformprogramm der Physiokraten war, dass sich die Parlamente gegenüber allen Neuerungen sperrten, auch vor Justizterror nicht zurückschreckten und sich insgesamt als eine „reformfeindliche, selbstsüchtige, standesorientierte Opposition" (Jürgen Voss) darstellten, die ganz ausdrücklich außer gegen die Jesuiten und die Protestanten auch gegen die „Philosophen" vorgingen. Nach einer Regierungskrise 1770 kam es unter dem „Dreigestirn" Maupeou, Terray und d'Aiguillon zwar zu einem kurzzeitigen „Reformfrühling", als die alten Parlamente entmachtet, aufgelöst und durch eine neue staatliche Gerichtsorganisation ersetzt wurden, als – freilich ohne den erhofften Generalangriff auf die Privilegien – moderate Reformen im Steuerwesen Platz griffen und der Grund für eine modernere Wirtschaftspolitik gelegt wurde. Erst und nur in dieser Phase bestand die Chance, Frankreich von Grund auf – und das heißt: auch auf Kosten der Privilegierten – zu reformieren, den Staat in eine aufgeklärte Reformmonarchie zu verwandeln. Es war für alle Aufklärer und auf eine evolutionäre Entwicklung vertrauenden Beobachter eine herbe Enttäuschung, als

Scheitern dieses Experiment, ohne dass das Reformwerk bereits wirklich hätte „greifen" können, nach nur vier Jahren abgebrochen werden musste, weil Maupeou und Terray von dem neuen König nicht mehr mit ihren bisherigen Ämtern betraut wurden. Die Krise kehrte zurück und potenzierte sich; es war in hohem Maß bezeichnend, dass die Krone umgehend die Platten des berühmten Kupferstichs von Noël Le Mire zur Ersten Teilung Polens vernichten ließ, da man eine solche Karikatur gekrönter Häupter für abträglich und gefährlich hielt.

Hatte Ludwig XV. wenigstens in diesen letzten Lebensjahren die Reformpolitik seiner Minister mitgetragen, so war sein Enkel, der bei allem Pflichtbewusstsein wenig geistvolle Ludwig XVI., das gerade Gegenteil dessen, was Frankreich in dieser Situation gebraucht hätte; Impulse und Rückendeckung für eine engagierte Reformpolitik waren von diesem entschlusslosen jungen Mann kaum

Reaktion zu erwarten. Stattdessen wurden die alten Parlamente restituiert, das gesamte Reformwerk der vergangenen vier Jahre wieder außer Kraft gesetzt – eine Restauration vor allem zugunsten der *Noblesse de robe*, die sich in der Folgezeit als verhängnisvoll erweisen sollte. Die Berufung Turgots, eines den Physiokraten nahestehenden Aufklärers, zum Generalkontrolleur der Finanzen stellte kaum noch mehr als eine Episode dar, auch wenn in Turgots zweijähriger Amtszeit, in der erstmals die *Philosophes* eine wirkliche Chance zur unmittelbaren Mitgestaltung der Politik erhielten, zumindest ein Programm entwickelt wurde, das geeignet gewesen wäre, die Monarchie vor dem drohenden Zusammenbruch zu bewahren (Ausgabendrosselung statt Steuererhöhung, Gewerbefreiheit statt Zunftzwang, Einstellung der Zensur, Wiederherstellung des Edikts von Nantes, Reform des Strafvollzugs, Besteuerung des Klerus, öffentliche Sozialfürsorge usw.).

Mit Turgots Entlassung brachen die sporadischen Versuche, die feudalen Relikte und die Lasten der Vergangenheit über Bord zu werfen, endgültig ab. Die Finanzkrise, die sich durch das französische Engagement im Amerikanischen Unabhängigkeitskrieg ein weiteres Mal gravierend zuspitzte, bekam keiner seiner Nachfolger mehr in den Griff, weil es niemand mehr wagte, Privilegien, Standesinteressen und traditionale Strukturen wie die Staatsfinanzierung durch private Finanzunternehmer anzutasten. Die Reaktion setzte sich auf der ganzen Linie wieder durch und reaktivierte z. B. auch alte, längst in Vergessenheit geratene Rechtstitel und Abgabenforderungen gegenüber den Bauern. Die Offenlegung

Autoritätskrise des Staatshaushalts durch Necker kam einem gewaltigen Prestigeverlust der Krone gleich, der sich durch die skandalträchtige Halsbandaffäre noch steigerte. Diese dann vom und vor dem Pariser Parlament breit und publikumswirksam aufgerollte Betrugssache, in die außer dem Straßburger Kardinal-Bischof Rohan die Königin Marie Antoinette (sicher ohne jedes eigene Zutun) verwickelt war, hatte für die Krone fatale Konsequenzen, weil sie den Gegnern der Monarchie und der Königsfamilie den erwünschten Vorwand lieferte, das Ansehen der Dynastie weiter zu erschüttern und die öffentliche Meinung gegen sie aufzubringen.

Ludwig XVI. versuchte verzweifelt, unter dem Druck der öffentlichen Meinung und der Pamphletliteratur in letzter Minute seine Reformbereitschaft durch eine neuerliche Justizreform zu beweisen, riskierte aber damit ein weiteres Mal eine heftige Auseinandersetzung mit den Parlamenten. Sie führte sogar schon zum offenen Aufruhr, der die Autoritätskrise der Krone schonungslos enthüllte und schließlich nur beizulegen war, indem der König dem Drängen der Privilegierten nachgab und – erstmals seit 1614 – die Generalstände einberief.

Diese offenkundige Unfähigkeit der politischen Führung, die überfälligen Reformen wirklich in Angriff zu nehmen, wurde noch potenziert durch eine ökonomische Krise, die die Verunsicherung weiter verstärkte: Bei steigenden Bevölkerungszahlen und innerhalb einer allgemeinen *Hausse* kam seit 1778 auf Frankreich ein zwölfjähriger antizyklischer Wirtschaftsabschwung zu, der die Lebenshaltungskosten sprunghaft steigen ließ, ein Überangebot an Arbeitskräften und damit ein Absinken der Löhne nach sich zog und das soziale Konfliktpotential auch dadurch noch vermehrte, dass viele adlige Grundherren, die durch diese Entwicklung unter Druck geraten waren, nun von ihren Bauern rückständige Abgaben einforderten oder vergessene Rechte zu reaktivieren suchten. Staat und Gesellschaft befanden sich in Frankreich in den ausgehenden 1780er Jahren in einer tiefreichenden Strukturkrise.

Mit der inneren Schwäche Frankreichs korrespondierte ein gewaltiger außenpolitischer Prestigeverlust, der in seiner Konsequenz das europäische Mächtekonzert nach den Friedensschlüssen von 1763 außerordentlich instabil machte: Frankreich hatte den Pariser Frieden nur hörbar zähneknirschend hingenommen, weil es mit Recht erkannte, dass es in dem globalen Hegemonialkampf mit Großbritannien vorläufig entscheidend zurückgeworfen war; vor allem der Verlust Kanadas und Indiens war in der öffentlichen Meinung als eine schwere Hypothek empfunden worden. Frankreichs Stolz und Selbstbewusstsein waren durch die Misserfolge der eigenen Waffen erheblich beeinträchtigt worden, und trotz der Tatsache, dass immerhin noch wesentliche Teile des Kolonialimperiums hatten gerettet werden können, waren in Versailles Revanchegedanken aufgekommen, noch ehe die Tinte des Pariser Friedens getrocknet war. Großbritanniens neue überragende Stellung weckte freilich nicht nur in Frankreich, sondern in ganz Europa Befürchtungen, es könne nunmehr eine Art Monopol im Überseehandel anstreben – auf dem Kontinent war London seit dem Bruch mit Preußen 1762 ja ohne eigentlichen Verbündeten, konnte aber schon wegen des Kurfürstentums Hannover auf ein gewisses kontinentales Engagement nicht völlig verzichten. Auch Preußens definitiver Eintritt in den Kreis der europäischen Großmächte bedeutete keineswegs, dass die persönlichen Animositäten gegen Friedrich II. und seinen Staat nun bloß noch Geschichte gewesen wären. Es gehörte 1763 nicht all-

Ökonomische Krise

Mächtepolitischer Prestigeverlust Frankreichs

zu viel Prophetengabe dazu zu prognostizieren, dass die französisch-britischen Eifersüchteleien und die Vorbehalte gegen Preußens Aufstieg auch weiterhin die internationale Politik bewegen würden. Als weiterer Faktor, der den europäischen Frieden zumindest indirekt und potentiell gefährdete, kristallisierte sich seit 1763 die gefährliche und tragische Entwicklung in Polen heraus.

Polens Niedergang Polen mit seiner republikanisch-wahlmonarchischen Verfassung, eingeklemmt nunmehr zwischen drei europäische „Großmächte", hatte im 18. Jahrhundert unter den wettinischen Königen einen geradezu beängstigenden Verfall erlebt („Krise der Souveränität"). Gegen die sächsischen Teilungsprojekte und die „absolutistischen" Tendenzen Friedrichs Augusts I. und Friedrich Augusts II. hatte der polnische Adel zunehmend Rückhalt bei Russland gesucht, das mehr und mehr in die Rolle einer Protektoratsmacht hineinwuchs. Die Adelsanarchie, gegen die sich keiner der beiden Wettiner durchsetzen konnte und die schon im zweiten und dritten Jahrzehnt des 18. Jahrhunderts gravierende innenpolitische Turbulenzen nach sich gezogen hatte (Dissidentenfrage; Thorner Blutgericht von 1724), führte in den 1740er und 1750er Jahren dazu, dass Polen zusehends in die Bedeutungslosigkeit zurücksank, zumal August III. seine Energien immer deutlicher auf sein Stammland Sachsen konzentrierte. Bei der nach seinem Tod 1763 notwendig werdenden Königswahl wiederholte sich – freilich unter veränderten Vorzeichen – das seit zwei Jahrhunderten übliche Spiel der versuchten Einflussnahme der europäischen Mächte auf die Entscheidung des Wahlreichstags, wobei erstmals Frankreich und Österreich jetzt auf einer Seite standen, sich gegen eine von Russland angeführte „nordische" Koalition und deren Kandidaten Stanislaus August Poniatowski aber nicht durchsetzen konnten. Womit freilich niemand ge-

Reformkönigtum rechnet hatte, war, dass Poniatowski, wohlvertraut mit dem Aufklärungsdenken
Poniatowskis und fasziniert vom politischen Vorbild England, über die Rolle einer russischen Marionette, die man ihm als einem ehemaligen Liebhaber Katharinas II. allenfalls zutraute, rasch hinauswuchs und energisch Hand anzulegen begann an innere Reformen; z. B. ordnete er das Steuerwesen sowie Verwaltung und Heer neu, reorganisierte das Bildungs- und Erziehungswesen und förderte Handel und Gewerbe. Eine Modernisierung Polens, sein Aufstieg zu einem Staat mit – vielleicht sogar außenpolitischem – Ehrgeiz aber wurde in den Hauptstädten der östlichen Großmächte fast als eine Art Destabilisierung Ostmitteleuropas bewertet: Die – ganz elementar innenpolitisch bestimmte – Machtlosigkeit Polens war eine wesentliche Voraussetzung, dass das ostmitteleuropäische Gleichgewichtssystem funktionierte, weil es die in hohem Maß stabilisierende Pufferfunktion dieses kraftlosen, ungeschützten Gebildes benötigte. Gegen die als Gefährdung eines regionalen Gleichgewichts eingestufte Entwicklung, dass sich Polen regenerieren und außenpolitisch wieder aktiv werden könne, gingen die östlichen Mächte dementsprechend konsequent vor; der Vorgang sollte sich unter ähnlichen Vorzeichen in den frühen 90er Jahren wiederholen.

Vorwände waren rasch gefunden: Die Dissidentenfrage und der Aufstand einer Adelskonföderation gegen die ständigen russischen Interventionen gaben Katharina II. die Handhabe zu militärischen Aktionen, und spätestens seit 1770, seit dem Rückfall der an Polen verpfändeten Zipser Städte an Joseph II., gewann der Gedanke einer territorialen Amputation Polens auch in Petersburg und Berlin immer mehr Befürworter – es gibt im Übrigen nicht wenige Historiker, die die Ansicht vertreten, erst durch seine Einbeziehung in das mit Tausch und Teilung jonglierende „europäische Machtverteilungssyndikat" (Friedrich Meinecke) sei Preußen endgültig als europäische Großmacht anerkannt worden. 1772, vor dem Hintergrund eines Türkenkrieges, für den Russland Unterstützung benötigte, und unter dem Eindruck eines drohenden österreichischen Kriegseintritts, durch den eine weitere Schwächung der Türkei verhindert werden sollte, fanden sich zunächst Russland und Preußen und dann auch, trotz Bedenken auf Seiten Maria Theresias, Österreich in der Konzeption, sich politisch gleichwertige, wenn auch verschieden große polnische Gebiete anzueignen. In dieser Ersten Teilung Polens verlor die Königsrepublik gut ein Viertel ihres Territoriums – Preußen erhielt das geostrategische und in der gegebenen Situation einer europäischen Hungerkrise auch wirtschaftspolitisch eminent wichtige „Verbindungsstück" zwischen den Stammlanden und der „Kronprovinz" (und damit die Legitimation, dass seine Herrscher fortan den Titel „König *von* Preußen" führten), Russland das Gebiet bis zur „natürlichen Grenze", der Düna, Österreich die Provinzen Galizien und Lodomerien – und fast 40% ihrer Einwohner, ein Vorgang, der erstaunlicherweise allerdings nicht in Lethargie oder aber revolutionäre Unruhen umschlug, sondern der als Stimulans für eine neue zwanzigjährige Ära aufgeklärter Reformen wirkte, die den Grund zur Umwandlung einer Adelsnation mit durchaus noch mittelalterlichen Zügen in einen modernen bürgerlichen Staat legte.

Erste Teilung Polens

Beispiele von egoistischer Kabinettspolitik, die ohne Rücksicht auf historische Bindungen oder auf staatsrechtliche Klammern vom Konferenztisch aus über das Schicksal von Völkern und Staaten entschied, hatte es in der Vergangenheit bereits häufiger gegeben; es sei hier etwa daran erinnert, dass nach dem Spanischen Erbfolgekrieg die savoyischen Herrscher einmal mit Sizilien und dann mit Sardinien bedacht worden waren oder dass der Gemahl Maria Theresias 1735 seines Stammlandes Lothringen verlustig gegangen und dafür mit der Toskana entschädigt worden war. Ländertausch aus dynastischen Gründen, auch Teilung staatsrechtlich zusammengehörender Gebilde waren also schon in der Vergangenheit vorgekommen; was der Ersten Teilung Polens aber eine neue Dimension verlieh und in den europäischen Kleinstaaten und den mindermächtigen Gebilden für Nervosität und wachsende Angst vor einem ähnlichen Schicksal sorgte, war die Erkenntnis, dass, wenn sich drei Großmächte in ihrem Machiavellismus einig waren, der Mindermächtige nur noch abwarten konnte, was mit ihm geschah.

Andere Beispiele „absolutistischer" Kabinettspolitik

Die Erste Teilung Polens war den Mitlebenden zugleich ein weiterer schlagender Beleg für die Fragilität der Gleichgewichtsdoktrin, die – neben dem Prinzip der *Convenance* – in den vergangenen Jahrzehnten nicht nur von jedem europäischen Staatsmann im Munde geführt worden war, sondern die auch eine breite wissenschaftlich-theoretische Literatur hervorgebracht hatte. Dabei hatten sich

Polen und die Fragilität der Gleichgewichtsdoktrin

die Kritiker der „Balance-of-Power"-Doktrin schon seit der Jahrhundertmitte immer prononcierter zu Wort gemeldet; z. B. hatte der Kameralist Johann Heinrich Justi mitten im Siebenjährigen Krieg eine Schrift mit dem programmatischen Titel „Die Chimäre des Gleichgewichts von Europa" veröffentlicht, worin die Gleichgewichtsidee als bloßes Propagandainstrument diskreditiert und gebrandmarkt und volle, uneingeschränkte Handlungsfreiheit für alle Staaten gefordert wurde. Die Literatur hatte namentlich auch die kleineren Staaten stärker in die Praxis der Gleichgewichtsdoktrin einzubeziehen gesucht, die bisher eher passiver Teil der Vereinbarungen der Großmächte gewesen waren, die in diesem System zwar durchaus einen gewissen Freiraum besaßen, aber letztlich doch von der Steuerung der benachbarten Großmächte abhängig waren und sich deren Ordnungsvorstellungen fügen mussten. Diese Kritik an der Gleichgewichtsdoktrin sollte sich nun weiter verstärken, wobei ein altes Motiv in neuem Gewand noch hinzutrat, die Vorstellung nämlich, dass ein Zusammenbruch des deutschen – jetzt dualistischen – Gleichgewichtssystems den Zusammenbruch des ganzen kontinentalen Systems nach sich ziehen werde.

Schwergewichts-
verlagerung der
europäischen Politik

Die Tatsache, dass der erste größere internationale Konflikt nach dem Siebenjährigen Krieg sich in Ostmitteleuropa abspielte, ist bezeichnend für die deutliche Schwergewichtsverlagerung im europäischen Kräftespiel. Waren bisher die Niederlande, die italienische Halbinsel, der deutsche Westen die Konfliktzonen gewesen, in denen die europäischen Großmächte aufeinandergeprallt waren, so verschob sich nun generell der Schwerpunkt der europäischen Politik nach Osten, wo jetzt drei Großmächte auf Tuchfühlung miteinander standen und wo zudem noch das Problem des im Niedergang befindlichen Osmanischen Reiches anstand, dessen Auflösung und Liquidierung von nun an für rund ein Jahrhundert die europäischen Höfe bewegte – ein Strukturelement geradezu der europäischen Politik im 19. Jahrhundert.

Russisch-türkischer
Krieg

Das durch innenpolitische Dauerkrisen erschütterte und geschwächte Osmanenreich stellte vor allem für die nach dem Siebenjährigen Krieg dynamischste Großmacht, also für Russland, eine permanente Versuchung dar, zu seinen Lasten zu expandieren, die türkischen Grenzen zu verändern – kaum noch übrigens für die Hofburg, wo inzwischen die Einsicht mehr und mehr Anhänger gefunden hatte, dass eine weitere Ausdehnung auf dem Balkan den Staat eher schwächen als stärken würde. Anlässe und Vorwände waren auch hier rasch gefunden: Polnische Flüchtlinge, die in den späteren 1760er Jahren wegen des russischen Eingreifens im polnischen Bürgerkrieg ihre Heimat verlassen hatten, hatten Istanbul zur Intervention zu bewegen gesucht und dafür territoriale Versprechungen (Podolien) gemacht. Völkerrechtswidrige russische Übergriffe auf türkisches Territorium gaben einen zusätzlichen Anstoß, einen Krieg zu beginnen, umso mehr als Berichte über russische Kriegsvorbereitungen der Pforte das Gefühl vermittelten, in Übereinstimmung mit dem Völkerrecht zu handeln und präventiv vorgehen zu dürfen.

In diesem Krieg musste die Pforte, die sich 1769 relativ unvorbereitet in dieses Wagnis stürzte, eine Reihe empfindlicher Niederlagen einstecken, die nur deswegen nicht noch mehr an die Substanz gingen, als es den Russen nicht in dem erhofften Maß gelang, die Nichttürken im Osmanischen Reich zu Aufständen gegen die Pforte zu bewegen. Politisch wichtiger war, dass die russischen Erfolge bald die anderen ostmitteleuropäischen Großmächte auf den Plan riefen, die, der Gleichgewichtsdoktrin folgend, eine allzu weitgehende russische Expansion und eine entsprechend empfindliche Schwächung der Türkei, die durchaus als gewichtiger Faktor des europäischen Gleichgewichtssystems gesehen wurde, zu verhindern suchten. Der Friede von Kütschük-Kainardschi, der im Sommer 1774 unter österreichischem und preußischem Druck schließlich zustande kam, war freilich immer noch ein strahlender Erfolg Katharinas II., die nicht nur territoriale Gewinne von erheblicher Bedeutung erzielte bzw. vorbereitete (Krim-Chanat), sondern auch den freien Verkehr russischer Handelsschiffe im Schwarzen Meer und in der Ägäis sowie eine Art Schutzrecht über die christlichen Untertanen des Osmanischen Reiches durchsetzte, auf das sich die späteren russischen Herrscher bei ihren Einmischungen in die inneren Angelegenheiten des Osmanenreiches stereotyp berufen sollten.

Friede von Kütschük-Kainardschi

Eine zumindest potentielle Gefährdung des Balancezustandes im ostmitteleuropäischen Raum stellte es weiterhin dar, dass 1772 in Schweden in staatsstreichähnlicher Form die Ständeherrschaft der einander befehdenden Gruppierungen („Hüte" und „Mützen") gebrochen und das Königtum voll restituiert wurde. Gustav III., der neue Monarch, galt einerseits als dezidiert frankophil und bereit, sich auch politisch an Frankreich zu binden, und war andererseits von der Stunde seiner Machtübernahme an entschlossen, an die Großmachtambitionen Schwedens anzuknüpfen – beides musste zwangsläufig Verunsicherungen auf russischer Seite nach sich ziehen, die zu einer solchen Entwicklung nicht lange würde schweigen können. Der Konflikt, der sich seit 1772 abzeichnete, hat allerdings dann noch bis in die späten 1780er Jahre auf sich warten lassen – zum Wohl übrigens der schwedischen Kultur, für die die Regierungszeit Gustavs III. zu einer goldenen Epoche wurde.

Restitution der Königsherrschaft in Schweden

Schließlich konnte auch die politische Entwicklung am Ausgang der Ostsee, in Dänemark, keineswegs beruhigen. Dort hatte sich ein „Ministerabsolutismus" ausgebildet, der im Allgemeinen mit seinen Empfehlungen an den Monarchen eine gute und rationale Politik betrieb, aber natürlich die königliche Prärogative erheblich tangierte und faktisch auch einschränkte. Tatsächlich stellte der geistig behinderte Christian VII. wenige Jahre nach seinem Regierungsantritt dieses System dann grundsätzlich in Frage und löste damit eine tiefgreifende Verfassungskrise aus. Anstelle des aufgelösten *Conseil* richtete Christian VII. eine Kabinettsregierung unter der Leitung des übereilte Reformen anpackenden Grafen Johann Friedrich Struensee ein, nach dessen spektakulärem Sturz und Hinrichtung nach einem fragwürdigen Prozess man etliche Jahre experimentierte, um schließlich beim Regierungsübergang an Kronprinz Friedrich (VI.) zum Ministerrat alter Prägung und Zusammensetzung zurückzukehren (1784). Ob damit aber die dänische Krise endgültig beigelegt war, hätte wohl noch niemand zu prognostizieren gewagt.

Dänische Verfassungskrise

Dass Europa sich seit dem Ende des Siebenjährigen Krieges faktisch in zwei Hälften geteilt hatte – z. B. äußerten die beiden Westmächte angesichts des Russlands Stellung im europäischen Mächtekonzert nachhaltig aufwertenden Friedens von Kütschük-Kainardschi zwar Unmut, aber schalteten sich nicht ein; Kaiser Joseph II. und Friedrich der Große verpflichteten sich bei ihrer ersten Zusammenkunft in Neiße 1769 für den Fall eines damals befürchteten britisch-französischen Krieges zur Neutralität –, belegt indirekt auch der Amerikanische Unabhängigkeitskrieg: Der innerbritische und dann britisch-französisch-spanische Konflikt war eine Angelegenheit nur dieser Mächte, die mittel- und osteuropäischen Großmächte hielten sich abseits und blieben im Wesentlichen auch desinteressiert. Es gab zwar während des Krieges einige Angebote von Seiten Josephs II. (so 1781/82) und Katharinas II., durch ihre guten Dienste oder ihre Vermittlung den Frieden herzustellen, aber das blieb letztlich ergebnislos und wurde auch nicht mit übergroßem Nachdruck verfolgt.

Amerikanischer Unabhängigkeitskrieg
Es kann hier nicht darum gehen, die Ursachen und den Prozess der Emanzipation der nordamerikanischen Kolonien vom Mutterland im Einzelnen zu analysieren; wirtschaftliche Momente, das Problem, einen Mittelweg zwischen Zentralismus und regionaler Autonomie zu finden, schließlich ein Verfassungskonflikt über das Kompetenzvolumen des Londoner Parlaments waren entscheidende Punkte, die die Entfremdung zwischen Kolonien und Mutterland beschleunigten und schließlich zum Bruch und zur Unabhängigkeitserklärung (1776) führten. Die militärische Eskalation in Amerika hatte freilich auch ganz direkte Rückwirkungen auf den Alten Kontinent. Zum einen bewegte die Amerikanische Revolution und die Lösung der Kolonien vom Mutterland die Europäer in einem ganz erstaunlichen Maß, auch die Bevölkerung Deutschlands übrigens, wie Analysen des literarischen Marktes und der Presse erwiesen haben, wobei das hohe Maß an Sympathie frappierend ist, das man den Amerikanern entgegenbrachte. Nachdem im Gefolge von Montesquieus „Esprit des lois" (1748) die Hochschätzung des Ständewesens ohnehin noch einmal eine Renaissance erlebt hatte, wurde das amerikanische Modell nun geradezu zu einem Impetus für ein neues Nachdenken über politische Partizipation im Kontext des Zauberworts der „Repräsentation". Vor diesem Hintergrund war es für das politisierte deutsche Publikum ein besonderes Ärgernis, in welchem Maß sich einige deutsche Fürsten – Hessen-Kassel, Hanau, Ansbach-Bayreuth und andere – mit Truppenvermietungen zugunsten Großbritanniens engagierten. Über die Hälfte (17 000 Mann) dieser deutschen Söldner, die natürlich längst nicht nur wirkliche Freiwillige waren, wurden vom Landgrafen von Hessen-Kassel geliefert, was zu der sprachlichen Gleichsetzung von Söldnern und Hessen („the Hessians") beitrug. Zum anderen aber begannen – so schwer sich manche aus Gründen monarchischer Solidarität dabei auch taten – die kontinentalen Gegner Großbritanniens nach der Unabhängigkeitserklärung die Aufständischen moralisch, finanziell und materiell zu unterstützen; vor allem galt das für Frankreich, das erstmals seit 1763 hier eine echte Chance sah, am überragenden Prestige des britischen Rivalen zu

kratzen. Bereits 1778 erkannte Versailles als erster Staat die Unabhängigkeit der Kolonien völkerrechtlich an; die Hoffnung, bei der damit unumgänglich werdenden neuerlichen militärischen Auseinandersetzung mit Großbritannien auch diese oder jene koloniale Erwerbung zu tätigen, spielte dabei eine zusätzliche Rolle.

Der Einsatz französischer (und dann auch spanischer) Truppen und Gelder in Nordamerika stellte in der Tat Großbritannien vor erhebliche Probleme; trotzdem war, als im April 1782 Paris und London ernsthafte Friedensverhandlungen begannen, die englische Ausgangsposition nicht schlecht, denn die Gegenseite bildete natürlich keine kohärente Einheit, sondern war wegen je unterschiedlicher Interessen ohne allzu große Mühe zu sprengen. So hielten sich, zumal Frankreich aus finanziellen Gründen den Krieg nicht mehr fortsetzen konnte, im Pariser De- **Pariser Friede** finitivfrieden vom Januar 1783 die englischen Verluste in durchaus erträglichen **(1783)** Grenzen: London verlor zwar die Souveränität über die 13 nordamerikanischen Kolonien, wobei Premierminister Shelburne überaus großzügig und weitsichtig der neuen Republik alles zur Diskussion stehende Land zwischen den Alleghanies und dem Mississippi überließ, London verlor auch einige westindische Inseln und afrikanische Handelsstützpunkte sowie Florida und Menorca, aber konnte allen spanischen Bemühungen zum Trotz sich in Gibraltar behaupten und erlaubte vor allem in Indien Frankreich keinerlei Positionsverbesserung. Frankreich hatte somit bei der Neuauflage des Hegemonialkampfes gegen Großbritannien zwar einen Achtungserfolg errungen, mehr aber auch nicht. Vor allem tangierte der britische Verzicht auf die 13 Kolonien überhaupt nicht Londons nach wie vor unangefochtene Vormachtstellung auf den Weltmeeren.

Wurde in Frankreich die etablierte Ordnung, das politische und soziale System von Seiten der radikalen Aufklärung zunehmend in Frage gestellt, wobei die Unfähigkeit der politischen Führung zu einer nachhaltigen Reorganisation in Staat, Verwaltung und Gesellschaft einer solchen Fundamentalkritik Vorschub leistete, so wuchsen in Deutschland zur gleichen Zeit die Zweifel, ob das Reichssystem, das auf dem Recht und einem dieses Recht respektierenden Kaiser, nicht aber auf einem Großmächtedualismus aufbaute, noch eine Zukunft hatte. Der öster- **Zukunft des** reichisch-preußische Dualismus war seit dem Hubertusburger Frieden das große, **Reichssystems?** gewissermaßen institutionalisierte Leitthema der deutschen Geschichte, das selbst alle territorialstaatlichen Konflikte prägte. Der schon seit Jahrzehnten andauernde Konflikt zwischen den württembergischen Ständen und ihren Herzögen beispielsweise, in dem es letztlich um die Heeresfinanzierung ging und in dem auch eine so schillernde Figur wie der Hoffaktor Jud Süß Oppenheimer gescheitert war, wurde seit 1763 bis hin zum Erbvergleich von 1770 zu einer Auseinandersetzung, die zeitweise fast den Charakter eines politischen Stellvertreterkrieges zwischen Berlin und Wien annahm.

Die Zweifel hinsichtlich der Zukunft des Reiches rührten vor allem daher, dass der neue Kaiser, der sich zunehmend von seiner Mutter emanzipierte, immer weniger Skrupel an den Tag legte, auf Kosten des austarierten Reichssystems

Bayerische Erbfolge seinen Staat territorial und innenpolitisch zu arrondieren. Die bayerische Erbfolgefrage schien eine geradezu ideale Handhabe zu werden, diesem Ziel näher zu kommen und den Verlust Schlesiens zu kompensieren.

Die beiden wittelsbachischen Kurfürsten Max III. von Bayern und Karl Theodor von der Pfalz lebten in kinderlosen Ehen, so dass ab ca. 1770 aufgrund der wittelsbachischen Hausverträge eine Wiedervereinigung der beiden Linien absehbar wurde, die nicht nur das deutsche Gleichgewicht berühren, sondern auch Auswirkungen auf das europäische Kräftespiel haben musste. In Wien hatte man deswegen seit den frühen 1770er Jahren Überlegungen angestellt, wie eine derartige gesamtwittelsbachische Machtbildung verhindert werden könne, und dabei auch den Gedanken diskutiert, nach dem Aussterben der Münchener Linie das Kurfürstentum Bayern als erledigtes Reichslehen einzuziehen. Realistischer als diese Konzeption war freilich Kaunitz' Ansatz, Rechtsansprüche Österreichs auf Teile des Kurfürstentums (Bayern-Straubing) zu konstruieren oder das alte Projekt eines Tauschs Bayerns gegen die österreichischen Niederlande wiederzubeleben. Unmittelbar nach dem Tod Max' III. (31. Dezember 1777) zwang Kaunitz die pfälzische Seite zur Anerkennung der österreichischen Ansprüche auf Straubing; diesen Vertrag ratifizierte Karl Theodor auch, im Glauben, er bilde gewissermaßen den Auftakt für den von ihm ersehnten Tausch Bayerns gegen die österreichischen Niederlande. Davon aber wollte man in Wien, nachdem man sich über die deprimierend schlechte Wirtschaftslage Kurbayerns klar geworden war, nichts mehr wissen.

„Kartoffelkrieg" Die Besetzung des Straubinger Landes durch österreichische Truppen bot freilich der Gegenseite – Friedrich II. und der Zarin Katharina II. – eine erste Handhabe, um den Kaiser wegen der Nichtachtung der Reichsverfassung zu diskreditieren und eine Kampagne mit dem Tenor zu starten, dass die Freiheit und die Erhaltung des Reichssystems nur noch von Preußen gewährleistet werden könne. Der Krieg, den Preußen von dieser Argumentationsebene her – nachdem Maria Theresia ihn in letzter Minute nicht hatte verhindern können – begann, erstarrte zwar rasch in militärischer Inaktivität („Kartoffelkrieg"), gab aber Friedrich II. die Möglichkeit, seinen Anspruch als „Gegenkaiser" nachdrücklich zu unterstreichen. Der Frieden, den Diplomaten Russlands und Frankreichs – erstmals nicht als neutrale Vermittler, sondern als Instanz zur Kontrolle des Teschener Friede europäischen Gleichgewichts handelnd – zustande brachten und in Teschen mitunterschrieben (13. Mai 1779), bestätigte, dass Josephs II. Ansehen erheblichen Schaden genommen hatte: Österreich musste alle Erwerbungen bis auf das kleine Innviertel wieder herausgeben und konnte es zudem nicht verhindern, dass die zukünftige Vereinigung der beiden fränkischen Markgraftümer Ansbach-Bayreuth mit Preußen, die der Kaiser seit etlichen Jahren zu verhindern suchte, approbiert und unter die Garantie der vermittelnden Großmächte gestellt wurde. Er bestätigte freilich auch, dass Russland, Garantiemacht des Friedens, in Zukunft eine bedeutendere Rolle im Reich spielen würde als bisher, die sich aber auch in den Jahren vor Teschen im Blick auf die Erwerbung Oldenburgs durch das Haus

Holstein-Gottorf, dem Katharinas ermordeter Mann entstammte, bereits bemerkenswert aktiviert hatte.

Joseph II. versuchte zwar diesem Prestige- und Ansehensverlust im Reich gegenzusteuern, indem er etwa die Präsenz seines Hauses in der *Germania Sacra* zu verstärken sich bemühte und in der Tat mit seiner neuen Reichskirchenpolitik in Nordwestdeutschland auch Erfolge erzielte, aber der allgemeine Eindruck, dass für Joseph II. die Reichsverfassung zur Disposition stand, verstärkte sich in den Jahren danach eher noch. Maßgeblich verantwortlich dafür war sicher Josephs Vorgehen gegen die Reichskirche, soweit sie in seinen Herrschaftsbereich hineinragte – das System der geistlichen Staaten wurde von der Aufklärung zwar zunehmend kritisch in Frage gestellt, war als tragender Pfeiler der Reichsverfassung aber nicht einfach disponibel. Unter deutlichem Rückgriff auf einen Spätjansenismus italienischer Prägung und dessen Postulat der Unterwerfung der Kirche unter den Staat ließ Joseph II. seit 1783 keine Gelegenheit aus, um die österreichisches Territorium mit umfassenden Reichsbistümer zu amputieren (und aus den abgetrennten Sprengelteilen sofort neue Landesbistümer zu machen) bzw. die aus Österreich in die Reichsstifte fließenden Abgaben und Steuern zu sperren (Passau, Salzburg). Diese Kirchen- und Diözesanpolitik Josephs II., mit der nun auch der traditionell auf die Hofburg ausgerichtete Reichsteil den Eindruck gewinnen musste, vom Kaiser wenn nicht missbraucht, so doch zumindest missachtet zu werden, erleichterte die Annäherung Friedrichs des Großen an die katholischen Fürsten entscheidend und begünstigte es, dass der Preußenkönig in der öffentlichen Meinung immer vorbehaltloser in die Rolle eines Wächters über die Integrität der Reichsverfassung hineinwuchs. Friedrich II., derzeit (seit dem Kollaps des russischen Bündnisses) ohne potenten kontinentalen Verbündeten und für die Zeit nach seinem Tod die Überlebenschancen Preußens als Großmacht kalkulierend, nutzte diese politische Situation konsequent aus: In Anknüpfung an im Schoß des verunsicherten „dritten Deutschland" entstandene Pläne für einen Bund zur Sicherung der Reichsverfassung und zur Wahrung des politischen Gewichts der Mindermächtigen, setzte sich der alte Hohenzollernkönig an die Spitze einer Bewegung, die sich gegenüber Josephs Aggressivität und „Reichsferne" die Erhaltung des *status quo* zum Ziel setzte. Preußens „Protektion" und dann sogar Leitung eines solchen Bundes war in der deutschen Klein- und Mittelstaatenwelt zwar längst nicht unumstritten, aber schließlich setzte sich doch die „preußische Variante" des Fürstenbundes durch mit einem eindeutig antiösterreichischen Affekt. Diesem von Anfang an überkonfessionellen Fürstenbund von 1785, dem schließlich sogar einige wenige – allerdings weit weniger als erhofft – geistliche Fürsten beitraten, wohnten freilich seit seiner Geburt unterschiedliche mittelfristige Projektionen inne: Neben der offiziellen Formel, weitere Übergriffe des Kaisers auf die Reichsverfassung verhindern zu wollen, stand latent das preußische Bedürfnis, für die Stunde X auf militärisch (einigermaßen) potente Partner zurückgreifen zu können, mit dem sich der an den kleinen Höfen artikulierte Wunsch, vom Fürstenbund aus eine wirkliche Reichsreform in Angriff zu

Josephs II. Reichskirchenpolitik

Fürstenbund

nehmen, schlechterdings nicht in Einklang bringen ließ. Den Keim seines späteren Verfalls trug der Fürstenbund bereits 1785 in sich.

Sprengkraft des Dualismus

Dass aber überhaupt der Gedanke eines explizit gegen die kaiserlichen Übergriffe gerichteten Bundes auftauchen und realisiert werden konnte, zeigt, wie wenig geeignet der Reichsrahmen für die Existenz zweier deutscher Großmächte, also für den deutschen Dualismus war. Sicher haben etliche deutsche Staaten am Vorabend der Revolution in ihrer Innen- und Reformpolitik den Forderungen der Zeit Rechnung getragen und zumindest partiell den Weg in die Moderne beschritten, so dass die nach der Revolution oft geäußerte Meinung, man brauche eine Umwälzung wie im Nachbarland gar nicht, weil man aus sich selbst heraus reformfähig sei, subjektiv nicht einmal falsch war. Aber der institutionelle Rahmen genügte den veränderten politischen Umständen auf Dauer nicht mehr – kleinere Eingriffe wie die (im Wesentlichen gescheiterte) Reichskammergerichtsvisitation der 1760/70er Jahre oder Ergänzungen der Wahlkapitulation reichten nicht aus, die Reichsverfassung der Moderne anzupassen. Die Institution des geistlichen Staates wurde zunehmend in Frage gestellt, an der Effizienz der Reichskriegsverfassung musste spätestens seit dem Siebenjährigen Krieg gezweifelt werden, die Klagen über die Reichsjustiz häuften sich. Vor allem aber: die Reichsverfassung war auf ein aus dem Reich wegstrebendes und das Reich als unnatürliche Fessel empfindendes Kaisertum nicht vorbereitet, und sie war auch nicht vorbereitet auf die politische Dynamik zweier Großmächte, die den Reichsverband als ein Objekt ihres Hegemonialkampfes ansahen. Insofern befand sich das Reich 1785 in einer tiefen Krise; die Zukunft – und dazu gehörte auch die Frage, ob Preußen nach Friedrichs II. Tod seinen Großmachtstatus behaupten würde – musste zeigen, ob es aus dieser Krise noch Auswege gab.

12. EUROPA UM 1785

Wer das Europa vom Vorabend der zunächst Frankreich, dann den ganzen Kontinent verändernden Revolution mit der Situation eineinviertel Jahrhunderte zuvor vergleicht, dem springen die gewaltigen Veränderungen, die in der Zwischenzeit eingetreten waren, geradezu in die Augen.

Das beginnt bereits bei den demographischen Verhältnissen. Dank einer deutlichen Klimabesserung nach dem Höhepunkt der „kleinen Eiszeit", dank der Zurückdrängung und „Zähmung" der großen Epidemien – die Pest trat im Mittelmeerbereich letztmals um 1720 auf, drang aber schon nicht mehr über das untere Rhônetal hinaus vor –, dank der Verbesserungen im hygienischen Bereich (Abwasserkanäle, Verlegung der Friedhöfe aus den Städten) und der medizinischen Fortschritte (Pockenimpfung), dank der Steigerung der Ernteerträge und ihrer besseren Verteilung auf die Populationen hatte sich der Bevölkerungsanstieg in ganz Europa seit ca. 1730 und dann vor allem in der zweiten Hälfte des 18. Jahrhunderts deutlich beschleunigt; die Gesamtbevölkerung des alten Kontinents dürfte 1785 – obwohl die Bevölkerungserhebungen und –zählungen seit den 1760er Jahren rasch zunahmen, muss man nach wie vor von Näherungswerten ausgehen – ca. 180 Mio. Menschen betragen haben, wobei z. B. Frankreich, trotz des Aderlasses der Hugenottenflucht und eines gewaltigen Bevölkerungseinbruchs in den ersten beiden Jahrzehnten des 18. Jahrhunderts, freilich auch dank territorialer Neuerwerbungen, einen Sprung von ca. 20 auf 27,7 Millionen gemacht hatte. Noch augenfälliger wird dieser Sprung aber am Beispiel Englands, dessen Bevölkerung sich gegenüber 1660 auf nunmehr über 9 Millionen Menschen fast verdoppelt hatte, oder aber am Beispiel Russlands, dessen Bevölkerung von ca. 13 Millionen auf ca. 37 gewachsen war. Es sollte festgehalten werden, dass diese Steigerung weniger mit hochschnellenden Geburtenzahlen oder besseren Überlebenschancen der Kinder, von denen selbst in Frankreich nach 1750 30–45% nicht einmal das 10. Lebensjahr erreichten, als vielmehr mit einem Rückgang der Mortalität und dem mit dem weitgehenden Verschwinden von Subsistenz- und Bevölkerungskrisen alten Stils einhergehenden Anwachsen der Lebenserwartung der erwachsen Gewordenen zusammenhängt. Und die genannten Zahlen gewinnen noch an Gewicht, wenn man berücksichtigt, dass die Zahlen der *Singles* kontinuierlich stiegen und dass auch die Auswanderung aus Europa – inzwischen waren knapp 60% der Landfläche der Erde bekannt – zu einem beachtlichen Faktor geworden war — allein die Zahl der deutschen Auswanderer nach Britisch-Nordamerika wird für das 18. Jahrhundert auf gut 130 000 geschätzt, wobei „Auswanderung" im ausgehenden 18. Jahrhundert im Unterschied zum frühen 17. kaum noch mit dem Rechtsinstitut des „indentured service" gekoppelt war. Fälle sehr vereinzelten Bevölkerungsrückgangs (Kurbayern) bestätigen letztlich nur das allgemeine Bild. Nicht weniger bedeutsam als dieser gegenüber 1660 deutliche und für das Ancien Régime durchaus ungewöhnliche Bevölkerungsanstieg ist ein all-

Demographische Faktoren

Verstädterungsprozess

gemein zu beobachtender „Verstädterungsprozess": Die aktive, unversorgte und damit auch unverheiratete Landbevölkerung wanderte zunehmend in die Städte ab, wo zumindest die Chancen, ein Einkommen zu finden, ungleich größer waren (freilich auch sozialer Abstieg drohte, wie das überproportionale Anwachsen der städtischen Unterschichten in der zweiten Hälfte des 18. Jahrhunderts – mit durchaus negativen demographischen Konsequenzen! – beweist), und dieser Trend trug seinerseits dazu bei, dass die Geburtenraten in den Städten die Mortalitätsquoten endgültig überflügelten. Während noch um 1750 nur ca. 1 Mio Franzosen in Städten von über 2500 Einwohnern gelebt hatten, also ca. 5%, waren es am Vorabend der Revolution bereits 4 Mio, also gut 14%. In Frankreich wuchs die Stadtbevölkerung zwischen 1740 und 1800 vier- bis sechsmal stärker als die Landbevölkerung! Im Deutschen Reich hatte die städtische Bevölkerung inzwischen gar die Marke von 20% der Gesamtbevölkerung überschritten. An dieser Mobilität nahm im Übrigen auch der Adel teil, der, wie etwa in Frankreich, aber auch in deutschen Residenzstädten (Münster) fast durchweg seinen Hauptwohnsitz in die Stadt verlegte und den Stammsitz nur noch als Sommerresidenz benutzte. Der „agrarische Kontinent" war auf dem Weg, zu einem urbanen zu werden – und er war auf dem Weg, „jünger" zu werden: Der „Geburtenschub" seit ca. 1750 bedeutete in seiner demographischen Konsequenz ein überproportionales Anwachsen des jüngeren Bevölkerungsteils (mit allen sich daraus ergebenden Generationenkonflikten).

Rückständigkeit des katholischen Europa?   Beides, Bevölkerungsanstieg und Verstädterung, waren Prozesse, die im europäischen Schnitt mehr den protestantischen Staaten als den katholischen zugute kamen. Nicht nur, aber auch deswegen hatte sich an der vermeintlichen Rückständigkeit des katholischen Europa im ausgehenden 18. Jahrhundert eine intensive Diskussion entzündet; für die demographische Stagnation oder nur relativ schwache Entwicklung in den katholischen Staaten wurden insbesondere die Kirche und das Ordens- und Klosterwesen mit den vielen (genetisch und wirtschaftlich) „unproduktiven" Menschen verantwortlich gemacht. Die Kirchenkritik war freilich – darüber hinaus – ein allgemeines Charakteristikum der Aufklärung und damit auch der Epoche um 1785; die Kirche wurde (nicht nur von der radikalen Aufklärung) für einen Großteil der Defizite des Staates verantwortlich gemacht, ob es sich nun um das „Nachhinken" im Bildungsbereich oder um ökonomische Rückstände handelte, die den vielen kirchlichen Feiertagen angelastet wurden. Im Deutschen Reich führte das gerade 1785 zu einer grundsätzlichen Erörterung der Frage, ob die geistlichen Staaten, in denen Landes- und Kirchenhoheit in einer Hand zusammenfielen, sich überlebt hätten und aufzulösen seien.

Bei diesen Frontalangriffen gegen die Kirche und ihre Institutionen hat man zwar oft die Ansätze und ersten Erfolge einer spezifisch katholischen Aufklärung übersehen, die z. B. in der *Germania Sacra* im Schulbereich durchaus beachtliche Resultate zu verzeichnen hatte, aber ganz unbegründet war das alles nicht. Die Omnipotenz der „Lehrorden" mit ihrem eher rückwärts gewandten Wissenschaftsverständnis war in der Tat für Weiterentwicklungen im Bildungsbereich verhängnisvoll; dass der – im Übrigen seiner Aufbauleistungen in Paraguay wegen von der Aufklärung keineswegs durchgängig negativ konnotierte – Jesuitenorden, vielfachem Druck u. a. aus Spanien, Portugal und Frankreich nachgebend, 1773 von der Kurie formell aufgehoben wurde, war in mancher Hinsicht als ein Signal für mehr Reformbereitschaft zu verstehen. Dabei konnte man sich am Vorbild der protestantischen Bildungseinrichtungen orientieren. So war in den 70er und 80er Jahren des 18. Jahrhunderts die neue, 1737 begründete Göttinger Universität auch in den katholischen Staaten zum Maßstab und zur Richtschnur aller Reformbemühungen geworden und hatte mit ihrem modernen, praxisorientierten Fächerspektrum das Hochschulwesen des katholischen Teils des Kontinents nachhaltig befruchtet.

Der Frontalangriff der Aufklärer gegen Verkrustungen in Staat und Gesellschaft hatte um 1785 zum Teil beachtliche Erfolge gezeigt, ohne dass das Fernziel einer nicht mehr ständisch gegliederten Gesellschaft irgendwo auch nur annähernd erreicht worden wäre. Die ständische Gesellschaft war allerdings überall in Bewegung geraten, der Adel orientierte sich partiell durchaus bereits in die bürgerlichen Berufe hinein – man spricht geradezu von einer „Refeudalisierungstendenz" zu Lasten des aufstrebenden Bürgertums, dessen bisherige wirtschaftliche Positionen vom Adel okkupiert wurden –, und dies ließ vielerorts, vor allem in Frankreich, eher alte und oft lange verschüttete Spannungen zwischen Privilegierten und Nichtprivilegierten wieder aufbrechen als eine Harmonisierung und Homogenisierung der Gesellschaft näherrücken. Bürgerliche Adels- und Hofkritik gehörte ganz sicher zu den politisch-sozialen Strukturelementen um 1785 — die „jungen Wilden" des Sturm und Drang und der beginnenden deutschen Klassik mit – beispielsweise – Johann Anton Leisewitz, Heinrich Leopold Wagner und Friedrich Schiller, Opernkomponisten wie Wolfgang Amadeus Mozart mit den durchaus sozialkritischen Sujets ihrer Werke können hier problemlos eingepasst werden. Man wird einen Schritt weitergehen und sagen können, dass inzwischen alle traditionellen Autoritäten auf dem Prüfstand öffentlicher Kritik standen; das gilt etwa auch für die Stadtmagistrate und die Ratsoligarchien, die sich im ausgehenden 18. Jahrhundert mit etlichen innerstädtischen Konflikten konfrontiert sahen. Und völlig ergebnislos war dieser ganze Prozess ja auch nicht geblieben: Diskriminierungen waren abgebaut, Modernisierungsprozesse wie z. B. Agrarreformen bis hin zur Bauernbefreiung etwa in Dänemark oder Baden waren eingeleitet worden, die sich sehen lassen konnten und die dann später im Reich zu dem Urteil führten, eine Revolution sei absolut überflüssig, weil man auf evolutionärem Weg nach und nach ähnliche Ergebnisse erzielen werde wie die französischen Revolutionäre.

Aber auch abgesehen von diesen Umsetzungen aufklärerischer Impulse hatten sich die Lebensverhältnisse am Vorabend der Revolution gegenüber 1660 nicht unerheblich verändert. Nicht nur, dass die Staaten wesentlich „kompaktere" Einheiten geworden waren und in Frankreich etwa die Bedeutung der örtlichen Sprachen, der „patois", zugunsten der nationalen, das Zusammengehörigkeitsgefühl

Kritik an den Verkrustungen in Staat und Gesellschaft

Wachsende „Kompaktheit" der Staaten

fördernden Hochsprache, erkennbar zurückgegangen waren, auch Europa war dank der verkehrstechnischen Entwicklungen und der deutlichen Verbesserungen im Straßenbau enger zusammengerückt; brauchte man vor 1700 für die Strecke Paris-Bordeaux noch beachtliche 15 Tage, so gelangte man 1785 nach nur 5 Tagen ans Ziel. Die Verbesserungen in der Infrastruktur erleichterten und begünstigten natürlich auch den Meinungsaustausch und die Kommunikation; Alphabetisierung und Lesefähigkeit, die seit der Jahrhundertmitte rasch – z. B. nach einer längeren Stagnationsphase auch in England – angestiegen waren, allerdings in Deutschland noch kaum mehr als ein Drittel der Bevölkerung erfassten (während die Vergleichszahlen für Frankreich [ca. 37% auf dem Land, über 75% in den Städten] doch um einiges höher liegen), begünstigten ihrerseits die Zeitschriften- und Buchproduktion, die in Frankreich ab 1770 einen rasanten Aufschwung nahm,

Politisierung der Öffentlichkeit und damit das Entstehen einer kritischen, potentiell auch politischen Öffentlichkeit. Die Menschen um 1785 waren dank der vielen aufgeklärten Zeitschriften, dank der „statistischen" Literatur und anderem weitaus sensibilisierter, kritischer als die Generation nach dem Dreißigjährigen Krieg, und sie hatten darüber hinaus das Gefühl, dass Staats- und Gesellschaftsformen keine unveränderlichen Konstanten mehr waren, dass selbst in einem an sich so immobilen Gebilde wie der Kirche Veränderungen, Abstellung von Missbräuchen und Fehlentwicklungen möglich waren. Ob man die Palmer-Godechotsche These vom Gesamtkomplex „Atlantischer Revolutionen" seit 1770 teilt oder nicht, es ist gar keine Frage, dass vor allem das Anschauungsbeispiel der Amerikanischen Revolution den die herrschenden Zustände kritisch hinterfragenden Zeitgenossen ungeheuer viel Auftrieb gegeben hat. Vielen Beobachtern der politischen Entwicklung war jedoch wohl auch klar, dass von den noch vorhandenen, aber meist verkrusteten ständischen Institutionen kaum eine Brücke zum modernen Verfassungsstaat amerikanischer Prägung hinüberführte.

Existenzvor- und -fürsorge Aber auch die Bedingungen der Existenzvor- und -fürsorge hatten sich gewandelt. Die Einseitigkeit in der Ernährung war durch Verbesserungen in der Landwirtschaft gemildert worden, indem nun, unter dem Einfluss der Physiokraten, verstärkt etwa Hülsenfrüchte und Gemüse angebaut wurden, indem sich seit der Jahrhundertmitte die Kartoffel als eine für die Bekämpfung des Hungers wichtige Pflanze durchsetzte und durch vermehrte Heuernten auch der Fleischertrag gesteigert wurde; die Krisenanfälligkeit hatte sich dadurch ganz fraglos vermindert.

„Landwirtschaftliche Revolution" Man hat, sicher etwas übertreibend, geradezu von einer „landwirtschaftlichen Revolution" gesprochen, die aber allenfalls im südlichen Nordseebereich (England, Niederlande, auch Nordfrankreich) schon zu so etwas wie einer Art Agrarkapitalismus mit einem konsequenten Rückgriff auf die teils älteren, teils neuen Methoden der Ertragsmaximierung führte. Das alles schloss allerdings Hungersnöte nach wie vor nicht aus: Dürrekatastrophen, Überschwemmungen und in ihrem Gefolge Missernten und dann auch Viehseuchen konnten, vor allem wenn diese Faktoren zusammentrafen wie in Frankreich seit den späten 1770er Jahren, die Ernährungssituation eines ganzen Staates ernsthaft zuspitzen und dann auch

soziale Auswirkungen wie z. B. einen weiteren Anstieg der Arbeitslosigkeit nach sich ziehen; für das Deutsche Reich wird die Zahl der im ausgehenden 18. Jahrhundert in Armut oder an der Armutsgrenze lebenden Menschen inzwischen mit bis zu 50% veranschlagt, ohne dass ein direkter Zusammenhang zwischen Armut und einer gewissen Disposition der Menschen zum Suizid (und auch zur Melancholie und Hypochondrie) hergestellt werden kann. Aber mehr als das: Generell war um 1785 unübersehbar, dass mit der demographischen Beschleunigung die Fortschritte in der Landwirtschaft, deren Steigerungsraten im Vergleich mit der industriellen Produktion und vor allem dem Handel im ganzen 18. Jahrhundert eher bescheiden geblieben waren, nicht mehr Schritt hielten; landwirtschaftliches Angebot und Nachfrage klafften erneut auseinander, „die landwirtschaftliche Revolution wurde von der demographischen überholt" (Ilja Mieck). Am gravierendsten war diese Entwicklung wiederum in Frankreich, wo die Lebenshaltungskosten – bedingt freilich auch durch die erwähnten unvorhersehbaren Naturkatastrophen – dramatisch anstiegen und der Preisauftrieb gerade bei den Grundnahrungsmitteln (Roggen, Weizen, Fleisch usw.) seit 1785 die absoluten Spitzenwerte des gesamten 18. Jahrhunderts erreichte. Eine Folge des wachsenden Bevölkerungsdrucks und des erneut enger werdenden Nahrungsspielraums war im Übrigen auch, dass die Auswanderungsziffern periodisch unterschiedlich, aber insgesamt deutlich anstiegen – Nordamerika, aber auch Russland waren die attraktivsten Zielgebiete der Auswanderer.

Der vom Physiokratismus vorbereiteten Aufwertung und Förderung der Land- **Gewerbe** wirtschaft entsprach ein moderater, wenn auch stark modifizierter Aufschwung des mittelgroßen und kleineren Gewerbes, teils noch in der Form des zünftigen Handwerksbetriebs, teils in der Organisationsform der Manufaktur. Das Zunftwesen mit seinen starren Regeln hinsichtlich Produktion und Abschließung und seiner eher innovationsfeindlichen Tendenz galt zwar im Allgemeinen als längst überholt, erlebte aber gerade gegen Ende des 18. Jahrhunderts, im „Herbst des alten Handwerks" (Michael Stürmer), in einigen für den gehobenen Anspruch produzierenden Zweigen – Möbeltischlerei z. B. – noch einmal einen zumindest partiellen „zweiten Frühling". Von dem gewerblich-industriellen Aufschwung profitierte im europäischen Schnitt am meisten die Metallindustrie. Die eigentliche Industrialisierung, d. h. der Aufbau von Großindustrien (Textil, Eisen), hatte **Frühindustriali-** vor 1785 freilich allenfalls in England eingesetzt, den Kontinent aber noch nicht **sierung** erreicht. Zwar ist auch hier, z. B. in Frankreich, seit ca. 1730 ein begrenzter Wirtschaftsaufschwung feststellbar, der durch einen allgemeinen Aufschwung der Investitionen, durch eine Intensivierung der verschiedenen Banktechniken und durch wirtschaftsorganisatorische Innovationen (Aktiengesellschaften) gekennzeichnet war. Aber dadurch wurden eher die finanziellen Grundlagen der Industrialisierung geschaffen, ohne dass sich die Frühindustrialisierung schon wirklich hätte durchsetzen können; der erste Hochofen ist in Frankreich bezeichnenderweise – mit deutlichem Abstand gegenüber England – erst 1785 in Betrieb genommen, die erste funktionierende Wattsche Dampfmaschine im Mansfeldischen

Kupferbergbau erst 1783 eingesetzt worden. So behielt letztlich Großbritannien seinen ökonomischen Vorsprung von gut zwei Jahrzehnten, der aus der Bereitschaft und Fähigkeit der wirtschaftlich-finanziellen Führungsschicht resultierte, „den Schritt vom Handels- zum Industriekapitalismus zu vollziehen" (Mieck), aber auch daraus, dass die Menschen bereit waren, ca. 20% länger zu arbeiten als früher.

Britische Dominanz   Die Überlegenheit Großbritanniens im wirtschaftlich-technischen *Know-how* führte fast zwangsläufig auch zu einer kommerziellen Dominanz, indem die billigeren englischen Waren den Kontinent nun überschwemmten und die verschiedenen Nationalwirtschaften in Absatzkrisen stürzten, die ihrerseits die Arbeitslosenzahlen hochschnellen ließen. Der Effekt, dass die übermächtige englische Konkurrenz die anderen Nationalwirtschaften zu Modernisierungen zwang, stellte sich vor 1785 allerdings noch kaum ein.

Krisensymptome im Staatensystem   Schließlich waren auch im europäischen Staatensystem gewisse Krisensymptome nicht zu übersehen. Dass Frankreich vor dem Staatsbankrott stand und allenfalls noch zu einer Außenpolitik des Ablenkens von den inneren Problemen in der Lage war, wurde schon erwähnt; dass es auch im Habsburgerstaat nicht wegen fehlender, sondern wegen zu vieler und zu hastig begonnener Reformen gärte, dass Österreich viel Kredit verspielt hatte und von den Reichsständen kaum noch als eine Potenz mit einem Zukunftskonzept eingeschätzt wurde, um das Reich aus seiner Krise herauszuführen, muss hier hinzugefügt werden. Aber auch die Zukunft etlicher anderer europäischer Mächte war denkbar unsicher: Wie würde es mit Preußen weitergehen, wenn Friedrich dem Großen, der ohne irgendeinen europäischen Allianzpartner, nur mit dem Fürstenbund im Rücken dastand, der Tod die Staatsführung aus der Hand nahm und Preußen ohne sein Renommee mit einem Heer, dessen guter Ruf bedenklich ins Wanken geraten war, mit einer Verwaltung, die in den letzten Jahren immer verworrener geworden war, einen Weg in die Zukunft finden musste? Wie rasch würden sich der weitere Zerfall und die Verdrängung des Osmanischen Reiches vom Balkan vollziehen, und vor allem: konnte nach Lage der Dinge überhaupt eine andere Macht als Russland von den absehbaren weiteren Amputationen profitieren? Wie würde Russland seine neue Einflussmöglichkeit im Reich handhaben, nachdem ihm im Teschener Frieden ein explizites Mitspracherecht zugebilligt worden war und gerade 1782 die Mission des Grafen Romanzoff die Entschlossenheit der Zarin zu signalisieren schien, diese Chance auch zu nutzen? Im niederländischen Raum gab es krisenhafte Spannungen, nachdem Joseph II. in seiner oft übereilten und abrupten Art 1782 den Barrierevertrag gekündigt und wenig später (1784) die Aufhebung der Scheldeblockade verlangt hatte, um Österreich wieder stärker in den Überseehandel einzuschalten. Welche außenpolitischen Auswirkungen würde der Systemwechsel in Schweden haben, wo der neue Monarch Gustav III. mit Sicherheit versuchen würde, an die alten schwedischen Großmachtträume wiederanzuknüpfen, was alle Anrainerstaaten der Ostsee tangieren konnte und was z. B. gerade eben 1783 Katharina II. bewogen hatte, gegen einen geplanten militärischen Coup des aggres-

siven Königs gegen Dänemark energisch zu intervenieren? Wie würden die Nachbarn auf die Bemühungen in Restpolen reagieren, Staat und Gesellschaft grundlegend zu reformieren und das Trauma vom kraftlosen Puffer zwischen den
Großmächten zu beenden? Was sich bei all diesen Fragen zumindest abzeichnete,
das war eine Krise der Pentarchie, aus der sich England weitgehend zurückgezo-
gen hatte, in der Frankreichs Bedeutung abrupt zurückgegangen war und von der
man nicht wissen konnte, ob ihr nach Friedrichs II. Tod Preußen weiterhin ange-
hören konnte.

Noch nicht wissen konnte man 1785 aber auch, ob die von den späten Aufklärern („zweite Aufklärung") mit zunehmender Schärfe formulierte Forderung
nach Abbau des Privilegienstaates, nach rechtlich-wirtschaftlich-sozialer Gleichstellung aller „Untertanen", sich irgendwo bis zum Versuch eines revolutionären
Umsturzes verdichten würde. Viele aufgeklärte Herrscher versuchten, durch
schrittweises Entgegenkommen diesen denkbaren Vorgang zu verhindern, manche wurden angesichts massiver und radikaler vorgetragener Reformforderungen
auch zusehends nervöser – bezeichnenderweise wurde 1785 der Illuminatenorden
verboten. Dass es schließlich in Frankreich zur eruptiven Entladung kam, war
zahlreicher Faktoren wegen – Intensität und Radikalität der Aufklärung, Staats-
und Autoritätskrise, drohender Staatsbankrott usw. – zwar letztlich nicht überraschend, ein „notwendiges" Ereignis war die Revolution deswegen aber keineswegs.

Forderungen nach Abbau des Privilegienstaates

II. Grundprobleme und Tendenzen der Forschung

1. ABSOLUTISMUS

Das vorliegende Werk greift in seinem Titel, wie im Vorwort ausgeführt, nicht Begrifflichkeit
mehr auf einen *Terminus* zurück, der seit den mittleren 1990er Jahren als Epochenbezeichnung, aber auch als Paradigma der fürstenbezogenen Staatlichkeit der hier in Rede stehenden Epoche zunehmend kritisch hinterfragt wird. „Absolutismus" ist ein erst deutlich später, in der Restaurationszeit geformter Kunstbegriff und hat sich in den Titeln der Lehrbücher trotz seiner von seinem Ursprung her – den Verfassungsstaaten des frühen 19. Jahrhunderts sollte ein Kontrastbild gegenübergestellt werden – pejorativen Konnotation auf breiter Front durchgesetzt hat; eine neuere Gesamtdarstellung der französischen Geschichte spricht geradezu für den gesamten Bereich der Frühen Neuzeit von einem „Zeitalter des Absolutismus" [1038: MEYER]!

Die wissenschaftliche Beschäftigung mit dem Phänomen „Absolutismus" ist seit ihren Anfängen fast ein Jahrhundert lang weitgehend von Typisierungsversuchen geprägt gewesen. Wilhelm Roschers „Dreistufenmodell" von 1874 [Geschichte der National-Ökonomik in Deutschland, 380], das von einer Abfolge von konfessionellem, klassisch-höfischem und aufgeklärtem Absolutismus ausging, hat zweifellos stimulierend gewirkt, ist aber insgesamt mehr und mehr auf Ablehnung gestoßen, auch wenn es gelegentlich für bestimmte europäische Staaten wieder einmal reaktiviert wird. Insbesondere seit den vom Internationalen Historikerkomitee angeregten Diskussionen der 1930er Jahre hat die Erkenntnis, dass das Roschersche Modell nirgendwo in Reinkultur nachgewiesen werden kann, zu dem Neuansatz geführt, die Vorstellung von einer für alle Staaten gültigen Chronologie verschiedener Stufen von „Absolutismus" aufzugeben und stattdessen lediglich von verschiedenen „Erscheinungsformen" des klassischen Absolutismus auszugehen. Man hat in der Folgezeit den „praktischen" und den „bürokratischen", den „germanischen" und den „romanischen", den „werdenden" und den „reifen" Absolutismus konstruiert, dies immer unter der Prämisse, dass trotz aller unterschiedlichen Ausprägungen, Nuancierungen und Phasenverschiebungen von „Absolutismus" in den verschiedenen Staaten des Kontinents nach entsprechender Abstraktion sich so etwas wie eine Typologie ermitteln lasse.

Die Frage drängt sich im Rückblick auf, ob diese vielen Typisierungsversuche – an sich ein legitimer und sinnvoller heuristischer Ansatz – nicht insgesamt zu früh gewagt worden sind und auf einer noch ungenügenden empirischen Grundlage aufruhten. In den letzten drei Jahrzehnten dominierte dementsprechend auch eine ganz andere Forschungsrichtung, die mehr nach der inhaltlichen Qualität des „Absolutismus" fragte, und dies mit einer sehr kritischen Tendenz, die geradezu als „revisionistisch" eingestuft worden ist.

„Revisionismus"   „Unter allen Revisionismen, die in der gegenwärtigen Geschichtswissenschaft im Schwange sind", so ist vor einiger Zeit festgestellt worden, „ist eine verbreitete Neigung zur fast vollständigen Demontage des früheren Absolutismus-Bildes vielleicht am denkwürdigsten" [153: KUNISCH, Beitrag MUHLACK, 251]. Es ist in der Tat ein aufregender Vorgang, wie von verschiedenen Seiten her das vermeintlich so geschlossene und „stimmige" Bild vom absolutistischen Staat ins Wanken gebracht wird und stattdessen „ein ziemlich fragiles oder prekäres Staatswesen" gezeigt wird, dessen Charakteristikum geradezu der „Kompromiss zwischen dem Fürstentum und den immer noch festverwurzelten ständisch-feudalen Interessen" gewesen sei. Gerade für das ludovizianische Frankreich, den „Prototyp" des europäischen „Absolutismus", sind seit den 1970er Jahren insbesondere von angelsächsischer Seite nachdrücklich die alten ständestaatlichen Grundlagen und Komponenten und die Bereitschaft der Krone, mit ihnen einen Ausgleich herbeizuführen, betont worden. Am massivsten vorgetragen wurden in jüngster Vergangenheit die Vorbehalte gegenüber dem Absolutismus-Begriff von

„Mythos"   dem Briten HENSHALL [146], der geradezu von einem „Mythos" Absolutismus
Absolutismus?   spricht: Alles, was nach landläufiger Meinung den Absolutismus konstituiere – Gewaltmonopol des Fürsten, Unabhängigkeit von den intermediären Gewalten, Bürokratisierung, Gesetzesmonopol der Krone usw. –, sei in der Geschichtsschreibung signifikant überschätzt worden, vielmehr habe die Herrschaftsgestaltung nach wie vor auf Konsultation und Konsens beruht – eine Praxis, die in der bekannten, den europäischen Standard wiedergebenden Formel vom „dominium regale et politicum" am sinnfälligsten fassbar sei. Gerade am ludovizianischen Frankreich, könnten die Grenzen verdeutlicht werden, an die die Versuche stießen, das Königreich effizienter zu kontrollieren, weil ohne die traditionellen Eliten und Klientelstrukturen und ohne die regionalen und lokalen Organe und Gruppen Politik kaum durchsetzbar gewesen wäre. – Henshalls Buch hat international eine lebhafte und kontroverse Diskussion ausgelöst, die auch das bereits früher diskutierte Denkmodell einer Abkehr vom Absolutismus-Begriff als Epochenbezeichnung einschloss [95: DUCHHARDT; 123: ASCH/DUCHHARDT, Beitrag HINRICHS], vor allem aber die Frage stärker als bisher thematisierte, wie im europäischen Vergleich die für den „Absolutismus" konstitutiven Faktoren (Verwaltungsstraffung, Steuerwesen, konfessionelle Einheit usw.) politisch in Angriff genommen und umgesetzt wurden [123: ASCH/DUCHHARDT; 147: HINRICHS]. Dabei werden zunehmend nun auch Staaten ins Auge gefasst, die bisher aus dem „Raster" des europäischen „Absolutismus" herausgefallen waren und von deren

„Sonderweg" man glaubte ausgehen zu können; insbesondere wird die Sonder-
wegs-These in Bezug auf England seit einem fulminanten Buch von JONATHAN
CLARK [English Society 1688–1832, 1985] inzwischen mit immer dickeren Fragezeichen versehen.

Ständestaatliche Verwurzelung und Einbindung des „Absolutismus" hat
freilich auch die dann naheliegende These provoziert, die Modernität und damit
die Leistungen des „Absolutismus" insgesamt anzuzweifeln. DAVID PARKER etwa $\quad$ „Absolutismus"
[The Making of French Absolutism, 1983] hat sich um den Nachweis bemüht und $\quad$ und Modernisierung
trifft sich insoweit mit HENSHALL, dass die Ziele der Krone Frankreich sich durchaus im Rahmen des alten Systems bewegt hätten und dass bei allem Bemühen, die
monarchische Autorität wiederherzustellen und zu steigern, der König doch
immer kompromissbereit gegenüber den Kräften der alten Ordnung gewesen sei.
Eine neue Studie zum Beziehungsgeflecht Untertanen–Krone im ludovizianischen und nachludovizianischen Frankreich hat klargestellt, dass, selbst wenn der
Begriff „Absolutismus" nicht mehr als eine formelhafte Zusammenfassung gewesen sei, um den Herrscher effektiv vor Kritik zu schützen, in Frankreich von
„Absolutismus" keine Rede sein könne [1016: ENGELS, 270]. Ein deutscher
Spezialist der französischen Verfassungs- und Sozialgeschichte hat eine ganze
Monographie dem Thema der Nicht-Existenz von „Absolutismus" gewidmet
[147: HINRICHS]. Das Problem bei solchen Revisionismen, die begründet sind zumindest im Sinn des Ausbalancierens von Zuspitzungen der älteren Literatur, besteht allenfalls wohl darin, das unbezweifelbar vorhandene und große Modernisierungspotential des französischen Herrschaftssystems zu unterschätzen oder in
Abrede zu stellen, dass sich Ludwigs XIV. Minister völlig über die neue, fast
revolutionäre Dimension der „absolutistischen" Politik im Klaren waren und sie
konsequent zu verwirklichen suchten.

Dieser skizzierte „Revisionismus" der Absolutismus-Forschung ist auch als eine
Reaktion gegen eine Forschungstradition zu verstehen, die ins 19. Jahrhundert zu- $\quad$ „Absolutismus"
rückreicht und die im „Absolutismus" vor allem die Geburtsstunde des modernen $\quad$ als Geburtsstunde
Machtstaates suchte – durch die Zentralisierung politischer Entscheidungspro- $\quad$ des modernen
zesse, durch Verwaltungsstraffung, durch die Disziplinierung der Bevölkerung, $\quad$ Machtstaates?
die Bildung eines großen Binnenmarktes und den Aufbau des stehenden Heeres
seien die Grundlagen geschaffen worden, auf denen auch der Staat des 19. Jahrhunderts noch ruhte. Aus dieser Forschungstradition heraus wurden lange diejenigen Phänomene besonders intensiv untersucht, von denen scheinbar oder
tatsächlich Kontinuitätslinien hin zum Machtstaat des 19. Jahrhunderts führten:
Bürokratie, Behördenorganisation und Effizienz der Administration, Finanz- und
Steuerpolitik, Außenpolitik und Diplomatie. Diese Schwerpunktbildung ließ in
der Tat das recht geschlossene Bild eines Vorläufers des modernen National- und
Machtstaates entstehen, das Bild einer „Maschine", in der alles ineinanderzu-
greifen und zu „passen" schien [934: STOLLBERG-RILINGER]. Dieses Bild wurde aber
seit dem Zeitpunkt, als den Historikern die Problematik des „Machtstaates"
immer mehr bewusst wurde, er aus seiner Funktion als „Ideal" der Politik und der

Historiographie verdrängt wurde, seit an die Stelle der totalitären Regimes des 20. Jahrhunderts eine Rückbesinnung auf die angelsächsischen Freiheits- und Verfassungsideale trat, zunehmend in Frage gestellt. Die rein etatistische Sicht des „Absolutismus" hatte nach dem Zweiten Weltkrieg keine Zukunft mehr, und die Wissenschaft brauchte erkennbar Zeit, um über die Phase der Abwertung und Diskreditierung des historischen „Absolutismus" hinwegzukommen und sich dem Gegenstand aufs Neue vorurteilsfrei zu nähern. GERHARD OESTREICH, neben FRITZ HARTUNG und ROLAND MOUSNIER, deren gemeinsamer Vortrag auf dem römischen Weltkongress 1955 einen besonderen Akzent setzte, einer der Pioniere im Prozess der Neubewertung des Absolutismus, gab in den späten 60er Jahren einem grundlegenden Aufsatz den Titel „Strukturprobleme des europäischen Absolutismus [160: 179-197] und brachte damit einerseits zum Ausdruck, dass das politisch-soziale System des Absolutismus weitaus weniger Geschlossenheit und Kohärenz aufwies, als man bis dahin angenommen hatte. Zum anderen sollte der Begriff „Strukturprobleme" assoziieren, dass es jetzt nicht mehr um die Frage nach dem „absolutistischen" Regierungssystem gehe, sondern um die strukturellen Voraussetzungen dieser „zugespitzten Fürstenherrschaft", also um die Frage nach ihrer sozialen Basis, ihren Trägerschichten, natürlich auch den retardierend-oppositionellen Gruppen, d. h. den Ständen, den regionalen Verbänden, den lokalen Kräften, den Grund- und Stadtherrschaften, den *pouvoirs intermédiaires*. Die institutionengeschichtlich-politikgeschichtliche Tradition der Forschung mit Einschluss ihrer ideengeschichtlichen Komponente, die die theoretischen Entwürfe (Bodin, Hobbes) aus den Fundamentalkrisen ihrer Zeit erwachsen sah, bedurfte der sozialgeschichtlichen Ergänzung.

Dieser Ansatz hat in den vergangenen Jahrzehnten in der Tat erhebliche Erkenntnisfortschritte erbracht. So ist z. B. im Anschluss an NORBERT ELIAS' wegweisende Arbeiten [u. a. 558] der Hof des „absolutistischen" Fürsten als ein Disziplinierungs- wie auch Sakralisierungsinstrument erkannt und beschrieben worden, wobei man freilich inzwischen auch schon wieder stärker registriert, wie viele Höfe – z. B. die der geistlichen Fürsten [571: WINTERLING] – diesem heuristischen Modell nicht entsprachen und wie wenig die These von der bewussten Abgrenzung des Hofes von den Untertanen für alle Monarchien des Kontinents zutrifft [570: VIGUERIE]. Überhaupt sind die Modelle Elias' und JÜRGEN VON KRUEDENERS zur Rolle und Funktion des Hofes im „absolutistischen" Staat in letzter Zeit sehr kritisch hinterfragt worden, wobei u. a. ihre beschränkte und einseitige Quellenauswahl zur Sprache gebracht worden ist [557: DUINDAM]; die Kritik an Elias und anderen Deutungsmustern hat umgekehrt dann bereits dazu geführt, dass am Beispiel des Alten Reiches eine breite Typologie des Hofes („Hausväterlicher Hof", „Geselliger Hof" usw.) entwickelt worden ist [548: BAUER]. Die öffentliche Kommunikation zwischen dem „absolutistischen" Herrscher und seinen als Publikum verstandenen Untertanen war immer gegeben und wurde vom Fürsten mit legitimatorischer Absicht auch immer gesucht – ein großes Themenfeld für die kommunikationsgeschichtlich akzentuierte neuere Forschung [556: DIPPER/ROSA; 563:

Strukurelle Bedingungen des europäischen „Absolutismus"

Hof

MALETTKE/GRELL], ebenso wie er über die gezielte Beeinflussung der öffentlichen Meinung – u. a. durch die Kunst, aber auch durch eine regierungsinspirierte „Hofberichterstattung" – ein kontinuierliches Interesse daran hatte, die soziale Basis seiner Herrschaft zu verbreitern. Die Korrekturen, die an den alten Modellen angebracht werden mussten, sind also Legion: Gerade in den bevölkerungsreichsten Monarchien – außer in Frankreich z. B. in Österreich und Spanien – blieb der „Absolutismus" weit von jenem Grad an Homogenisierung und Nivellierung des Untertanenverbandes, von jener Rationalität der politischen Organisation entfernt, den seine Theorie forderte. Frankreich etwa bekam die Probleme der Staatsfinanzierung im 18. Jahrhundert nie mehr in den Griff, und der verbreitete Ämterhandel (nicht nur in Frankreich) ist ein weiteres Indiz dafür, dass zwischen den selbstauferlegten Prinzipien und der politischen Wirklichkeit Welten klaffen konnten. Es gibt nicht wenige Wissenschaftler, die heute die Meinung vertreten, eine „absolute" Macht habe selbst die Lichtgestalt des „Absolutismus", Ludwig XIV. allenfalls in der Repräsentation erreicht [1037: MARIN]. Die anspruchsvolle und vielseitige Innen- und Außenpolitik des absoluten Fürsten bedingte in aller Regel ein Angewiesensein auf und Abhängigwerden von hoffremden Kreditgebern, was durchaus den Geldgebern gewisse Einfluss- und Einwirkungsmöglichkeiten – die der Theorie nach natürlich nicht statthaft waren – eröffnete. Insofern ist es geradezu absurd und ein Symptom für ein Denken, das sich aus den schulischen Schubladen nicht befreien kann, wenn selbst für deutsche Kleinstaaten und gar geistliche Staaten (!) des 18. Jahrhunderts der Absolutismus-Begriff Verwendung findet. Überhaupt haben die mit dem Schlagwort „Patronage" in Verbindung stehenden Arbeiten nachdrücklich das Einwirken von exogenen Kräften auf den Hof und den absolutistischen Fürsten aufgezeigt, das dem Idealbild eines geschlossenen Systems Hohn sprach [156: MĄCZAK; 546: ASCH/BIRKE].

Auch die Stände haben über ihre Kreditgeberfunktion immer wieder auch politische Mitsprache gewonnen, zumindest in dem Sinn, dass sich der Fürst um eine konsensfähigere Politik bemühte, oft aber auch, indem sie den expansiven und zentralistischen Tendenzen der Fürstengewalt ihr kategorisches oder verklausuliertes „Nein" entgegensetzten. Gerade das Ständewesen – nach dem anschaulichen Näfschen Bild der eine Brennpunkt einer auch durch den „Absolutismus" kaum jemals ernsthaft in Frage gestellten Ellipse, als deren zweiter der Fürst anzunehmen ist [W. NÄF, Die Epochen der Neueren Geschichte, Bd. 1, Aarau 1959², 432] – und die oft eingeschränkte, aber nach wie vor bestehende politische Wirksamkeit der alten ständischen Institutionen haben dazu geführt, die Vorstellung von der monolithischen Geschlossenheit des „absolutistischen" Systems in der Ablage verschwinden zu lassen. GERHARD OESTREICH und DIETRICH GERHARD [u. a. 160: OESTREICH] haben das Ausmaß der ständischen Partizipation auch im Hochabsolutismus verdeutlicht, dem immer eine – an sich systemfremde – Tendenz der Dezentralisierung innewohnte; insofern war es auch kein Zufall, dass – wie es etwa für Brandenburg-Preußen unter dem „Soldatenkönig" nachgewiesen worden ist – ständische Institutionen gerade an der Peripherie nicht nur über-

Unfertigkeit des „Absolutismus"

„Absolutismus" und intermediäre Kräfte

lebten, sondern vom Fürsten umgekehrt sogar gestärkt wurden. Wie es scheint, erlebt gerade in der allerjüngsten Vergangenheit die Ständeforschung, durchaus inspiriert von der Absolutismus-Debatte, einen neuen Aufschwung. Die angesprochene Tendenz, ständische Einrichtungen nicht *à tout prix* zu schwächen, intensivierte sich auch noch dadurch, dass der absolute Fürst in seinem verzweifelten Bemühen, die Ressourcen seines Staates für seine Gesamtpolitik zu aktivieren, gelegentlich sogar auf Zweckbündnisse mit einzelnen Untertanen, Gruppen, Kommunen oder sogar ganzen Provinzen zurückgriff und an sie Rechte (Ämter, Privilegien usw.) delegierte, oder auch dadurch, dass er, wie in Frankreich, eine Art „Unterwanderung" der zentralistischen Institutionen durch ständisch bzw. regional gesinnte Beamte nicht verhinderte – wenn man mit OESTREICH den „Absolutismus" als einen „großen Verstaatlichungsprozess" interpretiert, stellte ein solches Verhalten natürlich eine gewaltige Inkonsequenz dar.

Staatslehre und Herrschaftstheorie

In diesem Kontext haben die eher ideengeschichtlich akzentuierten Forschungen ein neues Gewicht erhalten, die den Nachweis führen, dass auch in der Staatslehre der Epoche dem Fürsten keineswegs eine schrankenlose Willkür eignete, sondern in ihr durchaus eine Begrenzung der königlichen Prärogative reklamiert wurde: durch die sog. Fundamentalgesetze, das *jus divinum*, aber auch das Gewohnheitsrecht, das z. B. die persönliche Freiheit und das Eigentum der Untertanen ausdrücklich vor dem Zugriff des Monarchen schützte [u. a. 930: SCHNEIDERS]. Dieser dann naturrechtlich explizierten Schranken waren sich die Fürsten im Übrigen bewusst; für Ludwig XIV., der das ihm immer wieder zugeschriebene Diktum „L'état c'est moi" wohl niemals so gebraucht hat, ist z. B. nachgewiesen worden, dass und wie ausdrücklich er die Prinzipien des Gewohnheitsrechtes auch für sich als verbindlich anerkannt hat. Das schließt im Übrigen aber nicht aus, dass der Fürst des Hoch-„Absolutismus" Staat und Krone als dynastischen Besitz ansah, das Königtum nicht nur als Amt verstand; für Frankreich ist dieser Konflikt zwischen der „office theory" und der „property theory" bereits vor 25 Jahren erneut thematisiert und für Ludwig XIV. konstatiert worden, dass er eindeutig die Eigentumstheorie für sich reklamierte [H. H. ROWEN, The King's State, 1980]. Die Untertanen freilich sahen das anders [1016: ENGELS]!

Regimekritik

Grundzüge des „Absolutismus" im Sinn einer auf dynastischer Legitimität und dem Konstrukt des Gottesgnadentums gründenden Herrschaft haben sich in etlichen europäischen Staaten bis weit über das Ende des Ancien Régime hinaus gehalten. Umso erhellender ist es, nach den Ausprägungen einer Regimekritik zu fragen, die maßgebliche und vor allem für die Zeit der Régence immer deutlicher hervortretende, u. a. auch von dem Abbé de Saint-Pierre ausgehende Impulse [1000: ASBACH] durch die Aufklärung erhielt und dann u. a. die Fähigkeit der französischen Könige zur Krankenheilung massiv diskreditierte und in Frage stellte, die aber schon früher greifbar wird, u. a. in den Leichenpredigten nach dem Ableben Ludwigs XIV. und Ludwigs XV., die deutlich politische Missstände anprangerten und damit die Risse im sakralen Fundament des „Absolutismus" sichtbar machten [1040: PAPENHEIM].

An dem Aufschwung der Absolutismus-Forschung seit den 60er Jahren hatte die marxistische Geschichtswissenschaft zwar ihren unbezweifelbaren Anteil, allerdings darf er auch nicht überschätzt werden. Auf jeden Fall ist die skizzierte Neuorientierung der Absolutismus-Forschung zunächst einmal unabhängig von der Herausforderung durch die marxistische Geschichtsinterpretation erfolgt [E. HINRICHS (Hrsg.), Absolutismus, 1986]. Es gab für die marxistische Forschung sicher „spannendere" und „lohnendere" historische Phänomene als den Absolutismus, der in ihrer Geschichtsteleologie eher eine Nebenrolle spielte: Der absolute Staat, Ergebnis der spätfeudalen Klassenverhältnisse, musste bei einer „normalen" Entwicklung der bürgerlich-kapitalistischen Revolution weichen und war deswegen für den marxistischen Forscher eher uninteressant. Deshalb ist es sicher richtig beobachtet worden, dass sich etwa die DDR-Historiker „mehr mit der ökonomischen und sozialen Realität unter dem Absolutismus als mit diesem selbst beschäftigt" (Ernst Hinrichs) haben und dass allenfalls versucht wurde, bestimmte Herrscherpersönlichkeiten wie etwa Friedrich II. von Preußen in ihrer partiellen Progressivität neu zu würdigen, ohne dass daraus bereits eine Notwendigkeit erwuchs, das ganze System anders – d. h. positiver – zu bewerten.

Beitrag der marxistischen Geschichtswissenschaft

Ein weiteres Herantasten der marxistischen Geschichtswissenschaft und insbesondere der DDR-Historiographie an die Positionen und revisionistischen Ansätze der „bürgerlichen" Forschung hat die politische Entwicklung verhindert, so dass auch der mehrmals propagierte Vergleich des preußischen und russischen Beispiels mit anderen europäischen Monarchien nicht mehr recht zum Tragen kam – wobei Russland, was wiederum von „bürgerlicher" Seite klarer erkannt worden ist, einen Sonderfall ohne geschlossene ständische Korporationen darstellt, wo deswegen der „Absolutismus" auch gar nicht erst in einem Zug durchgesetzt werden musste, wo aber doch bestimmte Formen fürstenbezogener und auf Effizienz zielender Regierungsweise aus dem Westen übernommen wurden [1224: TORKE; 1212: LE DONNE; 103: MÖRKE].

Der europäische Vergleich, aber natürlich auch eine Vertiefung der Forschung über die Strukturelemente des Herrschaftssystems im Zeitalter des Barock und der Aufklärung einschließlich der These von der Überwindung der „Krise" durch ein neues Herrschaftssystem – dies sind wohl auch die Richtungen, denen die Zukunft gehört. Mehr Beachtung scheint der Ansatz OESTREICHS zu verdienen, der den skizzierten „Revisionismus"-Streit zudem erheblich entkrampfen könnte, verschiedene Ebenen von „absolutistischer" Staatlichkeit zu unterscheiden, u. a. auch eine lokale, auf der sich das absolute Fürstentum relativ am wenigsten durchzusetzen vermochte, auf der deswegen auch das „Modernisierungspotential" des Absolutismus am wenigsten durchschlug. Eine Zürcher rechtsgeschichtliche Dissertation hat nachgewiesen, in welchem Maß in der deutschen Staatenwelt Kompetenzen bei den Ortsobrigkeiten verblieben bzw. verbleiben mussten, weil „der Staat" weder die Möglichkeit noch die Beamten hatte, seinerseits bis auf die lokale Ebene „durchzuregieren" [372: MARQUARDT]. Die Sozialdisziplinierung des Untertanen (Oestreich) als eins der zentralen Ziele des „absolutistischen" Regimes – als

Forschungsperspektiven

großes Konzept der modernen Historiographie allerdings immer deutlicher hinterfragt – konnte von daher gesehen zu einem manchmal sehr mühsamen Prozess werden, den einzelnen Menschen wirklich zu „erreichen" und in der gewünschten Weise in den Staat einzubinden.

Ob der seit dem Historikerkongress in Rom 1955 bis hin zu dem von Stuttgart 1985 immer wieder unternommene Versuch, in die Diskussion über den „Absolutismus" – einen in Europa für europäische Verhältnisse nach 1800 geprägten Begriff mit einem, wie oben erwähnt, zunächst pejorativen Unterton, der ein altes, sich selbst überlebt habendes Herrschaftssystem assoziierte, das durch die Revolution überwunden worden sei – auch nichteuropäische, vornehmlich asiatische Reiche (Japan) einzubeziehen, zu tragfähigen Interpretationsmodellen führt, mag einstweilen mit einem Fragezeichen versehen bleiben. Dies könnte immerhin aber den bereits zahlreichen Typologisierungsversuchen neuen Auftrieb geben, von denen die Mousniersche Unterscheidung eines westlichen und eines östlichen Typus des Absolutismus [zuletzt ROLAND MOUSNIER, Les caractères des monarchies absolues européennes – sont-ils essentiellement différents de ceux des monarchies absolues asiatiques aux XVI, XVII, XVIII siècles?, in: XVIᵉ Congrès International des Sciences Historiques, Rapports II, Stuttgart 1985, 425–428], trotz aller dagegen vorgebrachten Einwände, möglicherweise noch einmal diskutiert werden könnte. Das würde freilich voraussetzen, dass eine Art Konsens hergestellt werden könnte, von dem „Modell" und dem Epochenbegriff „Absolutismus" nicht abzugehen – aber davon ist die Geschichtswissenschaft zumindest in Deutschland derzeit weiter denn je entfernt.

Aufgeklärter Absolutismus   Nicht unerwähnt bleiben soll, dass im Gefolge der Absolutismus-Debatte auch der komplementäre Begriff des „Aufgeklärten Absolutismus" kritisch hinterfragt zu werden beginnt. In der Dokumentation einer deutsch-österreichischen Tagung über den „Aufgeklärten Absolutismus" im europäischen Vergleich [816: REINALTER/KLUETING] ist das zwar erst ansatzweise geschehen, aber die Einleitung des Mitherausgebers lässt keinen Zweifel daran, dass dieses Problem auf der Agenda steht.

2. DAS HEILIGE RÖMISCHE REICH DEUTSCHER NATION

Die Spätzeit des Alten Reiches zwischen dem Westfälischen Frieden und seiner Auflösung ist ein besonders anschauliches Beispiel, wie sich wissenschaftliche Ansätze und Methoden und die Maßstäbe geschichtswissenschaftlicher Bewertung im Verlauf eines guten Jahrhunderts verändern.

Die Kriterien für die Beurteilung des historischen Phänomens „Reich" leiteten sich seit dem 19. Jahrhundert mit großer Regelmäßigkeit von der politischen Einbettung und dem tagespolitischen Erwartungshorizont der Autoren her. So sehr die Staatsmänner und Publizisten auf dem Wiener Kongress noch einmal versucht hatten, an Idee und Institutionen des Alten Reiches anzuknüpfen, so rasch rückte für die Historiker seitdem jenes Gebilde in den toten Winkel, das für politischen und sozialen „Fortschritt" offenbar unfähig gewesen war, das also den als neuen „Königsweg" der Geschichte erkannten „nationalen" Weg (zu) lange verhindert habe. Seit den politischen Entscheidungen von 1866 und 1871 suchte die kleindeutsch-borussische Geschichtsschreibung zudem im Sinn und mit dem Ziel der historischen Legitimation die Funktion des brandenburg-preußischen Staates als Vollstrecker des nationalen Einheitswillens zurückzuprojizieren bis in die Zeit des Großen Kurfürsten, der sich als erster Hohenzoller gegen den altmodischen, überholten Reichsverband durchgesetzt habe (Treitschke u. a.); Ausläufer einer solchen Sicht („Preußens deutsche Sendung") reichen bis an die Gegenwart heran. Und das Pendant ist auf der – seit 1866 aus dem deutschen Staatenverband ausgeschiedenen – Gegenseite zu konstatieren: Auch für die österreichische Geschichtsschreibung rückte das Alte Reich an die äußerste Peripherie des wissenschaftlichen Interesses, auch sie wandte sich (verständlicherweise) den Entwicklungssträngen zu, die zur österreichischen Eigenstaatlichkeit und zur Donaumonarchie des 19. Jahrhunderts hinführten.

Aber es waren nicht nur diese politischen Konstellationen, die bis weit ins 20. Jahrhundert hinein eine ernsthafte Auseinandersetzung mit dem Alten Reich verhinderten. Vielmehr kam eine bestimmte Auffassung von „Staat" hinzu, der das Reich nicht entsprach: Es war lange gängige Ansicht, dass der (zentralistische) Macht- und Anstaltsstaat der europäischen Geschichte den Weg gewiesen habe, und diesem Kriterium gegenüber konnte das Alte Reich natürlich nur als defizitär eingestuft werden (was die Blicke erneut auf die großen Territorien lenkte, die anstelle des Reiches den Weg zum modernen Staat beschritten hatten).

Es bedurfte wohl erst der leidvollen Erfahrung mit dem modernen, allgegenwärtigen, „totalen" Machtstaat in der jüngsten Vergangenheit und dem staatsrechtlichen Ende Preußens, um die Historiker mit neuen Fragestellungen an das Alte Reich herangehen zu lassen. So wie generell die alte These vom kontinuierlichen Niedergang des Reiches seit dem Ende der Stauferherrschaft immer mehr relativiert wird und die Faktoren der Herrschaftsverdichtung und Modernisierung weit stärker als früher gesehen und gewichtet werden, so ist nach dem

[Marginalie:] Forschungsgeschichte

[Marginalie:] Perspektivenwechsel nach dem Zweiten Weltkrieg

Zweiten Weltkrieg speziell das frühneuzeitliche Reich als ein Verband und Organismus erkannt worden, dessen primäres Ziel Friedenserhaltung und Rechtswahrung waren, keineswegs aber Machtpolitik, Expansion zu Lasten von Nachbarn. Das Reich war ein Staatenbund zur Erhaltung des (territorialen, konfessionellen und auch sozialen) *status quo*; radikale Lösungen von Konflikten vertrugen sich mit dem Reichssystem grundsätzlich nicht. Erst von daher wird im Übrigen der Schock verständlich, den Friedrichs II. Übergriff auf das habsburgische Schlesien 1740 auslöste. Und das Reich war durchaus eine Art Erfolgsmodell, gelang es ihm u. a. doch, die Glaubensspaltung – anders als viele seiner Nachbarn – in ein geregeltes System zu überführen und einen existentiellen Konflikt wie den Dreißigjährigen Krieg so zu überstehen, dass seine Einheit nie zur Diskussion stand.

In diese Forschungslandschaft ist Mitte der 1990er Jahre dann insofern Bewegung gekommen, als ein renommierter Vertreter der Reichsgeschichtsforschung, GEORG SCHMIDT, mit einer Gesamtdarstellung an die Öffentlichkeit trat, die die Der „Komplemen-   singuläre Stellung des Reichs im Panorama der frühneuzeitlichen Gemeinwesen
täre Reichs-Staat"   massiv in Frage stellte und es gewissermaßen auf eine Ebene mit den (immer noch jeweils unfertigen) Nationalstaaten der Epoche zu stellen versuchte [236]. Schmidts „komplementärer Reichs-Staat" sollte und will die deutsche Staatlichkeit gewissermaßen um drei Jahrhunderte nach hinten, bis ins Spätmittelalter, verlängern. Es kam zu – für das Fach eher atypischen – heftigen Polemiken, in denen Schmidt u. a. unterstellt wurde, eine Art historische Unterfütterung des wiedervereinigten gesamtdeutschen Staates liefern zu wollen und die alte These von der verspäteten Nation ohne zureichende Quellengrundlage obsolet zu machen [u. a.: 238: SCHNETTGER; 233: SCHILLING]. Reichstagsdeutschland im Prinzip ein auf gleicher Augenhöhe mit den westeuropäischen Staaten befindliches Gemeinwesen, das vor allem über ein gleichartiges (nationales) Gesamtstaatsbewusstsein verfügt habe? Immerhin wird sich an der methodischen Fruchtbarkeit der Schmidtschen These nicht zweifeln lassen.

Ein neues Gespür hat die Forschung – unbeschadet etlicher älterer Arbeiten zum Reichskreiswesen – seit den 60er Jahren vor dieser Folie namentlich für die Verfassungsstrukturen des Alten Reiches entwickelt, insbesondere für die inter-
Reichskreise   mediäre Ebene der Reichskreise, die durch den Westfälischen Frieden direkt und indirekt nachhaltig aufgewertet worden waren und immer mehr interterritoriale Kompetenzen in den Bereichen „Policey", Rechtssicherheit, Militär an sich zogen. Man wird sogar festhalten können, dass das Reichskreiswesen – sicher auch vor dem Hintergrund der politischen Diskussion über Regionen und Regionalismus in unserer Gegenwart – zu einem Schwerpunkt der Reichsforschung geworden ist; einer Gesamtdarstellung [352: DOTZAUER] wie einigen auf den Vergleich angelegten Sammelbänden [144: HARTMANN] folgen nun gleich drei Gesamtdarstellungen von Kreisen, die einerseits (Bayern) nicht über ein gar so lebendiges Leben verfügten wie die sog. „vorderen" Reichskreise [360: HARTMANN], die andererseits bisher deutlich im Windschatten der Forschung gestanden hatten (Obersachsen) [225: NICKLAS] bzw. im 18. Jahrhundert weitgehend in Inaktivität verfielen (Nie-

dersachsen) [356: GITTEL]. Besonders zu würdigen ist die auf den Vergleich zielende Aufarbeitung der Kreisaktivitäten im Bereich der „guten Policey" in den (süd- und südwestdeutschen) „Kernregionen" des Alten Reiches, die von WOLFGANG WÜST initiiert wurde [400], und die ebenfalls komparatistisch angelegte Studie über die Politik der süd- und westdeutschen Kreise vor der Herausforderung der Hungerkrise von 1770/72 [371: MAGEN]. Ob man die Reichskreise nun als Vorläufer moderner Verwaltungsstrukturen ansieht oder nicht: für diese intermediäre Ebene der Verfassungswirklichkeit des Reiches sind wir nun auf einem relativ sicheren Boden. Die Relevanz für die Gegenwart muss man in dieser Hinsicht allerdings nicht herbeizwingen.

Über die regionalen Kreise hinaus geht ein in einem Greifswalder Sonderforschungsbereich verfolgter Ansatz, nach der Reichs„nähe" (oder Reichs„ferne") einer ganzen Geschichtslandschaft zu fragen, in diesem Fall des südlichen Ostseeraums. Hier geht es u. a. um die Inanspruchnahme der obersten Reichsgerichte, um die Vertretung auf den Reichstagen, Klientelbeziehungen usw. Die ersten Zwischenergebnisse konnten schon im Jahr 2000 publiziert werden [209: JÖRN/NORTH], die den Eindruck bekräftigt haben, dass ein solcher Zugang auch für andere reichsferne Geschichtslandschaften überaus erfolgversprechend sein könnte. Nur für Schlesien steht man hier bisher auf einigermaßen sicherem Boden [250: WEBER]. *(Randnotiz: Reichsnähe/Reichsferne)*

Aber die Revision bisheriger negativer Urteile hat sich bei anderen – in der Vergangenheit meist eher belächelten – Institutionen des Alten Reiches fortgesetzt: Der Immerwährende Reichstag ist schon in den 1980er Jahren, sieht man einmal von den eher fragwürdigen Versuchen ab, ihn zu einer Vorform des modernen Parlamentarismus aufzuwerten, ungeachtet des forschungshemmenden Fehlens moderner Akteneditionen immer mehr in seiner positiven, friedenerhaltenden Funktion als *clearing*-Stelle und als wichtiges Instrument der kaiserlichen Reichspolitik erkannt worden, wobei die Perpetuierung des Reichstags ja mehr als eine Zufälligkeit war, vielmehr der inneren Logik der gewandelten und den Ständen ein Mehr an Kompetenz zusprechenden Verfassung von 1648 entsprach [387: SCHINDLING]. Die Frage nach dem tatsächlichen Gewicht der vermeintlich schwächsten Kurie des Reichstags, des Städterats, ist zunächst zumindest aufgeworfen [223: NEUGEBAUER-WÖLK] und jetzt in einer Fallstudie zu seiner Rolle bei der Entstehung der sog. Reichshandwerksordnung von 1731 auch zumindest ausschnitthaft beantwortet worden [399: WINZEN]. Auch seine ständeparlamentarischen Vorgänger, der letzte Reichstag alten Stils von 1653/54 und der Reichsdeputationstag von 1655/63, die ja beide erste politische Konsequenzen aus der Verfassungsurkunde von 1648 zu ziehen hatten, sind inzwischen gründlich aufgearbeitet worden [373: MÜLLER; 389: SCHNETTGER]. Für die oberste Reichstagskurie, die der Kurfürsten, liegt nun sogar eine auf einem systematischen Zugriff basierende zweibändige Gesamtschau vor, die geradezu in eine Analyse des Reichssystems an sich einmündet [357: GOTTHARD]. *(Randnotiz: Reichstag)*

Die Reichsgerichte, insbesondere das Reichskammergericht, werden in ihrer Spruchtätigkeit immer besser greifbar, indem beispielsweise die Erfassung der (im *(Randnotiz: Reichsgerichte)*

19. Jahrhundert ungeheuer zerstreuten) Prozessakten des Reichskammergerichts in Repertorienform in den zurückliegenden Jahren gewaltige Fortschritte gemacht hat, indem die (zahlreichen) in zeitgenössischen Drucken vorliegenden Voten des Reichskammergerichts in Findbuchform nachgewiesen wurden [347: BAUMANN], indem bestimmte Prozessformen systematisch untersucht [u. a.: 384: SAILER], einzelne spektakuläre Prozesse nachgezeichnet werden [378: OER; 641: OESTMANN]. Zunehmend klarer wird insbesondere, welche Bedeutung den Reichsgerichten bei der Lösung von Konflikten ländlicher Untertanen mit ihren Grundherren zukam: Die Bauern haben längst nicht jede neue Last und Bedrückung kommentarlos hingenommen, sondern sich auch im 17./18. Jahrhundert oft genug empört oder aber, z. T. mit ausdrücklicher landesherrlicher Billigung, den Rechtsweg beschritten. Dass die Untertanen bei solchen Prozessen freilich keineswegs immer den besseren Teil für sich hatten, das Reichskammergericht im Gegenteil in vielen Fällen davor zurückschreckte, die Obrigkeit deutlich in die Schranken zu weisen, ist ebenso unübersehbar. Dieses verstärkte Interesse der Forschung gilt z. B. auch für die Prozesse von Ständen gegen ihre Landesherren (Württemberg, Mecklenburg) oder auch für das Phänomen der Fürstenabsetzungen durch die Reichsgerichte, die – ohne vorangegangene Acht – zwischen dem Westfälischen Frieden und dem Ende des Alten Reiches etliche Male vorkamen, meist beim Tatbestand der Schwachsinnigkeit von Fürsten [242: TROSSBACH]. Immer deutlicher wird im Übrigen auch, wie vielfältig die Erkenntnisse sind, die Reichskammergerichtsakten bei der Entwicklung eines entsprechenden methodischen Zugriffs zu liefern vermögen, etwa auch in wirtschafts- und sozialgeschichtlicher Hinsicht oder sogar was ihr kartographisches „Potential" betrifft. Analog der großen EDV-gestützten Studie von FILIPPO RANIERI zur Frequenz des Reichskammergerichts im 16. Jahrhundert [Recht und Gesellschaft im Zeitalter der Rezeption. Eine rechts- und sozialgeschichtliche Analyse der Tätigkeit des Reichskammergerichts im 16. Jahrhundert, 2 Bde., Köln/Wien 1985] ist eine statistische Studie über die Prozesshäufigkeit und die regionale und ständische Verteilung der Prozessparteien im 17./18. Jahrhundert vorgelegt worden [345: BAUMANN]. Die größten Fortschritte hat die Forschung in den zurückliegenden Jahren aber zweifellos bei der Aufarbeitung des (Richter-, Prokuratoren- und Boten-)Personals des Reichskammergerichts erzielt. Die (lange erwartete) magistrale Habilitationsschrift von SIGRID JAHNS bietet in ihrem 2. Teil – der 1. steht noch aus – ein erschöpfendes prosopographisches Material, das es erlaubt, die soziale Herkunft, die Auswahlmechanismen und die Karrieren der Assessoren zwischen 1740 und dem Ende des Alten Reiches minutiös zu verfolgen [366]. Das nachgeordnete Reichskammergerichtspersonal, das man in letzter Zeit unter den etwas vagen Begriff „Reichspersonal" subsumiert [346: BAUMANN u. a.], ist mehrfach in Aufsatzform behandelt worden, auch dieses, also die Prokuratoren, Notare und Boten, Teil jenes „Sozialkörpers" mit seinen vielfältigen Verflechtungen, der sich im Übrigen im ausgehenden 18. Jahrhundert zögernd dann auch den neuen Ideen der Aufklärung öffnete [375: NEUGEBAUER-WÖLK].

Unverkennbar ist auf der anderen Seite, wie sehr bei den wirklich „großen" Auseinandersetzungen die Präferenz des Reichskammergerichts als rechtlicher Austragungsort zugunsten der des Reichshofrats zurücktrat, der im Übrigen nun zumindest für die Zeit Kaiser Karls VI. personell-institutionell aufgearbeitet worden ist [364: HUGHES], aber sich generell wachsenden Forschungsinteresses erfreut. Ein vor rd. 10 Jahren ins Leben getretenes „Netzwerk Reichsgerichtsbarkeit" meist jüngerer Historiker und Rechtshistoriker hat vor allem ihn, den Reichshofrat, aus seinem Nischendasein wieder hervorgeholt, nachdem das Reichskammergericht dank der Aktivitäten BERNHARD DIESTELKAMPS schon seit längerem sich einer guten Forschungs-Infrastruktur erfreut. Der württembergische Ständekonflikt beispielsweise war keine Angelegenheit des Reichskammergerichts mehr [204: HAUG-MORITZ], und auch in die kleinen und größeren Konflikte in der thüringischen Staatenwelt griff der Reichshofrat ein, nicht mehr die Wetzlarer Institution [396: WESTPHAL].

In ganz besonderer Intensität ist in den zurückliegenden Jahren das Institut der kaiserlichen Kommissionen ins Zentrum von Forschungsbemühungen gerückt, die der Reichshofrat ad hoc bei regionalen Konflikten ein- und meist mit Personen aus der weiteren Region besetzte. EVA ORTLIEB hat das Volumen dieser Konfliktlösungsaktivitäten für die Mitte des 17. Jahrhunderts aufgearbeitet [379], parallel dazu entstand die Studie von MARTIN FIMPEL, die das kaiserliche Kommissionswesen für eine bestimmte Region – in diesem Fall den Schwäbischen Reichskreis – untersuchte [355]. Man kann die Bedeutung dieses Instrumentariums für die gesamte Epoche, die hier zur Diskussion steht, wohl überhaupt nicht überschätzen. Ein in Wien angesiedeltes Erhebungsprojekt geht von deutlich mehr als 35 000 *Causen* während des Zeitraums des Bestehens des Reichshofrats aus, gegen die sich die von Fimpel festgestellten 125 Kommissionen im Schwäbischen Kreis im Zeitraum 1648–1806 fast schon etwas bescheiden ausmachen, die im Übrigen in aller Regel auf eine Vergleichslösung hinarbeiten. *(Kaiserliche Kommissionen)*

Aus dem Bereich des Rechts eine letzte Beobachtung, nämlich die, in welchem Maß in den zurückliegenden Jahren auch die Studien zum Strafrecht zugenommen haben. Neben einer Gesamtgeschichte des Strafprozesses in Deutschland seit der Carolina [365: IGNOR] sind etliche Regionalstudien erschienen, von denen die von HELGA SCHNABEL-SCHÜLE über Württemberg [388] und die von HARRIET RUDOLPH über die peinliche Strafjustiz im Hochstift Osnabrück besonders hervorgehoben werden sollen, u. a. weil letztere im Rahmen der Spannung von Rechtsakzeptanz und Schadensbegrenzung den beachtlichen Handlungsspielraum der gelehrten bürgerlichen Räte verdeutlicht [383]. Auch die Professionalisierung des Rechtspersonals und generell der territorialen Führungsschichten ist auf neues Interesse gestoßen [362: HOLTZ]. *(Strafrecht)*

In einem mehr oder weniger direkten Zusammenhang mit dieser wissenschaftlichen Diskussion über die Reichsinstitutionen steht der – insgesamt überzeugende – Nachweis, dass die Politik der habsburgischen Kaiser bis zur Zäsur 1740 nicht nur in österreichischer Großmachtpolitik aufgegangen ist, sondern daneben auch *(Imperiale Politik der letzten Habsburger)* die Perspektive einer Wiederaufwertung des Kaiseramtes im Auge hatte. Die „Renaissance" des Kaisertums – auch im Sinn einer neuen politischen Option der Reichsstände – in den 1670er und 1680er Jahren ist von der Forschung inzwischen hinlänglich erwiesen worden, aber *mutatis mutandis* gilt dies auch für die beiden letzten männlichen Habsburger. Dies ist an der Kunstpolitik Karls VI. mit ihrer imperialen Programmatik demonstriert worden [268: MATSCHE], aber auch an der praktischen Politik: etwa an der Reaktivierung kaiserlicher Feudalrechte in Reichsitalien durch Joseph I. oder am konsequenten Eingreifen der beiden letzten Habsburger in die vielen reichsstädtischen Verfassungskonflikte, wodurch den oligarchischen Stadtobrigkeiten nachdrücklich klar gemacht worden ist, dass nicht sie es waren, die im Besitz der Souveränität waren. Freilich hat die Forschung auf der anderen Seite auch erkannt, wie defizitär Karls VI. Reichspolitik schlussendlich war, die über lange Wegstrecken zu sehr dynastiefixiert und am Ende auch zu lethargisch war.

Der wittelsbachische „Zwischenkaiser" Entgegen allen großen Hoffnungen stellte freilich die Amtszeit des wittelsbachischen „Zwischenkaisers" Karl VII. den absoluten Tiefpunkt der Kaiserpolitik dar, da ihm alle strukturellen und persönlichen Voraussetzungen fehlten, um den Erwartungen zu entsprechen, sein Kaisertum könne zu einer weiteren Aufwertung von Kaiser- und Reichsidee führen. Der tiefe Schnitt, den Karls VII. Regierung für die Reichsgeschichte bedeutete, ist überdeutlich geworden; nicht zufällig endete der zweite Band der ARETINSCHEN Trilogie [183] deswegen auch mit dem Jahr 1745.

Kaiserhof Die Forschung hat sich in den zurückliegenden Jahren besonders intensiv dem kaiserlichen Hof zugewandt und dabei sehr nachdrücklich auch moderne Forschungskonzepte (Foucault u. a.) umgesetzt. Das gilt etwa für die Rolle und Funktion der Hofdamen [718: KELLER], vor allem aber für den (einheimischen) Adel, wobei die neueren Arbeiten von HENGERER für die Epoche Leopolds I. [269] und PEČARS für die Epoche Karls VI. [285] mehr oder weniger konsequent die Perspektive des Adels wählen und fragen, worin denn für ihn überhaupt die Attraktivität des Hofdienstes lag. Finanziell zahlte sich das nämlich in aller Regel nicht aus, ja, von den Mitte des 17. Jahrhunderts immer zahlreicheren Kämmerern erwartete die Krone gar „freiwillige" Zahlungen, so dass nach anderen Parametern gesucht werden muss. Hier ist die „Ökonomie der Ehre" als entscheidend herausgearbeitet worden. Der Adel profitiert eher symbolisch von seiner Kaisernähe und versuchte, seinen Platz in der höfischen Hierarchie durch verschiedene Aktivitäten – u. a. Bautätigkeit – zu perpetuieren und zu zementieren.

Strukturanalysen Musste im Forschungsbericht der 1. und 2. Auflage noch beklagt werden, wie dünn gesät Gesamtdarstellungen der Reichsgeschichte im Sinn von Strukturanalysen des Mit-, Neben- und Gegeneinanders von Reichsoberhaupt, Reichsinstitutionen und Reichsständen sind, so hat sich die Situation seit der 3. Auflage noch einmal deutlich verbessert. Es soll nicht geradezu von einer „Inflation" Deutscher Geschichten des hier interessierenden Zeitabschnitts gesprochen werden, wiewohl die vielen Gesamtsynthesen fast den Verdacht aufkommen lassen, dies gelte in den

Augen gerade jüngerer Historiker geradezu als ein Qualifikationskriterium; aber es gibt auf jeden Fall nun eine breite Palette einschlägiger Werke, die natürlich unterschiedlich breit angelegt sind und auch unterschiedliche Käuferschichten ansprechen. 1998 konnte schon auf die „Propyläen Geschichte Deutschlands" hingewiesen werden, die für die hier interessierende Epoche mit dem Werk des Amerikaners JAMES SHEEHAN [240] ihren Abschluss fand: eine Übersetzung – der einzigen in dieser Reihe! –, die zumindest die Frage nach der (fehlenden oder als ungenügend eingestuften?) Kompetenz der deutschen Geschichtswissenschaft für den Übergang vom Ancien Régime zur Moderne aufwirft. Es wurde außerdem damals auf die abgeschlossene Reihe des Siedler-Verlags „Das Reich und die Deutschen" hingewiesen. An der Situation der „Neue[n] Deutsche[n] Geschichte" hat sich insofern nichts geändert, als der Band für das 18. Jahrhundert immer noch aussteht. Genannt wurden damals außerdem CHRISTOF DIPPERS überaus originelle, stark die lebensweltlichen Rahmenbedingungen akzentuierende Gesamtdarstellung [192] und GÜNTER VOGLERS aus Vorlesungen erwachsener Entwurf [246], vor allem aber KARL OTMAR VON ARETINS Trilogie zur Reichsgeschichte zwischen Westfälischem Frieden und Auflösung des Reiches; sie ist mittlerweile abgeschlossen und in ihrer kritischen Distanz zu theoretischen Modellen, ihrer Quellennähe und ihrer erfrischend klaren Wertungen eine Art Fels in einer (methodisch) bewegten See [183]. Aretin zählt zu denjenigen Historikern, die einer neuen Sicht des Alten Reiches maßgeblich den Weg bereitet und dabei auch lange vernachlässigte Bereiche (Reichsitalien) wieder in den Blick genommen haben. Seine Kernfrage ist die nach dem Kaisertum in einer sich verändernden Welt; sein politikgeschichtlicher und von einer umfassenden Quellenkenntnis zeugender Zugriff vermittelt einen Einblick in das „Funktionieren" und die Mechanismen des Reiches und seiner Institutionen, wie er in dieser Ausführlichkeit bisher noch nicht vorlag.

In der jüngsten Vergangenheit sind aber noch gewichtige (und auch weniger gewichtige) Gesamtdarstellungen hinzugetreten. Von GEORG SCHMIDTS *opus maximum* wurde oben schon berichtet, unbeschadet aller Einwände gegen seine Hauptthesen eine wissenschaftliche Leistung aus einem Guss, was ihm auch seine Kritiker immer bescheinigt haben. Zugreifen kann man zudem auf eine Gesamtdarstellung der gesamten frühneuzeitlichen Reichsgeschichte von AXEL GOTTHARD, der sich in seiner überwiegend politik- und konfessionsgeschichtlich akzentuierten Studie zum Teil erfrischend aus den herkömmlichen sprachlichen Bahnen heraus bewegt [200], und auf ein schmales Buch von HARM KLUETING, das für die Zeit ab dem Westfälischen Frieden Reichs- und habsburgische Geschichte in origineller Weise miteinander verknüpft [213].

Es stellte für die Autoren von Gesamtdarstellungen der Reichsgeschichte lange Zeit ein Problem dar, dem Reich in seiner ganzen Komplexität gerecht zu werden, also der zentralen Ebene ebenso wie der intermediär-regionalen (Reichskreise) und der landesherrlichen und dem protestantischen Reichsteil ebenso wie dem katholischen. Es soll nicht gesagt werden, dass gerade letzteres bereits überall optimal bewältigt worden ist, aber in allen Darstellungen der letzten Jahre ist zumindest das Bemühen spürbar, konfessionalistische Parameter hinter sich zu lassen. Es sind ja auch nicht Sarkasmus und Einseitigkeiten, die wissenschaftlich weiterhelfen. Die im zurückliegenden Forschungsbericht behandelte Studie mit dem provozierenden Titel „Unheiliges Römisches Reich" [219: LUH], die den Nachweis zu führen versuchte, dass das Alte Reich zwischen dem Westfälischen Frieden und seinem Untergang ein von konfessionellen Konflikten zerfressenes Gebilde gewesen sei, hat in ihrer Schieflage keine Fortsetzung mehr gefunden. Natürlich hat es auch nach 1648 konfessionell bedingte Konflikte gegeben, und man wird vielleicht sogar die „entwicklungshemmende Wirkung des konfessionellen Dissenses" [241: STIEVERMANN, 198] gewichten können, aber es ist doch völlig klar, dass darüber niemand mehr die Existenz des Reiches in Frage stellte und dass das konfessionelle Moment in den weitaus meisten Fällen nur ein Vorwand war, um anderswo wurzelnde Konflikte zusätzlich aufzuladen und die entsprechenden „Hilfstruppen" zu rekrutieren.

Orientierungs-
funktion des
Reiches für die
Gegenwart?

Vor dem skizzierten Forschungshintergrund und im Licht der intensiven Aufarbeitung des Alten Reiches, seiner Institutionen und seiner politisch-sozialen Landschaft ist die Geschichtswissenschaft sicher gut beraten, nun nicht ins andere Extrem zu verfallen und diesem Gebilde, dessen Wesen der Kompromiss und der Konsens waren, in seinem archaischen Charakter als Nicht-Staat Gloriolen zu winden und ihm eine Orientierungs- oder gar Vorbildfunktion für die Gegenwart zuzuweisen. Das ist in den letzten Jahren aus Gründen der „Aktualisierung" der Reichsgeschichte wiederholt versucht worden. Das Alte Reich hatte seine konstitutionellen Schwächen, etwa die Nicht-Existenz einer Exekutive, konnte den Trend nicht umkehren, dass sich bestimmte Kompetenzen mehr und mehr in die Kreise oder sogar in die Territorialstaaten hinein verlagerten [350: CHRISTMANN], und es ist in hohem Maß bezeichnend für seine Immobilität, dass die wenigsten der sog. *negotia remissa* des Westfälischen Friedens wirklich zu einer abschließenden Regelung geführt wurden.

Reichsgeschichte
und Territorial-
geschichte

Reichsgeschichte darf nicht als Addition von Territorialgeschichten missverstanden werden, aber sie ist andererseits ohne Einbeziehung der je unterschiedlichen Landesgeschichten undenkbar; gerade deswegen ist VIERHAUS' Gesamtentwurf [244] und sein Ansatz, den „deutschen Partikularismus als die konkrete Gestalt deutschen geschichtlichen Lebens über Jahrhunderte hinweg" (10) ernst zu nehmen, so überzeugend gewesen. In der territorialgeschichtlichen Forschung über das Zeitalter des „Absolutismus" dominieren traditionell Themen aus dem Umkreis „Ständewesen – Ständekonflikte", die besonders geeignet sind, politische Strukturen und Wandelstrukturen offenzulegen. Dabei geht eine Haupttendenz der Forschung in die Richtung, die Verantwortung und Verantwortlichkeit der Stände für das Land zu demonstrieren. Für Schwedisch-Vorpommern ist beispielsweise festgestellt worden, wie sehr sich Stände und Herrscher gegenseitig respektierten und wie überraschenderweise die Stände Motor der Modernisierung – zumindest im Bereich Steuer- und Finanzwesen – waren [349: BUCHHOLZ]. Dieses Grundthema, mehr Verständnis für Positionen und politisches Wollen der

Stände aufzubringen, prägt auch einen von PETER BAUMGART herausgegebenen Sammelband, der die Ergebnisse einer Konferenz über „Ständetum und Staatsbildung in Brandenburg-Preußen" zusammenfasst [302]. Zwar war seit dem Großen Kurfürsten die politische Bedeutung der Stände der einzelnen Provinzen deutlich zurückgegangen, aber ihre politische Mitverantwortung für Staat und Gemeinwohl und ihre Loyalität, die freilich immer mehr zu einer „gespaltenen Loyalität" (KOENIGSBERGER) wurde, stand deswegen nicht in Frage. Insofern war – möglicherweise sah und sieht der Herausgeber das anders – auch der Hohenzollernstaat alles andere als „absolutistisch". Es ist jedenfalls inzwischen längst zur *communis opinio* geworden, in den Ständen nicht nur die Verlierer der Geschichte zu sehen, sondern einen entscheidenden Faktor der territorialen Staatsbildung; dem ständischen Wesen kam auch im 17./18. Jahrhundert eine Komplementärfunktion neben den herrschaftlichen Institutionen zu. Ohne Stände wären weite Bereiche des öffentlichen Lebens wie die Steuererhebung und -verwaltung oder auch die niedere Gerichtsbarkeit überhaupt nicht administrabel gewesen. Der Fürst konnte in diesen Bereichen auf ihre Mithilfe nicht verzichten, bemühte sich freilich auch immer, dort, wo es möglich war wie etwa in Kleve und Mark, Gremien zu schaffen (Erbentage), die ihm den direkten Zugriff auf die bäuerlichen Steuern erlaubten. Zu einem guten Teil war der Fürst sogar gezwungen, „staatliche" Kompetenzbereiche in den Händen der lokalen Obrigkeiten zu belassen [371: MARQUARDT]. Die lebhafte „landständische Renaissance" im ausgehenden 18. Jahrhundert mit einer Fülle theoretischer Schriften, die mit teils naturrechtlicher, teils korporationsrechtlicher Begründung den Ständen einen bestimmten Platz im Ordnungsgefüge zuwiesen, deren wirkliches Reformpotential aber eher überschaubar war, hat in jüngster Zeit eine kompetente Bearbeitung erfahren, die der These von der Kontinuität zwischen den vormodernen Ständeversammlungen und den Landtagen des 19. Jahrhunderts im Übrigen kritisch gegenübersteht [393: STOLLBERG-RILINGER]. Die Kontinuitätsthese ist im Übrigen aber immer wieder auch für politische Einrichtungen ein Ansatz, die vormoderne Ständegeschichte zu fördern und finanziell zu stützen [397: BEI DER WIEDEN].

Das 1701 errichtete Königreich Preußen, um diesen (territorialgeschichtlichen) Faden wiederaufzunehmen, wurde, nachdem seine innere Konsolidierung abgeschlossen war, seiner militärischen Potenz und seiner tatsächlichen bzw. potentiellen Aggressivität wegen zu einer perhorreszierten Negativfigur in weiten Teilen der *Germania sacra* – man traute Preußen um 1700 bereits zu, die Existenz des stiftischen Deutschland in Frage zu stellen. Überhaupt ist die *Germania sacra* in ihren Strukturen und Veränderungen, die potentiell jede geistliche Wahl auslösen konnte, vielfältig neu beleuchtet worden: Besonderes Interesse haben solche Stifte gefunden, um die sich die kaiserliche Politik besonders bemühte, etwa weil es galt, sie vor dem Abdriften ins bayerische oder französische Lager zu bewahren. Etliche Kirchenfürsten wie etwa Damian Hugo von Schönborn oder neuestens Friedrich Karl Joseph von Erthal sind in ihrem Beziehungsgeflecht zwischen Dynastie, Domkapitel, Kurie und Kaiser monographisch behandelt worden [220:

Germania Sacra

MAUELSHAGEN; 189: BLISCH], die eine oder andere Dynastie ist als kaiserliche „Hilfstruppe" im Kampf um die *Germania sacra* gewürdigt worden [253: WOLF], wobei Einfluss auf und Interesse der Kurie an der Reichskirche freilich nicht in gleichem Maß hinterfragt worden sind. Das verfassungsrechtliche Kuriosum der konfessionell alternierenden Besetzung eines Bischofsstuhls – in Osnabrück – hat endlich eine monographische Bearbeitung gefunden [392: STEINERT]. Besonderes Gewicht hatten für die Wiener Hofburg ihres außerordentlichen politischen Einflusses wegen immer die Mainzer Kurfürst-Erzbischöfe, deren biographische Aufarbeitung zwar noch manche Lücke aufweist, die aber in ihren vielfältigen Funktionen in der Reichsverfassung erhellt zu werden beginnen [202: HARTMANN]. Die geistlichen Fürstentümer haben auch als politisch-verfassungsrechtliches Phänomen generell wieder die Blicke auf sich gezogen, wobei es vor allem ihre Spätphase ist, die die Forschung herausfordert: also ihre Reformbedürftigkeit und/oder Reformfähigkeit, ihr Verhältnis zur Aufklärung, die Spezifik einer „katholischen Aufklärung" [190: BRAUN u. a.; 181: ANDERMANN; 182: ANDERMANN].

Niemand käme auf den Gedanken, die geistlichen Staaten zum Paradigma von Staatlichkeit im vormodernen Deutschland zu stilisieren. Wohl aber geschah das immer wieder – seit der borussischen Geschichtsschreibung des mittleren 19. Jahr-

Branden-
burg(-Preußen)

hunderts – mit Preußen: Preußen als Modellstaat, als Staatswesen, das am Ende die deutsche Einigung herbeiführte (und das schon immer als Ziel gehabt habe!). Es ist in hohem Maß zu begrüßen, dass hier nun ein Gegensteuern erfolgt und die Tendenz sich mehr und mehr abzuzeichnen beginnt, dieses (sicherlich bemerkenswerte) Staatswesen wieder in die Normalität vormoderner deutscher Territorialstaatlichkeit zurückzuholen [331: NEUGEBAUER].

Staatsrechtliche Diskussion über das Reich

Das im Forschungsbericht von 1998 noch konstatierte Interesse der Forschung an verfassungstheoretischen Fragen im Zusammenhang mit dem Reich hat sich in dieser Intensität nicht fortgesetzt. Am meisten Staub aufgewirbelt hat seitdem WOLFGANG BURGDORFS Dissertation über die Reichsreformdiskussion seit dem Westfälischen Frieden, die den Nachweis geführt hat, in welcher Intensität die Intellektuellen des 17./18. Jahrhunderts über die Weiterentwicklung bzw. Anpassung der Reichsverfassung nachgedacht haben [899]. – Ansonsten sind eher im wissenschaftsgeschichtlichen Bereich Fortschritte zu verzeichnen: in Bezug auf den Wandel der „Reichspublicistik" zu einer modernen wissenschaftlichen Disziplin im 18. Jahrhundert, eine Disziplin, die an den neuen, modernen Universitäten

Rezeptionsgeschichte des Reiches

Halle und Göttingen eine besondere Heimstatt fand. Hier sind etwa Studien zu zwei bedeutenden Protagonisten, Schlözer und Achenwall, weiterführend gewesen [881: PETERS; 886: STREIDL]. Die lange tradierte Ansicht, dass sich gegenüber einem stark christlich-patriarchalisch und verwaltungskundlich geprägten Denken im Reich ein im engeren Sinn macht- und staatstheoretischer Diskurs westeuropäischen Zuschnitts nicht habe entwickeln können, wird in letzter Zeit zunehmend in Frage gestellt [938: WEBER].

Es vermag kaum zu überraschen, dass der allgemeine Trend in den Geisteswissenschaften, nach Erinnerung und Erinnerungskultur(en) zu fragen, auch an dem

Alten Reich als Corpus nicht spurlos vorbeigegangen ist. Das betrifft zum einen die Art, wie die Menschen in der Frühen Neuzeit selbst ihr Gemeinwesen historisch verortet haben – Studien zum Geschichtsdenken und zur Geschichtsschreibung in der Zeit selbst mögen zwar noch nicht alle Erwartungen erfüllen [849: BENZ], aber sie haben Schneisen geschlagen, und in Bezug auf die Rezeptionsgeschichte des Alten Reiches sind immerhin schon bedeutende Repräsentanten der deutschen Geschichtswissenschaft aufgearbeitet worden [238: SCHNETTGER, Beiträge WOLGAST und DERNDARSKY]. Es bedarf wenig prophetischer Gabe, wenn man annimmt, dass in dieser Hinsicht das Feld zukünftig besonders stark beackert werden wird.

Vor dem Hintergrund der jüngsten politischen Entwicklung, also der Wieder- herstellung der deutschen Einheit, haben in den letzten Jahren jene Forschungen an Volumen und an Substanz gewonnen, die nach dem „Nationalen" im Alten Reich fragen, also nach dem Entstehen eines überterritorialen Nationalgefühls. Diese Überlegungen sind in konzentrierter Form in das oben angesprochene Buch von GEORG SCHMIDT eingeflossen. Diese (noch laufende) Diskussion kann hier noch nicht bilanziert oder bewertet werden. Mir erscheint es unbestreitbar, dass vor den Herausforderungen der Revolutionsepoche der Nationsbegriff in Deutschland noch kaum feste Konturen gewann, unbeschadet der wachsenden Zahl von Publikationsorganen, die in ihrem Titel mit dem Adjektiv „deutsch" operierten. Ebenso unbezweifelbar aber ist, dass sich seit der Jahrhundertmitte – ohne dass man dies ganz schlüssig „begründen" könnte [933: STAUF] – eine neue Form des „Reichspatriotismus" ausbildete und im intellektuellen Diskurs in vielfacher Form fassbar ist, die von einem „nationalen" Diskurs kaum noch präzise zu trennen ist und ihn letztlich antizipierte. Dass sich in dem pränationalen Diskurs des 18. Jahrhunderts bemerkenswert oft bellizistische Momente finden, ist ein wichtiger Gesichtspunkt der modernen Forschung [896: BLITZ].

Nationalgefühl

Die insgesamt erfreuliche Forschungslage darf den Blick nicht dafür verstellen, dass es andererseits noch viele weiße Flecken in der Forschungslandschaft gibt. Ich will es an drei Defiziten verdeutlichen: Die Forschung hat noch kaum einen Anfang gewagt, Anspruch und Mitwirkung des Reiches *qua* Staat und Völkerrechtssubjekt anhand der Völkerrechtspraxis der Zeit aufzuarbeiten. Auch die Beziehungsgeschichte des Reiches und seiner Einzelglieder mit den europäischen Nachbarn steckt noch in den Kinderschuhen; ein Buch wie das von ALOIS SCHMID über die Außenpolitik Kurbayerns in der Mitte des 18. Jahrhunderts [988] steht immer noch recht isoliert da. Relativ am besten ist die Forschungslage in Bezug auf die hier interessierende Epoche für die deutsch-französische Beziehungsgeschichte; die Forschungen KLAUS MALETTKES [u. a. 1036] und seiner Schüler, u. a. JÖRG ULBERTS [1057], haben indes mehrfach unterstrichen, wie viel auch auf diesem Feld noch zu leisten ist. Beziehungsgeschichtliche Arbeiten etwa zu Russland, England oder den Niederlanden sind nach wie vor außerordentlich selten. Schließlich – drittens – hat die Reichsforschung noch nicht Anschluss gefunden an die in jüngster Vergangenheit stark forcierte Imperienforschung; ob und wie das „nach-

Forschungs-desiderata

westfälische" Reich mit seinen imperialen Ansprüchen, denen aber sicher keine imperiale Politik mehr entsprach, sich in die dort entwickelten Frageraster einfügt, wird eine der spannenden Forschungsfragen der kommenden Jahre sein.

3. EUROPÄISIERUNG ALS KATEGORIE DER FRÜHNEUZEITFORSCHUNG

Fast im Gleichschritt mit dem politischen Europäisierungsprozess – der Ausweitung der Europäischen Union und ihrer Verdichtung im Sinn des Verfassungsvertrags – hat die Geschichtswissenschaft allgemein und die Frühneuzeitforschung im Besonderen den Reiz europäischer Forschungsansätze erkannt. Wenn man nur die deutsche Situation ins Auge fasst, gibt es derzeit kaum noch einen Fachverlag, der nicht eine europäische Reihe in seinem Programm hätte: Handbücher wie das 9bändige des Ulmer-Verlags, dessen beide die Frühneuzeit abdeckende Bände bereits erschienen sind [115: VOGLER, DUCHHARDT], die stärker essayistisch angelegte „Geschichte Europas" des Siedler-Verlags, von der ebenfalls zwei Bände für die hier in Rede stehende Epoche einschlägig sind [121: SCHILLING, SCHULZE], Reihen von Monographien wie die des Fischer-Verlags („Europäische Geschichte"), von denen etliche der vorliegenden Bände der hier behandelten Epoche gewidmet sind, oder die ähnlich gelagerte, freilich auf weit weniger Bände angelegte Reihe des Beck-Verlags („Europa bauen"). In England, um nur dieses Beispiel hier herauszugreifen, sieht das nicht anders aus; ausnahmslos alle großen und mittleren Verlage haben Unternehmen à la „The Short Oxford History of Europe" [131: BLANNING] in ihrem Programm. Für die Erforschung der „Geschichte der europäischen Ideen" ist eine eigene Schriftenreihe begründet worden („Europaea Memoria", Olms-Verlag), im Jahr 2000 trat ein „Jahrbuch für Europäische Geschichte" ins Leben (und fand dann einiges später ein in seinen Zielen nicht völlig unterschiedliches Pendant in dem „Journal of Modern European History", seit 2003). Es wird zudem immer intensiver darüber nachgedacht, wie „europäische" Geschichte, wenn sie denn mehr sein will als eine Addition von nationalen Geschichten, geschrieben werden kann [96: DUCHHARDT/KUNZ; 110: STOURZH] und wie sie in die schulischen Curricula umgesetzt werden kann – erst jüngst (2005) hat sich eine Tagung des Verbands der deutschen Geschichtsdidaktiker dieses Themas angenommen. Aber das sind nur Symptome für eine allgemeine Tendenz der Geschichtswissenschaft, ihre Parameter und Forschungsansätze zu europäisieren. Inzwischen liegen auch die ersten übergreifenden Geschichten Europas aus einer Hand [167: SCHMALE] und Gesamtdarstellungen des 18. Jahrhunderts vor [137: DEMEL; 172: STOLLBERG-RILINGER]. Die Rechtsgeschichte ist europäisiert worden [145: HATTENHAUER], eine seit langem vermisste vergleichende europäische Verfassungsgeschichte, an der sich in der Vergangenheit viele Große der Disziplin vergeblich versucht hatten, hat die wissenschaftliche Öffentlichkeit nachhaltig beeindruckt [163: REINHARD].

Das Schreiben von „europäischer" Geschichte

Zu diesen aktuellen Forschungsschwerpunkten zählt u. a. die Frage nach den sich wandelnden Vorstellungen von „Europa" – seinen Bildern und Verbildlichungen, den Metaphern, die sich von ihm ableiteten, den Mythen bzw. Mythendefiziten. Hatte schon SCHMALEs Gesamtdarstellung [167] über weite Strecken den

Europa-Bilder und Europa-Mythos

Charakter einer Aufarbeitung des Europa-Bildes in der Geschichte und hatte sein provozierend gemeintes Buch, ob „Europa" unter Umständen an seinem Mythendefizit scheitern werde [W. SCHMALE, Scheitert Europa an seinem Mythendefizit?, Bochum 1997] Ergänzendes zur Metaphorik Europas beigetragen, so haben u. a. im Umfeld des (unten noch zu besprechenden) Jubiläums des Westfälischen Friedens die Studien zur Verbildlichung und zur Allegorisierung Europas einen nachhaltigen Auftrieb erhalten. Sie finden sich – außer in den beiden zentralen Tagungsdokumentationen [966: DUCHHARDT; 945: ASCH u. a.] und in dem voluminösen dreiteiligen Katalog [960: BUSSMANN/SCHILLING] – insbesondere in der Dokumentation einer Art Folgekonferenz im Jahr 2001 [134: BUSSMANN/WERNER], in der nicht nur die europäische Komponente in den vielen Friedensallegorien der Frühen Neuzeit aufgearbeitet wurde, sondern auch bestimmte Motive – etwa das, welches Europa als Braut der Fürsten versinnbildlicht, das, welches im Kontext der verbreiteten Erdteil-Allegorien des 17. Jahrhunderts Europa als Herrscherin der Welt anspricht – herausgeschält wurden, die wesentliche Puzzlesteine des vormodernen Europa-Mythos darstellten. Geschichte und Kunstgeschichte haben auf diesem Feld in geradezu vorbildhafter Weise zusammengearbeitet.

Freilich ist die „europäische Geschichte" als historische Disziplin noch längst nicht in befriedigender Weise umrissen oder gar definiert worden – und deswegen würden sogar einige der bisher genannten Werke, bei einer strengen Auslegung des Begriffs, ihm nur mit Mühe gerecht werden können. Um die inhaltliche Reflexion von „europäischer Geschichte" hat sich namentlich WOLFGANG SCHMALE „Europäistik"   verdient gemacht, der in einem programmatischen Aufsatz im Jahr 1998 als methodisches Ziel der von ihm so genannten „Europäistik" propagiert, „sinnvolle Konzepte und Methoden für die Erforschung und Darstellung europäischer Geschichte anzubieten, diese zu ordnen, dabei das vorhandene Angebot zu systematisieren, Wege zur Erschließung neuer Quellen aufzuzeigen und […] angestaubte Forschungstraditionen der notwendigen wissenschaftlichen Modernisierung zu unterwerfen" [106, S. 389f.]. Er sieht die „europäische Geschichte" der Zukunft auf fünf Pfeilern aufruhen, einem Konstruktivismus (im Sinn einer konsequenten europäischen Integration geschichtswissenschaftlicher Ansätze und Methoden, Themen und Problemstellungen), der Komparatistik („Alpha und Omega der europäisierten Geschichtswissenschaft"), dem Konzept der Performativität Europas (von der Begriffs- bis zur Bewusstseins- und zur Integritätsgeschichte), dem der Interkulturalität und schließlich dem der Integration. Die Forschung ist sicher gut beraten, sich bei zukünftigen Gesamtsynthesen an diesen Parametern mit zu orientieren. Denn bei allen Tendenzen, Fragestellungen zu europäisieren: methodisch ist die Forschungslandschaft noch einigermaßen disparat. Vorläufig herrschen jedenfalls noch die in einem weiteren Sinn komparatistischen Arbeiten vor.

Einzelbeispiele für   An anderer Stelle im Forschungsteil ist davon zu berichten, wie sich die Frauen-
„Europäisierungen"   und Geschlechtergeschichte europäisiert hat, aber das ist nur ein Symptom für vieles andere. Es wäre in diesem Kontext zudem darauf zu verweisen, wie Fragestellungen, die zunächst einmal für einen „nationalen" Rahmen entwickelt worden

sind wie das in den Rahmen der Kulturgeschichte des Politischen einzuordnende Forschungsfeld „Symbolisches Handeln" jetzt auch auf eine europäische – und damit komparatistische – Ebene transferiert werden [173: STOLLBERG-RILINGER]. Ein eher traditionelles Forschungsgebiet, die *peregrinationes academici*, wird nun konsequent „europäisiert", Studentenwanderungen nach Italien oder Frankreich oder aus Skandinavien nach Deutschland werden als Beiträge zur europäischen Kulturraum-, Kulturtransfer- und Kommunikationsgeschichte verstanden; z. B. hat das Jahrbuch für Europäische Geschichte jüngst sein Schwerpunktthema diesem Ansatz gewidmet. Wurde vor einem guten Jahrzehnt das Institut der Familienfideikommisse noch auf einer „nationalen" Ebene abgehandelt [J. ECKERT, 1992], so wurde die Fragestellung wenige Jahre später europäisiert [549: BAYER]. Die Adelsforschung hat mit einem komparatistischen Ansatz das Europäisierungsparadigma längst nicht nur erkannt, sondern auch umgesetzt [487: ASCH; 492: DEMEL; 505: SCOTT]. Das mag heterogen erscheinen, aber die Beispiele ließen sich mühelos vermehren.

Den Forschungsfeldern sind im Prinzip – über die komparatistisch angelegten Studien hinaus – auch gar keine Grenzen gesetzt. Staatliche Interaktionen, also das Mit-, Neben- und Gegeneinander der europäischen Mächte, werden dabei ebenso in anspruchsvollen Reihen [„Handbuch der Geschichte der internationalen Beziehungen", bisher 2 Bände für das 18. Jahrhundert einschlägig: 118: DUCHHARDT, ERBE] aufgearbeitet wie die Aufklärung und ihre Artikulationsformen als ein europäisches Phänomen behandelt werden. Der – meist bilateral verstandene, aber im Prinzip europäisch ausgerichtete – Kulturtransfer, etwa der zwischen Frankreich und dem deutschen Reich [679: LÜSEBRINK/REICHARDT], hat sich zu einem intensiv beackerten und auch methodisch gut abgesicherten Feld entwickelt, das frühneuzeitliche Reisen in einer europäischen Dimension ist unter den Stichworten Fremderfahrung und Identitätsschärfung vielfältig neu thematisiert worden [u. a. 547: BABEL/PARAVICINI; 566: REES/SIEBERS/TILGNER]. Der gesamte Bereich der Kulturgeschichte, ohnehin eins der zentralen Arbeitsgebiete der modernen Forschung, hat inzwischen bereits die erste den gesamten Kontinent ins Auge fassende Gesamtdarstellung gefunden, freilich noch unter Betonung des einen oder anderen Segments (Literaturgeschichte) [689: VIETTA] und damit noch um einiges entfernt von dem SCHMALEschen Konzept der wirklichen umfassenden Interkulturalität.

Wenn man Kulturtransfer und Reisen schon dem Bereich „Kommunikation" zuordnet, so ist damit ein Forschungsfeld angesprochen, das sich für die gesamte Frühe Neuzeit und die Epoche des Barock und der Aufklärung *in specie* zu einer der aktuellen Hauptforschungsrichtungen entwickelt hat. Der Bogen spannt sich dabei von der sehr speziellen und artifiziellen Kommunikation zwischen dem Souverän und der (hochdifferenzierten) Hofgesellschaft bis zu neuartigen Zugriffen auf die Lese- und Lesergeschichte, von der Art, wie sich Gerüchte generierten und aufluden bis zu dem gewissermaßen nonverbalen Kommunikationsprozess um Volksmagie, er impliziert dabei immer auch die Kommunikation zwischen den Repräsentanten des „Staates" und den „Untertanen" (und damit auch die vielen

Kommunikation

gewollten oder ungewollten Missverständnisse, die dabei auftreten konnten). Auf die symbolische Kommunikation wird an anderer Stelle zurückzukommen sein.

„Europäistik" im Sinn einer auch nur europäischen Zusammenschau von Ereignissen oder Phänomenen darf freilich nicht darüber hinwegtäuschen, dass für manche Bereiche eine gesamteuropäische Analyse noch nicht möglich ist. Hier Komparatistik kann, um darauf zurückzukommen, der Vergleich helfen, die notwendigen Brücken zu bauen: So ist etwa das Ende der Zünfte gerade auch mit Einbezug oft vernachlässigter Länder vergleichend thematisiert worden [495: HAUPT]. Auf ein ganz anderes Feld, für das der Vergleich fruchtbar sein kann, verwies eine Dresdener Konferenz im Jahr 1997, die jetzt dokumentiert vorliegt [165: REXHEUSER]: Wie „managten" Fürsten, die gleichzeitig zwei Throne innehatten [140: DUCHHARDT], ihre Personalunion, also die Administration ihrer beiden Reiche, von denen sich ja keins zurückgesetzt fühlen durfte? Die genannte Veranstaltung hat diese Frage vor allem am sächsisch-polnischen und am hannoversch-britischen Beispiel thematisiert, aber manche weitere Vergleichsbeispiele bieten sich an.

Zu den wissenschaftlichen Ausprägungen des Europäisierungsprozesses zählt nicht zuletzt der konsequente europäische Ansatz im Hinblick auf Ereignisse, die das vertragen. War der 300. Jahrestag des Westfälischen Friedens 1948 – in einer an Europäische sich von viel europäischer Begeisterung erfüllten Zeit – ein Gedenktag, den man Gedenkkultur eher in nationalen Kontexten beging und würdigte, so war das 1998 völlig anders: eine konsequent europäische Ausrichtung war angesagt. Das schlug sich schon darin nieder, dass die zentrale Jubiläumsausstellung in Münster und Osnabrück unter den Auspizien des Europarats stand, aber auch darin, dass die beiden wichtigsten Konferenzen in Münster (1996) und Osnabrück (1998) europäische Veranstaltungen waren: sowohl was den Kreis der Referenten als auch was die behandelten Themen betraf, von denen die Erinnerungskultur/Rezeptionsgeschichte und die Völkerrechtsgeschichte vielleicht am meisten profitiert haben. Die Jubiläumsliteratur ist vielfach zusammenhängend gewürdigt worden, so dass hier auf eine Besprechung der einschlägigen Publikationen unter der Fragestellung „Europa" verzichtet werden kann [Beispiele: JOHANNES ARNDT, in: Jahrbuch für Europäische Geschichte 1 (2000), ARMIN KOHNLE, in: Zeitschrift für die Geschichte des Oberrheins 104 (2001), HELMUT NEUHAUS, Archiv für Kulturgeschichte 82 (2000)]. Das korrespondiert damit, dass auch das sog. *Bicentenaire* der Französischen Revolution wissenschaftlich europäisiert worden war und dass absehbare Daten der Erinnerungskultur, etwa der 300. Todestag Ludwigs XIV. (1715), mit hoher Wahrscheinlichkeit eine ähnliche europäische Ausrichtung erhalten werden. Selbst ein französischer Herrscher wird nicht mehr nur von einer nationalen Erinnerungskultur reklamiert werden können. Damit werden Bedenken, dass die „europäische" Geschichtsschreibung gar nicht flächendeckend ein europäisches Publikum erreiche, dass in den nationalen Öffentlichkeiten vielmehr nach wie vor die „nationalen" Themen das Feld behaupteten, zwar nicht hinfällig, mir scheint aber, dass, gerade wenn man von der Erinnerungskultur ausgeht, Europa zumindest auf dem Weg ist, seine gemeinsamen (positiv oder negativ konnotierten) *lieux de mémoire* und damit seine geschichtliche Erfahrung insgesamt auch gemeinsam zu diskutieren.

Ich sehe darin – bei allem Unverständnis darüber, dass Publikationen ohne das Beiwort „Europa/europäisch" heute fast schon als rückständig angesehen werden – einen wichtigen Forschungsimpuls. Sicher ist er von politischen Entwicklungen angestoßen worden, aber es ist ja prinzipiell nicht verwerflich, seine Fragestellungen auch aus den Erfahrungen der eigenen Gegenwart abzuleiten – schließlich ist das *mutatis mutandis* immer so gewesen und hat mit der Instrumentalisierung der Geschichtswissenschaft durch die Politik – ein sensibles Feld! – zunächst einmal nichts zu tun. Freilich muss man „Europa" dann auch wörtlich verstehen. Die Gesamtheit Europas nach wie vor übliche Beschränkung auf den mittel-, west- und allenfalls noch südeuropäischen Raum ist so auf Dauer nicht hinnehmbar. Da mögen Sprachbarrieren im Spiel sein, aber dass damit nicht jede Beschäftigung eines Allgemeinhistorikers mit Ostmittel-, Ost- und Südosteuropa abgeschnitten ist, verdeutlicht beispielsweise eine Gesamtanalyse eines britischen Historikers, der den genannten geographischen Bereichen denselben Stellenwert einräumt wie den „westlichen" [174: STURDY]. Je stärker die Verzahnung der westlichen Geschichtswissenschaft mit der „östlichen" wird, desto schneller wird dieser Prozess der Einbeziehung des vielen nach wie vor unbekannten östlichen Großraums (hoffentlich) voranschreiten. Denn es mag zwar Regionen geben, die zu je unterschiedlichen Zeiten für den Kontinent Modellcharakter hatten und kulturell und politisch die Dinge voranbrachten: das aber in ein Europa unterschiedlicher Wertigkeit überführen zu wollen, wäre (politisch und wissenschaftlich) fatal.

4. „CULTURAL TURN" UND FRÜHE NEUZEIT

Im Forschungsbericht „Alltagsgeschichte, Volkskultur, Mentalitäten" in der 3. Auflage dieses Buches (1998) konnte die „zunehmende Instrumentalisierung des Kulturbegriffs als Gegenposition zu einer am Fortschritts- und Modernisierungsparadigma orientierten Sozialgeschichte" noch als ein neuer Trend qualifiziert werden, die Vorstellung also, dass alles menschliche Handeln von der Kultur, der fundamentalen Fähigkeit des Einzelnen zur Symbolerzeugung, prädisponiert werde. Es ist acht Jahre nach diesen Aussagen nicht mehr möglich, den *cultural turn* in den Geistes- und damit auch Geschichtswissenschaften in anderen Kontexten mitzubehandeln – „Kultur" ist, weit mehr als andere *turns* (*iconic turn, spatial turn*), zu einer zentralen Kategorie moderner Geschichtsschreibung geworden.

Anliegen

Dabei ist freilich zunächst nachhaltig davor zu warnen, den Begriff *turn* mit einem plötzlichen Wendepunkt gleichzusetzen. Zumindest der (parallel gebrauchte) Begriff der „Neuen Kulturgeschichte", der sich seit einem von LYNN HUNT 1989 herausgegebenen Sammelband zunehmender Konjunktur erfreut (The New Cultural History, Berkeley/Los Angeles/London 1989), deutet an, dass ein kulturgeschichtlicher Zugriff natürlich keine „Erfindung" des ausgehenden 20. Jahrhunderts ist – er assoziiert allerdings zugleich, dass die Brücken zur „alten" Kulturgeschichte entweder nicht vorhanden oder doch brüchig und kaum noch begehbar seien. Das ist schon allein deswegen ein problematischer Ansatz, als auch die Protagonisten der „Neuen Kulturgeschichte" immer wieder auf Autoren der Vor- und vor allem Zwischenkriegszeit, ob sie nun Georg Simmel, Ernst Troeltsch, Max Weber, Emile Durkheim, Ernst Cassirer und natürlich Karl Lamprecht heißen, rekurrieren. Zwar versuchen sich die Protagonisten von diesen Autoren, bei aller Würdigung ihrer Ansätze, abzusetzen und stattdessen modernere Autoritäten wie Pierre Bourdieu („Habitus" als Disposition gegenüber der Welt), Jan Assmann („kulturelles Gedächtnis") oder die Vertreter der „Cultural Anthropolgy" amerikanischer Prägung zu ihren Gewährsleuten zu erheben, aber dass auch diese auf den breiten Schultern einer älteren Generation aufruhen, wird dabei (zu) oft (geflissentlich) übersehen. Die grundlegende, inzwischen bereits in 4. Auflage vorliegende deutsche Einführung [671: DANIEL] lässt daran freilich keinen Zweifel, warnt auf der anderen Seite allerdings auch davor, die 200 Jahre Kulturgeschichte nun als eine Einheit zu sehen und damit konturenlos zu machen. Es muss in diesem Sinn zudem festgehalten werden, dass der *cultural turn* keineswegs dazu geführt hat, seine Anhänger auf gemeinsame methodologische Grundlagen zu stellen; das ist einer der Gründe, warum all das, was „symbolisches Handeln" in Bezug auf den Staat meint (und was sich inzwischen zu einem eigenen blühenden Forschungszweig ausgewachsen hat, der Kulturgeschichte des Politischen), in diesem Forschungsteil separat behandelt wird. Namhafte Vertreter der „Neuen Kulturgeschichte" verstehen ihren Forschungsgegenstand nämlich primär als „Alltagskulturgeschichte" (MARTIN DINGES), um ihn damit in der strengs-

„Neue/Alte" Kulturgeschichte

ten Weise von dem traditionellen, im Sinn einer „normativen Pathosformel" (UTE
DANIEL) zu verstehenden Kulturbegriff abzuheben.

Der *cultural turn*, der auf die Frühneuzeitforschung spätestens seit den mittleren
1990er Jahren voll durchschlug und die insgesamt müßige Debatte über Volks-
und Elitenkultur der 1970er und 1980er Jahre ziemlich obsolet machte, hat zu- **Methodische**
mindest eins bewirkt: Das Fach und damit die Publikationen sind facettenreicher **Reflexionen**
und „bunter" geworden, auch das scheinbar Selbstverständliche wird in einem
geradezu ethnologischen Sinn nicht mehr als selbstverständlich hingenommen. Es
fehlt zwar nicht an methodischen Reflexionen und theoretischen Ansätzen, die
sich zum Teil an der Gegenüberstellung von (*eo ipso* Ungleichheit einschließen-
den) Sozialgeschichte und einer jedem menschlichen Handeln und jeder Kommunikation zugrunde liegenden Symbolik orientieren. Aber der Grundzug der
Forschung ist doch eher der, an sich bekannte historische Phänomene um eine
Untersuchungsebene zu erweitern und zu ergänzen, die bis dahin nicht zum
Tragen gekommen war. Für diese neuen Untersuchungsebenen erfolgen dann
Rückgriffe auf – wiederum – an sich bekannte Quellen wie etwa Initiations- und
Bestrafungsrituale, Verhörprotokolle und Gnadengesuche, die aber nun gewissermaßen gegen den Strich gebürstet werden. Bekannte Phänomene werden bunter,
gewinnen neue Tiefendimensionen: Der kulturalistische Zugriff auf die frühmodernen Staatsbildungsprozesse, also die Rolle von Personenverbänden, von Stan-
deskultur, von identitätsverstärkenden Metaphern, von ethischen Prinzipien bei
der Formierung und Verdichtung von Staatlichkeit erlaubt einen erheblich nuan-
cierteren und facettenreicheren Einblick in einen zentralen Vorgang der Modernisierung der Gemeinwesen [124: ASCH/FREIST].

Buntheit, neue Tiefendimension: Das gilt zum Beispiel für die Europareisen der **Europareisen**
adligen Eliten, aber auch arrivierter „bürgerlicher" Funktionsträger, über die und
deren Standardverläufe wir an sich gut unterrichtet sind, die aber nun auch unter
Aspekten des Kulturtransfers, der Diskussion in der eigenen sozialen Schicht über
ihre Sinnhaftigkeit und der Spezifik von Fürstinnenreisen neu beleuchtet werden
[566: REES u. a.; 562: LEIBETSEDER; 547: BABEL/PARAVINI]. Offenbar gab es neben der
„freien" Bildungsreise auch eine gewissermaßen standardisierte für junge Männer,
die irgendwie in Reichsdiensten oder als Reichsjuristen Karriere machen wollten
und die sich auf Wetzlar, Regensburg und Wien konzentrierte; hier ist der „Fall"
Johann Stephan Pütters eingehend behandelt worden [346: BAUMANN u. a., Beitrag
BURGDORF], aber es wäre auch noch an viele andere Beispiele, etwa das des
Freiherrn vom Stein, zu erinnern (auch wenn seine Karriere sich dann außerhalb
des Reichsdienstes vollzog). Diese kulturalistische Erweiterung der Untersuchungsebenen gilt auch – zweites Exempel – für das Phänomen des auf dem
ganzen Kontinent im 18. Jahrhundert stark zunehmenden Kunstsammelns, an das **Kunstsammeln**
nun über das bisherige statistische Erheben und die Quantifizierung hinaus
Fragen der Geschmacksbildung, Fragen nach den Präferenzen der Sammler und
der Funktion von Sammlungen gestellt werden [500: NORTH, Beiträge SCHLÖGL
und ZELLE] – hier berühren sich die beiden Konnotationen von „Kultur" im

Übrigen noch am ehesten. In diesem Kontext sind auch die der Öffentlichkeit zugänglich gemachten naturgeschichtlichen Sammlungen des 18. Jahrhunderts erörtert worden, ihre Genese, ihre wissenschaftlichen Beschreibungen, die Praktiken im Umgang mit den Objekten, überhaupt die ganze Einheit von Forschen, Sammeln und Kommunizieren [687: SIEMER].

Bürgerliche　Generell hat die Erforschung der privaten Lebenssphäre von der „kulturalisti-
Privatheit　schen Wende" nachhaltig profitiert. Das kann hier nur mit einem Beispiel belegt werden: Eine Untersuchung zum Entstehen der bürgerlichen Privatsphäre im London nach der Restauration (1660) etwa hat nachgewiesen, wie sich in dieser brodelnden Kapitale allmählich eine bürgerliche Kernfamilie herauskristallisiert und sich gegenüber der Geschäftswelt abschließt, wie sich die Frauen aus ihr nur noch unter Wahrung ihrer Anonymität hinausbegeben und wie diese „moderne" Privatheit sich nach und nach dann auch in die Provinz verbreitet [1088: HEYL]. Der gesamte Forschungsbereich der sich entwickelnden „bürgerlichen" Wohnkultur, den sich dann auch die ländlichen Oberschichten anzueignen suchten [445: MAHLERWEIN], ist in diesem Kontext mit zu bedenken.

Hofforschung　Demgegenüber scheint sich die moderne Hofforschung mit dem Kulturparadigma vorläufig noch etwas schwerer zu tun. Ein aus einem Jenaer Sonderforschungsbereich hervorgegangener Sammelband zu den Interdependenzen von Hofkultur und aufklärerischen Reformen in Thüringen und Weimar [569: VENTZKE] hat letztlich die Frage offengelassen, wie man sich die kulturelle Ausformung aufklärerischer Geselligkeit in einem höfischen Rahmen denken soll: ob der Hof vorrangig ein „semiotisches Gesamtkunstwerk" gewesen sei (UTE DANIEL), ob eine Art Arena in einem Konkurrenzkampf zwischen aufklärerischem Versittlichungsprogramm und aktiver Öffentlichkeitspolitik (GEORG SCHMIDT) – das bleibt vorerst ebenso unentschieden wie die überregionale Prestigekonkurrenz der Höfe noch extrem unterbelichtet ist. Andere Bände spiegeln die „Disparatheit der gegenwärtigen Hofforschung" (JOHANNES SÜSSMANN) und die Gefahr, sich im Anhäufen von Wissen zu verlieren, freilich noch viel deutlich wider [563: MALETTKE/GRELL].

Kriminalitäts-　Unter anderem gilt all das oben Gesagte – neue Fragestellungen werden an die
geschichte　an sich bekannten Quellen herangetragen – auch für die Kriminalitätsgeschichte, die im Lauf der zurückliegenden anderthalb Jahrzehnte geradezu einen Entwicklungssprung gemacht hat (nicht zuletzt auch eines einschlägigen Arbeitskreises meist jüngerer Wissenschaftler wegen). Ihr Ansatz ist, nicht mehr auf die dogmatisch-normativen Quellen zurückzugehen, also auf die Gerichts- oder Verfahrensordnungen, sondern auf jene Quellen, die die praktische Gerichts- und Strafpraxis erhellen. So konnte etwa analog einer Studie GERD SCHWERHOFFS über Köln [660] eine kriminelle Gesamtpalette einer so bedeutenden Kommune wie Frankfurt [601: EIBACH] erarbeitet werden, die deutlich hinausweist über das bloße deviante Verhalten einzelner Ausgegrenzter, Marginalisierter oder gar Stigmatisierter, sondern schichtenspezifische Unterschiede in Bezug auf die physische Gewalt als Konfliktmittel namhaft machen kann und den schmalen Grat zwischen Abschreckung und Reintegration der Delinquenten beschreibt, auf dem sich die Obrigkeit

bewegte. Für den dörflichen Bereich hat MICHAEL FRANK eine Modellstudie vorgelegt, die am Beispiel der Grafschaft Lippe den Übergang traditioneller Regulierungsmechanismen zu einem bürokratischen Ordnungskonzept mit der sprunghaften Zunahme landloser, im Prinzip kriminalitätsanfälliger Unterschichten in einer traditionalen Ordnung in einen Zusammenhang bringt [606]. Den deliktspezifisch ausgerichteten Studien, die in der Vergangenheit u. a. den Kindsmord thematisierten, scheinen noch andere hinzugefügt werden zu können; die „Zauberei" ist für den dörflichen Bereich Württembergs zumindest einmal angegangen worden [590: DILLINGER, Beitrag BACHMANN]. Die vielen Ehrkonflikte, ob sie nun von Henkern, Abdeckern und verwandten Berufen ihren Ausgang nahmen [476: STUART] oder ganz generell das Moment der verletzten Ehre eines Individuums thematisieren, verlangen geradezu nach einem kulturalistischen Zugriff. Dasselbe gilt für die unter Alkoholeinfluss vorfallenden Verbaldelikte, die sich in Zürich vermutlich deswegen in relativ großer Zahl nachweisen lassen, weil dort die Wirte einer Denunziationspflicht unterlagen; aus dem (aufschlussreichen) Vergleich mit dem katholischen Luzern leitet die Autorin die Forderung nach einer „Kulturgeschichte des Religiösen" her [628: LOETZ].

Delikte und kriminelles Verhalten auf einer unteren Ebene waren nicht nur Angelegenheiten der dörflichen Funktionsträger oder städtischer Untergerichte, sondern auch bischöflicher Sendgerichte und Visitatoren. Für das Hochstift Münster hat ANDREAS HOLZEM auf der Grundlage eines geschlossenen Quellenbestands die rechtsnotorisch gewordenen Delikte einer dörflichen Welt erschlossen: Ihre Sexual- und Ehebruchsdelikte insbesondere, die in aller Regel zum Nachteil der Frau entschieden wurden und die beispielsweise bei vorsichtiger Interpretation den Schluss zulassen, dass Verstöße gegen die katholische Geschlechtsmoral im Münsterland eher häufiger als in Bayern waren [613: HOLZEM]. Hier ergeben sich im Übrigen deutliche Schnittmengen zu anderskonfessionellen Landschaften [653: SCHMIDT]. _{*(Marginalie: Visitationen und Delikte)*}

Die Studie von Holzem leitet sozusagen organisch über zu dem Themenfeld Religionsgeschichte als Kulturgeschichte, das neben vielen Einzelstudien inzwischen bereits eine deutschsprachige Gesamtdarstellung vorweisen kann. KASPAR VON GREYERZ geht es in diesem Werk [677] vorrangig um die Auseinandersetzungen von Staat, Amtskirche, Wissenschaft und Intellektuellen mit der Volksreligiosität und deren allmähliche Verdrängung. Wenn man so will, ordnen sich solche Fragestellungen dem in den 1980er Jahren lebhaften „Kampf" um die Elitenkultur bzw. die Volkskultur ein, wenn man noch weiter ausholt, auch den Diskussionen über die „general crisis of the 17th century" [104: PARKER/SMITH], die inzwischen im Übrigen eine entschiedene Perspektiverweiterung erfahren haben [100: JAKUBOWSKI-THIESSEN].

Zu einem besonders stark beackerten Feld ist in den letzten beiden Jahrzehnten der Kulturtransfer zwischen benachbarten Gemeinwesen geworden, insbesondere der zwischen Frankreich und dem Alten Reich. Hier sind – in Deutschland u. a. getragen von ROLF REICHARDT, HANS-JÜRGEN LÜSEBRINK und MATTHIAS MIDDELL –

Themen wie literarische Übersetzungen, Kulturaustausch in Grenzräumen, u. a. durch Periodika in der „anderen" Sprache, durch journalistische Berichterstattungen über das Nachbarland, über Buchhändler als Kulturvermittler aufgeworfen und behandelt worden [679: LÜSEBRINK/REICHARDT] und haben die kulturellen Verschränkungen im ausgehenden 18. Jahrhundert sehr plastisch werden lassen. Andere Staaten – etwa die Niederlande oder Großbritannien, von Polen ganz zu schweigen – sind in dieser Hinsicht freilich noch längst nicht adäquat aufgearbeitet worden.

Kulturkonsum   Die Detailforschung im Kontext der „Neuen Kulturgeschichte" ist im Verlauf des zurückliegenden Jahrzehnts bereits so dicht geworden, dass die erste (deutschsprachige) Gesamtdarstellung speziell des Aufklärungsjahrhunderts unter der Perspektive des „Kulturkonsums" möglich geworden ist [684: NORTH]. Hier werden fakten- und kenntnisreich Themen wie Buch und Lektüre, Reisekultur, Mode und Luxus, Wohnkultur, Gärten und Landhäuser, Kunstsammeln und Kunsthandel, Musikleben, Theater und Oper, Genussmittel und die mit ihnen in Verbindung stehende Geselligkeit behandelt (und mit vielen Tabellen belegt) und somit eine Seite der Aufklärung aufgeschlagen, die weit jenseits des Höhenkamms Literatur und Philosophie lag. Die noch engere Verbindung zwischen beiden Ebenen herzustellen, bleibt auf der Agenda der Geschichtswissenschaft.

5. KULTURGESCHICHTE DES POLITISCHEN

Ein Paradigmenwechsel, der sich schon in den mittleren 1990er Jahren abzeichnete, hat inzwischen die Disziplin voll erreicht. Er hängt zum einen mit dem *cultural turn* in den Geisteswissenschaften ganz allgemein zusammen, zum anderen mit einem neuen Verständnis der Geschichtswissenschaft für die Wirkmächtigkeit von Riten und symbolischen Requisiten und die Gesamtheit der symbolischen Hervorbringungen: für das, was „hinter" den großen und kleinen „Akten" stand, für das, was an Subtilem oder Handfestem mit Inszenierungen verbunden wurde, wie sie sich in Gedankengebäude, Wertesysteme und politisches Wollen einordneten, für alle Arten und Etappen menschlicher Symbolerzeugung. Das, was im Folgenden zu behandeln ist, ist in seinem Kern ein Bestandteil der „Neuen Kulturgeschichte", zielt freilich auf das Politische, was schon für Voltaire ein gegenüber der Alltagswelt, dem „Wissenswerten" distinkter Bereich war; und da auch prominente Vertreter der „Neuen Kulturgeschichte" ihren Ansatz dezidiert nicht auf den Staat und die „große" Politik beziehen, wird dem hier mit der Separierung der Kulturgeschichte des Politischen von der allgemeinen Kulturgeschichte Rechnung getragen. Das für den deutschen Sprachraum in forschungsbilanzierender und forschungsstrategischer Hinsicht grundlegende „Kompendium Kulturgeschichte" von UTE DANIEL [671] wirft unter den dort genannten Schwerpunktthemen den Begriff „Politische Kulturgeschichte/Kulturgeschichte des Politischen" im Übrigen (noch) nicht aus.

Am Beginn des systematischen Herangehens an das Themenfeld stand in Deutschland ein interdisziplinäres Münsteraner Kolloquium (2003), das die Operationabilität des kulturalistischen Ansatzes im Hinblick auf die politische Geschichte grundsätzlich zur Diskussion stellte, was umso notwendiger war, als eine verbreitete Meinung (damals) immer noch dahin ging, zwischen Kulturgeschichte und politischer Geschichte einen tiefen, geradezu unüberbrückbaren Graben anzunehmen (bzw. zu konstruieren). Es hat sich bei dieser Tagung nicht nur der prinzipielle Unterschied zu früheren Arbeiten zur Politischen Kultur, die sich im Prinzip mit denselben Gegenständen – Herrschafts- und Staatssymbolen, Festen und öffentlichen Feiern, Mythen und Metaphern – beschäftigten, geklärt – die jeweiligen Macht- und Herrschaftsstrukturen können angemessen nur über die „Rekonstruktion von Diskursen, Praktiken und Objektivationen" (Barbara Stollberg-Rilinger) verstanden werden. Das genannte Forum [688: STOLLBERG-RILINGER] hat darüber hinaus mit etlichen Vorurteilen aufgeräumt, so etwa dem, die Kulturgeschichte begnüge sich mit Belanglosigkeiten und sei gar nicht in der Lage, zum eigentlichen Kern von Politik vorzustoßen. Es war kein Zufall, dass die neue Kulturgeschichte des Politischen wesentliche Impulse aus dem Forschungsfeld Französische Revolution erhalten hatte, insbesondere von ROGER CHARTIERS Ansatz, nach den kulturellen Ursprüngen der Französischen Revolution zu fragen [672]; Fundamentalkrisen in Form von Revolten, Konflikten und Herrschafts-

Politische Geschichte und kulturalistischer Ansatz

umbrüchen sind mehr als anderes geeignet, Prozesse der Delegitimation politisch-sozialer Systeme und das Imaginäre von Herrschaft deutlich zu machen. Als spezifische Leistungen der Kulturgeschichte des Politischen sind damals projiziert worden, „den Bestand ebenso wie den Wandel von Herrschaftsstrukturen, Normen, Regelsystemen usw. gewissermaßen unter die Lupe zu legen, auf das Niveau des individuellen sinnhaften Handelns und der konkreten Kommunikationsakte hinunterzuverfolgen und dabei zu beobachten, wie sie sich in ein kompliziertes Geflecht wechselseitiger Geltungszuschreibungen, -ansprüche und –zurückweisungen auflösen" [S. 21].

In Deutschland hat für die Frühe Neuzeit vor allem BARBARA STOLLBERG-RILINGER, die Verantwortliche auch schon des eben genannten Grundlagen-Symposiums, diesem Forschungszweig zum Durchbruch verholfen, wobei sie diesen Politische Verfahren Ansatz zunächst mit den politischen „Verfahren" in eine Beziehung gesetzt hat [in: 217: KUNISCH]. Dabei wurden ganz verschiedene Ebenen – lokale (symbolisches Handeln in Städten und seine politisch-verfassungsrechtlichen Implikationen), reichische (symbolisches Handeln auf den Reichstagen) und höfische (Zeremoniell, Zeremonialwissenschaft) – ins Auge gefasst – ohne dass damit gesagt werden soll, dass überall noch jungfräulicher Boden beackert werden musste. Zur Zeremonialwissenschaft beispielsweise entstand ganz unabhängig von Stollberg-Rilinger eine grundlegende Studie von MILOŠ VEC [888]. Als theoretischer Ansatz liegt diesem Teil des neuen Forschungsparadigmas unter anderem Niklas Luhmanns Kategorie der „Legitimation durch Verfahren" zugrunde, sachlich geht es ihm u. a. um die (ritualisierten, also über „reine" Geschäftsordnungen deutlich hinausgehende) Verfahren, ohne die politische Entscheidungen in der Vormoderne kaum denkbar waren. Ein aus einer Münsteraner Tagung hervorgegangener Sammelband hat – nun auch im europäischen Zugriff – eine Reihe solcher ritualisierter Verfahrensvorgänge aufgearbeitet, so in den Ständekörperschaften, bei Gesetzgebungsverfahren und auf dem diplomatischen Parkett [173: STOLLBERG-RILINGER] und nachdrücklich die Fruchtbarkeit eines solchen Ansatzes unterstrichen.

Ihren eigenen Reiz haben dabei die Städte, in denen sich nicht nur ritualisierte Kommunikationsprozesse ausbildeten – etwa in den Bereichen Straf- und Sühneverfahren oder Ratskur –, sondern in denen auch Konflikte um neue Normsetzungen zu kanalisieren waren, also die Konfliktfähigkeit einer Kommune auf den Politische Kultur Prüfstand zu stellen war. Vor allem aber kam die vormoderne Stadt ohne be-
und Städte stimmte Inszenierungen, die im Kern identitätsverstärkenden Charakter hatten, nicht aus: auf die öffentliche Inszenierung von Ratsherrschaft, auf die Konstruktion städtischer Geschichte mittels Inschriften und Chronistik, auf Umzüge und Theaterspiele der Zünfte oder zünftischer Gruppierungen. Ein aus einem Konstanzer Sonderforschungsbereich und dessen Projekt „Politische Kultur und soziale Ordnung in der frühneuzeitlichen Stadt" hervorgegangener (und gegenüber den genannten Münsteraner Aktivitäten ganz unabhängiger) Band über die „kommunikative Form des Politischen" hat das ganze Panorama dessen, was die Forschung hier noch leisten kann, entfaltet [686: SCHLÖGL]. Die zunehmende

Konfliktanfälligkeit der politischen Kommunikation in den Städten – aber auch in anderen Sozialkörpern – gründete nicht zuletzt darin, dass die Last der Zeichen von vielen Mitlebenden als drückend empfunden wurde und dass eine Ausgrenzung autonomer Funktionssysteme sich verbot, weil jedes symbolische System sich auf die Gesamtheit des jeweiligen vormodernen Sozialkörpers bezog.

Auch die Beziehungen der Untertanen zu ihrem Monarchen waren in starkem Maß ritualisiert und sind dem Bereich symbolischen Handelns zuzuordnen. Die Überreichung von Bittschriften an den Fürsten, die den *Placets* implizite Vorstellung, dass zwischen König und Untertanen ein auf dem Prinzip beiderseitiger Rechte und Pflichten aufruhendes gegenseitiges Treueverhältnis bestehe, überhaupt die formale Gestaltung der *Placets*: all das war Teil eines Kommunikationsvorgangs, dem ritualisierte Verfahrenselemente nicht abgesprochen werden können, umso weniger als selbst ein Ludwig XIV. niemals die „Massen" begeisterte oder faszinierte [1016: ENGELS]. Das mag in einem deutschen Kleinstaat schon wieder etwas anders gewesen sein. In Gotha beispielsweise hat ein ohnehin überaus rühriger Fürst – Ernst der Fromme – um die Mitte des 17. Jahrhunderts landeseinheitliche Feiern zur Verankerung der Dynastie in der Bevölkerung initiiert, die über die Konfession ein gemeinsames Bewusstsein von der Zugehörigkeit zu einem Gemeinwesen schaffen sollten [212: KLINGER]. Feste als Akte zur Hervorbringung einer Solidargemeinschaft waren bisher erst für die Zeit ab der Französischen Revolution ein geläufiger Parameter, lässt man einmal die Feste aus Anlass von (für das jeweilige Territorium wichtigen) Friedensschlüssen und aus dem religiös-konfessionellen Bereich außer Betracht. Im Übrigen hat gerade die öffentliche Erinnerungskultur, auch was die Frühe Neuzeit betrifft, derzeit fast schon eine kleine Hochkonjunktur [683: MÜNCH; 682: MÜLLER].

Wenn man so will, zählt zu diesem Bereich symbolisch-repräsentativen Handelns auch die Architektur, also das symbolische Gebäude, das ein Gemeinwesen gewissermaßen „abbildet" und von der Öffentlichkeit mit ihm identifiziert werden soll. Methodisch anregend ist in diesem Zusammenhang eine Studie über das Hamburger Stadthaus, das von den dortigen Herrschaftsträgern konsequent im Sinn einer politischen Ikonologie zur Selbstdarstellung genutzt wurde [203: HATJE]. Und auch die gesamte Kunstpolitik eines Herrschers ist unter dieser Perspektive neu zu überdenken. Nachdem bisher nur die Kunstpolitik Kaiser Karls VI. als hinlänglich erforscht angesehen werden konnte [282: MATSCHE], ist in letzter Zeit vor allem das einschlägige Bemühen Kaiser Leopolds I. aufgearbeitet worden [268: GOLOUBEVA; 295: SCHUMANN; 286: PONS], das zwar erkennbar von dem Vorbild und der Konkurrenz Ludwigs XIV. inspiriert war, allerdings nur bedingt den Kriterien „Planung und Zielgerichtetheit" entspricht. Für Ludwig XIV. wird neuerdings die These vertreten, dass seine Kunstpolitik ganz elementar etwas mit seinen Visionen einer Universalmonarchie zu tun gehabt habe und deswegen zentral auf Rom und römische Nachahmung ausgerichtet gewesen sei [1017: ERBEN]. Aber für die weitaus meisten Fürsten in dem hier interessierenden Zeitraum sind solche Themen noch nicht einmal angedacht worden. Gerade hier

Beziehungen Untertanen – Herscher

Symbolik der Architektur

Kunstpolitik der Herrscher

könnten die beiden involvierten Disziplinen – Geschichtswissenschaft und Kunstgeschichte – nachhaltig voneinander profitieren.

Eine stärkere Fokussierung im Sinn des angesprochenen symbolischen Handelns drängt sich umso mehr auf, als jeder kunstpolitischen Maßnahme immer zugleich eine innen- wie eine außenpolitische Komponente innewohnte. Aber das galt schließlich für alles, was an einem barocken oder spätbarocken Hof vor sich ging. So kann es nicht verwundern, dass besonders spektakuläre Hof-Ereignisse wie etwa die Errichtung einer neuen Krone (Preußen 1701) unter Fragestellungen symbolischen Handelns vielfältig neu beleuchtet worden sind, u. a. indem das Königsberger Ereignis unter der Perspektive „harter" und „weicher" Kriterien der zeitgenössischen Adelswelt untersucht worden ist [322: LOTTES, Beitrag FUCHS]. Überhaupt hat das Gedenkjahr 2001 neben mehr oder weniger großen Ausstellungen im Dahlemer Geheimen Staatsarchiv und im Schloss Charlottenburg, die sich selbstverständlich auch in entsprechenden Katalogen niedergeschlagen haben [332: Preußen 1701], vielfältige, auch im Sinn einer Kulturgeschichte des Politischen relevante Untersuchungen nach sich gezogen, in denen etwa nach der preußischen Königswürde im „zeremoniellen Zeichensystem" der Vormoderne, nach dem historischen Argument zur Begründung des preußischen Anspruchs oder nach der Funktion der Predigten im Kontext der Begründung der Königswürde gefragt wurde [320: KUNISCH, Beiträge STOLLBERG-RILINGER, NEUGEBAUER resp. EIBACH].

Vor diesem Hintergrund, nach der symbolischen Komponente alles Politischen zu fragen, stellen sich dann auch an sich schon bekannte Phänomene neu dar. Dass sich Peter der Große mit einer engeren (weiblichen und männlichen) Entourage in selbstentworfenen Maskeraden und scheinbar blasphemischen Zeremonien dem exzessiven Alkoholgenuss hingab und es zu den Spielregeln gehörte, dass der Monarch in einer fiktiven Ordnung geistlicher und weltlicher Titel sich selbst niedrig plazierte, war schon des längeren geläufig. Jetzt ist dieses über 30 Jahre praktizierte Treiben in einen direkten Zusammenhang mit Peters Bemühungen um eine Kirchenreform gebracht worden, mit der er sich von der politischen Theologie der Regentin Sofia zu emanzipieren suchte. Peter habe in den Narrenspielen eine ordensgleiche, auf ihn und seine ihm von Gott anvertraute Reformmission eingeschworene Gemeinschaft von „Gläubigen" konstituiert, die sich als das vorweggenommene „umgestaltete Reich" verstanden und die heilsgeschichtliche Autorität des Zaren in den variantenreichen Inszenierungen allen oppositionellen Kräften entgegengestellt habe, die das alte Herkommen verteidigten [1228: ZITSER]. Nicht minder symbolisch aufgeladen war in Kurmainz die Abschaffung eines – offenbar von einer sich zögernd der Aufklärung öffnenden Bevölkerung zunehmend als anstößig empfundenen – Gesellschaftsspiels, das von exzessivem Weingenuss begleitet wurde und unmittelbar nach seiner Wahl (1774) von dem „aufgeklärten" Erthal liquidiert wurde.

Auch die geschichtswissenschaftliche Subdisziplin der internationalen Beziehungen hat inzwischen erkannt, dass Inszenierungen zu den konstitutiven Ele-

Errichtung der
Krone Preußen

Peters des Großen
„Feste"

menten der europäischen Staatenordnung in der Vormoderne zu zählen sind, dass sie längst nicht nur farbige (und kostenträchtige) Demonstrationen barocker Pracht waren, sondern geradezu integrativer Bestandteil der transnationalen Beziehungsgeschichte. Das diplomatische Zeremoniell, ob auf einem großen Friedenskongress oder bei Hof, war nicht nur ein zentrales Moment im Prozess der Monopolisierung von Außenpolitik bei dem *einen* Souverän, sondern auch ein maßgeblicher (und öffentlichkeitswirksamer) Faktor, um Anspruch und Prestige zu demonstrieren – und dies zumal in einer Zeit, die noch aller verbindlichen und allseits akzeptierten Kriterien für Rangordnungen entbehrte, da die päpstlichen Rangtabellen des späten 15. Jahrhunderts ja nie universale Akzeptanz gefunden hatten. Nur von daher erklärt es sich beispielsweise, dass es 1661 zwischen französischem und spanischem Botschaftspersonal in London geradezu zu einer kleinen Schlacht um die Präzedenz kam. Da die Staatengesellschaft in der hier in Rede stehenden Zeit noch in heftiger Bewegung war, standen Plazierungen, wenn sie allzu sehr mit veränderter politischer Macht kollidierten, immer zur Disposition. Die solemnen Einzüge von Gesandten in die Residenzstadt des Monarchen, bei dem sie akkreditiert waren, sind deshalb nicht zufällig in letzter Zeit wiederholt zum Gegenstand von Untersuchungen geworden. Dass italienische Stadtstaaten wie etwa Genua oder auch die Herzöge von Savoyen seit der Mitte des 17. Jahrhunderts offen nach Königskronen strebten, hatte in den Plazierungsunsicherheiten einen seiner Hauptgründe. In den Niederlanden wurde gar eine eigene Behörde eingesetzt, um alle Bewegungen auf diesem Gebiet, vor allem insoweit sie dem Rang der Generalstaaten abträglich werden konnten – eine latente Gefahr für alle Republiken! –, zu beobachten.

Aber auch ganz unabhängig von diesem Feld der zwischenstaatlichen Etikette hat die Geschichtswissenschaft, soweit sie sich mit den internationalen Beziehungen beschäftigt, den Wert kulturalistischer Zugänge – ob ausdrücklich in den *cultural turn* eingereiht oder nicht – längst erkannt. Es mag an die Stereotypen- und Feindbilderforschung erinnert werden, für die MARTIN WREDE eine grundlegende Studie für die Zeit zwischen dem Westfälischen Frieden und 1740 vorgelegt hat [254: WREDE], es mag aber auch auf die sich (möglicherweise aus aktuell-politischen Gründen) in jüngster Vergangenheit häufenden Arbeiten zu den osmanisch-abendländischen Beziehungen hingewiesen werden, in denen beispielsweise nach der interkulturellen Funktion der Dragomane, nach den kulturellen Implikationen der sog. Großgesandtschaften oder nach dem Osmanenbild der Wiener Orientalischen Akademie gefragt wird, das unverkennbare Spuren in der politischen Landschaft gezogen hat [279: KURZ u. a.].

Das Forschungsfeld „Kulturgeschichte des Politischen" befindet sich noch in seiner Formationsphase. Noch längst nicht sind die Themen und Bereiche zukünftiger Forschung auch nur annähernd umrissen – die monarchischen Gipfeltreffen etwa, die JOHANNES PAULMANN mit dem Schwerpunkt 19. Jahrhundert kompetent aufgearbeitet hat [PAULMANN, Pomp und Politik. Monarchenbegegnungen in Europa zwischen Ancien Régime und Erstem Weltkrieg, Paderborn 2000],

Kultur des Politischen und internationale Politik

Stereotypen-forschung

rufen geradezu danach, auch für das 18. und 17. Jahrhundert thematisiert zu werden. Auch hier gilt, was für die „Neue" Kulturgeschichte allgemein gesagt worden ist: die Themen sind unbegrenzt, der zu erwartende wissenschaftliche Gewinn ist beträchtlich. Wenn der Vergleich nicht täuscht, nimmt die deutsche Forschung in diesem Bereich derzeit eine Art Führungsstellung ein. Andere Geschichtskulturen tun sich allein schon mit der Abgrenzung dessen, was sie hier für erforschenswert halten, schwer. Historiker aus Ostmitteleuropa mussten in jüngster Vergangenheit eingestehen, der Begriff der politischen Kultur sei „very difficult to define", er sei letztlich „an ambiguous concept", und man könne sich angesichts der „huge diversity of views" letztlich gar nicht für die eine oder andere Theorie entscheiden. Sie entschieden sich dann aber doch, indem sie dem Begriff „politische Kultur" alles zuordneten, was mit dem unmittelbaren Kreis der Herrschenden zu tun habe, mit Magnatengruppen, mit der „politischen Nation", mit Repräsentativversammlungen und anderen Organen der politischen Elite, und insbesondere mit deren politischem Weltbild, deren Wahrnehmung rechtlicher und ethischer Regeln [680: MANIKOWSKA/PÁNEK]. Ein solcher Zugriff hat eine gewisse Plausibilität, aber er lässt natürlich alle sozialen Schichten unterhalb der politischen Eliten unberücksichtigt, und das ist sicher alles andere als unproblematisch.

Da seit dem ausgehenden 18. Jahrhundert eine (literarische und politische) Tendenz ganz unverkennbar in die Richtung zielte, öffentliche Inszenierungen als bloßen Schein zu entlarven und nicht zufällig auf dem Wiener Kongress dann auch eine Regelung gefunden wurde, um die zahllosen Konflikten unter den Diplomaten um Präzedenz und Vorrang zu steuern, ist die Frühe Neuzeit und namentlich die Epoche des extremen Staatenwettbewerbs ein besonders „dankbares" Terrain für die Kulturgeschichte des Politischen. Aber dass die für diese Epoche entwickelten Fragestellungen und Forschungsdesigns weit über die hier zu betrachtende Zeiteinheit hinausweisen, liegt auf der Hand.

Deutsche und
internationale
Forschung

6. FRIEDRICH DER GROSSE

Es ist den Historikern seit Mirabeaus kritischer Bilanz eines langen Regenten- Innere und äußere Probleme der Friedrich-Historio- graphie
lebens immer schwer gefallen, dem dritten Preußenkönig gerecht zu werden, seine
„politische Theorie und seine Praxis als Staatsmann, seine militärischen Leistungen als Stratege und Feldherr, seine weitgespannten geistig-kulturellen Interessen
als Philosoph, Literat und Musiker zu einer überzeugenden Synthese zusammenzufassen" [J. KUNISCH, Analecta Fridericiana, 1987, Beitrag BAUMGART 9] und in
ein „stimmiges" Gesamtbild einzuordnen. Die Spannungen in der Persönlichkeit,
im Charakter und im Wesen des Hohenzollernfürsten hatte treffend bereits
Ranke in seinen „Historischen Charakterbildern" erkannt: „Friedrich vereinigte
die strenge Staatsordnung des Vaters mit den ihm eingeborenen Kulturbestrebun-
gen, wodurch der Widerspruch des soldatischen Wesens mit den Tendenzen des
Jahrhunderts vermittelt ward". Hinzu kam, dass die Gestalt Friedrichs Generationen von Historikern in besonderem Maß reizte, die politisch-sozialen Ideale ihrer
Gegenwart auf den Preußenkönig zurückzuprojizieren bzw. von ihm abzuleiten.
Die Friedrich-Historiographie ist immer auch ein politisches Sujet gewesen, ob
man nun an Rankes Einbettung eines eher konservativen Friedrich in das europäische Staatensystem, an Macaulays mitten im englischen Liberalismus formulier-
tes Verdikt eines autokratischen Tyrannen (1842), an die Revision des Friedrich-
bildes in Frankreich nach dem Negativerlebnis Sedan (Broglie u. a.) oder auch an
Onno Klopps weitreichenden „Fridericianismus"-Vorwurf am Vorabend der
Reichseinigung unter preußischer Führung (1867) denkt. Abfolge und Wandel der
Friedrich-Bilder im 19. und frühen 20. Jahrhundert zählen bis heute zu den reiz-
vollsten wissenschaftsgeschichtlichen Themen.

Es waren bezeichnenderweise die mittleren 1930er Jahre, die, nach der auch Friedrich-Forschung und Friedrich-Bilder in der NS-Zeit
heute in ihrem Materialreichtum noch unübertroffenen und aus dem Gefühl eines
gefestigten Bismarck-Preußen heraus konzipierten Gesamtdarstellung REINHOLD
KOSERS, in der Friedrich-Historiographie zu einem ersten Höhepunkt wurden –
ganz unübersehbare Reaktionen auch gegen den (einer Geschichtsklitterung
gleichkommenden und Gestalt und Werk eklatant verfälschenden) Versuch der
Einbeziehung Friedrichs in die nationalsozialistische Ideologie. 1934 veröffentlichte der in Freiburg als Privatdozent lehrende jüdische Historiker ARNOLD BERNEY
eine einfühlsame, allerdings nur bis zum Vorabend des Siebenjährigen Krieges
reichende Darstellung der geistig-politischen Entwicklung des jungen Friedrich,
die auch stilistisch immer noch zum Besten zählt, was aus einer geistesgeschicht-
lichen Perspektive zum Hohenzollernkönig gesagt wurde [Friedrich der Große,
Entwicklungsgeschichte eines Staatsmannes, Tübingen 1934] – neben der Biographie des Stauferkaisers Friedrich II. von ERNST KANTOROWICZ, dessen Vita übrigens
eine ganze Reihe von überraschenden Parallelen mit der Berneys aufweist, sicher
einer der großen literarisch-wissenschaftlichen Beiträge des deutschen Judentums
zu einer Kultur, die auch die seine war und die es auch als die seine empfand. – Für

die geistesgeschichtliche Sicht Berneys hatte ein Jahrzehnt zuvor Friedrich Meinecke den Akkord angeschlagen, als er in seiner „Idee der Staatsräson in der neueren Geschichte" (1924) die Persönlichkeit des Preußenkönigs gewissermaßen geistig-psychologisch aufzuschlüsseln gesucht und in die Spannung zwischen Staatsräson und Aufklärung gestellt hatte. – Die „Zeit der Bewährung und Vollendung" Friedrichs darzustellen, blieb Berney, der 1938 emigrieren musste und fünf Jahre später in Jerusalem starb, versagt. Zwei Jahre nach seiner Monographie, 1936, veröffentlichte Berneys Freiburger Fach- und Fakultätskollege Gerhard Ritter ein aus Vorlesungen hervorgegangenes und eher real- und machtpolitisch akzentuiertes „historisches Profil" Friedrichs II., in dem Passagen, die als eine verschlüsselte Kritik des Autors an einem System, dem er später im Goerdeler-Kreis geistigen und aktiven Widerstand leistete, nicht zu übersehen sind [Friedrich der Große. Ein historisches Profil]. In einer 1954 erschienenen Neuauflage hat Ritter die „Philosophie" seines Friedrich-Buches von 1936 so charakterisiert. Es sei konzipiert worden „in bewusster Entgegensetzung des einsamen Weltherrschers und nüchternen Rationalisten zu jeder Form des nationalistischen Rausches, wie er damals große Mode war"; die Korrekturen gegenüber der Erstauflage zeigen freilich auch, dass selbst Ritter von der nationalsozialistischen Phraseologie der mittleren 1930er Jahre nicht ganz unbeeinflusst geblieben war.

Sieht man einmal von den im Sinn der NS-Ideologie den Preußenkönig glorifizierenden, die Forschung aber nicht weiter voranbringenden, mehr oder weniger regimetreuen Arbeiten der späten 30er und frühen 40er Jahre – u. a. Walter Elzes Beschwörung des Vorbildcharakters des friderizianischen Menschen- und Heldentums [Friedrich der Große: Geistige Welt – Schicksal – Taten, Berlin 1936] – und der eher impressionistisch-romanhaften Darstellung des Franzosen Pierre Gaxotte von 1938 ab, so datieren die nächsten Marksteine der Friedrich-Historiographie erst aus der unmittelbaren Nachkriegszeit. Kurz nach der staatsrechtlichen Auflösung Preußens und natürlich noch unter dem Eindruck des Hitlerregimes veröffentlichte der Engländer George Peabody Gooch seine Analyse des „Herrschers, Schriftstellers und Menschen" Friedrich [Göttingen 1951], eine Darstellung, die bei aller kritischen Distanz zum „Machtpolitiker", bei allen Vorbehalten gegenüber einem Fürsten, an den Gooch oft Maßstäbe seiner eigenen Gegenwart anlegte, insbesondere die geistig-literarischen Beziehungen des Monarchen zu seiner aufgeklärten Umwelt brillant aufarbeitete. Es ist richtig beobachtet worden [W. Bussmann, Friedrich der Große im Wandel des europäischen Urteils, in: Wandel und Kontinuität in Politik und Geschichte, Boppard 1973, 255–288, hier 284], dass Goochs Urteile, die vom biographischen Erfahrungshorizont und der erlebten Zeitgeschichte des Autors nicht zu trennen sind, großen Schwankungen zwischen höchster Anerkennung und schärfster Ablehnung unterworfen sind – die Friedrich-Historiographie eines Jahrhunderts sammelt sich gewissermaßen im Brennspiegel eines einzigen Wissenschaftlers. In den nachfolgenden gut drei Jahrzehnten wurden zwar viele Detailstudien – etwa zum Politischen Testament von 1752 [E. Bosbach, Die Rêveries politiques in Friedrichs des

Goochs Nachkriegs-Interpretation

Großen Politischem Testament von 1752, Köln/Graz 1960] – vorgelegt, das Bedürfnis nach einer umfassenden neuen biographischen Darstellung bestand aber
offenbar nicht – ein Teilaspekt „unbewältigter" wissenschaftlicher Vergangenheit;
journalistische Versuche [R. AUGSTEIN, Preußens Friedrich und die Deutschen,
Frankfurt/Main 1968] blieben geschichtswissenschaftlich bedeutungslos und stellten allenfalls ein Medium dar, um, ausgehend von historischer Faktizität, tagespolitischen Reflexionen Raum zu geben.

Den Mut zu einer neuen Gesamtinterpretation fand erst wieder – nachdem auch
das „Preußen-Jahr" 1981 mit seiner großen Berliner Ausstellung ohne eine eigentliche Biographie vorbeigegangen war – der Kölner Historiker THEODOR SCHIEDER   Schieders
1983 – in einem Buch, dem der bezeichnende und das ganze Problem einer kom-   „Königtum der
plexen Persönlichkeit und ihrer historischen Bewertung anklingen lassende Un-   Widersprüche"
tertitel „Ein Königtum der Widersprüche" gegeben wurde [335]. Ohne sich auf
neue Quellen – für die Friedrich-Forschung generell ein großes Dilemma, weil
z. B. die Politische Correspondenz [20] weder abgeschlossen ist noch in den vorliegenden 47 Bänden den gesamten relevanten Briefwechsel des Königs erfasst –
stützen zu können und ohne eine herkömmliche, chronologisch angelegte Biographie anzustreben, hat Schieder für seine Analyse erstmals die Methoden und Para-
digmen einer modernen Geschichtswissenschaft auf diesen Forschungsgegenstand
angewandt. In einer lockeren Folge von (sich gelegentlich etwas überschneiden-
den) Kapiteln, die sich an den „aufeinanderfolgenden Schwerpunkten" in Friedrichs Leben orientieren, hat Schieder seinen „Helden" in das geistige, soziale und
politische Umfeld Europas einzuordnen versucht, hat seine Handlungsspielräume
und die Zwänge, unter denen er politisch agieren musste, verdeutlicht, hat meis-
terhafte Skizzen der persönlichen Beziehungen Friedrichs zu einigen Zeit- und
Weggenossen erstellt und abschließend über das Phänomen historischer „Größe"
reflektiert, was zum Besten zählt, was jemals zu diesem Thema gesagt worden ist.
Die Dichotomie („Ein Königtum der Widersprüche") in Persönlichkeit und Werk
Friedrichs führt Schieder, hier direkt und indirekt an MEINECKES „Idee der Staatsräson" (1924) anknüpfend, auf das Janusgesicht des Aufgeklärten Absolutismus
überhaupt zurück, auf die ungeheure und letztlich unauflösliche Spannung zwischen Aufklärung und Machtstaatsdenken. Friedrich verstand sich zweifellos als
ein Repräsentant der Aufklärungsbewegung, sein politisches Gestalten ist aber
wohl weit mehr von den Grundmaximen einer inneren und äußeren Staatsräson
geprägt worden, die seine Doppelgesichtigkeit eher zurücktreten lässt.

Man hat von Schieders „europäischem" Friedrich den „preußischen" Friedrich   DDR-Beiträge
abgehoben, wie ihn zur gleichen Zeit die DDR-Historikerin INGRID MITTENZWEI
porträtierte – nüchtern, die politischen Leistungen des „‚aufgeklärten' Konservativen" und die Defizite des „aufgeklärten Absolutisten" („Ein Mann des Adels,
der… Dämme gegen die neue Gesellschaft errichtete") klar einander gegenüber-
stellend, freilich im Ausblick dann auch bemüht, den Preußenkönig in die geistige
Ahnengalerie der damaligen DDR einzuordnen und damit gewissermaßen zu
okkupieren [324]. Generell aber ist die ernsthafte Forschung seit dem neue Maß-

stäbe setzenden Werk SCHIEDERS einer neuerlichen Gesamtsynthese eher aus dem
Weg gegangen. Das Jubiläumsjahr 1986 hat neben einigen Synthesen in Aufsatzform zwar eine Reihe allgemeiner oder Einzelaspekte, insbesondere seine Regio-
nalpolitik beleuchtender Sammelbände hervorgebracht [343: ZIECHMANN; 319:
KUNISCH; 306: DUCHHARDT; 150: KROENER], vom biographischen Ansatz her aber
lediglich einen einzigen Versuch [300: ARETIN]. Aretins – vorzüglich bebilderte –
Friedrich-Biographie ist dabei wegen ihrer überaus kritischen Tendenz und wegen
der pointierten Vorbehalte des Verfassers gegenüber dem „gefährlichen Vorbild"
und seinem „lange nachwirkenden Ungeist" auf z.T. heftige Ablehnung „borussi-
scher" Historiker gestoßen. Der Preußenkönig ist nach wie vor eine Figur, an der
sich die Geister scheiden können.

Das Gedenkjahr 1986 war aber trotz des oben Gesagten insofern doch ein
wichtiger Einschnitt und Impulsgeber, als es eine auf die Person Friedrichs zu-
geschnittene umfangreiche Bibliographie veranlasste, die zwar „nur" das deutschsprachige Schrifttum erfasst, aber nun doch für alle Forschung – und Forschungsgeschichte – eine verlässliche Grundlage darstellt [315: HENNING].

Kann Schieders „Königtum der Widersprüche" bei allen Verdiensten nicht als
eine wirklich geschlossene und stringente Biographie eingestuft werden, sondern
eher als ein Kaleidoskop in sich höchst eindrucksvoller Essays, so liegt seit 2004
nun endlich wieder die zeitgemäße abschließende biographische Würdigung vor,
die so lange vermisst worden war. Mit JOHANNES KUNISCH hat sich ein Historiker
dieses Sujets angenommen, der wie kein anderer dafür qualifiziert war und der der
Gestalt des Preußenkönigs über Jahrzehnte hinweg schon eine Fülle von Studien
gewidmet hatte. Die Friedrich-Biographie Kunischs [321] zeichnet sich nicht nur
durch ihre Quellennähe gegenüber anderen Arbeiten aus, sondern auch dadurch,
dass sie sämtliche Seiten einer komplexen Persönlichkeit beleuchtet, Schlüssel-
dokumente und Krisensituationen besonders eingehend diskutiert und auch das
Umfeld des Königs angemessen berücksichtigt. Mit gutem Grund hat Kunisch
allerdings darauf verzichtet, sich auf das Terrain der Forschungs- und Wirkungs-
geschichte zu begeben.

In den zurückliegenden Jahren hat – nachdem sich schon in den späten 1980er
Jahren die aus dem Gegensatz der damaligen Systeme resultierenden Differenzen
in der Sicht Friedrichs II. weitgehend abgebaut hatten – bemerkenswerter- und
auffälligerweise die Außenpolitik des Preußenkönigs neues Interesse gefunden, sei
es in einem größeren Kontext, sei es in Bezug auf eine bisher oft vernachlässigte
Zeit, seine späten Jahre. UTE MÜLLER-WEIL hat die These verfochten, die friderizianische Außenpolitik habe notwendigerweise einer entsprechend strukturierten
Innenpolitik bedurft, die von Friedrich ganz auf ihre außenpolitische Instrumentalisierung ausgerichtet worden sei [326]. FRANK ALTHOFF hat die verschiedenen
Optionen der friderizianischen Außenpolitik nach dem Hubertusburger Frieden
aufgezeigt, die prinzipiell auf Russland oder Frankreich zielten [299]. Es ist in
diesem Zusammenhang nachdrücklich zu begrüßen, dass das alte Editionsunter-
nehmen der „Politischen Correspondenz" des Preußenkönigs, das lange geruht

Marginalia:
Gedenkjahr 1986

Friedrich-
Bibliographie

Kunischs
Friedrichs-
Biographie

Friedrichs
Außenpolitik

hatte, jetzt auf seine allerletzten Meter gebracht worden ist; der Band (47), der den April bis Dezember 1782 abdeckt, konnte 2003 publiziert werden.

In der jüngeren Vergangenheit werden zudem verstärkt Personen aus dem un- *Männer aus*
mittelbaren Umfeld Friedrichs aufgearbeitet [319: KUNISCH], so etwa Friedrichs *Friedrichs Umfeld*
jüngerer Bruder Heinrich [327: MUNDT] oder auch der Sekretär des Kronprinzen
und Vermittler der spezifisch französischen Aufklärung Charles Etienne Jordan
[313: HÄSELER] und der Schlesier Karl Abraham von Zedlitz [323: MAINKA]. Zu
diesen Personen seiner „französischen" Entourage zählt schließlich sein langjäh-
riger (und letzter) Vorleser Charles Dantal, dessen 1791 erstmals publizierte (und
im 19. Jahrhundert wiederholt nachgedruckte) Erinnerungen nun in einer modernen Ausgabe vorliegen [341: WAQUET]. Auch Friedrichs Integrationsleistungen in
Bezug auf die neue Provinz Schlesien sind mehrfach und von verschiedenen Seiten
beleuchtet worden [303: BAUMGART], wie überhaupt ein gewisser Trend der For
schung in Richtung des Fragenkomplexes „Zentrale und Peripherie" zu gehen
scheint [305: CARL; 325: MÖLICH u. a.].

Es versteht sich fast von selbst, dass die kulturalistische „Wende" auch an der *Cultural turn*
Gestalt Friedrichs II. nicht spurlos vorbeigegangen ist. Hier ist neben einer italie- *und Berliner Hof*
nischen Monographie zur politischen Kultur und zum Geschichtsdenken am
Berliner Hof [340: TORTAROLO] namentlich ein aus einem Potsdamer Kolloquium
hervorgegangener Sammelband [342: WEHINGER] zu nennen, der den Roi-Philosophe in den literarischen Diskurs seiner Zeit einordnet, seine künstlerischen Vorstellungen untersucht und nach seinem Nachleben in der Literatur – an seiner
Gestalt entzündete sich der „Bruderzwist" im Hause Mann! – und in der
Geschichtswissenschaft fragt. Dieser Forschungsbereich ist noch lange nicht
erschöpft.

7. FRAUEN- UND GESCHLECHTERGESCHICHTE

Seitdem in der 3. Auflage dieses Buches erstmals über Trends und Ergebnisse der Gender-Forschung berichtet wurde, erfreut sich diese geschichtswissenschaftliche Subdisziplin unveränderter Konjunktur, wobei sich in den zurückliegenden Jahren auch die institutionellen Parameter deutlich verändert und an Konsistenz zugenommen haben. Die *International Federation of Research in Women's History* trat bereits 1989 mit einer ersten großen Tagung an die Öffentlichkeit, die mit ihrem Newsletter ein weltweites Netzwerk bedient; in Deutschland gründete sich eine nationale Sektion (Arbeitskreis Historische Frauen- und Geschlechterforschung) wenig später; die Einrichtung von Professuren mit der Denomination Frauen-, Geschlechter- oder Gender-Forschung hat in den 1990er Jahren signifikant zugenommen. Dass sich spezielle Zeitschriften – für Mitteleuropa besonders wichtig das an der Wende zum letzten Jahrzehnt des 20. Jahrhunderts ins Leben getretene Periodikum *L'Homme* – etabliert haben, wurde bereits im letzten Bericht erwähnt.

Institutionelle Aspekte

Die neuen Entwicklungen der zurückliegenden Jahre scheinen mir in drei Richtungen zu gehen.

1. Der allgemeine Europäisierungsprozess in den historischen Wissenschaften hat auch die Genderforschung erfasst. Als zentrale künftige Aufgabe der Subdisziplin ist erkannt worden, europäische Geschlechtergeschichte zu schreiben. Nachdem zwei Amerikanerinnen schon 1992 einen ersten einschlägigen, sich von der Frühgeschichte bis zur Gegenwart spannenden Versuch in deutscher Sprache vorgelegt hatten [694: ANDERSON/ZINSSER] und das großangelegte Werk eines französischen Mediävisten und einer Zeithistorikerin auch in deutscher Sprache erschienen ist [701: DUBY/PERROT], hat diese Tendenz zur Zusammenschau seit einem Buch von GISELA BOCK [695] neuen Auftrieb erhalten, das auch die Frühe Neuzeit angemessen berücksichtigt. Ganz auf die Frühe Neuzeit ausgerichtet ist eine ebenso umfangreiche wie differenzierende Studie der Oxforder Historikerin OLWEN HUFTON [716], die die heterogenen weiblichen Lebenserfahrungen in ganz Westeuropa und in Italien ausleuchtet. Andere neue Publikationen, etwa ein Sammelband „Frauen in Europa" [722: LUNDT/SALEWSKI], ordnen sich ohne Mühe diesem Kontext ein, wiewohl das Komparatistische in solchen Sammelpublikationen noch kaum oder zumindest noch nicht ausreichend zum Tragen kommt. Die Frühe Neuzeit ist in diesem letztgenannten Sammelband zwar angemessen vertreten, gleichwohl überwiegen deutlich die Beiträge zum 16. Jahrhundert, wohingegen die hier interessierende Epoche lediglich durch Beiträge zu geschichtsschreibenden Frauen, zur Geschlechtergeschichte der Hexenverfolgung und zur (häufig misogyn aufgeladenen) publizistischen *Querelle des Femmes* angesprochen wird. Insgesamt scheint die Europäisierung der Gendergeschichte aber ein zukunftsträchtiger Weg zu sein, um vom Einzelschicksal oder einer lokal oder regional begrenzten Gruppe von Individuen wegzukommen und differente oder

Europäisierung der Genderforschung

auch parallele Entwicklungen in der gesellschaftlichen Stellung der Frau in den verschiedenen Teilen Europas zu fassen. Auch das Unternehmen eines Darmstädter Verlags, unter drei Parametern – Dichterinnen, Malerinnen, Mäzenatinnen – Frauengeschichte im nationalen Rahmen aufzuarbeiten, geht letztlich in eine komparatistische Richtung; aus dieser Reihe liegen inzwischen die Bände für Deutschland, England und Frankreich vor [724: MERKEL/WUNDER; 734: STEDMAN; 749: ZIMMERMANN/BÖHM], leider noch keiner zu Nord- oder Ostmitteleuropa (Regionen, die ohnehin bei allen europäischen Entwürfen bisher stark unterrepräsentiert sind – die Dissertation von NADA BOŠKOVSKA [696] ausdrücklich ausgenommen). Freilich beantwortet sich die Frage damit noch nicht *eo ipso*, ob die verschiedenen Unternehmen, allgemeine Europäische Geschichte zu schreiben, wirklich in adäquater Form das rezipieren, was von der Genderforschung geleistet wurde und wird – geleistet wurde freilich auf Feldern, die jenseits der traditionellen Männerbastionen lagen, die für Gesamtdarstellungen nach wie vor entscheidend zu sein scheinen.

2. Ein zweiter Schwerpunkt der Genderforschung hat sich in einem eher konzeptionell-theoretischen Bereich entwickelt. Ist ihr primäres Betätigungsfeld die Misogynie, also die Rekonstruktion der frauenfeindlichen Gesellschaft, und die Behauptung von Frauen gegenüber männlicher Dominanz und Gewalt, oder hat sie sich im Gegenteil der Aufgabe zu stellen, die harmonische Ehe nachzuzeichnen, die Frauen schon immer hätten führen dürfen, oder geht es ihr um die weiblichen Freiräume, also um ihre Bildungsmöglichkeiten und -chancen, um ihre Mobilität, um ihre (berufliche oder auch sexuelle) Selbständigkeit? Um diese möglichen Schwerpunktsetzungen ist, wenn der Eindruck nicht trügt, eine intensive Diskussion entbrannt, wobei es allen Beteiligten klar ist, dass die Geschlechterwelten nicht „natürlich" konditioniert sind, also nicht schicksalhaft im Sinn eines prädisponierten Ablaufs hinzunehmen waren, sondern vielfältige Variablen und Gestaltungsmöglichkeiten aufwiesen. Dass zwei große Geister wie Klopstock und Bodmer über die Rolle von Frauen im aufgeklärten Diskurs sich heftig in die Haare gerieten, illustriert schlaglichtartig, dass es sich bei solchen Fragen keineswegs nur um die Konstrukte von Historikern handelt [743: WECKEL u. a., Beitrag SCHNEGG).

Methodische Fragen

3. Drittens hat sich die Subdisziplin wieder verstärkt darauf besonnen, wie wichtig es ist, ihr Anliegen und den Stand der Genderdiskussion über die Hörsäle hinaus in die verschiedenen außeruniversitären Praxisbereiche weiterzuvermitteln. Dieses Anliegen ist ihr umso wichtiger, als in weiten Bereichen der Öffentlichkeit sich der Eindruck zu verfestigen scheint, mit dem Abbau der gesellschaftlichen Unausgewogenheiten zwischen Mann und Frau und der zunehmenden Gleichstellung habe sie ihre primären Ziele ja wohl erreicht. Gegen solche Tendenzen, sie mit politischen Emanzipationsprozessen in einen Topf zu werfen, wendet sie sich mit guten Gründen. So hat etwa die renommierte Zeitschrift für Geschichtsdidaktik ihren Jahresband 2004 der Thematik „Gender und Geschichtsdidaktik" gewidmet [692: ALAVI]. Ähnliche Bemühungen mit Blick auf die Mu-

Genderthematik und Öffentlichkeit

seen mit der Perspektive, eine bessere Implantierung von Genderanliegen in deren Programm zu initiieren, ist sicher eins von mehreren Geboten der Stunde – die große Bonner Ausstellung von 1997/98 im Haus der Geschichte der Bundesrepublik Deutschland über Frauen in den beiden Deutschländern („Ungleiche Schwestern? Frauen in Ost- und Westdeutschland") hat nicht allzu viele Fortsetzungen erfahren, schon gar nicht für die Frühe Neuzeit. Auch in den schulischen Curricula scheint die Geschlechtergeschichte noch längst nicht hinreichend verankert zu sein. Dass die Vermittlungsarbeit in die außeruniversitären Felder vor ca. 15 Jahren ziemlich abrupt abbrach, wird von etlichen Seiten inzwischen offen beklagt.

Über das, was materiell in den zurückliegenden Jahren von der Frauen- und Geschlechtergeschichte geleistet wurde, unterrichten die einschlägigen Fachzeitschriften und Forschungsberichte, die hier nicht in allen Einzelheiten repetiert werden müssen. Wenn der Eindruck nicht täuscht, haben in den zurückliegenden
Weibliche Eliten Jahren die sozialen Eliten weiblichen Geschlechts wieder eine stärkere Beachtung erfahren, ablesbar schon an NATHALIE DAVIS' Komposition dreier Frauenleben des 17. Jahrhunderts [700], dann aber etwa auch an den Studien über Frauen im Pietismus und bei Hof; insbesondere der Studie von KATRIN KELLER über die Wiener „Hofdamen", ihren Karrieremustern und ihrem Handlungsspielraum, kommt hier eine Art Pilotfunktion zu [718]. Das Feld wurde hier doch relativ lange von Studien beherrscht, die diejenigen im Blick hatten, die nicht reussierten, denen nicht die Schlagzeilen gehörten: die Mägde etwa [703: DÜRR]. Anderes, beispielsweise die Studie von ANKE HUFSCHMIDT über die Handlungsspielräume und Aktionsfelder von niederadligen Frauen des Weserraums, könnte der Studie Kellers zur Seite gestellt werden [715]. Auffälligerweise häufen sich auch die Studien, die sich mit regierenden Fürstinnen beschäftigen; die Dissertation von JOACHIM BERGER über die Herzogin Anna Amalia von Sachsen-Weimar-Eisenach, der überragenden Mäzenin ihrer Zeit, mag stellvertretend für diesen Trend stehen [188: BERGER].

Als ein zweiter besonders interessanter Arbeitsbereich hat sich in den zurückliegenden Jahren die komplexe Beziehung von Politik, Religion und (weiblichem)
Politik, Religion Geschlecht herauskristallisiert. Wichtig ist hier u. a. die Studie der Amerikanerin
und Frauen ULRIKE STRASSER, die am Fallbeispiel Bayern nachweist, wie hier über die Statuierung weiblicher Jungfräulichkeit zur zentralen gesellschaftspolitischen Figur der Staat in die Lage versetzt wird, Sexualität und Heirat neu zu ordnen (staatliche Verfolgung des Delikts der „Leichtfertigkeit") und sich damit zu modernisieren und zu verdichten [736]. Freilich standen die staatlichen Obrigkeiten oft vor hohen Hürden, um voreheliche Sexualität, nicht gehaltene Heiratsversprechen und ähnliches zu unterbinden bzw. zu ahnden – die Eheprozesse der geistlichen Gerichte in nachtridentinischer Zeit in den italienischen Kirchenarchiven sprechen eine deutliche Sprache [733: SEIDEL MENCHI/QUAGLIONI]. Auch die Auswertung von Prozessakten des steirisch-österreichischen Grenzgebiets im 18. Jahrhundert

zeigt, wie verzweifelt (und oft hoffnungslos) der Kampf der Obrigkeiten war, Sexualdelikte in den Griff zu bekommen und an ihnen den Grad von Verstaatung zu messen [651: SCHEUTZ]. Und dass das – alle Formen nicht-ehelicher Heterosexualität als primäres Interessensgebiet der Obrigkeit – im protestantischen Basel nicht anders war, zeigt die Studie von SUSANNE SCHNYDER-BURGHARTZ [654]; auch hier konnte dieser Teil der Sozialdisziplinierung längst nicht optimal realisiert werden.

Schon diese letztgenannten Titel deuten an, dass die Historische Kriminalitätsforschung und die Genderforschung sich in starkem Maß gegenseitig befruchten; „deviantes" Verhalten von Frauen innerhalb und außerhalb der Ehe ist in der Regel nur über Prozessakten fassbar. Wenn dabei auch die Initiative meist von der Kirche, der Obrigkeit oder dem Mann ausging, so illustriert ein englisches Beispiel, dass Frauen auch mit guten Erfolgsaussichten Prozesse gegen ihre eigenen Männer auf Trennung von Tisch und Bett bzw. wegen Beleidigung und Verleumdung anzustrengen vermochten – ein Stück frauenbezogener Männergeschichte, wenn man so will [705: FOYSTER). Dass die im letzten Forschungsbericht hervorgehobenen deliktspezifischen Studien insbesondere zu „Unzucht", Prostitution und Kindsaussetzung/Kindsmord, unverändert Konjunktur haben, soll bei alledem nicht übersehen werden; ULRIKE GLEIXNERs Studie über die Kriminalisierung der in der Altmark geläufigen Praxis des vorehelichen Beischlafs [709] verweist noch einmal auf die oben behandelte Studie von Strasser. Das Geflecht von Arbeiten zur Instrumentalisierung von Delikten mit dem Ziel der Staatsverdichtung ist dichter geworden.

Kriminalitäts- und Genderforschung

Das leitet über zu einer letzten Anmerkung: Eine wichtige Ergänzung hat die Frauenforschung inzwischen durch die historische Männerforschung erfahren, die im letzten Forschungsbericht noch als eindeutig defizitär charakterisiert werden musste, auch wenn die Frühe Neuzeit hier immer noch nicht eine zentrale Rolle spielt – eine Berliner Ringvorlesung, die in dem Periodikum „Paragrana. Internationale Zeitschrift für Historische Anthropologie" dokumentiert wurde (6, 1997, H. 2), spiegelt diesen Sachverhalt auf anschauliche Weise wider. Dabei wird von den Protagonisten dieser Forschungsrichtung besonders darauf abgehoben, zunächst einmal die verschiedenen Ausprägungen und Abschattierungen von „Männlichkeit" in eine Systematik zu bringen, also sich mit den spezifischen, als männlich erachteten Eigenschaften und Verhaltensweisen auseinanderzusetzen, auch um eine Basis für eine vergleichende Geschlechterforschung zu gewinnen. Dieser kulturanthropologisch-soziologische Ansatz, der von dem Konstrukt zweier biologischen und kulturellen Geschlechter ausgeht und alles in allem eher zukunftsorientiert ist, darf und sollte es freilich nicht verhindern, die Erforschung von Einzelaspekten – etwa dem Rollenverhalten des Mannes in der Ehe [ANETTE VÖLKER-RASOR, Bilderpaare – Paarbilder. Die Ehe in Autobiographien des 16. Jahrhunderts, Freiburg 1993], dem Phänomen der männlichen Homosexualität und der sozialen Diskriminierung dieser Minderheit, dem Transvestismus –, die erst zum Teil in Gang gekommen ist, zu forcieren [729: SCHMALE]. Eine Studie wie die

Historische Männerforschung

von ANGELA TAEGER über die männliche Homosexualität in Frankreich als „Schlachtfeld" konkurrierender Rechtsinstanzen (lokale Instanzen, Parlament, Krone) zeigt, in welche (politikgeschichtliche) Richtung Arbeiten dieser Art dann auch gehen können [1054]. Ein englischer Sammelband hat einige zusätzliche Forschungsfelder benannt und getestet, die stark ins Sozialpsychologische verweisen (und für die den meisten Historikern dann doch wohl die Kompetenz abgeht) [712: HITCHCOCK/COHEN].

III. Quellen und Literatur

A. QUELLEN

1. Deutsches Reich

a. Allgemeines und Reichsgeschichte 1648–1785

1. Acta Pacis Westphalicae, hrsg. von M. BRAUBACH und K. REPGEN bzw. K. REPGEN, Münster 1962ff. (bisher liegen vor I/1; IIA/1–5; IIB/1–6 IIC/1–4; IIIA/1,1, 3, 4,1, 6; IIIB/1,1; IIIC/1,1, 2, 3, 4; IIID/1).

2. K. O. Frhr. VON ARETIN, Heiliges Römisches Reich 1776–1806. Reichsverfassung und Staatssouveränität, Bd. 2 (Ausgewählte Aktenstücke), Wiesbaden 1967.

3. V. BAUER, Repertorium territorialer Amtskalender und Amtshandbücher im Alten Reich. Adreß-, Hof-, Staatskalender und Staatshandbücher des 18. Jahrhunderts, 4 Bde., Frankfurt/Main 1997–2005.

4. W. BECKER (Bearb.), Dreißigjähriger Krieg und Zeitalter Ludwigs XIV. (1618–1715) (Quellenkunde zur deutschen Geschichte der Neuzeit ..., Bd. 2), Darmstadt 1995.

5. A. BUSCHMANN (Hrsg.), Kaiser und Reich. Verfassungsgeschichte des Heiligen Römischen Reiches Deutscher Nation vom Beginn des 12. Jahrhunderts bis zum Jahre 1806 in Dokumenten, Teil II, Baden-Baden 1994[2].

6. H. DUCHHARDT (Hrsg.), Politische Testamente und andere Quellen zum Fürstenethos der Frühen Neuzeit, Darmstadt 1987.

7. N. HAMMERSTEIN (Hrsg.), Staatslehre der Frühen Neuzeit, Frankfurt/Main 1995.

8. W. HARMS (Hrsg.), Deutsche illustrierte Flugblätter des 16. und 17. Jahrhunderts. Bde. 1–3: Die Sammlung der Herzog August Bibliothek in Wolfenbüttel; Bd. 4: Die Sammlungen der Hessischen Landes- und Hochschulbibliothek; Bd. 7: Die Sammlung der Zentralbibliothek Zürich; Tübingen 1980–1997.

9. H. H. HOFMANN (Hrsg.), Quellen zum Verfassungsorganismus des Heiligen Römischen Reiches Deutscher Nation 1495–1815, Darmstadt 1976.

10. H. O. MÜHLEISEN [u. a.] (Hrsg.), Fürstenspiegel der Frühen Neuzeit, Frankfurt/Main/Leipzig 1997.

11. K. MÜLLER (Bearb.), Absolutismus und Zeitalter der Französischen Re-volution (1715–1815) (Quellenkunde zur deutschen Geschichte der Neu-zeit ..., Bd. 3), Darmstadt 1982.

b. Einzelne Reichsstände

Österreich

12. M. BREUNLICH-PAWLIK/H. WAGNER (Hrsg.), Aus der Zeit Maria Theresias. Tagebuch des Fürsten Johann Josef Khevenhüller-Metsch, kaiserlichen Obersthofmeisters 1742–1776, 8 Bde., Wien [usw.] 1907–1972.
13. C. HINRICHS (Hrsg.), Friedrich der Große und Maria Theresia. Diplo-matische Berichte von Otto Graf v. Podewils, königl. preuß. Gesandter am österreichischen Hofe in Wien, Berlin 1937.
14. H. KLUETING (Hrsg.), Der Josephinismus. Ausgewählte Quellen zur Ge-schichte der theresianisch-josephinischen Reformen, Darmstadt 1995.
15. J. PAUSER/M. SCHEUTZ/TH. WINKELBAUER (Hrsg.), Quellenkunde der Habs-burgermonarchie (16.–18. Jahrhundert). Ein exemplarisches Handbuch, Wien/München 2004.
16. R. POMMERIN/L. SCHILLING, Denkschrift des Grafen Kaunitz zur mächte-politischen Konzeption nach dem Frieden von Aachen 1748, in: J. KUNISCH (Hrsg.), Expansion und Gleichgewicht, Berlin 1986, 165–239.
17. F. WALTER (Hrsg.), Maria Theresia, Darmstadt 1968, 1982[2].

Brandenburg-Preußen

18. Acta Borussica. Denkmäler der Preußischen Staatsverwaltung im 18. Jahr-hundert, Abt. A: Die Behördenorganisation und die allgemeine Staats-verwaltung im 18. Jahrhundert (daneben Abt. B: Die einzelnen Gebiete der Verwaltung, mit verschiedenen Unterabteilungen), 16 Bde., Berlin 1892–1982 (ND 1987).
19. O. BARDONG (Hrsg.), Friedrich der Große, Darmstadt 1982.
20. Politische Correspondenz Friedrichs des Großen, 47 Bde. [bis 1782], Berlin bzw. Köln/Weimar/Wien 1879–2002.
21. R. DIETRICH (Hrsg.), Die Politischen Testamente der Hohenzollern, Köln/Wien 1986.
22. J. G. DROYSEN/M. DUNCKER (Hrsg.), Preußische Staatsschriften aus der Re-gierungszeit Friedrichs II., 3 Bde., Berlin 1877–1892.
23. R. KOSER/H. DROYSEN (Hrsg.), Briefwechsel Friedrichs des Großen mit Voltaire, 3 Bde., Leipzig 1908–1911 (ND Osnabrück 1965–1968).
24. W. NEUGEBAUER (Hrsg.), Schule und Absolutismus in Preußen. Akten zum preußischen Elementarschulwesen bis 1806, Berlin 1992.

Kleinere Reichsstände

25. G. HOLLENBERG (Hrsg.), Hessen-Kasselische Landtagsabschiede 1649–1798, Marburg 1989.

26. R. JACOBSEN (Hrsg.), Friedrich I. von Sachsen-Gotha und Altenburg. Die Tagebücher 1667–1686, 3 Bde., Weimar 1998–2003.

27. W. KOHL (Hrsg.), Akten und Urkunden zur Außenpolitik Christoph Bernhards von Galen (1650–1678), 3 Bde., Münster 1980–1986.

28. C. OCHWADT (Hrsg.), Wilhelm Graf zu Schaumburg-Lippe. Schriften und Briefe, 3 Bde., Frankfurt/Main 1976–1983.

29. H. SCHLECHTE (Hrsg.), Die Staatsreform in Kursachsen 1762–1763. Quellen zum kursächsischen Rétablissement nach dem Siebenjährigen Kriege, Berlin 1958.

30. H. SCHLECHTE (Hrsg.), Das geheime politische Tagebuch des Kurprinzen Friedrich Christian 1751 bis 1757, Weimar 1992.

31. A. SCHMID (Bearb.), Staatsverträge des Kurfürstentums Bayern 1745–1764, München 1991.

c. Quellen zur Wirtschafts-, Sozial-, Verfassungs- und Kirchengeschichte

32. W. BEHRINGER (Hrsg.), Hexen und Hexenprozesse in Deutschland, München 1993².

33. N. CONRADS (Hrsg.), Quellenbuch zur Geschichte der Universität Breslau 1702 bis 1811, Köln/Weimar/Wien 2003.

34. K. HÄRTER/M. STOLLEIS (Hrsg.), Repertorium der Policeyordnungen der Frühen Neuzeit, Bd. 1: Deutsches Reich, Geistliche Kurfürstentümer, hrsg. v. K. HÄRTER; Bd. 2: Brandenburg-Preußen mit Nebenterritorien, hrsg. v. TH. SIMON; Bd. 3: Wittelsbachische Territorien, hrsg. v. L. SCHILLING/G. SCHUCK; Bd. 4: Baden und Württemberg, hrsg. v. A. LANDWEHR; Bd. 5: Reichsstädte 1 (Frankfurt/Main), hrsg. v. H. HALBLEIB u. I WORJITZKI; Bd. 6: Reichsstädte 2 (Köln), hrsg. v. K. MILITZER, Frankfurt/Main 1996–2005.

35. G. FRANZ (Hrsg.), Quellen zur Geschichte des deutschen Bauernstandes in der Neuzeit, Darmstadt 1976².

36. D. MEMPEL (Hrsg.), Gewissensfreiheit und Wirtschaftspolitik. Hugenotten- und Waldenserprivilegien 1681–1699, Trier 1986.

37. H. SCHNEE, Die Hoffinanz und der moderne Staat, Bd. 3: Quellen zur Geschichte der Hoffaktoren in Deutschland, Berlin 1965.

38. A. SCHRÖER (Hrsg.), Die Korrespondenz des Münsterer Fürstbischofs Christoph Bernhard v. Galen mit dem Heiligen Stuhl (1650–1678), Münster 1972.

39. A. SCHRÖER (Hrsg.), Vatikanische Dokumente zur Geschichte der Reformation und der katholischen Erneuerung in Westfalen. Die Korrespondenz geistlicher und weltlicher Landesherren Westfalens mit dem Heiligen Stuhl 1547–1683, Münster 1993.

40. W. Schulze, Bäuerlicher Widerstand und feudale Herrschaft in der frühen Neuzeit, Stuttgart-Bad Cannstatt 1980.

41. W. Sellert (Hrsg.), Die Ordnungen des Reichshofrates 1550–1766, 2. Halbband 1626–1766, Köln/Wien 1990.

42. S. Stern, Der Preußische Staat und die Juden, 4 Bde., Tübingen 1962–1975.

43. H. Waller (Hrsg.), In Vorderösterreichs Amt und Würden. Die Selbstbiographie des Johann Baptist Martin von Arand (1743–1821), Stuttgart 1996.

44. J. Wallmann (Hrsg.), Philipp Jakob Spener, Briefe aus der Frankfurter Zeit 1666–1686, Bd. 1–4: 1666–1680, Tübingen 1992–2005.

45. C. Wilson/G. Parker, An Introduction to the Sources of European Economic History, 1500–1800, Bd. 1, London 1977.

2. Europäische Staaten

a. Frankreich

46. A. de Boislisle (Hrsg.), Saint Simon, Mémoires, 41 Bde., Paris 1879–1930.

47. E. Bourgeois/L. André, Les sources de l'histoire de France. Le XVIIe siècle (1610–1715), 8 Bde., Paris 1913–1935.

48. H. Hömig (Hrsg.), René Louis Marquis d'Argenson, Politische Schriften (1737), München 1985.

49. D. Ozanam/M. Antoine (Hrsg.), Correspondance secrète du Comte de Broglie avec Louis XV (1756–1774), 2 Bde., Paris 1956–1961.

50. Recueil des Instructions données aux ambassadeurs et ministres de France depuis les traités de Westphalie jusqu'à la Révolution française, Bde. 1–31, Paris 1884–1998.

51. J. Voss (Hrsg.), Liselotte von der Pfalz, Briefe an Johanna Sophie von Schaumburg-Lippe, St. Ingbert 2003.

b. England

52. R. A. Anselment (Hrsg.), The Remembrances of Elizabeth Freke 1671–1714, London 2001.

53. Calendar of State Papers … (A. Domestic Series). Charles II: 28 Bde., London 1860–1938; James II: bisher 3 Bde., London 1960–1972; William III and Mary: 11 Bde., London 1895–1937; Anne: bisher 2 Bde., London 1916–1924.

54. English Historical Documents, Bd. 8: 1660–1714, London 1953; Bd. 10: 1714–1783, London 1957.

55. M. M. Dunn [u. a.] (Hrsg.), The Papers of William Penn, 2 Bde., Philadelphia 1981–1982.

56. J. Fortescue (Hrsg.), The Correspondence of King George the Third from 1760 to December 1783, 6 Bde., London 1927/28 (ND London).

57. B. D. Henning (Hrsg.), The House of Commons 1660–1690, 3 Bde., London 1983.

58. B. van't Hoff (Hrsg.), The Correspondence, 1701–1711, of John Churchill, First Duke of Marlborough, and Antonie Heinsius, Grand Pensionary of Holland, Den Haag 1951.

59. British Diplomatic Instructions, 1689–1789, 7 Bde., London 1922–1934.

60. C. Jones/G. Holmes (Hrsg.), The London Diaries of William Nicolson Bishop of Carlisle 1702–1718, Oxford 1985.

61. Samuel Pepys, Diary, 10 Bde., London 1660–1669; NA London 1953.

62. R. Sedgwick (Hrsg.), Letters from George III to Lord Bute 1756–1766, London 1939.

63. H. L. Snyder (Hrsg.), The Marlborough-Godolphin-Correspondence, 3 Bde., Oxford 1975.

c. Niederlande

64. G. v. Antal/J. C. H. de Pater (Hrsg.), Weensche Gezantschapsberichten van 1670 tot 1720, 2 Bde., Den Haag 1929–1934.

65. W. Ph. Coolhaas (Hrsg.), Generale Missiven van Gouverneurs-Generaal en Raden aan Heren XVII der Vereenigde Oostindische Compagnie, Bde. 3–4 [1655–1685], Den Haag 1968–1971.

66. R. Fruin/N. Japikse (Hrsg.), Brieven aan Johan de Witt, 2 Bde., Amsterdam 1919–1922.

67. R. Fruin/G. W. Kernkamp/N. Japikse (Hrsg.), Johan de Witt, Brieven, 4 Bde., Amsterdam 1906–1913.

68. B. van't Hoff (Hrsg.), Het archief van Anthonie Heinsius, s'Gravenhage 1950.

69. N. Japikse (Hrsg.), Correspondentie van Willem III. en van Hans Willem Bentinck, 5 Bde., Den Haag 1927–1937.

d. Russland

70. M. Hundt (Hrsg.), Beschreibung der dreijährigen chinesischen Reise. Die russische Gesandtschaft von Moskau nach Peking 1692 bis 1695 in den Darstellungen von Eberhard Isbrand Ides und Adam Brand, Stuttgart 1999.

71. R. Krauel (Hrsg.), Briefwechsel zwischen Heinrich Prinz von Preußen und Katharina II. von Rußland, Berlin 1923.

72. P. Krekšsin, Peters des Großen Jugendjahre. Gemeinsam mit Th. Busch [u. a.] übersetzt, eingeleitet und erklärt von F. Kämpfer, Stuttgart 1989.

73. A. Lentin (Hrsg.), Peter the Great: His Law on the Imperial Succession. The Official Commentary, Oxford 1996.

74. Memoiren der Kaiserin Katharina II., hrsg. und übersetzt von E. Boehme, 2 Bde., Leipzig 1913 (NA bearb. v. A. Grasshoff, Leipzig 1986/München 1987).

e. Schweiz und Südeuropa

75. A. de Bavière/G. de Maura (Hrsg.), Documentos inéditos referentes a las postrimerías de la casa de Austria en España, Bd. 1, Madrid 1927.
76. A. Gössi/J. Bannwart (Hrsg.), Die Protokolle der bischöflichen Visitationen des 18. Jahrhunderts im Kanton Luzern, Luzern/Stuttgart 1992.
77. H. Juretschke (Hrsg.), Berichte der diplomatischen Vertreter des Wiener Hofes aus Spanien in der Regierungszeit Karls III. (1759–1788), bearb. v. H.-O. Kleinmann, 14 Bde., Madrid 1970–1988.
78. I. Lindeck-Pozza [u. a.] (Hrsg.), Der Schriftverkehr zwischen dem päpstlichen Staatssekretariat und dem Nuntius am Kaiserhof Antonio Eugenio Visconti 1767–1774, Wien/Köln/Graz 1970.
79. M. G. Maiorini (Hrsg.), Bernardo Tanucci, Epistolario, Bde. 1–[17], Napoli 1980–[2003].

3. Internationale Beziehungen

80. S. Dixon (Hrsg.), Britain and Russia in the Age of Peter the Great. Historical documents, London 1998.
81. H. Duchhardt, Krieg und Frieden im Zeitalter Ludwigs XIV., Düsseldorf 1987.
82. Europäische Friedensverträge der Vormoderne online: http://www.ieg-friedensvertraege.de
83. W. G. Grewe (Hrsg.), Fontes Historiae Iuris Gentium. Quellen zur Geschichte des Völkerrechts, Bd. 2: 1493–1815, Berlin-New York 1988.
84. C. Parry (Hrsg.), The Consolidated Treaty Series, 231 Bde., Dobbs Ferry 1969–1981.
85. A. Reese, Europäische Hegemonie versus Weltreich. Außenpolitik in Europa 1648–1763, Idstein 1995.

4. Korrespondenzen und Werkausgaben

86. Gottfried Wilhelm Leibniz, Sämtliche Schriften und Briefe, Berlin 1923ff. (Reihe 1: Allgemeiner politischer und historischer Briefwechsel, bisher 19 Bde. und 1 Suppl.-Bd.; Reihe 2: Philosophischer Briefwechsel, bisher 1 Bd.; Reihe 3: Mathematischer, naturwissenschaftlicher und technischer Briefwechsel, bisher 6 Bde.; Reihe 4: Politische Schriften, bisher 5 Bde.;

Reihe 6: Philosophische Schriften, bisher 6 Bde.; Reihe 7: Mathematische Schriften, bisher 2 Bde.).

87. GOTTFRIED WILHELM LEIBNIZ, Schriften und Briefe zur Geschichte, hrsg. von M.-L. BABIN und G. van den HEUVEL, Hannover 2005.

88. Isaak Newton's Papers and Letters on Natural Philosophy, and related documents, hrsg. v. I. B. COHEN, London 1978².

89. JEAN JACQUES ROUSSEAU, Oeuvres complètes, hrsg. v. B. GAGNEBIN/ M. RAYMOND, 4 Bde., Paris 1964–1980.

90. Œuvres complètes de Voltaire, hrsg. v. Ulla KÖLVING (geplant 135 Bde.), Genève/Toronto/Buffalo 1968ff.

B. LITERATUR

1. ALLGEMEINES

a. Forschungsberichte, Methodenfragen

91. M. S. ANDERSON, Historians and Eighteenth-Century Europe 1715–1789, Oxford 1979.
92. H. E. BÖDEKER/E. HINRICHS (Hrsg.), Alteuropa – Ancien Régime – Frühe Neuzeit. Probleme und Methoden der Forschung, Stuttgart-Bad Cannstadt 1991.
93. N. BOŠKOVSKA LEIMGRUBER (Hrsg.), Die Frühe Neuzeit in der Geschichtswissenschaft. Forschungstendenzen und Forschungsergebnisse, Paderborn/München/Wien 1997.
94. W. BURGDORF, „Chimäre Europa". Antieuropäische Diskurse in Deutschland 1648–1999, Bochum 1999.
95. H. DUCHHARDT, Absolutismus – Abschied von einem Epochenbegriff?, in: HZ 258 (1994), 113–122.
96. H. DUCHHARDT/A. KUNZ (Hrsg.), „Europäische Geschichte" als historiographisches Problem, Mainz 1997.
97. R. DÜRR/G. ENGEL/J. SÜSSMANN (Hrsg.), Eigene und fremde Frühe Neuzeiten. Genese und Geltung eines Epochenbegriffs, München 2003.
98. R.-P. FUCHS/W. SCHULZE (Hrsg.), Wahrheit, Wissen, Erinnerung. Zeugenverhörprotokolle als Quellen für soziale Wissensbestände in der Frühen Neuzeit, Münster 2002.
99. M. HROCH/J. PETRÁN, Das 17. Jahrhundert – Krise der Feudalgesellschaft? Hamburg 1981.
100. M. JAKUBOWSKI-THIESSEN (Hrsg.), Krisen des 17. Jahrhunderts. Interdisziplinäre Perspektiven, Göttingen 1999.
101. G. KURZ (Hrsg.), Meditation und Erinnerung in der Frühen Neuzeit, Göttingen 2000.
102. G. LOTTES, Disziplin und Emanzipation. Das Sozialdisziplinierungskonzept und die Interpretation der frühneuzeitlichen Geschichte, in: Westfälische Forschungen 42 (1992), 63–74.
103. O. MÖRKE, Die Diskussion um den ‚Absolutismus' als Epochenbegriff, in: 1209, 9–32.
104. G. PARKER/L. M. SMITH (Hrsg.), The General Crisis of the Seventeenth Century, London [usw.] 1978.
105. W. SCHMALE, Das 17. Jahrhundert und die neuere europäische Geschichte, in: HZ 264 (1997), 587–611.
106. W. SCHMALE, Europäische Geschichte als historische Disziplin. Überlegungen zu einer Europäistik, in: ZfG 46 (1998), 389–405.

107. L. Schorn-Schütte (Hrsg.), Alteuropa oder Frühe Moderne. Deutungs-muster für das 16. bis 18. Jahrhundert aus dem Krisenbewusstsein der Wei-marer Republik in Theologie, Rechts- und Geschichtswissenschaft, Berlin 1999.

108. W. Schulze, Gerhard Oestreichs Begriff „Sozialdisziplinierung" in der Frühen Neuzeit, in: ZHF 14 (1987), 265–302.

109. W. Schulze, „Von den großen Anfängen des neuen Welttheaters". Ent-wicklung, neuere Ansätze und Aufgaben der Frühneuzeitforschung, in: GWU 44 (1993), 3–18.

110. G. Stourzh (Hrsg.), Annäherungen an eine europäische Geschichts-schreibung, Wien 2002.

110. R. Vierhaus (Hrsg.), Frühe Neuzeit – Frühe Moderne? Forschungen zur Vielschichtigkeit von Übergangsprozessen, Göttingen 1992.

b. Reihenwerke und Handbücher

112. Fischer Weltgeschichte:
G. Barudio, Das Zeitalter des Absolutismus und der Aufklärung (1648–1779), Frankfurt/Main 1981 (= Bd. 25).
L. Bergeron/F. Furet/R. Koselleck, Das Zeitalter der europäischen Revolutionen 1780–1848, Frankfurt/Main 1969 (= Bd. 26).
D. K. Fieldhouse, Die Kolonialreiche seit dem 18. Jahrhundert, Frank-furt/Main 1965 (= Bd. 29).
C. Goehrke, Rußland, Frankfurt/Main 1973 (= Bd. 31).

113. A General History of Europe:
D. H. Pennington, Seventeenth Century Europe, London 1970, 1983².
M. Anderson, Europe in the Eighteenth Century 1713–1783, London 1961, 1976².

114. Handbuch der europäischen Geschichte:
F. Wagner (Hrsg.), Europa im Zeitalter des Absolutismus und der Auf-klärung, Stuttgart 1968, 1975² (= Bd. 4).

115. Handbuch der Geschichte Europas:
Bd. 5: G. Vogler, Europas Aufbruch in die Neuzeit, 1500–1650, Stuttgart 2003.
Bd. 6: H. Duchhardt, Europa am Vorabend der Moderne, 1650–1800, Stuttgart 2003.

116. Handbuch der Kirchengeschichte:
Bd. 5: Die Kirche im Zeitalter des Absolutismus und der Aufklärung, Freiburg/Br./Basel/Wien 1970/1985.

117. Handbuch der Geschichte der Internationalen Beziehungen:
H. Duchhardt, Balance of Power und Pentarchie. Internationale Be-ziehungen 1700–1785, Paderborn [usw.] 1997 (= Bd. 4).

M. Erbe, Revolutionäre Erschütterung und erneuertes Gleichgewicht. Internationale Beziehungen 1785–1830, Padeborn [usw.] 2004 (=Bd. 5).

118. The New Cambridge Modern History:

F. L. Carsten (Hrsg.), The Ascendancy of France 1648–88, Cambridge 1961/1975.

J. S. Bromley (Hrsg.), The Rise of Great Britain und Russia 1688–1715/25, Cambridge 1970.

J. O. Lindsay (Hrsg.), The Old Regime 1713–63, Cambridge 1957/Repr. 1970.

A. Goodwin (Hrsg.), The American and French Revolutions 1763–93, Cambridge 1965/1971.

119. Nouvelle Clio:

J. Delumeau, Le catholicisme entre Luther et Voltaire, Paris 1971, 1996[6] (= Bd. 30,1).

R. Mandrou, La France aux XVIIe et XVIIIe siècles, Paris 1970, 1997[6] (= Bd. 33).

P. Jeannin, L'Europe du Nord-Ouest et du Nord aux XVIIe et XVIIIe siècles, Paris 1969 (= Bd. 34).

J. Godechot, Les révolutions (1770–1779), Paris 1963, 1986[4] (= Bd. 36).

120. Propyläen Geschichte Europas:

R. Mandrou, Staatsraison und Vernunft 1649–1775, Berlin/Frankfurt/ Main 1976 (ND 1992).

E. Weis, Der Durchbruch des Bürgertums 1776–1847, Berlin 1978 (ND 1999).

121. Siedler Geschichte Europas:

H. Schilling, Die neue Zeit. Vom Christenheitseuropa zum Europa der Staaten, 1250 bis 1750, Berlin 1999.

H. Schulze, Phönix Europa. Die Moderne. Von 1740 bis heute, Berlin 1998.

122. Enzyklopädie deutscher Geschichte:

W. Achilles, Landwirtschaft in der Frühen Neuzeit, München 1991 (= Bd. 10).

J. F. Battenberg, Die Juden in Deutschland vom 16. bis zum Ende des 18. Jahrhunderts, München 2001 (= Bd. 60)

P. Blickle, Unruhen in der ständischen Gesellschaft 1300–1800, München 1988 (= Bd. 1).

W. Demel, Vom aufgeklärten Reformstaat zum bürokratischen Reformabsolutismus, München 1993 (= Bd. 23).

H. Duchhardt, Altes Reich und europäische Staatenwelt 1648–1806, München 1990 (= Bd. 4).

R. Endres, Adel in der Frühen Neuzeit, München 1993 (= Bd. 18).

R. von Friedeburg, Lebenswelt und Kultur der unterständischen Schichten in der Frühen Neuzeit, München 2002 (= Bd. 62).

L. GALL, Von der ständischen zur bürgerlichen Gesellschaft, München 1993 (= Bd. 25).

R. GÖMMEL, Die Entwicklung der Wirtschaft im Zeitalter des Merkantilismus 1620–1800, München 1998 (= Bd. 46).

H.-J. GOERTZ, Religiöse Bewegungen in der Frühen Neuzeit, München 1993 (= Bd. 20).

N. HAMMERSTEIN, Bildung und Wissenschaft vom 15. bis zum 17. Jahrhundert, München 2003 (= Bd. 64).

W. v. HIPPEL, Armut, Unterschichten, Randgruppen in der Frühen Neuzeit, München 1995 (= Bd. 34).

K. KRÜGER, Die landständische Verfassung, München 2003 (= Bd. 67).

M. MAURER, Kirche, Staat und Gesellschaft im 17. und 18. Jahrhundert, München 1999 (= Bd. 51).

R. A. MÜLLER, Der Fürstenhof in der Frühen Neuzeit, München 1995, 2004[2] (= Bd. 33).

W. MÜLLER, Die Aufklärung, München 2002 (= Bd. 61).

H. NEUHAUS, Das Reich in der Frühen Neuzeit, München 1997, 2003[2] (= Bd. 42).

M. NORTH, Kommunikation, Handel, Geld und Banken in der Frühen Neuzeit, München 2000 (= Bd. 59).

C. PFISTER, Bevölkerungsgeschichte und historische Demographie 1500–1800, München 1994 (= Bd. 28).

W. REININGHAUS, Gewerbe in der Frühen Neuzeit, München 1990 (= Bd. 3).

B. ROECK, Lebenswelt und Kultur des Bürgertums in der Frühen Neuzeit, München 1991 (= Bd. 9).

H. SCHILLING, Die Stadt in der Frühen Neuzeit, München 1993, 2004[2] (= Bd. 24).

A. SCHINDLING, Bildung und Wissenschaft in der Frühen Neuzeit 1650–1800, München 1994, 1999[2] (= Bd. 30).

W. TROSSBACH, Bauern 1648–1806, München 1993 (= Bd. 19).

c. Übergreifende Darstellungen und Sammelbände

123. R. G. ASCH/H. DUCHHARDT (Hrsg.), Der Absolutismus – ein Mythos? Strukturwandel monarchischer Herrschaft in West- und Mitteleuropa (ca. 1550–1700), Köln/Weimar/Wien 1996.

124. R. G. ASCH/D. FREIST (Hrsg.), Staatsbildung als kultureller Prozeß. Strukturwandel und Legitimation von Herrschaft in der Frühen Neuzeit, Köln/Weimar/Wien 2005.

125. J. BAHLCKE/H.-J. BÖMELBURG/N. KERSKEN (Hrsg.), Ständefreiheit und Staatsgestaltung in Ostmitteleuropa. Übernationale Gemeinsamkeiten in der politischen Kultur vom 16.–18. Jahrhundert, Leipzig 1996.

126. L. Bauer/H. Matis, Geburt der Neuzeit. Vom Feudalsystem zur Markt-
     gesellschaft, München 1988.
127. D. Beales, Prosperity and Plunder. European Catholic Monasteries in the
     Age of Revolution, 1650–1815, Cambridge [usw.] 2003.
128. G. Birtsch/M. Trauth/I. Meenken, Grundfreiheiten, Menschenrechte,
     1500–1850. Eine internationale Bibliographie, 2 Bde., Stuttgart 1991.
129. J. Black, Eighteenth Century Europe, 1700–1789, Basingstoke/London
     1990.
130. T. C. W. Blanning, The Eighteenth Century. Europe 1688–1815, Oxford
     [usw.] 2000.
131. T. C. W. Blanning, Das Alte Europa 1660–1789. Kultur der Macht und
     Macht der Kultur, Darmstadt 2006 (engl. 2002).
132. P. Blickle/R. Schlögl (Hrsg.), Die Säkularisation im Prozeß der
     Säkularisierung Europas, Epfendorf 2005.
133. J. Brewer/E. Hellmuth (Hrsg.), Rethinking Leviathan. The Eighteenth-
     Century State in Britain and Germany, Oxford 1999.
134. K. Bussmann/E. A. Werner (Hrsg.), *Europa* im 17. Jahrhundert. Ein
     politischer Mythos und seine Bilder, Stuttgart 2004.
135. E. Cameron (Hrsg.), Early Modern Europe. An Oxford History, Oxford
     [usw.] 1999.
136. J. Canning/H. Wellenreuther (Hrsg.), Britain and Germany Compared:
     Nationality, Society and Nobility in the Eighteenth Century, Göttingen
     2001.
137. W. Demel, Europäische Geschichte des 18. Jahrhunderts. Ständische
     Gesellschaft und europäisches Mächtesystem im beschleunigten Wandel
     (1689/1700–1789/1800), Stuttgart/Berlin/Köln 2000.
138. B. Diestelkamp (Hrsg.), Oberste Gerichtsbarkeit und zentrale Gewalt im
     Europa der Frühen Neuzeit, Köln/Weimar/Wien 1996.
139. M. Dmitrieva/K. Lambrecht (Hrsg.), Krakau, Prag und Wien. Funktionen
     von Metropolen im frühmodernen Staat, Stuttgart 2000.
140. H. Duchhardt (Hrsg.), Der Herrscher in der Doppelpflicht. Europäische
     Fürsten und ihre beiden Throne, Mainz 1997.
141. E. Fischer/W. Haefs/Y.-G. Mix (Hrsg.), Von Almanach bis Zeitung. Ein
     Handbuch der Medien in Deutschland 1700–1800, München 1999.
142. Th. Fröschl (Hrsg.), Föderationsmodelle und Unionsstrukturen. Über
     Staatenverbindungen in der frühen Neuzeit vom 15. zum 18. Jahrhundert,
     Wien/München 1994.
143. B. Giesen (Hrsg.), Nationale und kulturelle Identität. Studien zur Entwick-
     lung des kollektiven Bewußtseins in der Neuzeit, Frankfurt/Main 1991.
144. P. C. Hartmann (Hrsg.), Regionen in der Frühen Neuzeit. Reichskreise im
     deutschen Raum, Provinzen in Frankreich, Regionen unter polnischer
     Oberhoheit. Ein Vergleich ihrer Strukturen, Funktionen und ihrer Be-
     deutung, Berlin 1994.

145. H. HATTENHAUER, Europäische Rechtsgeschichte, Heidelberg 1992, 2004[4].

146. N. HENSHALL, The Myth of Absolutism. Change and Continuity in Early Modern European Monarchy, London/New York 1992.

147. E. HINRICHS, Fürsten und Mächte. Zum Problem des europäischen Absolutismus, Göttingen 2000.

148. P. KLÉBER MONOD, The Power of Kings. Monarchy and Religion in Europe, 1589–1715, New Haven/London 1999.

149. H. G. KOENIGSBERGER (Hrsg.), Republiken und Republikanismus im Europa der Frühen Neuzeit, München 1988.

150. B. KROENER (Hrsg.), Europa im Zeitalter Friedrichs des Großen. Wirtschaft, Gesellschaft, Kriege, München 1989.

151. J. KUNISCH, Absolutismus. Europäische Geschichte vom Westfälischen Frieden bis zur Krise des Ancien Régime, Göttingen 1986, 1999[2].

152. J. KUNISCH (Hrsg.), Der dynastische Fürstenstaat. Zur Bedeutung von Sukzessionsordnungen für die Entstehung des frühmodernen Staates, Berlin 1982.

153. J. KUNISCH (Hrsg.), Staatsverfassung und Heeresverfassung in der europäischen Geschichte der frühen Neuzeit, Berlin 1986.

154. J. KUNISCH, Fürst – Gesellschaft – Krieg. Studien zur bellizistischen Disposition des absoluten Fürstenstaats, Köln/Weimar/Wien 1992.

155. H. LEHMANN/A.-CH. TREPP (Hrsg.), Im Zeichen der Krise. Religiosität im Europa des 17. Jahrhunderts, Göttingen 1999.

156. A. MĄCZAK (Hrsg.), Klientelsysteme im Europa der Frühen Neuzeit, München 1988.

157. I. MIECK, Europäische Geschichte der Frühen Neuzeit, Stuttgart [usw.] 1998[6].

158. J. MÜLLER (Hrsg.), Absolutism in Seventeenth Century Europe, Basingstoke 1990.

159. W. NEUGEBAUER, Staat – Krieg – Korporation. Zur Genese politischer Strukturen im 17. und 18. Jahrhundert, in: HJb 123 (2003), 197–237.

160. G. OESTREICH, Strukturprobleme der frühen Neuzeit. Ausgewählte Aufsätze, Berlin 1980.

161. R. ORESKO/G. C. GIBBS/H. M. SCOTT (Hrsg.), Royal and Republican Sovereignty in Early Modern Europe, Cambridge [usw.] 1997.

162. W. PARAVICINI/K. F. WERNER (Hrsg.), Histoire comparée de l'administration (IVe–XVIIIe siècles), München 1980.

163. W. REINHARD, Geschichte der Staatsgewalt. Eine vergleichende Verfassungsgeschichte Europas von den Anfängen bis zur Gegenwart, München 1999.

164. K. REPGEN (Hrsg.), Das Herrscherbild im 17. Jahrhundert, Münster 1991.

165. R. REXHEUSER (Hrsg.), Die Personalunionen von Sachsen-Polen 1697–1763 und Hannover-England 1714–1837. Ein Vergleich, Wiesbaden 2005.

166. H. RUDOLPH/H. SCHNABEL-SCHÜLE (Hrsg.), Justiz = Justice = Justitia? Rahmenbedingungen von Strafjustiz im frühneuzeitlichen Europa, Trier 2003.

167. W. Schmale, Geschichte Europas, Wien/Köln/Weimar 2000, Tb. 2001.
168. W. Schmale [u. a.], Studien zur europäischen Identität im 17. Jahrhundert, Bochum 2004.
169. W. Schulze, Einführung in die Neuere Geschichte, Stuttgart 1987, 2002².
170. W. Schulze (Hrsg.), Ständische Gesellschaft und soziale Mobilität, München 1988.
171. M. Stolleis (Hrsg., unter Mitarbeit von K. Härter und L. Schilling), Policey im Europa der Frühen Neuzeit, Frankfurt/Main 1996.
172. B. Stollberg-Rilinger, Europa im Zeitalter der Aufklärung, Stuttgart 2000.
173. B. Stollberg-Rilinger (Hrsg.), Vormoderne politische Verfahren, Berlin 2001.
174. D. J. Sturdy, Fractured Europe: 1600–1721, Oxford 2002.
175. G. Treasure, The Making of Modern Europe 1648–1780, London/New York 1985.
176. C. Ulbrich/C. Jarzebowski/M. Hohkamp (Hrsg.), Gewalt in der Frühen Neuzeit, Berlin 2005.
177. G. Vogler (Hrsg.), Europäische Herrscher. Ihre Rolle bei der Gestaltung von Politik und Gesellschaft vom 16. bis zum 18. Jahrhundert, Weimar 1988.
178. J. Voss, Deutsch-französische Beziehungen im Spannungsfeld von Absolutismus, Aufklärung und Revolution, Bonn 1992.
179. E. Weis, Deutschland und Frankreich um 1800. Aufklärung, Revolution, Reform, München 1990.

2. Deutsches Reich

a. Reichsgeschichte 1648–1785

180. J. Ackermann, Verschuldung, Reichsdebitverwaltung, Mediatisierung. Eine Studie zu den Finanzproblemen der mindermächtigen Stände im Alten Reich: Das Beispiel der Grafschaft Ysenburg-Büdingen 1687–1806, Marburg 2002.
181. K. Andermann, Die geistlichen Staaten am Ende des Alten Reiches, in: HZ 271 (2000), 593–619.
182. K. Andermann (Hrsg.), Die geistlichen Staaten am Ende des Alten Reiches. Versuch einer Bilanz, Tübingen 2004.
183. K. O. Frhr. von Aretin, Das Alte Reich 1648–1806, 3 Bde. und Registerbd., Stuttgart 1993–2000.
184. J. Arndt, Das niederrheinisch-westfälische Reichsgrafenkollegium und seine Mitglieder (1653–1806), Mainz 1991.
185. August der Starke und seine Zeit, Dresden 1995.

186. M. Baumanns, Das publizistische Werk des kaiserlichen Diplomaten Franz Paul Freiherr von Lisola (1613–1674), Berlin 1994.

187. W. Bein, Schlesien in der habsburgischen Politik. Ein Beitrag zur Entstehung des Dualismus im Alten Reich, Sigmaringen 1994.

188. J. Berger, Anna Amalia von Sachsen-Weimar-Eisenach (1739–1807). Denk- und Handlungsräume einer „aufgeklärten" Herzogin, Heidelberg 2003.

189. B. Blisch, Friedrich Carl Joseph von Erthal (1774–1802). Erzbischof – Kurfürst – Erzkanzler. Studien zur Kurmainzer Politik am Ausgang des Alten Reiches, Frankfurt/Main [usw.] 2005.

190. B. Braun/F. Göttmann/M. Ströhmer (Hrsg.), Geistliche Staaten im Nordwesten des Alten Reiches, Köln 2003.

191. M. Brecht (Hrsg.), Der Pietismus vom siebzehnten bis zum frühen achtzehnten Jahrhundert, Göttingen 1993.

192. Ch. Dipper, Deutsche Geschichte 1648–1798, Frankfurt/Main 1991, 1997^4.

193. U. Distler, Franz Albert Leopold von Oberndorff. Die Politik Pfalzbayerns (1778–1795), Kaiserslautern 2000.

194. H. Duchhardt/M. Schnettger (Hrsg.), Reichsständische Libertät und habsburgisches Kaisertum, Mainz 1999.

195. M. Erbe, Deutsche Geschichte 1713–1790. Dualismus und Aufgeklärter Absolutismus, Stuttgart [usw.] 1985.

196. Ch. Flegel, Die lutherische Kirche in der Kurpfalz von 1648 bis 1716, Mainz 1999.

197. J. G. Gagliardo, Germany under the Old Regime, 1600–1790, London/ New York 1991.

198. C. Gantet, La paix de Westphalie (1648). Une histoire sociale, XVIIe–XVIIIe siècles, Paris 2001.

199. E. Gatz (Hrsg.), Die Bischöfe des Heiligen Römischen Reiches 1648 bis 1803, Berlin 1990.

200. A. Gotthard, Das Alte Reich 1495–1806, Darmstadt 2003.

201. W. Greiling/A. Klinger/Ch. Köhler (Hrsg.), Ernst II. von Sachsen-Gotha-Altenburg. Ein Herrscher im Zeitalter der Aufklärung, Köln/ Weimar/Wien 2005.

202. P. C. Hartmann (Hrsg.), Der Mainzer Kurfürst als Reichserzkanzler. Funktionen, Aktivitäten, Ansprüche und Bedeutung des zweiten Mannes im Alten Reich, Stuttgart 1997.

203. F. Hatje, Repräsentationen der Staatsgewalt. Herrschaftsstrukturen und Selbstdarstellung in Hamburg 1700–1900, Basel/Frankfurt/Main 1997.

204. G. Haug-Moritz, Württembergischer Ständekonflikt und deutscher Dualismus. Ein Beitrag zur Geschichte des Reichsverbands in der Mitte des 18. Jahrhunderts, Stuttgart 1992.

205. W. Held, Der Adel und August der Starke. Konflikt und Konfliktaustrag zwischen 1694 und 1707 in Kursachsen, Köln/Weimar/Wien 1999.

206. P. Hersche, Die deutschen Domkapitel im 17. und 18. Jahrhundert, 3 Bde., Ursellen 1984.
207. Ch. W. Ingrao, Josef I. Der „vergessene" Kaiser, Graz/Wien/Köln 1982.
208. Ch. W. Ingrao, The Hessian mercenary state. Ideas, institutions, and reform under Frederick II, 1760–1785, Cambridge 1987.
209. N. Jörn/M. North (Hrsg.), Die Integration des südlichen Ostseeraumes in das Alte Reich, Köln/Weimar/Wien 2000.
210. M. Kaiser/A. Pečar (Hrsg.), Der zweite Mann im Staat. Oberste Amtsträger und Favoriten im Umkreis der Reichsfürsten in der Frühen Neuzeit, Berlin 2003.
211. K. Keller, Landesgeschichte Sachsen, Stuttgart 2002.
212. A. Klinger, Der Gothaer Fürstenstaat. Herrschaft, Konfession und Dynastie unter Herzog Ernst dem Frommen, Husum 2002.
213. H. Klueting, Das Reich und Österreich 1648–1740, Münster/Hamburg/London 1999.
214. A. Koller, Die Vermittlung des Friedens von Vossem (1673) durch den jülich-bergischen Vizekanzler Stratmann. Pfalz-Neuburg, Frankreich und Brandenburg zwischen dem Frieden von Aachen und der Reichskriegserklärung an Ludwig XIV. (1668–1674), Münster 1995.
215. F.-L. Kroll (Hrsg.), Die Herrscher Sachsens. Markgrafen, Kurfürsten, Könige 1089–1918, München 2004.
216. J. Kunisch (Hrsg.), Neue Studien zur frühneuzeitlichen Reichsgeschichte, Berlin/München 1987.
217. J. Kunisch (Hrsg.), Neue Studien zur frühneuzeitlichen Reichsgeschichte, Berlin 1997.
218. H. Lahrkamp, Unter dem Krummstab. Münster und das Münsterland nach dem Westfälischen Frieden bis zum Sturz Napoleons, Münster 1999.
219. J. Luh, Unheiliges Römisches Reich. Der konfessionelle Gegensatz 1648 bis 1806, Potsdam 1995.
220. St. Mauelshagen, Ordensritter – Landesherr – Kirchenfürst. Damian Hugo von Schönborn (1676–1743). Ein Leben im Alten Reich, Ubstadt-Weiher 2001.
221. H. Möller, Fürstenstaat oder Bürgernation. Deutschland 1763–1815, Berlin 1989.
222. P. Münch, Das Jahrhundert des Zwiespalts. Deutschland 1600–1700, Stuttgart/Berlin/Köln 1999.
223. M. Neugebauer-Wölk, Reichsstädtische Reichspolitik nach dem Westfälischen Frieden, in: ZHF 17 (1990), 27–47.
224. H. Neuhaus (Hrsg.), Deutsche Geschichte in Quellen und Darstellung, Bd. 5: Zeitalter des Absolutismus 1648–1789, Stuttgart 1997.
225. Th. Nicklas, Macht oder Recht. Frühneuzeitliche Politik im Obersächsischen Reichskreis, Stuttgart 2002.

226. A. OSCHMANN, Der Nürnberger Exekutionstag 1648–1650. Das Ende des Dreißigjährigen Krieges in Deutschland, Münster 1991.

227. M. A. PANZER, Die Große Landgräfin. Caroline von Hessen-Darmstadt (1721–1774), Regensburg 2005.

228. V. PRESS, Das Alte Reich. Ausgewählte Aufsätze, Berlin 2000².

229. V. PRESS, Kriege und Krisen. Deutschland 1600–1715, München 1991.

230. V. PRESS (Hrsg.), Alternativen zur Reichsverfassung in der Frühen Neuzeit?, München 1995.

231. M. ROHRSCHNEIDER, Johann Georg II. von Anhalt-Dessau (1627–1693). Eine politische Biographie, Berlin 1998.

232. H. SCHILLING, Höfe und Allianzen. Deutschland 1648 bis 1763, Berlin 1989.

233. H. SCHILLING, Reichs-Staat und frühneuzeitliche Nation der Deutschen oder teilmodernisiertes Reichssystem. Überlegungen zu Charakter und Aktualität des Alten Reiches, in: HZ 272 (2001), 377–395.

234. A. SCHINDLING/W. ZIEGLER (Hrsg.), Die Kaiser der Neuzeit 1519–1918, München 1990.

235. G. SCHMIDT (Hrsg.), Stände und Gesellschaft im Alten Reich, Stuttgart 1989.

236. G. SCHMIDT, Geschichte des Alten Reiches. Staat und Nation in der Frühen Neuzeit 1495–1806, München 1999.

237. G. SCHMIDT, Das frühneuzeitliche Reich – komplementärer Staat und föderative Nation, in: HZ 273 (2001), 371–399.

238. M. SCHNETTGER (Hrsg.), Imperium Romanum – irregulare corpus – Teutscher Reichs-Staat. Das Alte Reich im Verständnis der Zeitgenossen und der Historiographie, Mainz 2002.

239. R. DE SCHRYVER, Max II. Emanuel von Bayern und das spanische Erbe. Die europäischen Ambitionen des Hauses Wittelsbach 1665–1715, Mainz 1996.

240. J. J. SHEEHAN, German History 1770–1866, Oxford 1989 (dt.: Der Ausklang des alten Reiches. Deutschland seit dem Ende des Siebenjährigen Krieges bis zur gescheiterten Revolution 1763 bis 1850, Berlin 1994).

241. D. STIEVERMANN, Politik und Konfession im 18. Jahrhundert, in: ZHF 18 (1991), 177–199.

242. W. TROSSBACH, Fürstenabsetzungen im 18. Jahrhundert, in: ZHF 13 (1986), 425–454.

243. J. A. VANN, The Making of a State: Württemberg 1593–1793, Ithaca/London 1984.

244. R. VIERHAUS, Staaten und Stände. Vom Westfälischen Frieden bis zum Hubertusburger Frieden 1648–1763, Berlin 1984.

245. R. VIERHAUS, Deutschland im 18. Jahrhundert. Politische Verfassung, soziales Gefüge, geistige Bewegungen. Ausgewählte Aufsätze, Göttingen 1987.

246. G. VOGLER, Absolutistische Herrschaft und ständische Gesellschaft. Reich und Territorien von 1648 bis 1790, Stuttgart 1996.

247. M. Vogt (Hrsg.), Deutsche Geschichte von den Anfängen bis zur Gegenwart, Stuttgart 1997[4].

248. K. Wagner, Herzog Karl Eugen von Württemberg. Modernisierung zwischen Absolutismus und Aufklärung, Stuttgart/München 2001.

249. M. Walker, The Salzburg Transaction. Expulsion and Redemption in Eighteenth-Century Germany, Ithaca/London 1992 (dt. 1997).

250. M. Weber, Das Verhältnis Schlesiens zum Alten Reich in der Frühen Neuzeit, Köln/Weimar/Wien 1992.

251. D. J. Weiss (Bearb.), Das Exemte Bistum Bamberg, Bd. 3: Die Bischofsreihe von 1522 bis 1693, Berlin/New York 2000.

252. A. Wieczorek/H. Probst/W. Koenig (Hrsg.), Lebenslust und Frömmigkeit. Kurfürst Carl Theodor (1724–1799) zwischen Barock und Aufklärung, 2 Bde., Regensburg 1999.

253. H. Wolf, Die Reichskirchenpolitik des Hauses Lothringen (1680–1715). Eine Habsburger Sekundogenitur im Reich?, Stuttgart 1994.

254. M. Wrede, Das Reich und seine Feinde. Politische Feindbilder in der reichspatriotischen Publizistik zwischen Westfälischem Frieden und Siebenjährigem Krieg, Mainz 2004.

255. W. Wüst, Das Fürstbistum Augsburg. Ein Geistlicher Staat im Heiligen Römischen Reich Deutscher Nation, Augsburg 1997.

b. Österreich (einschließlich Josephinismus)

256. E. H. Balázs, Hungary and the Habsburgs 1765–1800. An Experience in Enlightened Absolutism, Budapest 1997.

257. D. Beales, Joseph II, Bd. 1: In the shadow of Maria Theresia 1741–1780, Cambridge 1987.

258. J. Bérenger, Léopold Ier (1640–1705). Fondateur de la puissance autrichienne, Paris 2004.

259. T. C. W. Blanning, Joseph II, London/New York 1994.

260. R. Crahay (Hrsg.), La Tolérance civile, Bruxelles 1982.

261. P. G. M. Dickson, Finance and Government under Maria Theresia, 1740–1780, 2 Bde., London 1987.

262. E. Dillmann, Maria Theresia, München 2000.

263. A. M. Drabek/R. G. Plaschka/A. Wandruszka (Hrsg.), Ungarn und Österreich unter Maria Theresia und Joseph II., Wien 1982.

264. L. C. Dubin, The Port Jews of Habsburg Trieste. Absolutist Politics and Enlightenment Culture, Stanford 1999.

265. M. Erbe, Die Habsburger 1493–1918. Eine Dynastie im Reich und in Europa, Stuttgart 2000.

266. R. J. W. Evans, Das Werden der Habsburgermonarchie 1550–1700. Gesellschaft, Kultur, Institutionen, Wien/Köln/Graz 1986.

267. F. M. EYBL (Hrsg.), Strukturwandel kultureller Praxis. Beiträge zu einer kulturwissenschaftlichen Sicht des theresianischen Zeitalters, Wien 2002.

268. M. GOLOUBEVA, The Glorification of Emperor Leopold I in Image, Spectacle and Text, Mainz 2000.

269. M. HENGERER, Kaiserhof und Adel in der Mitte des 17. Jahrhunderts. Eine Kommunikationsgeschichte der Macht in der Vormoderne, Konstanz 2004.

270. P. HERSCHE, Der Spätjansenismus in Österreich, Wien 1977.

271. P. HIML, Die „armben Leüte" und die Macht. Die Untertanen der südböhmischen Herrschaft Český Krumlov/Krumau im Spannungsfeld zwischen Gemeinde, Obrigkeit und Kirche (1680–1781), Stuttgart 2003.

272. M. HOCHEDLINGER, Austria's Wars of Emergence. War, State and Society in the Habsburg Monarchy 1683–1797, London [usw.] 2003.

273. CH. W. INGRAO, The Habsburg Monarchy 1618–1815, Cambridge [usw.] 1994.

274. CH. W. INGRAO (Hrsg.), State and Society in Early Modern Austria, West Lafayette 1994.

275. J. KARNIEL, Die Toleranzpolitik Kaiser Josephs II., Gerlingen 1985.

276. G. KLINGENSTEIN/R. G. PLASCHKA (Hrsg.), Österreich im Europa der Aufklärung. Kontinuität und Zäsur in Europa zur Zeit Maria Theresias und Josephs II., 2 Bde., Wien 1985.

277. G. KLINGENSTEIN/F. A. J. SZABO (Hrsg.), Staatskanzler Wenzel Anton von Kaunitz-Rietberg 1711–1794. Neue Perspektiven zu Politik und Kultur der europäischen Aufklärung, Graz [usw.] 1996.

278. L. KÓSA (Hrsg.), A Cultural History of Hungary, Budapest 1999.

279. M. KURZ [u. a.] (Hrsg.), Das Osmanische Reich und die Habsburgermonarchie, Wien/München 2005.

280. M. J. LEVY, Governance and Grievance. Habsburg Policy and Italian Tyrol in the Eighteenth Century, West Lafayette 1988.

281. H. MATIS (Hrsg.), Von der Glückseligkeit des Staates. Staat, Wirtschaft und Gesellschaft in Österreich im Zeitalter des aufgeklärten Absolutismus, Berlin 1981.

282. F. MATSCHE, Die Kunst im Dienste der Staatsidee Kaiser Karls VI. Ikonographie, Ikonologie und Programmatik des „Kaiserstils", 2 Bde., Berlin/New York 1981.

283. G. P. OBERSTEINER, Theresianische Verwaltungsreformen im Herzogtum Steiermark, Graz 1993.

284. G. PÁLFFY, Türkenabwehr, Grenzsoldatentum und die Militarisierung der Gesellschaft in Ungarn in der Frühen Neuzeit, in: HJb 123 (2003), 111–148.

285. A. PEČAR, Die Ökonomie der Ehre. Höfischer Adel am Kaiserhof Karls VI., Darmstadt 2003.

286. R. PONS, „Wo der gekrönte Löw hat seinen Kayser-Sitz". Herrschaftsrepräsentation am Wiener Kaiserhof zur Zeit Leopolds I., Egelsbach 2001.

287. V. Press, Österreich und Deutschland im 18. Jahrhundert, in: GWU 42 (1991), 737–753.

288. H. Reinalter (Hrsg.), Joseph II. und die Freimaurerei im Lichte zeitgenössischer Broschüren, Wien/Köln/Graz 1987.

289. H. Reinalter (Hrsg.), Die Aufklärung in Österreich. Ignaz von Born und seine Zeit, Frankfurt/Main [usw.] 1991.

290. H. Reinalter (Hrsg.), Der Josephinismus. Bedeutung, Einflüsse und Wirkungen, Frankfurt/Main [usw.] 1993.

291. R. Robertson/E. Timms (Hrsg.), The Austrian Enlightenment and its Aftermath, Edinburgh 1991.

292. R. Rosdolsky, Untertan und Staat in Galizien. Die Reformen unter Maria Theresia und Joseph II., hrsg. v. R. Melville, Mainz 1992.

293. L. Schilling, Kaunitz und das Renversement des alliances. Studien zur außenpolitischen Konzeption Wenzel Antons von Kaunitz, Berlin 1994.

294. G. Schreiber, Franz I. Stephan. An der Seite einer großen Frau, Graz [usw.] 1986.

295. J. Schumann, Die andere Sonne. Kaiserbild und Medienstrategien im Zeitalter Leopolds I., Berlin 2003.

296. J. P. Spielman, The City and the Crown. Vienna and the Imperial Court, 1600–1740, West Lafayette 1993.

297. R. Stauber, Der Zentralstaat an seinen Grenzen. Administrative Integration, Herrschaftswechsel und politische Kultur im südlichen Alpenraum 1750–1820, Göttingen 2001.

298. F. A. J. Szabo, Kaunitz and Enlightened Absolutism. 1753–1780, Cambridge [usw.] 1994.

c. Brandenburg-Preußen

299. F. Althoff, Untersuchungen zum Gleichgewicht der Mächte in der Außenpolitik Friedrichs des Großen nach dem Siebenjährigen Krieg (1763–1786), Berlin 1995.

300. K. O. Frhr. von Aretin, Friedrich der Große. Größe und Grenzen des Preußenkönigs, Freiburg/Br./Basel/Wien 1985.

301. L. Atorf, Der König und das Korn. Die Getreidehandelspolitik als Fundament des brandenburg-preußischen Aufstiegs zur europäischen Großmacht, Berlin 1999.

302. P. Baumgart (Hrsg.), Ständetum und Staatsbildung in Brandenburg-Preußen, Berlin/New York 1983.

303. P. Baumgart (Hrsg.), Kontinuität und Wandel. Schlesien zwischen Österreich und Preußen, Sigmaringen 1990.

304. J. Bruning, Das pädagogische Jahrhundert in der Praxis. Schulwandel in Stadt und Land in den preußischen Westprovinzen Minden und Ravensberg 1648–1816, Berlin 1998.

305. H. CARL, Okkupation und Regionalismus. Die preußischen Westprovinzen im Siebenjährigen Krieg, Mainz 1993.

306. H. DUCHHARDT (Hrsg.), Friedrich der Große, Franken und das Reich, Köln/Wien 1986.

307. P. G. DWYER (Hrsg.), The Rise of Prussia 1700-1830, Harlow [usw.] 2000.

308. L. und M. FREY, Friedrich I., Preußens erster König, Graz/Wien/Köln 1984.

309. CH. FÜRBRINGER, Necessitas und Libertas. Staatsbildung und Landstände im 17. Jahrhundert in Brandenburg, Frankfurt/Main/New York 1985.

310. R. L. GAWTHROP, Pietism and the Making of Eighteenth-Century Prussia, Cambridge [usw.] 1993.

311. A. GOTTHARD, Der „Große Kurfürst" und das Kurkolleg, in: FBPG NF 6 (1996), 1-54.

312. R. HACHTMANN, Friedrich II. von Preußen und die Freimaurerei, in: HZ 264 (1997), 21-54.

313. J. HÄSELER, Ein Wanderer zwischen den Welten. Charles Etienne Jordan (1700-1745), Sigmaringen 1993.

314. G. HEINRICH (Hrsg.), „Ein sonderbares Licht in Teutschland". Beiträge zur Geschichte des Großen Kurfürsten von Brandenburg (1640-1688), Berlin 1990.

315. H. und E. HENNING (Bearb.), Bibliographie Friedrich der Große 1786-1986. Das Schrifttum des deutschen Sprachraums und der Übersetzungen aus den Fremdsprachen, Berlin/New York 1988.

316. CH. GRAF VON KROCKOW, Friedrich der Große. Ein Lebensbild, München 1993.

317. CH. GRAF VON KROCKOW, Die preußischen Brüder. Prinz Heinrich und Friedrich der Große. Ein Doppelportrait, Stuttgart 1996.

318. F.-L. KROLL (Hrsg.), Preußens Herrscher. Von den ersten Hohenzollern bis Wilhelm II., München 2000.

319. J. KUNISCH (Hrsg.), Persönlichkeiten im Umkreis Friedrichs des Großen, Köln/Wien 1988.

320. J. KUNISCH (Hrsg.), Dreihundert Jahre Preußische Königskrönung. Eine Tagungsdokumentation, Berlin 2002.

321. J. KUNISCH, Friedrich der Große. Der König und seine Zeit, München 2004.

322. G. LOTTES (Hrsg.), Vom Kurfürstentum zum „Königreich der Landstriche". Brandenburg-Preußen im Zeitalter von Absolutismus und Aufklärung, Berlin 2004.

323. P. MAINKA, Karl Abraham von Zedlitz und Leipe (1731-1793). Ein schlesischer Adliger in Diensten Friedrichs II. und Friedrich Wilhelms II. von Preußen, Berlin 1995.

324. I. MITTENZWEI, Friedrich II. von Preußen. Eine Biographie, Köln 1980.

325. G. MÖLICH/M. POHL/V. VELTZKE (Hrsg.), Preußens schwieriger Westen. Rheinisch-preußische Beziehungen, Konflikte und Wechselwirkungen, Duisburg 2003.

326. U. Müller-Weil, Absolutismus und Außenpolitik in Preußen. Ein Beitrag zur Strukturgeschichte des preußischen Absolutismus, Stuttgart 1992.

327. B. Mundt, Prinz Heinrich von Preußen 1726–1802. Die Entwicklung zur politischen und militärischen Führungspersönlichkeit (1726–1763), Hamburg 2002.

328. W. Neugebauer, Absolutistischer Staat und Schulwirklichkeit in Brandenburg-Preußen, Berlin 1985.

329. W. Neugebauer, Die Hohenzollern, 2 Bde., Stuttgart/Berlin/Köln 1996–2003.

330. W. Neugebauer, Zentralprovinz im Absolutismus. Brandenburg im 17. und 18. Jahrhundert, Berlin 2001.

331. W. Neugebauer, Geschichte Preußens, Hildesheim/Zürich/New York 2004.

332. Preußen 1701. Eine europäische Geschichte, 2 Bde., Berlin 2001.

333. R. Pröve/N. Winnige (Hrsg.), Wissen ist Macht. Herrschaft und Kommunikation in Brandenburg-Preußen 1600–1850, Berlin 2001.

334. G. Ritter, Friedrich der Große, ein historisches Profil, Heidelberg 1954³.

335. Th. Schieder, Friedrich der Große, ein Königtum der Widersprüche, Frankfurt/Main/Berlin 1986².

336. M. Shennan, The Rise of Brandenburg-Prussia, London/New York 1995.

337. D. Showalter, The Wars of Frederick the Great, London/New York 1996.

338. H. M. Sieg, Staatsdienst, Staatsdenken und Dienstgesinnung in Brandenburg-Preußen im 18. Jahrhundert (1713–1806). Studien zum Verständnis des Absolutismus, Berlin/New York 2003.

339. R. Straubel, Die Handelsstädte Königsberg und Memel in friderizianischer Zeit. Ein Beitrag zur Geschichte des ost- und gesamtpreußischen „Commerciums" sowie seiner sozialen Träger (1763–1806/15), Berlin 2003.

340. E. Tortarolo, La ragione sulla Sprea. Coszienza storica e cultura politica nell'illuminismo berlinese, Bologna 1989.

341. F. Waquet, Le prince et son lecteur. Avec l'édition de Charles Dantal „Les délassements littéraires ou heures le lecture de Frédéric II", Paris 2000.

342. B. Wehinger (Hrsg.), Geist und Macht. Friedrich der Große im Kontext der europäischen Kulturgeschichte, Berlin 2005.

343. J. Ziechmann (Hrsg.), Panorama der fridericianischen Zeit. Friedrich der Große und seine Epoche. Ein Handbuch, Bremen 1985.

d. Verfassungs-, Verwaltungs-, Institutionen- und Ständegeschichte

344. G. Augner, Die kaiserliche Kommission der Jahre 1708–1712. Hamburgs Beziehungen zu Kaiser und Reich zu Anfang des 18. Jahrhunderts, Hamburg 1983.

345. A. Baumann, Die Gesellschaft der Frühen Neuzeit im Spiegel der Reichskammergerichtsprozesse. Eine sozialgeschichtliche Untersuchung zum 17. und 18. Jahrhundert, Köln/Weimar/Wien 2001.

346. A. BAUMANN [u. a.] (Hrsg.), Reichspersonal. Funktionsträger für Kaiser und Reich, Köln/Weimar/Wien 2003.

347. A. BAUMANN (Hrsg.), Gedruckte Relationen und Voten des Reichskammergerichts vom 16. bis 18. Jahrhundert. Ein Findbuch, Köln/Weimar/Wien 2004.

348. H. BOLDT, Deutsche Verfassungsgeschichte, Bd. 1: Von den Anfängen bis zum Ende des älteren deutschen Reiches 1806, München 1984, 1994³.

349. W. BUCHHOLZ, Öffentliche Finanzen und Finanzverwaltung im entwickelten frühmodernen Staat. Landesherr und Landstädte in Schwedisch-Pommern 1720–1806, Köln/Wien 1992.

350. TH. CHRISTMANN, Das Bemühen von Kaiser und Reich um die Vereinheitlichung des Münzwesens. Zugleich ein Beitrag zum Rechtsetzungsverfahren im Heiligen Römischen Reich nach dem Westfälischen Frieden, Berlin 1988.

351. B. DIESTELKAMP (Hrsg.), Die politische Funktion des Reichskammergerichts, Köln/Weimar/Wien 1993.

352. W. DOTZAUER, Die deutschen Reichskreise in der Verfassung des Alten Reiches und ihr Eigenleben (1500–1806), Darmstadt 1989.

353. H. DREITZEL, Absolutismus und ständische Verfassung in Deutschland. Ein Beitrag zur Kontinuität und Diskontinuität der politischen Theorie in der frühen Neuzeit, Mainz 1992.

354. H. DUCHHARDT, Deutsche Verfassungsgeschichte 1495–1806, Stuttgart [usw.] 1991.

355. M. FIMPEL, Reichsjustiz und Territorialstaat. Württemberg als Kommissar von Kaiser und Reich im Schwäbischen Kreis (1648–1806), Tübingen 1999.

356. U. GITTEL, Die Aktivitäten des Niedersächsischen Reichskreises in den Sektoren „Friedenssicherung" und „Policey" (1555–1682), Hannover 1996.

357. A. GOTTHARD, Säulen des Reiches. Die Kurfürsten im frühneuzeitlichen Reichsverband, 2 Teilbde., Husum 1999.

358. A. GOTZMANN, Strukturen jüdischer Gerichtsautonomie in den deutschen Staaten des 18. Jahrhunderts, in: HZ 267 (1998), 313–356.

359. K. HÄRTER (Hrsg.), Policey und frühneuzeitliche Gesellschaft, Frankfurt/Main 2000.

360. P. C. HARTMANN, Der Bayerische Reichskreis (1500 bis 1803). Strukturen, Geschichte und Bedeutung im Rahmen der Kreisverfassung und der allgemeinen institutionellen Entwicklung des Heiligen Römischen Reiches, Berlin 1997.

361. CH. VAN DEN HEUVEL, Beamtenschaft und Territorialstaat. Behördenentwicklung und Sozialstruktur der Beamtenschaft im Hochstift Osnabrück 1550–1800, Osnabrück 1984.

362. S. HOLTZ, Bildung und Herrschaft. Zur Verwissenschaftlichung politischer Führungsschichten im 17. Jahrhundert, Leinfelden-Echterdingen 2002.

363. A. Holzem, Religion und Lebensformen. Katholische Konfessionalisierung im Sendgericht des Fürstbistums Münster 1570–1800, Paderborn 2000.

364. M. Hughes, Law and Politics in 18th Century Germany. The Imperial Aulic Council in the Reign of Charles VI, Woodbridge 1988.

365. A. Ignor, Geschichte des Strafprozesses in Deutschland 1532–1846, Paderborn [usw.] 2002.

366. S. Jahns, Das Reichskammergericht und seine Richter. Verfassung und Sozialstruktur eines höchsten Gerichts im Alten Reich. Teil 2: Biographien, Köln/Weimar/Wien 2003.

367. B. Kappelhoff, Absolutistisches Regiment oder Ständeherrschaft? Landesherr und Landstände in Ostfriesland im ersten Drittel des 18. Jahrhunderts, Hildesheim 1982.

368. B. König, Luxusverbote im Fürstbistum Münster, Frankfurt/Main 1999.

369. I. König, Judenverordnungen im Hochstift Würzburg (15.–18. Jahrhundert), Frankfurt/Main 1999.

370. U. Lange, Der ständestaatliche Dualismus. Bemerkungen zu einem Problem der deutschen Verfassungsgeschichte, in: BldtLG 117 (1981), 311–334.

371. F. Magen, Reichsexekutive und regionale Selbstverwaltung im späten 18. Jahrhundert. Zu Funktion und Bedeutung der süd- und westdeutschen Reichskreise bei der Handelsregulierung im Reich aus Anlaß der Hungerkrise von 1770/72, Berlin 1992.

372. B. Marquardt, Das Römisch-Deutsche Reich als segmentäres Verfassungssystem (1348–1806/48), Zürich 1999.

373. A. Müller, Der Regensburger Reichstag von 1653/54. Eine Studie zur Entwicklung des Alten Reiches nach dem Westfälischen Frieden, Frankfurt/Main [usw.] 1992.

374. W. Neugebauer, Standschaft als Verfassungsproblem. Die historischen Grundlagen ständischer Partizipation in ostmitteleuropäischen Regionen, Goldbach 1995.

375. M. Neugebauer-Wölk, Reichsjustiz und Aufklärung. Das Reichskammergericht im Netzwerk der Illuminaten, Wetzlar 1993.

376. H. Neuhaus, Die Römische Königswahl vivente imperatore in der Neuzeit, in: 217, 1–53.

377. P. Nitschke, Verbrechensbekämpfung und Verwaltung. Die Entstehung der Polizei in der Grafschaft Lippe, 1700–1814, Münster/New York 1990.

378. R. Freiin von Oer, Der Münsterische „Erbmännerstreit". Zur Problematik von Revisionen reichskammergerichtlicher Urteile, Köln/Weimar/Wien 1998.

379. E. Ortlieb, Im Auftrag des Kaisers. Die kaiserlichen Kommissionen des Reichshofrats und die Regelung von Konflikten im Alten Reich (1637–1657), Köln/Weimar/Wien 2001.

380. L. Pelizaeus, Der Aufstieg Württembergs und Hessens zur Kurwürde 1692–1803, Frankfurt/Main [usw.] 2000.

381. V. Press, Das Reichskammergericht in der deutschen Geschichte, Wetzlar 1987.
382. M. Rose, Das Gerichtswesen des Herzogtums Pfalz-Zweibrücken im 18. Jahrhundert. Ein Beitrag zur territorialen Gerichtsbarkeit im Alten Reich, Frankfurt/Main/Berlin/Bern 1994.
383. H. Rudolph, „Eine gelinde Regierungsart". Peinliche Strafjustiz im geistlichen Territorium. Das Hochstift Osnabrück (1716–1803), Konstanz 2001.
384. R. Sailer, Untertanenprozesse vor dem Reichskammergericht. Rechtsschutz gegen die Obrigkeit in der zweiten Hälfte des 18. Jahrhunderts, Köln/Weimar/Wien 1999.
385. W.-F. Schäufele, Christoph Matthäus Pfaff und die Kirchenunionsbestrebungen des Corpus Evangelicorum 1717–1726, Mainz 1998.
386. I. Scheurmann (Hrsg.), Frieden durch Recht. Das Reichskammergericht von 1495 bis 1806, Mainz 1994.
387. A. Schindling, Die Anfänge des Immerwährenden Reichstags zu Regensburg. Ständevertretung und Staatskunst nach dem Westfälischen Frieden, Mainz 1991.
388. H. Schnabel-Schüle, Überwachen und Strafen im Territorialstaat. Bedingungen und Auswirkungen des Systems strafrechtlicher Sanktionen im frühneuzeitlichen Württemberg, Köln/Weimar/Wien 1997.
389. M. Schnettger, Der Reichsdeputationstag 1655–1663. Kaiser und Stände zwischen Westfälischem Frieden und Immerwährendem Reichstag, Münster 1996.
390. H. Schott, Das Verhältnis der Stadt Würzburg zur Landesherrschaft im 18. Jahrhundert, Würzburg 1995.
391. Th. Schulz, Der Kanton Kocher der Schwäbischen Reichsritterschaft 1542–1805. Entstehung, Geschichte, Verfassung und Mitgliederstruktur eines korporativen Adelsverbandes im System des Alten Reiches, Sigmaringen 1986.
392. M. A. Steinert, Die alternative Sukzession im Hochstift Osnabrück. Bischofswechsel und das Herrschaftsrecht des Hauses Braunschweig-Lüneburg in Osnabrück 1648–1802, Osnabrück 2003.
393. B. Stollberg-Rilinger, Vormünder des Volkes? Konzepte landständischer Repräsentation in der Spätphase des Alten Reiches, Berlin 1999.
394. M. Stolleis (Hrsg.), Recht, Verfassung und Verwaltung in der frühneuzeitlichen Stadt, Köln/Wien 1991.
395. J. Thauer, Gerichtspraxis in der ländlichen Gesellschaft. Eine mikrohistorische Untersuchung am Beispiel eines altmärkischen Patrimonialgerichts um 1700, Berlin 2001.
396. S. Westphal, Kaiserliche Rechtsprechung und herrschaftliche Stabilisierung. Reichsgerichtsbarkeit in den thüringischen Territorialstaaten 1648–1806, Köln/Weimar/Wien 2002.

397. B. BEI DER WIEDEN (Hrsg.), Handbuch der Niedersächsischen Landtags- und Ständegeschichte, Bd. 1: 1500–1806, Hannover 2004.

398. D. WILLOWEIT, Deutsche Verfassungsgeschichte: Vom Frankenreich bis zur Wiedervereinigung Deutschlands, München 2005⁵

399. K. WINZEN, Handwerk – Städte – Reich. Die städtische Kurie des Immer- währenden Reichstags und die Anfänge der Reichshandwerksordnung, Stuttgart 2002.

400. W. WÜST (Hrsg.), Die „gute Policey" im Reichskreis. Zur frühmodernen Normensetzung in den Kernregionen des Alten Reiches, Bde. 1–3, Berlin 2001–2004.

401. W. WÜST (Hrsg.), Geistliche Staaten in Oberdeutschland im Rahmen der Reichsverfassung, Epfendorf 2002.

402. W. ZIEGLER (Hrsg.), Der Bayerische Landtag vom Spätmittelalter bis zur Gegenwart. Probleme und Desiderata historischer Forschung, München 1995.

e. Sozial- und Wirtschaftsgeschichte

403. G. AMMERER, Heimat Straße. Vaganten im Österreich des Ancien Régime, Wien/München 2003.

404. K. ANDERMANN (Hrsg.), Residenzen. Aspekte hauptstädtischer Zentralität von der Frühen Neuzeit bis zum Ende der Monarchie, Sigmaringen 1992.

405. J. ARNDT/P. NITSCHKE (Hrsg.), Kontinuität und Umbruch in Lippe. Sozial- politische Verhältnisse zwischen Aufklärung und Restauration 1750–1820, Detmold 1994.

406. TH. BARTH, Adelige Lebenswege im Alten Reich. Der Landadel der Ober- pfalz im 18. Jahrhundert, Regensburg 2005.

407. R. BECK, Unterfinning. Ländliche Welt vor dem Anbruch der Moderne, München 1993.

408. P. BLICKLE, Deutsche Untertanen. Ein Widerspruch, München 1981.

409. ST. BRAKENSIEK, Fürstendiener – Staatsbeamte – Bürger. Amtsführung und Lebenswelt der Ortsbeamten in niederhessischen Kleinstädten (1750–1830), Göttingen 1999.

410. U. BROHM, Die Handwerkspolitik Herzog Augusts des Jüngeren von Braunschweig-Wolfenbüttel (1635–1666). Zur Rolle von Fürstenstaat und Zünften im Wiederaufbau nach dem Dreißigjährigen Krieg, Stuttgart 1999.

411. C.-P. CLASEN, Streiks und Aufstände der Augsburger Weber im 17. und 18. Jahrhundert, Augsburg 1993.

412. M. A. DENZEL, Professionen und Professionisten. Die Dachsbergsche Volksbeschreibung im Kurfürstentum Bayern (1771–1781), Stuttgart 1998.

413. J. DEVENTER, Das Abseits als sicherer Ort? Jüdische Minderheit und christliche Gesellschaft im Alten Reich am Beispiel der Fürstabtei Corvey (1550–1807), Paderborn 1996.

414. CH. DUHAMELLE, L'héritage collectif. La noblesse d'église rhénane, 17e et 18e siècles, Paris 1998.

415. A. DYLONG, Das Hildesheimer Domkapitel im 18. Jahrhundert, Hannover 1997.

416. U. EISENBACH, Zuchthäuser, Armenanstalten und Waisenhäuser in Nassau. Fürsorgewesen und Arbeitererziehung vom 17. bis zum Beginn des 19. Jahrhunderts, Wiesbaden 1994.

417. R. ENDRES (Hrsg.), Adel in der Frühen Neuzeit. Ein regionaler Vergleich, Köln/Wien 1991.

418. D. VAN FASSEN, „Das Geleit ist kündbar". Quellen und Aufsätze zum jüdischen Leben im Hochstift Paderborn von der Mitte des 17. Jahrhunderts bis 1802, Essen 1999.

419. G. FERTIG, Lokales Leben, atlantische Welt. Die Entscheidung zur Auswanderung vom Rhein nach Nordamerika im 18. Jahrhundert, Osnabrück 2000.

420. E. FRANÇOIS, Die unsichtbare Grenze. Protestanten und Katholiken in Augsburg 1648–1806, Sigmaringen 1991.

421. R. VON FRIEDEBURG, „Reiche", „geringe Leute" und „Beambte": Landesherrschaft, dörfliche „Factionen" und gemeindliche Partizipation 1648–1806, in: ZHF 23 (1996), 219–265.

422. R. VON FRIEDEBURG, Ländliche Gesellschaft und Obrigkeit. Gemeindeprotest und politische Mobilisierung im 18. und 19. Jahrhundert, Göttingen 1997.

423. H. GABEL, Widerstand und Kooperation. Studien zur politischen Kultur rheinischer und maasländischer Kleinterritorien (1648–1794), Tübingen 1995.

424. W. D. GODSEY, Nobles and Nation in Central Europe. Free Imperial Knights in the Age of Revolution, 1750–1840, Cambridge [usw.] 2004.

425. M. W. GRAY, Productive Men, Reproductive Women. The Agrarian Household and the Emergence of Separate Spheres during the German Enlightenment, New York/Oxford 1999.

426. S. GRILLMEYER, Habsburgs Diener in Post und Politik. Das „Haus" Thurn und Taxis zwischen 1745 und 1867, Mainz 2005.

427. C. GROPPE, Der Geist des Unternehmertums. Eine Bildungs- und Sozialgeschichte. Die Seidenfabrikantenfamilie Colsman (1649–1840), Köln/Weimar/Wien 2004.

428. M. HÄBERLEIN (Hrsg.), Devianz, Widerstand und Herrschaftspraxis in der Vormoderne. Studien zu Konflikten im südwestdeutschen Raum (15.–18. Jahrhundert), Konstanz 1999.

429. H.-W. HAHN, Altständisches Bürgertum zwischen Beharrung und Wandel: Wetzlar 1689–1870, München 1991.

430. M. HENKEL, Zunftmißbräuche. „Arbeiterbewegung" im Merkantilismus, Frankfurt/Main 1989.

431. F. W. HENNING, Handbuch der Wirtschafts- und Sozialgeschichte Deutschlands, Bd. 1: Deutsche Wirtschafts- und Sozialgeschichte im Mittelalter und in der Frühen Neuzeit, Paderborn [usw.] 1991.

432. W. Henninger, Johann Jakob von Bethmann 1717–1792. Kaufmann, Reeder und kaiserlicher Konsul in Bordeaux, Bochum 1993.

433. A. Herzig, Der Zwang zum wahren Glauben. Rekatholisierung vom 16. bis zum 18. Jahrhundert, Göttingen 2000.

434. C. A. Hoffmann, Landesherrliche Städte und Märkte im 17. und 18. Jahrhundert. Studien zu ihrer ökonomischen, rechtlichen und sozialen Entwicklung in Oberbayern, Kallmünz 1997.

435. J. Jahn/W. Hartung (Hrsg.), Gewerbe und Handel vor der Industrialisierung. Regionale und überregionale Verflechtungen im 17. und 18. Jahrhundert, Sigmaringendorf 1991.

436. M. Jakubowski-Tiessen, Sturmflut 1717. Die Bewältigung einer Naturkatastrophe in der Frühen Neuzeit, München 1992.

437. K. Keller/J. Matzerath (Hrsg.), Geschichte des sächsischen Adels, Köln/ Weimar/Wien 1997.

438. K. Keller, Kleinstädte in Kursachsen. Wandlungen einer Städtelandschaft zwischen Dreißigjährigem Krieg und Industrialisierung, Köln/Weimar/ Wien 2001.

439. R. Kiessling/S. Ullmann (Hrsg.), Landjudentum im deutschen Südwesten während der Frühen Neuzeit, Berlin 1999.

440. B. R. Kroener/R. Pröve (Hrsg.), Krieg und Frieden. Militär und Gesellschaft in der Frühen Neuzeit, Paderborn [usw.] 1996.

441. U. Küppers-Braun, Frauen des hohen Adels im kaiserlich-freiweltlichen Damenstift Essen (1605–1803). Eine verfassungs- und sozialgeschichtliche Studie, Münster 1997.

442. Th. Lau, Bürgerunruhen und Bürgerprozesse in den Reichsstädten Mühlhausen und Schwäbisch Hall in der Frühen Neuzeit, Bern/Berlin/Bruxelles 1999.

443. U. Löffler, Dörfliche Amtsträger im Staatswerdungsprozeß der Frühen Neuzeit. Die Vermittlung von Herrschaft auf dem Lande im Herzogtum Magdeburg, 17. und 18. Jahrhundert, Münster 2005.

444. T. McIntosh, Urban Decline in Early Modern Germany. Schwäbisch Hall and its Region, 1650–1750, Chapel Hill/London 1997.

445. G. Mahlerwein, Die Herren im Dorf. Bäuerliche Oberschicht und ländliche Elitenbildung in Rheinhessen 1700–1850, Mainz 2001.

446. E. Mauerer, Südwestdeutscher Reichsadel im 17. und 18. Jahrhundert. Geld, Reputation, Karriere: Das Haus Fürstenberg, Göttingen 2001.

447. J. Maurer, Der „Lahrer Prozeß" 1773–1806. Ein Untertanenprozeß vor dem Reichskammergericht, Köln/Weimar/Wien 1996.

448. M. Maurer, Die Biographie des Bürgers. Lebensformen und Denkweisen in der formativen Phase des deutschen Bürgertums (1680–1815), Göttingen 1996.

449. M. Meumann, Findelkinder, Waisenhäuser, Kindsmord. Unversorgte Kinder in der frühneuzeitlichen Gesellschaft, München 1996.

450. S. C. OGILVIE (Hrsg.), Germany: A New Social and Economic History, Bd. 2: 1630–1800, London [usw.] 1996.

451. S. C. OGILVIE, State Corporatism and Proto-Industry. The Württemberg Black Forest, 1580–1797, Cambridge 1997.

452. J. PETERS (Hrsg.), Konflikt und Kontrolle in Gutsherrschaftsgesellschaften. Über Resistenz- und Herrschaftsverhalten in ländlichen Sozialgebilden der Frühen Neuzeit, Göttingen 1995.

453. V. PRESS, Adel im Alten Reich. Gesammelte Vorträge und Aufsätze, Tübingen 1998.

454. R. PRÖVE, Stehendes Heer und städtische Gesellschaft im 18. Jahrhundert. Göttingen und seine Militärbevölkerung 1713–1756, München 1995.

455. R. PRÖVE, Vom Schmuddelkind zur anerkannten Subdisziplin? Die ‚neue Militärgeschichte' der Frühen Neuzeit – Perspektiven, Entwicklungen, Probleme, in: GWU 51 (2000), 597–612.

456. W. REININGHAUS, Die Stadt Iserlohn und ihre Kaufleute (1700–1815), Münster 1995.

457. R. REITH/A. GRIESSINGER/P. EGGERS, Streikbewegungen deutscher Handwerksgesellen im 18. Jahrhundert. Materialien zur Sozial- und Wirtschaftsgeschichte des städtischen Handwerks 1700–1806, Göttingen 1992.

458. B. ROECK, Außenseiter, Randgruppen, Minderheiten. Fremde im Deutschland der frühen Neuzeit, Göttingen 1993.

459. M. RUDERSDORF, „Das Glück der Bettler". Justus Möser und die Welt der Armen. Mentalität und soziale Frage im Fürstbistum Osnabrück zwischen Aufklärung und Säkularisation, Münster 1995.

460. D. W. SABEAN, Property, Production and Family in Neckarshausen, 1700–1870, Cambridge [usw.] 1990.

461. S. SANDER, Handwerkschirurgen. Sozialgeschichte einer verdrängten Berufsgruppe, Göttingen 1989.

462. W. SCHIEDER/V. SELLIN (Hrsg.), Sozialgeschichte in Deutschland, 4 Bde., Göttingen 1986/87.

463. R. SCHILLING, Schwedisch-Pommern um 1700. Studien zur Agrarstruktur eines Territoriums extremer Gutsherrschaft, Weimar 1989.

464. R. SCHLÖGL, Bauern, Krieg und Staat. Oberbayerische Bauernwirtschaft und frühmoderner Staat im 17. Jahrhundert, Göttingen 1988.

465. J. SCHLUMBOHM, Lebensläufe, Familien, Höfe. Die Bauern und Heuerleute des Osnabrückischen Kirchspiels Belm in protoindustrieller Zeit, 1650–1860, Göttingen 1994.

466. CH. SCHMITZ, Ratsbürgerschaft und Residenz. Untersuchungen zu Berliner Ratsfamilien, Heiratskreisen und sozialen Wandlungen im 17. Jahrhundert, Berlin/New York 2002.

467. W. W. SCHNABEL, Österreichische Exulanten in oberdeutschen Reichsstädten. Zur Migration von Führungsschichten im 17. Jahrhundert, München 1992.

468. L. Schorn-Schütte, Evangelische Geistlichkeit in der Frühneuzeit. Deren Anteil an der Entfaltung frühmoderner Staatlichkeit und Gesellschaft, Gütersloh 1996.

469. S. Schraut/G. Pieri, Katholische Schulbildung in der Frühen Neuzeit. Vom „guten Christenmenschen" zu „tüchtigen Jungen" und „braven Mädchen", Paderborn/München/Wien 2004.

470. S. Schraut, Das Haus Schönborn. Eine Familienbiographie. Katholischer Reichsadel 1640–1840, Paderborn [usw.] 2005.

471. R. Schröder, Das Gesinde war immer frech und unverschämt. Gesinde und Gesinderecht vornehmlich im 18. Jahrhundert, Frankfurt/Main 1992.

472. H. Schultz, Berlin 1650–1800. Sozialgeschichte einer Residenz, Berlin 1992².

473. H. Schultz, Das ehrbare Handwerk. Zunftleben im alten Berlin zur Zeit des Absolutismus, Weimar 1993.

474. G. P. Sreenivasan, The Peasants of Ottobeuren, 1487–1726. A Rural Society in Early Modern Europe, Cambridge [usw.] 2004.

475. B. Stollberg-Rilinger, Handelsgeist und Adelsethos. Zur Diskussion um das Handelsverbot für den deutschen Adel vom 16. bis zum 18. Jahrhundert, in: ZHF 15 (1988), 273–309.

476. K. Stuart, Defiled Trades and Social Outcasts. Honor and Ritual Pollution in Early Modern Germany, Cambridge 2000.

477. W. Trossbach, Soziale Bewegung und politische Erfahrung. Bäuerlicher Protest in hessischen Territorien 1648–1806, Weingarten 1987.

478. W. Trossbach, Der Schatten der Aufklärung. Bauern, Bürger und Illuminaten in der Grafschaft Wied-Neuwied, Fulda 1991.

479. C. Ulbrich, Shulamit und Margarete. Macht, Geschlecht und Religion in einer ländlichen Gesellschaft des 18. Jahrhunderts, Wien/Köln/Weimar 1999.

480. H.-P. Ullmann, Der deutsche Steuerstaat. Geschichte der öffentlichen Finanzen vom 18. Jahrhundert bis heute, München 2005.

481. S. Ullmann, Nachbarschaft und Konkurrenz. Juden und Christen in Dörfern der Markgrafschaft Burgau (1650–1750), Göttingen 1999.

482. K. Vetter, Zwischen Dorf und Stadt – die Mediatstädte des kurmärkischen Kreises Lebus. Verfassung, Wirtschaft und Sozialstruktur im 17. und 18. Jahrhundert, Weimar 1996.

483. S. Wadauer, Die Tour der Gesellen. Mobilität und Biographie im Handwerk vom 18. bis zum 20. Jahrhundert, Frankfurt/Main 2005.

484. J. Wahl, Lebensplanung und Alltagserfahrung. Württembergische Pfarrfamilien im 17. Jahrhundert, Mainz 2000.

485. M. Weidner, Landadel in Münster 1600–1760. Stadtverfassung, Standesbehauptung und Fürstenhof, 2 Teilbde., Münster 2000.

486. U. Wendler, Ländliche Gesellschaft zwischen Kirche und Staat. Das Kirchspiel Suderburg in der Lüneburger Heide 1600–1830, Suderburg-Hösseringen 1999.

3. Einzelbereiche europäischer Geschichte

a. Sozial- und Wirtschaftsgeschichte

487. R. G. Asch (Hrsg.), Der europäische Adel im Ancien Régime. Von der Krise der ständischen Monarchien bis zur Revolution (ca. 1600–1789), Köln/Weimar/Wien 2001.

488. W. Berg, Die Teilung der Leitung. Ursprünge industriellen Managements in den landwirtschaftlichen Gutsbetrieben Europas, Göttingen 1999.

489. Ch. Buchheim, Einführung in die Wirtschaftsgeschichte, München 1997.

490. C. M. Cipolla/K. Borchardt (Hrsg.), Europäische Wirtschaftsgeschichte, Bd. 2: 16. und 17. Jahrhundert, Stuttgart/New York 1979 (ND 1983).

491. P. Clark (Hrsg.), Small Towns in Early Modern Europe, Cambridge [usw.] 1995.

492. W. Demel, Der europäische Adel. Vom Mittelalter bis zur Gegenwart, München 2005.

493. G. Frühsorge/H. Klueting/F. Kopitzsch (Hrsg.), Stadt und Bürger im 18. Jahrhundert, Marburg 1993.

494. L. Gillard, La Banque d'Amsterdam et le florin européen au temps de la République néerlandaise (1610–1820), Paris 2004.

495. H.-G. Haupt (Hrsg.), Das Ende der Zünfte. Ein europäischer Vergleich, Göttingen 2002.

496. C. Hudemann-Simon, La conquête de la santé en Europe, 1750–1900, Quetigny 2000 (dt. 2000).

497. J. Katz, Vom Vorurteil bis zur Vernichtung. Der Antisemitismus 1700–1933, München 1989.

498. P. van Kessel/E. Schulte (Hrsg.), Rome – Amsterdam. Two Growing Cities in Seventeenth-Century Europe, Amsterdam 1997.

499. K. Krüger (Hrsg.), Europäische Städte im Zeitalter des Barock. Gestalt – Kultur – Sozialgefüge, Köln/Wien 1988.

500. M. North (Hrsg.), Kunstsammeln und Geschmack im 18. Jahrhundert, Berlin 2002.

501. S. C. Ogilvie/M. German (Hrsg.), European Proto-Industrialization, Cambridge [usw.] 1996.

502. J. Peters (Hrsg.), Gutsherrschaft als soziales Modell. Vergleichende Betrachtungen zur Funktionsweise frühneuzeitlicher Agrargesellschaften, München 1995.

503. W. Reinhard, Geschichte der europäischen Expansion, Bd. 1: Die Alte Welt bis 1818, Stuttgart 1983.

504. W. Schulze (Hrsg.), Aufstände, Revolten, Prozesse. Beiträge zu bäuerlichen Widerstandsbewegungen im frühneuzeitlichen Europa, Stuttgart 1983.

505. H. M. Scott (Hrsg.), The European Nobilities in the Seventeenth and Eighteenth Centuries, 2 Bde., London/New York 1995.

506. M. STOLLEIS, Pecunia Nervus Rerum. Zur Staatsfinanzierung in der frühen Neuzeit, Frankfurt/Main 1983.

507. H.-J. VOTH, Time and Work in England 1750–1830, Oxford 2000.

508. R. WALTER, Einführung in die Wirtschafts- und Sozialgeschichte, Paderborn/München/Wien 1994.

509. K. WEBER, Deutsche Kaufleute im Atlantikhandel 1680–1830. Unternehmen und Familien in Hamburg, Cádiz und Bordeaux, München 2004.

b. Historische Demographie und Nachbargebiete (einschl. Umweltgeschichte)

510. J. ALLMANN, Der Wald in der frühen Neuzeit. Eine mentalitäts- und sozialgeschichtliche Untersuchung am Beispiel des Pfälzer Raumes 1500–1800, Berlin 1989.

511. ST. VON BELOW/ST. BREIT, Der Wald: von der Gottesgabe zum Privateigentum. Gerichtliche Konflikte zwischen Landesherren und Untertanen um den Wald in der Frühen Neuzeit, Stuttgart 1998.

512. PH. BENEDICT, The Huguenot Population of France, 1600–1685: The Demographic Fate and Customs of a Religious Minority, Philadelphia 1991.

513. F. BÖLSKER-SCHLICHT, Bevölkerung und soziale Schichtung im nördlichen Emsland vom 17. bis zum 19. Jahrhundert. Versuch einer Quantifizierung im Vergleich dreier Jahrhunderte, Sögel 1994.

514. H.-R. BURRI, Die Bevölkerung Luzerns im 18. und frühen 19. Jahrhundert. Demographie und Schichtung einer Schweizer Stadt im Ancien Régime, Luzern 1975.

515. H. CHARBONNEAU (Hrsg.), The Great Mortalities. Methodological Studies of Demographic Crises in the Past, Liège 1979.

516. F. EDER, Geschlechterproportion und Arbeitsorganisation im Land Salzburg, 17.–19. Jahrhundert, Wien/München 1990.

517. C. EIFERT, Das Erdbeben von Lissabon 1755. Zur Historizität einer Naturkatastrophe, in: HZ 274 (2002), 633–664.

518. CH. ERNST, Den Wald entwickeln. Ein Politik- und Konfliktfeld in Hunsrück und Eifel im 18. Jahrhundert, München 2000.

519. M. W. FLINN, The European Demographic System 1500–1820, Brighton 1981.

520. E. FRANÇOIS, Koblenz im 18. Jahrhundert. Zur Sozial- und Bevölkerungsstruktur einer deutschen Residenzstadt, Göttingen 1982.

521. CH. R. FRIEDRICHS, Urban Society in an Age of War: Nördlingen 1580–1720, Princeton 1979.

522. B. GOTTLIEB, The Family in the Western World from the Black Death to the Industrial Age, New York/Oxford 1993.

523. P. C. HARTMANN, Bevölkerungszahlen und Konfessionsverhältnisse des Heiligen Römischen Reiches deutscher Nation und der Reichskreise am Ende des 18. Jahrhunderts, in: ZHF 22 (1995), 345–369.

524. B. HERRMANN (Hrsg.), Umwelt in der Geschichte. Beiträge zur Umweltgeschichte, Göttingen 1989.

525. E. HINRICHS/H. VAN ZON (Hrsg.), Bevölkerungsgeschichte im Vergleich. Studien zu den Niederlanden und Nordwestdeutschland, Aurich 1988.

526. A. E. IMHOF, Aspekte der Bevölkerungsentwicklung in den nordischen Ländern, 1720–1750, 2 Bde., Bern 1976.

527. A. E. IMHOF (Hrsg.), Historische Demographie als Sozialgeschichte. Gießen und Umgebung vom 17. zum 19. Jahrhundert, 2 Bde., Darmstadt/ Marburg 1975.

528. TH. KOHL, Familiale und soziale Schichtung. Zur historischen Demographie Triers 1730–1860, Stuttgart 1985.

529. J. E. KNODEL, Demographic Behavior in the Past. A Study of Fourteen German Village Populations in the Eighteenth and Nineteenth Centuries, Cambridge [usw.] 1988.

530. M. KNOLL, Umwelt – Herrschaft – Gesellschaft. Die landesherrliche Jagd Kurbayerns im 18. Jahrhundert, St. Katharinen 2004.

531. G. LEVY/J.-C. SCHMITT (Hrsg.), Geschichte der Jugend, Bd. 1: Von der Antike bis zum Absolutismus, Frankfurt/Main 1996.

532. M. MATTMÜLLER, Bevölkerungsgeschichte der Schweiz. Teil 1: Die frühe Neuzeit, 1500–1700, 2 Bde., Basel/Frankfurt/Main 1987.

533. M. MITTERAUER, Ledige Mütter. Zur Geschichte illegitimer Geburten in Europa, München 1983.

534. M. MITTERAUER, Historisch-anthropologische Familienforschung. Fragestellungen und Zugangsweisen, Wien/Köln 1990.

535. W. NORDEN, Eine Bevölkerung in der Krise. Historisch-demographische Untersuchungen zur Biographie einer norddeutschen Küstenregion (Butjadingen 1600–1850), Hildesheim 1984.

536. CH. PFISTER, Klimageschichte der Schweiz 1525–1860. Das Klima der Schweiz und seine Bedeutung in der Geschichte von Bevölkerung und Landwirtschaft, 2 Bde., Bern/Stuttgart 1984.

537. R. PULLAT, Die Stadtbevölkerung Estlands im 18. Jahrhundert, Mainz 1997.

538. M. REILING, Bevölkerung und Sozialtopographie Freiburgs im Br. im 17. und 18. Jahrhundert, Freiburg/Br. 1989.

539. W. G. RÖDEL, Mainz und seine Bevölkerung im 17. und 18. Jahrhundert. Demographische Entwicklung, Lebensverhältnisse und soziale Strukturen in einer geistlichen Residenzstadt, Wiesbaden 1985.

540. H. SCHYLE, Freiburger Einwohner im 17. Jahrhundert. Eine historisch-demographische Untersuchung unter Einsatz der EDV, Freiburg/Br./ Würzburg 1993.

541. B. SORGESA MIÉVILLE, De la société traditionnelle à l'ère industrielle: les comportements familiaux face au changement économique. Mutations démographiques d'un village horloger au Jura neuchâtelois. Fleurier 1727–1914, Neuchâtel 1992.

542. L. Stone, Uncertain Unions. Marriage in England 1660–1753, Oxford/ New York 1992.

543. J.-R. Watt, The Making of Modern Marriage. Matrimonial Control and the Rise of Sentiment in Neuchâtel, 1550–1800, Ithaca/London 1992.

544. V. Weiss, Bevölkerung und soziale Mobilität. Sachsen 1550–1880, Berlin 1993.

545. G. Zirnstein, Ökologie und Umwelt in der Geschichte, Marburg 1994.

c. Hof und höfische Gesellschaft

546. R. G. Asch/A. M. Birke (Hrsg.), Princes, Patronage, and the Nobility. The Court at the Beginning of the Modern Age, c. 1450–1650, New York/ Oxford 1991.

547. R. Babel/W. Paravicini (Hrsg.), Grand Tour. Adeliges Reisen und europäische Kultur vom 14. bis zum 18. Jahrhundert, Ostfildern 2005.

548. V. Bauer, Die höfische Gesellschaft in Deutschland von der Mitte des 17. bis zum Ausgang des 18. Jahrhunderts. Versuch einer Typologie, Tübingen 1993.

549. B. Bayer, Sukzession und Freiheit. Historische Voraussetzungen der rechtstheoretischen und rechtspolitischen Auseinandersetzungen um das Institut der Familienfideikommisse im 18. und 19. Jahrhundert, Berlin 1999.

550. L. Bély, La société des princes, XVIe–XVIIIe siècle, Paris 1999.

551. J. J. Berns/Th. Rahn (Hrsg.), Zeremoniell als höfische Ästhetik in Spätmittelalter und früher Neuzeit, Tübingen 1995.

552. R. Braun/D. Gugerli, Macht des Tanzes – Tanz der Mächtigen. Hoffeste und Herrschaftszeremoniell 1550–1914, München 1993.

553. A. Corvisier, Les Régences en Europe, Paris 2002.

554. U. Daniel, Hoftheater. Zur Geschichte der Höfe und des Theaters im 18. und 19. Jahrhundert, Stuttgart 1995.

555. M. Dinges, Der „feine Unterschied". Die soziale Funktion der Kleidung in der höfischen Gesellschaft, in: ZHF 19 (1992), 49–76.

556. Ch. Dipper/M. Rosa (Hrsg.), La società dei principi nell' Europa moderna (secoli XVI–XVII), Bologna 2005.

557. J. F. J. Duindam, Myths of Power. Norbert Elias and the Early Modern European Court, Amsterdam 1994.

558. N. Elias, Die höfische Gesellschaft. Untersuchungen zur Soziologie des Königtums und der höfischen Aristokratie, Darmstadt/Neuwied 1975[2] (ND 2003).

559. Ch. Hofmann, Das Spanische Hofzeremoniell von 1500–1700, Frankfurt/ Main/Bern/New York 1985.

560. S. J. Klingensmith, The Utility of Splendor. Ceremony, Social Life, and Architecture at the Court of Bavaria, 1600–1800, Chicago/London 1993.

561. H. Kurz, Barocke Prunk- und Lustschiffe am kurfürstlichen Hof zu München, München 1993.

562. M. Leibetseder, Die Kavalierstour. Adlige Erziehungsreisen im 17. Jahrhundert, Köln/Weimar/Wien 2004.

563. K. Malettke/C. Grell (Hrsg.), Hofgesellschaft und Höflinge an europäischen Fürstenhöfen in der Frühen Neuzeit (15.–18. Jahrhundert), Münster [usw.] 2001.

564. B. T. Moran (Hrsg.), Patronage and Institutions. Science, Technology, and Medicine at the European Court, 1500–1750, Rochester 1991.

565. L. L. Peck (Hrsg.), The Mental World of the Jacobean Court, Cambridge [usw.] 1991.

566. J. Rees/W. Siebers/H. Tilgner (Hrsg.), Europareisen politisch-sozialer Eliten im 18. Jahrhundert. Theoretische Neuorientierung – kommunikative Praxis – Kultur- und Wissenstransfer, Berlin 2002.

567. V. Rössner, Studium und Kavalierstour der fränkischen Reichsritter Christoph Ernst und Ludwig Reinhold Fuchs von Bimbach 1681 bis 1686. Briefe und Dokumente, Neustadt/Aisch 2003.

568. J.-F. Solnon, La cour de France, Paris 1987.

569. M. Ventzke (Hrsg.), Hofkultur und aufklärerische Reformen in Thüringen. Die Bedeutung des Hofes im späten 18. Jahrhundert, Köln/Weimar/Wien 2002.

570. J. De Viguerie, Le roi et le „public". L'exemple de Louis XV, in: Revue Historique 111 (1987), 23–34.

571. A. Winterling, Der Hof des Kurfürsten von Köln 1688–1794. Zur Bedeutung „absolutistischer" Hofhaltung, Bonn 1986.

d. Alltagsgeschichte, Volkskultur, Mentalitäten

572. I. Ahrend-Schulte, Weise Frauen – böse Weiber. Die Geschichte der Hexen in der Frühen Neuzeit, Freiburg/Br. 1994.

573. L. Apps/A. Gow, Male Witches in Early Modern Europe, Manchester/New York 2003.

574. S. Backmann [u. a.] (Hrsg.), Ehrkonzepte in der Frühen Neuzeit, Berlin 1998.

575. J. Barry/M. Hester/G. Roberts (Hrsg.), Witchcraft in Early Modern Europe. Studies in Culture and Belief, Cambridge [usw.] 1996.

576. M. Bée, Le spectacle de l'exécution dans la France d'Ancien Régime, in: Annales 38 (1983), 843–862.

577. W. Behringer, Hexenverfolgung in Bayern. Volksmagie, Glaubenseifer und Staatsräson in der Frühen Neuzeit, München 1987.

578. W. Behringer, Erträge und Perspektiven der Hexenforschung, in: HZ 249 (1989), 619–640.

579. A. BLAUERT, Sackgreifer und Beutelschneider. Die Diebesbande der Alten Lisel, ihre Streifzüge um den Bodensee und ihr Prozeß 1732, Konstanz 1993.

580. F. BLUCHE, Im Schatten des Sonnenkönigs. Alltagsleben im Zeitalter Ludwigs XIV. von Frankreich, Freiburg/Br./Würzburg 1986.

581. H. BÖNING/R. SIEGERT, Volksaufklärung. Biobibliographisches Handbuch zur Popularisierung aufklärerischen Denkens im deutschen Sprachraum von den Anfängen bis 1850, Bd. 1–2, Stuttgart 1990–2001.

582. I. BOSTRIDGE, Witchcraft and its Transformations, c. 1650–c. 1750, Oxford 1997.

583. W. BREIDERT (Hrsg.), Die Erschütterung der vollkommenen Welt. Die Wirkung des Erdbebens von Lissabon im Spiegel europäischer Zeitgenossen, Darmstadt 1994.

584. P. BURKE, Helden, Schurken und Narren. Europäische Volkskultur in der frühen Neuzeit, Stuttgart 1981.

585. M. CLOET, La religion populaire dans les Pays-Bas méridionaux au XVIIIᵉ siècle, in: Revue du Nord 68 (1986), 609–634.

586. U. DANKER, Räuberbanden im Alten Reich um 1700. Ein Beitrag zur Geschichte von Herrschaft und Kriminalität in der Frühen Neuzeit, 2 Bde., Frankfurt/Main 1988.

587. R. DECKER, Die Hexen und ihre Henker, Freiburg/Br./Basel/Wien 1994.

588. J. DELUMEAU, Angst im Abendland. Die Geschichte kollektiver Ängste im Europa des 14. bis 18. Jahrhunderts, 2 Bde., Reinbeck 1985.

589. J. DILLINGER/TH. FRITZ/W. MÄHRLE, Zum Feuer verdammt. Die Hexenverfolgungen in der Grafschaft Hohenberg, der Reichsstadt Reutlingen und der Fürstpropstei Ellwangen, Stuttgart 1998.

590. J. DILLINGER (Hrsg.), Zauberer – Selbstmörder – Schatzsucher. Magische Kultur und behördliche Kontrolle im frühneuzeitlichen Württemberg, Trier 2003.

591. M. DINGES, Der Maurermeister und der Finanzrichter. Ehre, Geld und soziale Kontrolle im Paris des 18. Jahrhunderts, Göttingen 1994.

592. P. DINZELBACHER (Hrsg.), Europäische Mentalitätsgeschichte. Hauptthemen in Einzeldarstellungen, Stuttgart 1993.

593. R. VAN DÜLMEN/N. SCHINDLER (Hrsg.), Volkskultur. Zur Wiederentdekung des vergessenen Alltags (16.–20. Jahrhundert), Frankfurt/Main 1984.

594. R. VAN DÜLMEN, Theater des Schreckens. Gerichtspraxis und Strafrituale in der frühen Neuzeit, München 1985.

595. R. VAN DÜLMEN (Hrsg.), Arbeit, Frömmigkeit und Eigensinn. Studien zur historischen Kulturforschung, Frankfurt/Main 1990.

596. R. VAN DÜLMEN (Hrsg.), Verbrechen, Strafe und soziale Kontrolle, Frankfurt/Main 1990.

597. R. VAN DÜLMEN, Der ehrlose Mensch. Unehrlichkeit und soziale Ausgrenzung in der Frühen Neuzeit, Köln/Weimar/Wien 1999.

598. H. DÜSELDER, Der Tod in Oldenburg. Sozial- und kulturgeschichtliche Untersuchungen zu Lebenswelten im 17. und 18. Jahrhundert, Hannover 1999.

599. J. EIBACH, Kriminalitätsgeschichte zwischen Sozialgeschichte und historischer Kulturforschung, in: HZ 263 (1996), 681–715.

600. J. EIBACH, Städtische Gewaltkriminalität im Ancien Régime, in: ZHF 25 (1998), S. 359–382.

601. J. EIBACH, Frankfurter Verhöre. Städtische Lebenswelten und Kriminalität im 18. Jahrhundert, Paderborn [usw.] 2003.

602. M. ERIKSSON/B. KRUG-RICHTER (Hrsg.), Streitkulturen. Gewalt, Konflikt und Kommunikation in der ländlichen Gesellschaft (16.–19. Jahrhundert), Köln/Weimar/Wien 2003.

603. A. FARGE, Lauffeuer in Paris. Die Stimme des Volkes im 18. Jahrhundert, Stuttgart 1993.

604. N. FISCHER, Geschichte des Todes in der Neuzeit, Erfurt 2001.

605. M. R. FORSTER, Catholic Revival in the Age of the Baroque. Religious Identity in Southwest Germany, 1550–1750, Cambridge/New York/ Melbourne 2001.

606. M. FRANK, Dörfliche Gesellschaft und Kriminalität. Das Fallbeispiel Lippe 1650–1800, Paderborn 1995.

607. W. FREITAG, Volks- und Elitenfrömmigkeit in der Frühen Neuzeit. Marienwallfahrten im Fürstbistum Münster, Paderborn 1991.

608. F. GEYKEN, Gentlemen auf Reisen. Das britische Deutschlandbild im 18. Jahrhundert, Frankfurt/Main/New York 2002.

609. C. GINZBURG, Die Benandanti. Feldkulte und Hexenwesen im 16. und 17. Jahrhundert, Frankfurt/Main 1980.

610. C. GINZBURG, Hexensabbat. Entzifferung einer nächtlichen Geschichte, Berlin 1990.

611. H. TH. GRÄF/R. PRÖVE (Hrsg.), Wege ins Ungewisse. Reisen in der Frühen Neuzeit 1500–1800, Frankfurt/Main 1997.

612. R. HABERMAS, Wallfahrt und Aufruhr. Zur Geschichte des Wunderglaubens in der frühen Neuzeit, Frankfurt/Main [usw.] 1991.

613. A. HOLZEM, Religion und Lebensformen. Katholische Konfessionalisierung im Sendgericht des Fürstbistums Münster 1570–1800, Paderborn 2000.

614. V. HUNECKE, Die Findelkinder von Mailand. Kindsaussetzung und aussetzende Eltern vom 17. bis zum 19. Jahrhundert, Stuttgart 1987.

615. A. E. IMHOF, Die verlorenen Welten, München 1985².

616. H. JURETSCHKE (Hrsg.), Zum Spanienbild der Deutschen in der Zeit der Aufklärung. Eine historische Übersicht, Münster 1997.

617. ST. KROLL, Soldaten im 18. Jahrhundert zwischen Friedensalltag und Kriegserfahrung. Lebenswelten und Kultur in der kursächsischen Armee 1728–1796, Paderborn 2006.

618. C. Küther, Menschen auf der Straße. Vagierende Unterschichten in Bayern, Franken und Schwaben in der zweiten Hälfte des 18. Jahrhunderts, Göttingen 1983.

619. E. Labouvie, Zauberei und Hexenwerk. Ländlicher Hexenglaube in der frühen Neuzeit, Frankfurt/Main 1991.

620. E. Labouvie, Verbotene Künste. Volksmagie und ländlicher Aberglaube in den Dorfgemeinden des Saarraums (16.–19. Jahrhundert), St. Ingbert 1992.

621. K. Lambrecht, Hexenverfolgung und Zaubereiprozesse in den schlesischen Territorien, Köln/Weimar/Wien 1995.

622. K. Lange, Gesellschaft und Kriminalität. Räuberbanden im 18. und frühen 19. Jahrhundert, Frankfurt/Main 1994.

623. P. Laslett, Verlorene Lebenswelten. Geschichte der vorindustriellen Gesellschaft, Köln/Wien/Graz 1988 (engl. 1986).

624. H. Lehmann/H. Schilling/H.-J. Schrader (Hrsg.), Jansenismus, Quietismus, Pietismus, Göttingen 2002.

625. R. Lenz (Hrsg.), Leichenpredigten als Quelle historischer Wissenschaft, 4 Bde., Köln/Wien 1975–2004.

626. B. L. Levack, The Witch-Hunt in Early Modern Europe, London/New York ²1995 (dt. München 2003).

627. V. Lind, Selbstmord in der Frühen Neuzeit. Diskurs, Lebenswelt und kultureller Wandel am Beispiel der Herzogtümer Schleswig und Holstein, Göttingen 1999.

628. F. Loetz, Mit Gott handeln. Von den Zürcher Gotteslästerern der Frühen Neuzeit zu einer Kulturgeschichte des Religiösen, Göttingen 2002.

629. S. Lorenz/D. R. Bauer (Hrsg.), Das Ende der Hexenverfolgung, Stuttgart 1995.

630. S. Lorenz/D. R. Bauer (Hrsg.), Hexenverfolgung. Beiträge zur Forschung – unter besonderer Berücksichtigung des südwestdeutschen Raumes, Würzburg 1995.

631. A. Lüdtke (Hrsg.), Alltagsgeschichte. Zur Rekonstruktion historischer Erfahrungen und Lebenswelten, Frankfurt/Main/New York 1989.

632. M. MacDonald/T. R. Murphy, Sleepless Souls. Suicide in Early Modern England, Oxford 1990.

633. K. Masel, Kalender und Volksaufklärung in Bayern. Zur Entwicklung des Kalenderwesens 1750 bis 1830, St. Ottilien 1997.

634. M. Maurer, Feste und Feiern als historischer Forschungsgegenstand, in: HZ 253 (1991), 101–130.

635. H. Medick, Weben und Überleben in Laichingen, 1650–1900. Lokalgeschichte als Allgemeine Geschichte, Göttingen 1986.

636. M. Meumann, Findelkinder, Waisenhäuser, Kindsmord. Unversorgte Kinder in der frühneuzeitlichen Gesellschaft, München 1995.

637. H. Molitor/H. Smolinsky (Hrsg.), Volksfrömmigkeit in der Frühen Neuzeit, Münster 1994.

638. R. MUCHEMBLED, Culture populaire et culture des élites dans la France moderne (XVᵉ–XVIIIᵉ siècles), Paris 1978 (dt. Stuttgart 1982).

639. P. MÜNCH, Lebensformen in der frühen Neuzeit 1500 bis 1800, Frankfurt/Main/Berlin 1992.

640. D. NOLDE, Gattenmord. Macht und Gewalt in der frühneuzeitlichen Ehe, Köln/Weimar/Wien 2003.

641. P. OESTMANN, Hexenprozesse am Reichskammergericht, Köln/Weimar/Wien 1997.

642. U.-CH. PALLACH, Materielle Kultur und Mentalitäten im 18. Jahrhundert. Wirtschaftliche Entwicklung und politisch-sozialer Funktionswandel des Luxus in Frankreich und im Alten Reich am Ende des Ancien Régime, München 1987.

643. O. PICKL/H. FEIGL (Hrsg.), Methoden und Probleme der Alltagsforschung im Zeitalter des Barock, Wien 1992.

644. U. RAULFF (Hrsg.), Mentalitäten-Geschichte, Berlin 1987.

645. B. REAY, Popular Cultures in England 1550–1750, London/New York 1998.

646. H. REIF (Hrsg.), Räuber, Volk und Obrigkeit. Studien zur Geschichte der Kriminalität in Deutschland seit dem 18. Jahrhundert, Frankfurt/Main 1984.

647. W. REINHARD/H. SCHILLING (Hrsg.), Die katholische Konfessionalisierung, Münster/Gütersloh 1995.

648. H. ROMER, Historische Kriminologie – zum Forschungsstand in der deutschsprachigen Literatur der letzten zwanzig Jahre, in: ZNR 14 (1992), 227–242.

649. L. ROPER, Oedipus and the Devil. Witchcraft, sexuality and religion in Early Modern Europe, London 1994.

650. J. R. RUFF, Violence in Early Modern Europe 1500–1800, Cambridge/New York/Oakleigh 2001.

651. M. SCHEUTZ, Alltag und Kriminalität. Disziplinierungsversuche im steirisch-österreichischen Grenzgebiet im 18. Jahrhundert, München 2001.

652. W. SCHIEDER (Hrsg.), Volksreligiosität in der modernen Sozialgeschichte, Göttingen 1986.

653. H. R. SCHMIDT, Dorf und Religion. Reformierte Sittenzucht in Berner Landgemeinden der Frühen Neuzeit, Stuttgart [usw.] 1995.

654. A. SCHNYDER-BURGHARTZ, Alltag und Lebensformen auf der Basler Landschaft um 1700. Vorindustrielle ländliche Kultur und Gesellschaft aus mikrohistorischer Perspektive, Liestal 1992.

655. G. SCHORMANN, Hexenprozesse in Deutschland, Göttingen 1996³.

656. G. SCHORMANN, Der Krieg gegen die Hexen. Das Ausrottungsprogramm des Kurfürsten von Köln, Göttingen 1991.

657. J. SCHREINER, Jenseits vom Glück. Suizid, Melancholie und Hypochondrie in deutschsprachigen Texten des späten 18. Jahrhunderts, München 2003.

658. K. Schreiner/G. Schwerhoff (Hrsg.), Verletzte Ehre. Ehrkonflikte in Gesellschaften des Mittelalters und der Frühen Neuzeit, Köln/Weimar/Wien 1995.

659. W. Schulze (Hrsg.), Sozialgeschichte, Alltagsgeschichte, Mikro-Historie. Eine Diskussion, Göttingen 1994.

660. G. Schwerhoff, Köln im Kreuzverhör. Kriminalität, Herrschaft und Gesellschaft in einer frühneuzeitlichen Stadt, Bonn/Berlin 1991.

661. H. Steinhilber, Von der Tugend zur Freiheit. Studentische Mentalitäten an deutschen Universitäten 1740–1800, Hildesheim [usw.] 1995.

662. M. Stolberg, Homo patiens. Krankheits- und Körpererfahrung in der Frühen Neuzeit, Köln/Weimar/Wien 2003.

663. W. Te Brake, Shaping History. Ordinary People in European Politics, 1500–1700, Berkeley [u. a.] 1998.

664. W. Treue, Eine Frau, drei Männer und eine Kunstfigur. Barocke Lebensläufe, München 1992.

665. O. Ulbricht, Kindsmord und Aufklärung in Deutschland, München 1990.

666. R. Walz, Hexenglaube und magische Kommunikation im Dorf der Frühen Neuzeit. Die Verfolgungen in der Grafschaft Lippe, Paderborn/München/Wien 1993.

667. K. Wegert, Popular Culture, Crime and Social Control in 18th Century Württemberg, Stuttgart 1994.

668. A. Würgler, Unruhen und Öffentlichkeit. Städtische und ländliche Protestbewegungen im 18. Jahrhundert, Tübingen 1995.

Kulturgeschichte

669. P. Burke, Eleganz und Haltung, Berlin 1997.

670. P. Burke, Was ist Kulturgeschichte?, Frankfurt/Main 2005.

671. U. Daniel, Kompendium Kulturgeschichte, Frankfurt/Main 2005[4].

672. R. Chartier, Die kulturellen Ursprünge der Französischen Revolution, Frankfurt/Main/New York/Paris 1995 (franz. 1990).

673. R. van Dülmen, Kultur und Alltag in der Frühen Neuzeit, Bd. 1: Das Haus und seine Menschen, Bd. 2: Dorf und Stadt, Bd. 3: Religion, Magie, Aufklärung, München 1989–1994, 2002[2].

674. R. van Dülmen, Gesellschaft der Frühen Neuzeit. Kulturelles Handeln und sozialer Prozeß, Wien/Köln/Weimar 1993.

675. R. van Dülmen, Historische Kulturforschung zur Frühen Neuzeit. Entwicklung – Probleme – Aufgaben, in: Geschichte und Gesellschaft 21 (1995), 403–429.

676. R. van Dülmen/S. Rauschenbach (Hrsg), Macht des Wissens. Die Entstehung der modernen Wissensgesellschaft, Köln 2004.

677. K. von Greyerz, Religion und Kultur. Europa 1500–1800, Göttingen 2000.

678. P. C. Hartmann (Hrsg.), Religion und Kultur im Europa des 17. und 18. Jahrhunderts, Frankfurt/Main 2004.

679. H.-J. Lüsebrink/R. Reichardt (Hrsg.), Kulturtransfer im Epochenumbruch. Frankreich – Deutschland 1770–1815, 2 Bde., Leipzig 1997.

680. H. Manikowska/J. Pánek (Hrsg.), Political Culture in Central Europe (10th – 20th Century), Bd. 1, Prague 2005.

681. M. Maurer, Alte Kulturgeschichte – Neue Kulturgeschichte?, in: HZ 280 (2005), 281–304.

682. W. Müller (Hrsg.), Das historische Jubiläum. Genese, Ordnungsleistung und Inszenierungsgeschichte eines institutionellen Mechanismus, Münster 2004.

683. P. Münch (Hrsg.), Jubiläum, Jubiläum … Zur Geschichte öffentlicher und privater Erinnerung, Essen 2005.

684. M. North, Genuß und Glück des Lebens. Kulturkonsum im Zeitalter der Aufklärung, Köln/Wien/Weimar 2003.

685. D. Roche, The Culture of Clothing. Dress and fashion in the „ancien régime", Cambridge [usw.] 1994.

686. R. Schlögl (Hrsg.), Interaktion und Herrschaft. Die Politik der frühneuzeitlichen Stadt, Konstanz 2004.

687. St. Siemer, Geselligkeit und Methode. Naturgeschichtliches Sammeln im 18. Jahrhundert, Mainz 2004.

688. B. Stollberg-Rilinger (Hrsg.), Was heißt Kulturgeschichte des Politischen?, Berlin 2005.

689. S. Vietta, Europäische Kulturgeschichte. Eine Einführung, München 2005.

690. H.-U. Wehler, Die Herausforderung der Kulturgeschichte, München 1998.

e. Frauen- und Geschlechtergeschichte, Geschichte der Sexualität

691. V. Aegerter (Hrsg.), Geschlecht hat Methode. Ansätze und Perspektiven in der Frauen- und Geschlechtergeschichte, Zürich 1999.

692. B. Alavi (Hrsg.), Gender und Geschichtsdidaktik, Schwalbach 2004.

693. S. Allweier, Canaillen, Weiber, Amazonen. Frauenwirklichkeiten in Aufständen Südwestdeutschlands 1688–1777, Münster [usw.] 2001.

694. B. S. Anderson/J. P. Zinsser (Hrsg.), Eine eigene Geschichte. Frauen in Europa. 2 Bde., Bd. 1: Verschüttete Spuren. Frühgeschichte bis 18. Jahrhundert, Bd. 2: Aufbruch. Vom Absolutismus zur Gegenwart, Zürich 1992/3 (engl. Originalausgabe: A History of Their Own, New York 1988).

695. G. Bock (Hrsg.), Lebenswege von Frauen im Ancien Régime, Göttingen 1993.

696. N. Boškovska, Die russische Frau im 17. Jahrhundert, Köln/Weimar/Wien 1998.

697. S. Breit, „Leichtfertigkeit" und ländliche Gesellschaft. Voreheliche Sexualität in der frühen Neuzeit, München 1991.

698. S. Burghartz, Zeiten der Reinheit – Orte der Unzucht. Ehe und Sexualität in Basel während der Frühen Neuzeit, Paderborn [usw.] 1999.

699. J. CARLEBACH (Hrsg.), Zur Geschichte der jüdischen Frau in Deutschland, Berlin 1993.

700. N. Z. DAVIS, Drei Frauenleben: Glikl, Marie de l'Incarnation, Maria Sibylla Merian, Berlin 1996 (amerik. Originalausgabe: Women on the margins: three seventeenth century lives, Cambridge/Mass. 1995).

701. G. DUBY/M. PERROT (Hrsg.), Geschichte der Frauen. Editorische Betreuung der deutschen Gesamtausgabe von H. Wunder, 5 Bde., Bd. 3: Frühe Neuzeit. Hrsg. von A. Farge/N. Z. Davis, Frankfurt/Main 1994 (ital. Originalausgabe: Storia delle Donne in Occidente, Roma/Bari 1990/1).

702. R. VAN DÜLMEN, Frauen vor Gericht. Kindsmord in der Frühen Neuzeit, Frankfurt/Main 1991.

703. R. DÜRR, Mägde in der Stadt. Das Beispiel Schwäbisch-Hall in der Frühen Neuzeit, Frankfurt/Main/New York 1995.

704. B. FIESELER/B. SCHULZE (Hrsg.), Frauengeschichte gesucht – gefunden? Auskünfte zum Stand der historischen Frauenforschung, Köln [usw.] 1991.

705. E. A. FOYSTER, Manhood in Early Modern England. Honour, Sex and Marriage, London/New York 1999.

706. D. FREIST, Zeitschriften zur Historischen Frauenforschung. Ein internationaler Vergleich, in: Geschichte und Gesellschaft 22 (1996), 97–117.

707. U. FREVERT, „Mann und Weib und Weib und Mann". Geschlechter-Differenzen in der Moderne, München 1995.

708. J. GEHMACHER/M. MESNER (Hrsg.), Frauen- und Geschlechtergeschichte. Positionen/Perspektiven, Innsbruck 2003.

709. U. GLEIXNER, „Das Mensch" und „der Kerl". Die Konstruktion von Geschlecht in Unzuchtsverfahren der Frühen Neuzeit (1700–1760), Frankfurt/Main/New York 1994.

710. D. GODINEAU, Les femmes dans la société française, 16e–18e siècle, Paris 2003.

711. K. HAUSEN/H. WUNDER (Hrsg.), Frauengeschichte – Geschlechtergeschichte, Frankfurt/Main/New York 1992.

712. T. HITCHCOCK/M. COHEN (Hrsg.), English Masculinities, 1660–1800, London/New York 1999.

713. M. HOHKAMP, Macht, Herrschaft und Geschlecht. Ein Plädoyer zur Erforschung von Gewaltverhältnissen in der Frühen Neuzeit, in: L'Homme. Zeitschrift für feministische Geschichtswissenschaft 7 (1996), 8–17.

714. C. HONEGGER/C. ARNI (Hrsg.), Gender. Die Tücken einer Kategorie, Zürich 2001.

715. A. HUFSCHMIDT, Adlige Frauen im Weserraum zwischen 1570 und 1700. Status – Rollen – Lebenspraxis, Münster 2001.

716. O. HUFTON, Frauenleben. Eine europäische Geschichte 1500–1800, Frankfurt/Main 1998.

717. I. V. HULL, Sexuality, State, and Civil Society in Germany, 1700–1815, Ithaca/London 1996.

718. K. Keller, Hofdamen. Amtsträgerinnen im Wiener Hofstaat des 17. Jahrhunderts, Wien/Köln/Weimar 2005.

719. E. Kleinau/C. Opitz (Hrsg.), Geschichte der Mädchen- und Frauenbildung, 2 Bde., Bd. 1: Vom Mittelalter bis zur Aufklärung, Frankfurt/Main 1996.

720. A. Kuhn (Hrsg.), Die Chronik der Frauen, Dortmund 1992.

721. Th. Kühne, Männergeschichte – Geschlechtergeschichte. Männlichkeit im Wandel der Moderne, Frankfurt/Main 1996.

722. B. Lundt/M. Salewski (Hrsg.), Frauen in Europa. Mythos und Realität, Münster 2005.

723. B. Mazohl-Wallnig, Männer Macht Geschichte, in: L'Homme. Zeitschrift für feministische Geschichtswissenschaft 7 (1996), 6–33.

724. K. Merkel/H. Wunder (Hrsg.), Deutsche Frauen der Frühen Neuzeit. Dichterinnen, Malerinnen, Mäzeninnen, Darmstadt 2000.

725. C. Opitz, Aufklärung der Geschlechter, Revolution der Geschlechterordnung. Studien zur Politik- und Kulturgeschichte des 18. Jahrhunderts, Münster [usw.] 2002.

726. M. Prior (Hrsg.), Women in English Society 1500–1800, London/ New York 1985.

727. W. Pulz, „Nicht alles nach der Gelahrten Sinn geschrieben" – Das Hebammenanleitungsbuch von Justina Siegemund. Zur Rekonstruktion geburtshilflichen Überlieferungswissens frühneuzeitlicher Hebammen und seiner Bedeutung bei der Herausbildung der modernen Geburtshilfe, München 1994.

728. H. Schissler (Hrsg.), Geschlechterverhältnisse im historischen Wandel, Frankfurt/Main/New York 1993.

729. W. Schmale (Hrsg.), MannBilder. Ein Lese- und Quellenbuch zur historischen Männerforschung, Berlin 1998.

730. W. Schmale, Geschichte der Männlichkeit in Europa, 1450–2000, Wien 2003.

731. U. Schmidt, Vom Rand zur Mitte. Aspekte einer feministischen Perspektive in der Geschichtswissenschaft, Zürich 1994.

732. S. Segler-Messner, Zwischen Empfindsamkeit und Rationalität. Der Dialog der Geschlechter in der italienischen Aufklärung, Berlin 1998.

733. S. Seidel Menchi/D. Quaglioni (Hrsg.), Matrimoni in dubbio. Unioni controverse e nozze clandestine in Italia dal XIV al XVIII secolo, Bologna 2002.

734. G. Stedman (Hrsg.), Englische Frauen in der Frühen Neuzeit. Dichterinnen, Malerinnen, Mäzeninnen, Darmstadt 2001.

735. B. Stollberg-Rilinger, Väter der Frauengeschichte? Das Geschlecht als historiographische Kategorie im 18. und 19. Jahrhundert, in: HZ 262 (1996), 39–71.

736. U. Strasser, State of Virginity. Gender, Religion and Politics in an Early Modern Catholic State, Ann Arbor 2004.

737. M. R. Sommerville, Sex and Subjection. Attitudes to Women in Early Modern Society, London/New York/Sydney 1995.

738. O. Ulbricht (Hrsg.), Von Huren und Rabenmüttern. Weibliche Kriminalität in der Frühen Neuzeit, Köln/Weimar/Wien 1995.

739. D. Valenze, The First Industrial Woman, New York/Oxford 1995.

740. B. Vogel/U. Weckel (Hrsg.), Frauen in der Ständegesellschaft. Leben und Arbeiten in der Stadt vom späten Mittelalter bis zur Neuzeit, Hamburg 1991.

741. S. Volkov [u.a.] (Hrsg.), Neuere Frauengeschichte, Tel Aviv 1992.

742. U. Weckel, Zwischen Häuslichkeit und Öffentlichkeit. Die ersten deutschen Frauenzeitschriften im späten 18. Jahrhundert und ihr Publikum, Tübingen 1998.

743. U. Weckel [u.a.] (Hrsg.), Ordnung, Politik und Geselligkeit der Geschlechter im 18. Jahrhundert, Göttingen 1998.

744. M. E. Wiesner-Hanks, Christianity and Sexuality in the Early Modern World. Regulating Desire, Reforming Practice, London/New York 2000.

745. U. Witt, Bekehrung, Bildung und Biographie. Frauen im Umkreis des Halleschen Pietismus, Tübingen 1996.

746. H. Wunder, „Er ist die Sonn', sie ist der Mond". Frauen in der Frühen Neuzeit, München 1992.

747. H. Wunder/Chr. Vanja (Hrsg.), Wandel der Geschlechterbeziehungen am Beginn der Neuzeit, Frankfurt/Main 1991.

748. H. Wunder/Chr. Vanja (Hrsg.), Weiber, Menschen, Frauenzimmer. Frauen in der ländlichen Gesellschaft 1500–1800, Göttingen 1996.

749. M. Zimmermann/R. Böhm (Hrsg.), Französische Frauen der Frühen Neuzeit. Dichterinnen, Malerinnen, Mäzeninnen, Darmstadt 1999.

f. Aufklärung, Aufgeklärter Absolutismus

750. M. Agethen, Geheimbund und Utopie. Illuminaten, Freimaurer und deutsche Spätaufklärung, München 1984, 1987[2].

751. K. O. Frhr. von Aretin (Hrsg.), Der Aufgeklärte Absolutismus, Köln 1974.

752. P. Baumgart (Hrsg.), Michael Ignaz Schmidt (1736–1794) in seiner Zeit. Der aufgeklärte Theologe, Bildungsreformer und „Historiker der Deutschen" aus Franken in neuer Sicht, Neustadt/Aisch 1996.

753. M. Bazzoli, Il pensiero politico dell'assolutismo illuminato, Firenze 1986.

754. Ch. Begemann, Furcht und Angst im Prozeß der Aufklärung. Zur Literatur- und Bewusstseinsgeschichte des 18. Jahrhunderts, Frankfurt/Main 1987.

755. K. L. Berghahn, Grenzen der Toleranz. Juden und Christen im Zeitalter der Aufklärung, Köln/Weimar/Wien 2000.

756. A. BETHMANN/G. DONGOWSKI, Adolph Freiherr Knigge an der Schwelle zur Moderne. Ein Beitrag zur politischen Ideengeschichte der deutschen Spätaufklärung, Hannover 1994.

757. H. W. BLANKE, Politische Herrschaft und soziale Ungleichheit im Spiegel des Anderen. Untersuchungen zu den deutschsprachigen Reisebeschreibungen vornehmlich im Zeitalter der Aufklärung, 2 Bde., Waltrop 1997.

758. H. E. BÖDEKER/U. HERRMANN (Hrsg.), Über den Prozeß der Aufklärung in Deutschland im 18. Jahrhundert, Göttingen 1987.

759. H. E. BÖDEKER/E. FRANÇOIS (Hrsg.), Aufklärung/Lumières und Politik. Zur politischen Kultur der deutschen und französischen Aufklärung, Leipzig 1996.

760. A. BORGSTEDT, Das Zeitalter der Aufklärung, Darmstadt 2004.

761. J. R. CENSER, The French Press in the Age of Enlightenment, Cambridge [usw.] 1994.

762. R. DARNTON, The Business of Enlightenment. A publishing history of the Encyclopédie, 1775–1800, Cambridge/Mass./London 1979.

763. R. DARNTON, Literaten im Untergrund. Lesen, Schreiben und Publizieren im vorrevolutionären Frankreich, Frankfurt/Main 1988 (engl. 1982).

764. R. DARNTON, Die Wissenschaft des Raubdrucks. Ein zentrales Element des Verlagswesens des 18. Jahrhunderts, München 2003.

765. B. DIETZ, Utopien als mögliche Welten. *Voyages imaginaires* der französischen Frühaufklärung 1650–1720, Mainz 2002.

766. S. DOERING-MANTEUFFEL/J. MANČAL/W. WÜST (Hrsg.), Pressewesen der Aufklärung. Periodische Schriften im Alten Reich, Berlin 2001.

767. H. DUCHHARDT/C. SCHARF (Hrsg.), Interdisziplinarität und Internationalität. Wege und Formen der Rezeption der französischen und der britischen Aufklärung in Deutschland und Russland im 18. Jahrhundert, Mainz 2004.

768. H. DURANTON/C. LABROSSE/P. RÉTAT (Hrsg.), Les Gazettes Européennes de langue française (XVIIe–XVIIIe siècles), Saint-Etienne 1992.

769. A. EGO, „Animalischer Magnetismus" oder „Aufklärung". Eine mentalitätsgeschichtliche Studie zum Konflikt um ein Heilkonzept im 18. Jahrhundert, Würzburg 1991.

770. S. EIGENMANN, Zwischen ästhetischer Raserei und aufgeklärter Disziplin. Hamburger Theater im späten 18. Jahrhundert, Stuttgart/Weimar 1994.

771. E. ERME, Die Schweizerischen Sozietäten. Lexikalische Darstellung der Reformgesellschaften des 18. Jahrhunderts in der Schweiz, Zürich 1988.

772. R. FORSSTRÖM, Possible Worlds. The Idea of Happiness in the Utopian Vision of Louis-Sébastien Mercier, Helsinki 2002.

773. A. FRÖHNER, Technologie und Enzyklopädismus im Übergang vom 18. zum 19. Jahrhundert: Johann Georg Krünitz (1728–1796) und seine Oeconomisch-technologische Encyclopädie, Mannheim 1994.

774. PH. N. FURBANK, Diderot. A Critical Biography, London/New York 1992.

775. F. Furet/J. Ozouf (Hrsg.), Lire et écrire. L'alphabétisation des Français de Calvin à Jules Ferry, 2 Bde., Paris 1977, 1991³.

776. G. Gawlick/L. Kreimendahl, Hume in der deutschen Aufklärung. Umrisse einer Rezeptionsgeschichte, Stuttgart 1987.

777. M. Gierl, Pietismus und Aufklärung. Theologische Polemik und die Kommunikationsform der Wissenschaft am Ende des 17. Jahrhunderts, Göttingen 1997.

778. H. Glantschnig, Liebe als Dressur. Kindererziehung in der Aufklärung, Frankfurt/Main/New York 1987.

779. H. G. Göpfert/E. Weyrauch (Hrsg.), „Unmoralisch an sich …". Zensur im 18. und 19. Jahrhundert, Wiesbaden 1988.

780. U. Goldenbaum, Appell an das Publikum. Die öffentliche Debatte in der deutschen Aufklärung 1687–1796, 2 Bde., Berlin 2004.

781. R. Graber, Bürgerliche Öffentlichkeit und spätabsolutistischer Staat. Sozietätenbewegung und Konfliktkonjunktur in Zürich 1746–1780, Zürich 1993.

782. S. Graf, Aufklärung in der Provinz. Die sittlich-ökonomische Gesellschaft von Ötting-Burghausen 1765–1802, Göttingen 1993.

783. W. Haefs, Aufklärung in Altbayern. Leben, Werk und Wirkung Lorenz Westenrieders, Neuried 1998.

784. E. Hinrichs/R. Krebs/U. van Runset, „Pardon, mon cher Voltaire …" Drei Essays zu Voltaire in Deutschland, Göttingen 1996.

785. Ch. Hippchen, Zwischen Verschwörung und Verbot. Der Illuminatenorden im Spiegel deutscher Publizistik (1776–1800), Köln/Weimar/Wien 1998.

786. G. Hornig, Johann Salomo Semler. Studien zu Leben und Werk des Hallenser Aufklärungstheologen, Tübingen 1996.

787. R. G. Hovannisian/D. N. Myers (Hrsg.), Enlightenment and Diaspora. The Armenian and Jewish Cases, Atlanta, Ga. 1999.

788. U. Im Hof, Das Europa der Aufklärung, München 1993.

789. J. I. Israel, Radical Enlightenment. Philosophy and the Making of Modernity 1650–1750, Oxford/New York 2001.

790. S. Jüttner/J. Schlobach (Hrsg.), Europäische Aufklärung(en). Einheit und nationale Vielfalt, Hamburg 1992.

791. K. H. Kiefer, „Die famose Hexen-Epoche". Sichtbares und Unsichtbares in der Aufklärung. Kant – Schiller – Goethe – Swedenborg – Mesmer – Cagliostro, München 2004.

792. D. Klippel, Von der Aufklärung der Herrscher zur Herrschaft der Aufklärung, in: ZHF 17 (1990), 193–210.

793. H. Klueting (Hrsg., in Verbindung mit N. Hinske und K. Hengst), Katholische Aufklärung – Aufklärung im katholischen Deutschland, Hamburg 1993.

794. F. Kopitzsch, Grundzüge einer Sozialgeschichte der Aufklärung in Hamburg und Altona, 2 Teile, Hamburg 1982.

795. F. Kopitzsch (Hrsg.), Aufklärung, Absolutismus und Bürgertum in Deutschland, München 1976.

796. W. Kunicki (Hrsg.), Aufklärung in Schlesien im europäischen Spannungsfeld, Wrocław 1996.

797. H. Lademacher/R. Loos/S. Groenveld (Hrsg.), Ablehnung – Duldung – Anerkennung. Toleranz in den Niederlanden und in Deutschland, Münster [usw.] 2004.

798. P. Lepape, Voltaire. Oder die Geburt der Intellektuellen im Zeitalter der Aufklärung, Frankfurt/Main/New York 1996.

799. P. Lepape, Denis Diderot. Eine Biographie, Frankfurt/Main/New York 1994.

800. H.-J. Lüsebrink/J. D. Popkin (Hrsg.), Enlightenment, Revolution and the Periodical Press, Oxford 2004.

801. W. Martens, Literatur und Frömmigkeit in der Zeit der frühen Aufklärung, Tübingen 1989.

802. M. Maurer, Aufklärung und Anglophilie in Deutschland, Göttingen/Zürich 1987.

803. K. Maxwell, Pombal. Paradox of the Enlightenment, Cambridge [usw.] 1995.

804. J. Meyer, Le despotisme éclairé, Paris 1991.

805. H. Möller, Vernunft und Kritik. Deutsche Aufklärung im 17. und 18. Jahrhundert, Frankfurt/Main 1986.

806. S. Mörz, Aufgeklärter Absolutismus in der Kurpfalz während der Mannheimer Regierungszeit des Kurfürsten Karl Theodor (1742–1777), Stuttgart 1991.

807. Th. Munck, The Enlightenment. A Comparative Social History 1721–1794, London/New York 2000.

808. M. Neugebauer-Wölk, Esoterische Bünde und Bürgerliche Gesellschaft. Entwicklungslinien zur modernen Welt im Geheimbundwesen des 18. Jahrhunderts, Göttingen 1995.

809. S. Niefanger, Schreibstrategien in Moralischen Wochenschriften. Formalistische, pragmatische und rhetorische Untersuchungen am Beispiel von Gottscheds „Vernünfftigen Tadlerinnen", Tübingen 1997.

810. A. Ohlidal/St. Samerski (Hrsg.), Jesuitische Frömmigkeitskulturen. Konfessionelle Interaktion in Ostmitteleuropa 1570–1700, Stuttgart 2006.

811. J. Osterhammel, Die Entzauberung Asiens. Europa und die asiatischen Reiche im 18. Jahrhundert, München 1998.

812. D. Outram, The Enlightenment, Cambridge [usw.] 1995.

813. F. Oz-Salzberger, Translating the Enlightenment. Scottish Civic Discourse in Eighteenth Century Germany, Oxford 1995.

814. F. Palladini/G. Hartung (Hrsg.), Samuel Pufendorf und die europäische Frühaufklärung, Berlin 1996.

815. M. Pekarek, Absolutismus als Kriegsursache. Die französische Aufklärung zu Krieg und Frieden, Stuttgart/Berlin/Köln 1997.

816. H. REINALTER/H. KLUETING (Hrsg.), Der aufgeklärte Absolutismus im europäischen Vergleich, Wien/Köln/Weimar 2002.

817. U. RIEGER, Johann Wilhelm von Archenholz als „Zeitbürger". Eine historisch-analytische Untersuchung zur Aufklärung in Deutschland, Berlin 1994.

818. D. ROCHE, Les Républicains des lettres. Gens de culture et Lumières au XVIIIe siècle, Paris 1988.

819. C. RYMATZKI, Hallischer Pietismus und Judenmission. Johann Heinrich Callenbergs Institutum Judaicum und dessen Freundeskreis (1728–1738), Tübingen 2004.

820. T. P. SAINE, Von der Kopernikanischen bis zur Französischen Revolution. Die Auseinandersetzung der deutschen Frühaufklärung mit der neuen Zeit, Berlin 1987.

821. M. SCHAICH, Staat und Öffentlichkeit im Kurfürstentum Bayern der Spätaufklärung, München 2001.

822. R. SCHLÖGL, Glaube und Religion in der Säkularisierung. Die katholische Stadt – Köln, Aachen, Münster – 1700–1840, München 1995.

823. W. SCHMALE/N. L. DODDE (Hrsg.), Revolution des Wissens? Europa und seine Schulen im Zeitalter der Aufklärung (1750–1825). Ein Handbuch zur europäischen Schulgeschichte, Bochum 1991.

824. J. A. SCHMIDT-FUNKE. Auf dem Weg in die Bürgergesellschaft. Die politische Publizistik des Weimarer Verlegers Friedrich Justin Bertuch, Köln/Weimar/Wien 2005.

825. W. SCHNEIDERS (Hrsg.), Aufklärung als Mission. Akzeptanzprobleme und Kommunikationsdefizite, Marburg 1993.

826. W. SCHNEIDERS, Das Zeitalter der Aufklärung, München 1997.

827. W. SCHNEIDERS (Hrsg.), Lexikon der Aufklärung. Deutschland und Europa, München 2001.

828. C. SCHRÖDER, „Siècle de Frédéric II" und „Zeitalter der Aufklärung". Epochenbegriffe im geschichtlichen Selbstverständnis der Aufklärung, Berlin 2002.

829. H. SCHULTZ, Mythos und Aufklärung. Frühformen des Nationalismus in Deutschland, in: HZ 263 (1996), 31–67.

830. H. M. SCOTT (Hrsg.), Enlightened Absolutism. Reform and Reformers in later Eighteenth-Century Europe, Basingstoke 1990.

831. G. SEIDERER, Formen der Aufklärung in fränkischen Städten. Ansbach, Bamberg und Nürnberg im Vergleich, München 1997.

832. P. E. SELWYN, Everyday Life in the German Book Trade. Friedrich Nicolai as Bookseller and Publisher in the Age of Enlightenment 1750–1810, Pennsylvania 2000.

833. D. SORKIN, Moses Mendelssohn and the Religious Enlightenment, London 1996.

834. U. STEPHAN-KOPITZSCH, Die Toleranzdiskussion im Spiegel überregionaler Aufklärungszeitschriften, Frankfurt/Main [usw.] 1989.

835. V. STEINKAMP, L'Europe éclairée. Das Europa-Bild der französischen Aufklärung, Frankfurt/Main 2003.

836. M. SZCZEKALLA, David Hume – der Aufklärer als konservativer Ironiker. Dialogische Religionskritik und philosophische Geschichtsschreibung im „Athen des Nordens", Heidelberg 2003.

837. H. TILGNER, Lesegesellschaften an Mosel und Mittelrhein im Zeitalter des aufgeklärten Absolutismus. Ein Beitrag zur Sozialgeschichte der Aufklärung im Kurfürstentum Trier, Stuttgart 2001.

838. B. TOLKEMITT, Der Hamburgische Correspondent. Zur öffentlichen Verbreitung der Aufklärung in Deutschland, Tübingen 1995.

839. K. TRIAINON-ANTTILA, The Problem of Humanity. The Blacks in the European Enlightenment, Helsinki 1994.

840. J. VAN HORN MELTON, The Rise of the Public in Enlightenment Europe, Cambridge/New York/Oakleigh 2001.

841. R. VIERHAUS, Was war Aufklärung?, Göttingen 1995.

842. CH. VOGEL, Der Untergang der Gesellschaft Jesu als europäisches Medienereignis (1758–1773). Publizistische Debatten im Spannungsfeld von Aufklärung und Gegenaufklärung, Mainz 2006.

843. T. WAHNBAECK, Luxury and Public Happiness. Political Economy in the Italian Enlightenment, Oxford/New York 2004.

844. L. WOLFF, Inventing Eastern Europe. The Map of Civilization on the Mind of the Enlightenment, Stanford 1994.

845. H. ZAUNSTÖCK, Sozietätslandschaft und Mitgliederstrukturen. Die mitteldeutschen Aufklärungsgesellschaften im 18. Jahrhundert, Tübingen 1999.

g. Geistes-, Wissenschafts- und Universitätsgeschichte

846. M. ASCHE, Von der reichen hansischen Bürgeruniversität zur armen mecklenburgischen Landeshochschule. Das regionale und soziale Besucherprofil der Universitäten Rostock und Bützow in der Frühen Neuzeit (1500–1800), Stuttgart 2000.

847. E. BADINTER, Les passions intellectuelles. I: Désirs de gloire (1735–1751), II: Exigence de dignité (1751–1762), Paris 1999–2002.

848. TH. BEHME, Samuel von Pufendorf: Naturrecht und Staat, Göttingen 1995.

849. S. BENZ, Zwischen Tradition und Kritik: Katholische Geschichtsschreibung im barocken Heiligen Römischen Reich, Husum 2003.

850. J. BIERBRODT, Naturwissenschaft und Ästhetik 1750–1810, Würzburg 2000.

851. H. W. BLANKE/D. FLEISCHER (Hrsg.), Theoretiker der deutschen Aufklärungshistorie, Bd. 1: Die theoretische Begründung der Geschichte als Fachwissenschaft, Bd. 2: Elemente der Aufklärungshistorik, Stuttgart-Bad Cannstatt 1990.

852. M. BOAS HALL, Henry Oldenburg. Shaping the Royal Society, Oxford 2002.

853. H. Bots (Hrsg.), Critique, savoir et érudition à la veille des Lumières. Le Dictionaire historique et critique de Pierre Bayle (1647–1706), Amsterdam/Maarssen 1998.

854. F. Cadilhon/J. Mondot/J. Verger (Hrsg.), Universités et institutions universitaires européennes au XVIIIe siècle. Entre modernisation et tradition, Talence 1999.

855. G. Cusatelli [u. a.] (Hrsg.), Gelehrsamkeit in Deutschland und Italien im 18. Jahrhundert/Letterati, erudizione e società scientifiche negli spazi italiani e tedeschi del '700, Tübingen 1999.

856. D. Döring/K. Nowak (Hrsg.), Gelehrte Gesellschaften im mitteldeutschen Raum (1650–1820), Bd. 1–3, Leipzig/Stuttgart 2000–2002.

857. H. Duchhardt/G. May (Hrsg.), Union – Konversion – Toleranz. Dimensionen der Annäherung zwischen den christlichen Konfessionen im 17. und 18. Jahrhundert, Mainz 2000.

858. R. van Dülmen/S. Rauschenbach (Hrsg.), Denkwelten um 1700. Zehn intellektuelle Profile, Köln/Weimar/Wien 2002.

859. D. Fellmann, Das Gymnasium Montanum in Köln 1550–1798. Zur Geschichte der Artes-Fakultät der alten Kölner Universität, Köln/Weimar/Wien 1999.

860. St. Ferrari (Hrsg.), Cultura letteraria e sapere scientifico nelle Accademie Tedesche e Italiane del Settecento, Rovereto 2003.

861. Ch. H. Gillispie, Science and Policy in France at the End of the Old Regime, Princeton 1980.

862. C. Grau/S. Karp/J. Voss (Hrsg.), Deutsch-russische Beziehungen im 18. Jahrhundert. Kultur, Wissenschaft und Diplomatie, Wiesbaden 1997.

863. Ch. Grell/W. Paravicini/J. Voss (Hrsg.), Les princes et l'histoire du XIVe au XVIII siècle, Bonn 1998.

864. A. R. Hall, The Revolution in Science 1500–1750, London/New York 1998[8].

865. A. R. Hall, Isaac Newton. Adventurer in Thought, Oxford 1992.

866. J. Helm/K. Stukenbrock (Hrsg.), Anatomie. Sektionen einer medizinischen Wissenschaft im 18. Jahrhundert, Stuttgart 2003.

867. M. Hunter, Establishing the New Science. The Experience of the Early Royal Society, Woodbridge 1989.

868. D. Julia/J. Revel (Hrsg.), Les Universités européennes du XVIe au XVIIe siècle: Histoire sociale des populations étudiantes, 2 Bde., Paris 1986–89.

869. G. Kanthak, Der Akademiegedanke zwischen utopischem Entwurf und barocker Projektmacherei, Berlin 1987.

870. A. Kathe, Die Wittenberger Philosophische Fakultät 1502–1817, Köln/Weimar/Wien 2002.

871. L. Koch-Schwarzer, Populare Moralphilosophie und Volkskunde. Christian Garve (1742–1798) – Reflexionen zur Fachgeschichte, Marburg 1998.

872. M. Kühn, Kant. Eine Biographie, München 2004[3].

873. F. P. Lock, Edmund Burke, Bd. 1: 1730–1784, Oxford 1998.

874. H. Maier, Aufklärung, Pietismus, Staatswissenschaft. Die Universität Halle nach 300 Jahren, in: HZ 261 (1995), 769–791.

875. P. Mainka, Die Erziehung der adligen Jugend in Brandenburg-Preußen. Curriculare Anweisungen Karl Abrahams von Zedlitz und Leipe für die Ritterakademie zu Liegnitz, Würzburg 1997.

876. H. Marti/D. Döring (Hrsg.), Die Universität Leipzig und ihr gelehrtes Umfeld 1680–1780, Basel 2004.

877. U. Muhlack, Geschichtswissenschaft im Humanismus und in der Aufklärung. Die Vorgeschichte des Historismus, München 1991.

878. R. Müller, Anthropologie und Geschichte. Rousseaus frühe Schriften und die antike Tradition, Berlin 1998.

879. K. O'Brien, Narratives of Enlightenment. Cosmopolitan History from Voltaire to Gibbon, Cambridge 1997.

880. A. Patschovsky/H. Rabe (Hrsg.), Die Universität in Alteuropa, Konstanz 1994.

881. M. Peters, Altes Reich und Europa. Der Historiker, Statistiker und Publizist August Ludwig (v.) Schlözer (1735–1809), Münster/Hamburg/London 2003.

882. A. Rüdiger, Staatslehre und Staatsbildung. Die Staatswissenschaft an der Universität Halle im 18. Jahrhundert, Tübingen 2005.

883. K. Saastamoinen, The Morality of the Fallen Man. Samuel Pufendorf on Natural Law, Helsinki 1995.

884. R. E. Schofield, The Enlightenment of Joseph Priestley: A Study of his Life and Work from 1733 to 1773, Pennsylvania 1997.

885. R. Stichweh, Der frühmoderne Staat und die europäische Universität. Zur Interaktion von Politik und Erziehungssystem im Prozeß ihrer Ausdifferenzierung (16.–18. Jahrhundert), Frankfurt/Main 1991.

886. P. Streidl, Naturrecht, Staatswissenschaften und Politisierung bei Gottfried Achenwall (1719–1772). Studien zur Gelehrtengeschichte Göttingens in der Aufklärung, München 2003.

887. A.-Ch. Trepp/H. Lehmann (Hrsg.), Antike Weisheit und kulturelle Praxis. Hermetismus in der Frühen Neuzeit, Göttingen 2001.

888. M. Vec, Zeremonialwissenschaft im Fürstenstaat. Studien zur juristischen und politischen Theorie absolutistischer Herrschaftsrepräsentation, Frankfurt/Main 1998.

889. F. Vollhardt (Hrsg.), Christian Thomasius (1655–1728). Neue Forschungen im Kontext der Frühaufklärung, Tübingen 1997.

890. H. Zedelmaier, Bibliotheca universalis und bibliotheca selecta. Das Problem der Ordnung des gelehrten Wissens in der Frühen Neuzeit, Köln/Weimar/Wien 1992.

891. H. Zedelmaier/M. Mulsow (Hrsg.), Die Praktiken der Gelehrsamkeit in der Frühen Neuzeit, Tübingen 2001.

h. Politische Theorie, Staatsdenken, Völkerrechtsgeschichte

892. O. Asbach, Die Zähmung der Leviathane. Die Idee einer Rechtsordnung zwischen Staaten bei Abbé de Saint-Pierre und Jean-Jacques Rousseau, Berlin 2002.

893. D. Baum, Bürokratie und Sozialpolitik. Zur Geschichte staatlicher Sozialpolitik im Spiegel der älteren deutschen Staatsverwaltungslehre, Berlin 1988.

894. G. Birtsch (Hrsg.), Grund- und Freiheitsrechte von der ständischen zur spätbürgerlichen Gesellschaft, Göttingen 1987.

895. P. Blickle (Hrsg.), Verborgene republikanische Traditionen in Oberschwaben, Tübingen 1998.

896. H. M. Blitz, Aus Liebe zum Vaterland. Die deutsche Nation im 18. Jahrhundert, Hamburg 2000.

897. H.-J. Böhme, Politische Rechte des einzelnen in der Naturrechtslehre des 18. Jahrhunderts und in der Staatstheorie des Frühkonstitutionalismus, Berlin 1993.

898. A. Buck (Hrsg.), Der Europa-Gedanke, Tübingen 1992.

899. W. Burgdorf, Reichskonstitution und Nation. Verfassungsreformprojekte für das Heilige Römische Reich Deutsche Nation im politischen Schrifttum von 1648 bis 1806, Mainz 1998.

900. O. Dann, Nation und Nationalismus in Deutschland 1770–1990, München 1993.

901. Ch. Dithmar, Zinzendorfs nonkonformistische Haltung zum Judentum, Heidelberg 2000.

902. B. Dölemeyer/D. Klippel (Hrsg.), Gesetz und Gesetzgebung im Europa der Frühen Neuzeit, Berlin 1998.

903. H. Dreitzel, Monarchiebegriffe in der Fürstengesellschaft. Semantik und Theorie der Einherrschaft in Deutschland von der Reformation bis zum Vormärz, 2 Bde., Köln/Weimar/Wien 1991.

904. J. Fisch, Die europäische Expansion und das Völkerrecht, Stuttgart/Wiesbaden 1984.

905. R. von Friedeburg, Widerstandsrecht und Konfessionskonflikt. Notwehr und Gemeiner Mann im deutsch-britischen Vergleich 1530 bis 1669, Berlin 1999.

906. J. Garber, Spätabsolutismus und bürgerliche Gesellschaft. Studien zur deutschen Staats- und Gesellschaftstheorie im Übergang zur Moderne, Frankfurt/Main 1992.

907. J.-P. Gaul, Freiheit ohne Recht. Ein Beitrag zu Rousseaus Staatslehre, Berlin 2001.

908. D. GORDON, Citizens without Sovereignty. Equality and Sociability in French Thought, 1670–1789, Princeton 1994.

909. W. GREWE, Epochen der Völkerrechtsgeschichte, Baden-Baden 1984, 1988².

910. H. KLUETING, Die Lehre von der Macht der Staaten. Das außenpolitische Machtproblem in der „Politischen Wissenschaft" und in der praktischen Politik im 18. Jahrhundert, Berlin 1986.

911. H. KLUETING (Hrsg.), Irenik und Antikonfessionalismus im 17. und 18. Jahrhundert, Hildesheim 2003.

912. B. M. KREMER, Der Westfälische Friede in der Deutung der Aufklärung. Zur Entwicklung des Verfassungsverständnisses im Heiligen Römischen Reich Deutscher Nation vom Konfessionellen Zeitalter bis ins späte 18. Jahrhundert, Tübingen 1989.

913. J. KOLL, Die „belgische Nation". Patriotismus und Nationalbewusstsein in den Südlichen Niederlanden im späten 18. Jahrhundert, Münster [usw.] 2003.

914. M. KÜHNEL, Das politische Denken von Christian Thomasius. Staat, Gesellschaft, Bürger, Berlin 2001.

915. K.-H. LINGENS, Internationale Schiedsgerichtsbarkeit und Jus Publicum Europaeum 1648–1794, Berlin 1988.

916. R. LUDWIG, Die Rezeption der Englischen Revolution im deutschen politischen Denken und in der deutschen Historiographie im 18. und 19. Jahrhundert, Leipzig 2003.

917. H. MAIER [u. a.], Klassiker des politischen Denkens, 2 Bde., München 1986⁶ bzw. 1987⁵.

918. H. MEDICK, Naturzustand und Naturgeschichte der bürgerlichen Gesellschaft. Die Ursprünge der bürgerlichen Sozialtheorie als Geschichtsphilosophie bei Samuel Pufendorf, John Locke und Adam Smith, Göttingen 1981².

919. H. O. MÜHLEISEN/TH. STAMMEN (Hrsg.), Politische Tugendlehre und Regierungskunst. Studien zum Fürstenspiegel der Frühen Neuzeit, Tübingen 1990.

920. H. MÜNKLER, Im Namen des Staates. Die Begründung der Staatsräson in der Frühen Neuzeit, Frankfurt/Main 1988.

921. M. NEUGEBAUER-WÖLK/R. SAAGE (Hrsg.), Die Politisierung des Utopischen im 18. Jahrhundert. Vom utopischen Systementwurf zum Zeitalter der Revolution, Tübingen 1996.

922. P. NITSCHKE, Staatsräson kontra Utopie? Von Thomas Müntzer bis zu Friedrich II. von Preußen, Stuttgart/Weimar 1995.

923. P. NITSCHKE, Einführung in die politische Theorie der Prämoderne 1500–1800, Darmstadt 2000.

924. G. NONNENMACHER, Die Ordnung der Gesellschaft. Mangel und Herrschaft in der politischen Philosophie der Neuzeit: Hobbes, Locke, Adam Smith, Rousseau, Weinheim 1989.

925. J.-C. PERROT, Une histoire intellectuelle de l'économie politique, XVIIᵉ–XVIIIᵉ siècle, Paris 1992.

926. N. PHILIPSON/Q. SKINNER (Hrsg.), Political Discourse in Early Modern Britain, Cambridge/New York 1993.

927. B. ROECK, Reichssystem und Reichsherkommen. Die Diskussion über die Staatlichkeit des Reiches in der politischen Publizistik des 17. und 18. Jahrhunderts, Stuttgart 1984.

928. M. SANDL, Ökonomie des Raumes. Der kameralwissenschaftliche Entwurf der Staatswirtschaft im 18. Jahrhundert, Köln/Weimar/Wien 1999.

929. M. SCATTOLA, La Nascità delle Scienze dello Stato. August Ludwig Schlözer (1785–1809) e le discipline politiche del Settecento tedesco, Milano 1994.

930. W. SCHNEIDERS (Hrsg.), Christian Wolff 1679–1754. Interpretationen zu seiner Philosophie und deren Wirkung, Hamburg 1983.

931. P. SCHRÖDER, Naturrecht und absolutistisches Staatsrecht. Eine vergleichende Studie zu Thomas Hobbes und Christian Thomasius, Berlin 2001.

932. M. SHEEHAN, The Balance of Power. History and Theory, London/New York 1996.

933. R. STAUF, Justus Mösers Konzept einer deutschen Nationalidentität, Tübingen 1991.

934. B. STOLLBERG-RILINGER, Der Staat als Maschine. Zur politischen Metaphorik des absoluten Fürstenstaates, Berlin 1986.

935. M. STOLLEIS (Hrsg.), Staatsdenker im 17. und 18. Jahrhundert, München 1995³.

936. M. STOLLEIS, Geschichte des öffentlichen Rechts in Deutschland, Bd. 1: Reichspublizistik und Policeywissenschaft 1600–1800, München 1988.

937. A. STROHMEYER, Theorie und Interaktion. Das europäische Gleichgewicht der Kräfte in der frühen Neuzeit, Wien/Köln/Weimar 1994.

938. W. WEBER, Prudentia gubernatoria. Studien zur Herrschaftslehre in der deutschen politischen Wissenschaft des 17. Jahrhunderts, Tübingen 1992.

939. D. WOOTTON (Hrsg.), Republicanism, Liberty, and Commercial Society, 1649–1776, Stanford 1994.

940. K.-H. ZIEGLER, Völkerrechtsgeschichte, München 1994.

i. Internationale Beziehungen

941. 350 años de la Paz de Westfalia. Del antagonismo a la integración en Europa, Madrid 1999.

942. M. S. ANDERSON, The War of the Austrian Succession, 1740–1748, London/New York 1995.

943. M. S. ANDERSON, The Rise of Modern Diplomacy 1450–1919, London/New York 1993.

944. R. G. ASCH, Kriegsfinanzierung, Staatsbildung und ständische Ordnung in Westeuropa im 17. und 18. Jahrhundert, in: HZ 268 (1999), 635–671.

945. R. G. ASCH/W. E. VOSS/M. WREDE (Hrsg.), Frieden und Krieg in der Frühen Neuzeit. Die europäische Staatenordnung und die außereuropäische Welt, München 2001.

946. R. BABEL (Hrsg.), Le Diplomate au travail. Entscheidungsprozesse, Information und Kommunikation im Umkreis des Westfälischen Friedenskongresses, München 2005.

947. G. BARANY, The Anglo-Russian Entente Cordiale of 1697–1698. Peter I and William III at Utrecht, New York 1986.

948. L. BÉLY, Espions et ambassadeurs au temps de Louis XIV, Paris 1990.

949. L. BÉLY [u. a.], Guerre et Paix dans l'Europe du 17e siècle, Paris 1991².

950. L. BÉLY, Les relations internationales en Europe (XVIIe–XVIIIe siècles), Paris 1992.

951. L. BÉLY (Hrsg.), L'Europe des Traités de Westphalie. Esprit de la diplomatie et diplomatie de l'esprit, Paris 2000.

952. J. BLACK (Hrsg.), The Origins of War in Early Modern Europe, Edinburgh 1987.

953. J. BLACK, Natural and Necessary Enemies. Anglo-French Relations in the Eighteenth Century, Athens 1987.

954. J. BLACK, A Military Revolution? Military Change and European Society 1550–1800, Basingstoke/London 1991.

955. J. BLACK, European Warfare 1660–1815, London 1994.

956. J. BLACK, European International Relations 1648–1815, Basingstoke/New York 2002.

957. CH. BOUTANT, L'Europe au grand tournant des années 1680: La succession palatine, Paris 1985.

958. R. BROWNING, The War of the Austrian Succession, New York 1993.

959. E. BUDDRUSS, Die französische Deutschlandpolitik 1756–1789, Mainz 1995.

960. K. BUSSMANN/H. SCHILLING (Hrsg.), 1648 – Krieg und Frieden in Europa, 3 Bde., München 1998.

961. M. CEADEL, The Origins of War Prevention. The British Peace Movement and International Relations, 1730–1854, Oxford 1996.

962. T. CEGIELSKI, Das Alte Reich und die Erste Teilung Polens 1768–1774, Stuttgart/Warszawa 1988.

963. D. CROXTON/A. TISCHER, The Peace of Westphalia. A Historical Dictionary, Westport/Conn./London 2002.

964. H. DUCHHARDT (Hrsg.), Rahmenbedingungen und Handlungsspielräume europäischer Außenpolitik im Zeitalter Ludwigs XIV., Berlin 1991.

965. H. DUCHHARDT (Hrsg.), Der Friede von Rijswijk 1697, Mainz 1998.

966. H. DUCHHARDT (Hrsg.), Der Westfälische Friede. Diplomatie – politische Zäsur – kulturelles Umfeld – Rezeptionsgeschichte, München 1998.

967. W. D. GRUNER (Hrsg.), Gleichgewicht in Geschichte und Gegenwart, Hamburg 1989.

968. W. HANDRICK, Die Pragmatische Armee 1741 bis 1743. Eine alliierte Armee im Kalkül des Österreichischen Erbfolgekrieges, München 1991.

969. J. R. JONES, The Anglo-Dutch Wars of the Seventeenth Century, London/New York 1996.

970. CH. KAMPMANN, Arbiter und Friedensstiftung. Die Auseinandersetzungen um den politischen Schiedsrichter im Europa der Frühen Neuzeit, Paderborn [usw.] 2001.

971. H. KLEINSCHMIDT, Geschichte der internationalen Beziehungen, Stuttgart 1998.

972. B. KÖPECZI, Staatsräson und christliche Solidarität. Die ungarischen Aufstände und Europa in der 2. Hälfte des 17. Jahrhunderts, Wien/Köln/Graz 1983.

973. TH. R. KRAUS, „Europa sieht den Tag leuchten ..." Der Aachener Friede von 1748, Aachen 1998.

974. P. KRÜGER (Hrsg.), Kontinuität und Wandel in der Staatenordnung der Neuzeit, Marburg 1991.

975. P. KRÜGER (Hrsg.), Das europäische Staatensystem im Wandel. Strukturelle Bedingungen und bewegende Kräfte seit der Frühen Neuzeit, München 1996.

976. P. KRÜGER/P. W. SCHRÖDER (Hrsg.), „The Transformation of European Politics, 1763-1848": Episode or Model in Modern History?, Münster/Hamburg/London 2002.

977. J. Ph. LENGELER, Das Ringen um die Ruhe des Nordens. Großbritanniens Nordeuropa-Politik und Dänemark zu Beginn des 18. Jahrhunderts, Frankfurt/Main/Berlin/Bern 1998.

978. R. LESAFFER (Hrsg.), Peace Treaties and International Law in European History. From the Late Middle Ages to World War One, Cambridge 2004.

979. T. LINDNER, Die Peripetie des Siebenjährigen Krieges. Der Herbstfeldzug 1760 in Sachsen und der Winterfeldzug 1760/61 in Hessen, Berlin 1993.

980. D. MCKAY/H. M. SCOTT, The Rise of the Great Powers 1648-1815, London/New York 1983.

981. S. MAZURA, Die preußische und österreichische Kriegspropaganda im Ersten und Zweiten Schlesischen Krieg, Berlin 1996.

982. M. G. MÜLLER, Die Teilungen Polens 1772, 1793, 1795, München 1984.

983. ST. P. OAKLEY, War and Peace in the Baltic, 1560-1790, London/New York 1992.

984. G. PARKER, Die militärische Revolution. Kriegskunst und der Aufstieg des Westens 1500-1800, Frankfurt/Main 1990 (engl. 1988, 1996²).

985. I. PARVEV, Habsburgs and Ottomans between Vienna and Belgrade (1683-1739), New York 1995.

986. K. Repgen, Dreißigjähriger Krieg und Westfälischer Friede. Studien und Quellen, Paderborn [usw.] 1998.

987. I. Richefort/B. Schmidt (Hrsg.), Les relations entre la France et les villes hanséatiques de Hambourg, Brême et Lübeck (Moyen Âge – XIXe siècle/ Die Beziehungen zwischen Frankreich und den Hansestädten Hamburg, Bremen und Lübeck (Mittelalter – 19. Jahrhundert, Bruxelles [usw.] 2005.

988. A. Schmid, Max III. Joseph und die europäischen Mächte. Die Außenpolitik des Kurfürstentums Bayern von 1745–1765, München 1987.

989. C. Schnurmann, Atlantische Welten. Engländer und Niederländer im amerikanisch-atlantischen Raum 1648–1713, Köln/Weimar/Wien 1998.

990. P. W. Schroeder, The Transformation of European Politics 1763–1848, Oxford 1994.

991. M. Schulze Wessel, Systembegriff und Europapolitik der russischen Diplomatie im 18. Jahrhundert, in: HZ 266 (1998) 649–669.

992. H. M. Scott, The Emergence of the Great Powers, 1756–1775, Cambridge/New York 2001.

993. M. Sikora, Disziplin und Desertion. Strukturprobleme militärischer Organisation im 18. Jahrhundert, Berlin 1996.

994. A. Sinkoli, Frankreich, das Reich und die Reichsstände 1697–1702, Frankfurt/Main [usw.] 1995.

995. P. Truhart (Hrsg.), Internationales Verzeichnis der Außenminister 1589–1989, München [usw.] 1989.

996. B. Wegner (Hrsg.), Wie Kriege entstehen. Zum historischen Hintergrund von Staatenkonflikten, Paderborn [usw.] 2000.

997. K. Zernack, Negative Polenpolitik als Grundlage deutsch-russischer Diplomatie in der Mächtepolitik des 18. Jahrhunderts, in: Rußland und Deutschland, Stuttgart 1974, 144–159.

4. Europäische Staaten

a. Frankreich

998. M. Antoine, Le cœur de l'État. Surintendance, contrôle général et intendances des finances 1552–1791, Paris 2003.

999. O. Asbach/K. Malettke/S. Externbrink (Hrsg.), Altes Reich, Frankreich und Europa. Politische, philosophische und historische Aspekte des französischen Deutschlandbildes im 17. und 18. Jahrhundert, Berlin 2001.

1000. O. Asbach, Staat und Politik zwischen Absolutismus und Aufklärung. Der Abbé de Saint-Pierre und die Herausbildung der französischen Aufklärung bis zur Mitte des 18. Jahrhunderts, Hildesheim/Zürich/New York 2005.

1001. R. Babel (Hrsg.), Frankreich im europäischen Staatensystem der Frühen Neuzeit, Sigmaringen 1995.

1002. M. BANNISTER, Condé in Context. Ideological Change in Seventeenth Century France, Oxford 2000.

1003. S. BÉGAUD/M. BELISSA/J. VISSER, Aux origines d'une alliance improbable. Le réseau consulaire français aux Etats-Unis (1776–1815), Bruxelles [usw.] 2005.

1004. D. A. BELL, The Cult of the Nation in France. Inventing Nationalism, 1680–1800, Cambridge/Mass./London 2001.

1005. L. BÉLY, La France Moderne, 1498–1789, Paris 1994.

1006. J. BERGIN, Crown, Church and Episcopate under Louis XIV, New Haven/London 2004.

1007. E. BIRNSTIEL, Die Fronde in Bordeaux, 1648–1653, Frankfurt/Main/Bern/New York 1985.

1008. J. BLACK, From Louis XIV to Napoleon. The Fate of a Great Power, London 1999.

1009. C. E. J. CALDICOTT [u. a.] (Hrsg.), The Huguenots and Ireland. Anatomy of an Emigration, Dublin 1987.

1010. P. R. CAMPBELL, Power and Politics in Old Régime France 1720–1745, London/New York 1996.

1011. A. CORVISIER, Histoire militaire de la France, Bd. 2: De 1715 à 1871, Paris 1992.

1012. M. CUBELLS, La noblesse provençale du milieu du XVIIe siècle à la Révolution, Aix-en-Provence 2002.

1013. R. DESCIMON/O. RANUM (Hrsg.), J. Le Boindre, Débats du Parlement de Paris pendant la minorité de Louis XIV, Paris 1997.

1014. H. DUCHHARDT (Hrsg.), Der Exodus der Hugenotten. Die Aufhebung des Edikts von Nantes 1685 als europäisches Ereignis, Köln/Wien 1985.

1015. H. A. ELLIS, Boulainvilliers and the French Monarchy. Aristocratic Politics in Early Eighteenth-Century France, Ithaca/London 1988.

1016. J. I. ENGELS, Königsbilder. Sprechen, Singen und Schreiben über den französischen König in der ersten Hälfte des achtzehnten Jahrhunderts, Bonn 2000.

1017. D. ERBEN, Paris und Rom. Die staatlich gelenkten Kunstbeziehungen unter Ludwig XIV., Berlin 2004.

1018. J. FÉLIX, Finances et politique au siècle des Lumières. Le ministère L'Averdy, 1763–1768, Paris 1999.

1019. R. GÖMMEL/R. KLUMP, Merkantilisten und Physiokraten in Frankreich, Darmstadt 1995.

1020. CH. GRELL/K. MALETTKE (Hrsg.), Les années Fouquet. Politique, société, vie artistique et culturelle dans les années 1650, Münster [usw.] 2001.

1021. A. N. HAMSCHER, The Conseil Privé and the Parlements in the Age of Louis XIV: A Study in French Absolutism, Philadelphia 1987.

1022. S. HANLEY, The Lit de justice of the Kings of France. Constitutional Ideology in Legend, Ritual and Discourse, Princeton 1993.

1023. A. Y. Haran, Le lys et le globe. Messianisme dynastique et rêve impérial en France à l'aube des temps modernes, Seyssel 2000.

1024. J. Hardmann, French Politics 1774–1789. From the Accession of Louis XVI to the Fall of the Bastille, London/New York 1995.

1025. P. C. Hartmann (Hrsg.), Französische Könige und Kaiser der Neuzeit. Von Ludwig XII. bis Napoleon III. 1498–1870, München 1994.

1026. F. Hartweg/S. Jersch-Wenzel (Hrsg.), Die Hugenotten und das Refuge: Deutschland und Europa, Berlin 1990.

1027. E. Hinrichs, Ancien Régime und Revolution. Studien zur Verfassungs-geschichte Frankreichs zwischen 1589 und 1789, Frankfurt/Main 1989.

1028. H. Hömig/F. J. Meipner (Hrsg.), Charles-Irénée Castel de Saint-Pierre, Kritik des Absolutismus. Die Polysynodie. Betrachtungen zum Anti-machiavel, München 1988.

1029. J. J. Hurt, Louis XIV and the parlaments: the assertion of royal authority. Manchester 2002.

1030. A. Iseli, „Bonne Police". Frühneuzeitliches Verständnis von der guten Ordnung eines Staates in Frankreich, Epfendorf 2003.

1031. G. Livet, L'intendance d'Alsace sous Louis XIV, 1648–1715, Paris 1956, 1991².

1032. A. Lossky, Louis XIV and the French Monarchy, New Brunswick 1994.

1033. J. McManners, Church and Society in Eighteenth-Century France, 2 Bde., Oxford 1999.

1034. R. J. Major, From Renaissance Monarchy to Absolute Monarchy. French Kings, Nobles, and Estates, Baltimore/London 1994.

1035. K. Malettke, Ludwig XIV. von Frankreich. Leben, Politik und Leistung, Göttingen/Zürich 1994.

1036. K. Malettke, Frankreich, Deutschland und Europa im 17. und 18. Jahr-hundert. Beiträge zum Einfluß französischer politischer Theorie, Ver-fassung und Außenpolitik in der Frühen Neuzeit, Marburg 1994.

1037. L. Marin, Das Porträt des Königs, Zürich/Berlin 2005.

1038. J. Meyer, Frankreich im Zeitalter des Absolutismus, 1515–1789, Stuttgart 1990.

1039. C. Opitz-Belakhal, Militärreformen zwischen Bürokratisierung und Adelsreaktion. Das französische Kriegsministerium und seine Reformen im Offizierkorps 1760–1790, Sigmaringen 1994.

1040. M. Papenheim, Erinnerung und Unsterblichkeit. Studien zum Totenkult in Frankreich 1715–1794, Stuttgart 1992.

1041. P. Payen, La physiologie de l'arrêt de règlement du Parlement de Paris au XVIIIe siècle, Paris 1999.

1042. E. Pelzer, Der elsässische Adel im Spätfeudalismus. Tradition und Wandel einer regionalen Elite zwischen dem Westfälischen Frieden und der Revolution (1648–1790), München 1990.

1043. G. Perrault, Le Secret du Roi, Bd. 1: La passion polonaise, Paris 1992.

1044. A. Reese, Europäische Hegemonie und France d'outre-mer. Koloniale Fragen in der französischen Außenpolitik 1700–1763, Stuttgart 1988.

1045. R. Reichardt/E. Schmitt [bzw. H. J. Lüsebrink] (Hrsg.), Handbuch politisch-sozialer Grundbegriffe in Frankreich 1680–1820, bisher 20 Hefte, München 1985–2000.

1046. D. Richet, De la Réforme à la Révolution. Etudes sur la France moderne, Paris 1991.

1047. J. C. Riley, The Seven Years War and the Old Regime in France, Princeton 1986.

1048. J. Rogister, Louis XV and the Parlement of Paris, 1737–1755, Cambridge [usw.] 1995.

1049. G. Sälter, Polizei und soziale Ordnung in Paris. Zur Entstehung und Durchsetzung von Normen im städtischen Alltag des Ancien Régime (1697–1715), Frankfurt/Main 2004.

1050. J. Schillinger,Les pamphlétaires allemands et la France de Louis XIV, Bern [usw.] 1999.

1051. W. Schmale, Entchristianisierung, Revolution und Verfassung. Zur Mentalitätsgeschichte der Verfassung in Frankreich 1715–1794, Berlin 1988.

1052. W. Schmale, Geschichte Frankreichs, Stuttgart 2000.

1053. P. Sonnino, Louis XIV and the Origins of the Dutch War, Cambridge [usw.] 1988.

1054. A. Taeger, Intime Machtverhältnisse. Moralstrafrecht und administrative Kontrolle der Sexualität im ausgehenden Ancien Régime, München 1999.

1055. D. Terrier, Histoire économique de la France d'Ancien Régime, Paris 1998.

1056. R. von Thadden/M. Magdelaine (Hrsg.), Die Hugenotten 1685–1985, München 1985.

1057. J. Ulbert, Frankreichs Deutschlandpolitik im zweiten und dritten Jahrzehnt des 18. Jahrhunderts. Zur Reichsperzeption französischer Diplomaten während der Regentschaft Philipps von Orléans (1715–1723), Berlin 2004.

1058. J.-C. Waquet, François de Callières. L'art de négocier en France sous Louis XIV, Paris 2005.

b. Großbritannien

1059. Ph. Ayres, Classical Culture and the Idea of Rome in Eighteenth-Century England, Cambridge 1997.

1060. S. Barteleit, Toleranz und Irenik. Politisch-religiöse Grenzsetzungen im England der 1650er Jahre, Mainz 2003.

1061. R. Beddard (Hrsg.), The Revolutions of 1688, Oxford 1991.

1062. A. M. Birke/K. Kluxen (Hrsg.), England und Hannover – England and Hanover, München [usw.] 1986.

1063. J. BLACK (Hrsg.), Knights Errant and True Englishmen: British Foreign Policy 1660–1800, Edinburgh 1989.

1064. J. BLACK, Robert Walpole and the Nature of Politics in Early Eighteenth-Century England, Basingstoke/London 1990.

1065. J. BLACK (Hrsg.), British Politics and Society from Walpole to Pitt, 1742–1789, Basingstoke/London 1990.

1066. J. BLACK, A System of Ambition? British Foreign Policy 1660–1793, London/New York 1991.

1067. J. BLACK/J. GREGORY (Hrsg.), Culture, Politics and Society in Britain, 1660–1800, Manchester/New York 1991.

1068. J. BLACK, Pitt the Elder, Cambridge [usw.] 1992.

1069. J. BLACK, The Politics of Britain, 1688–1800, Manchester/New York 1993.

1070. J. BLACK, America or Europe? British Foreign Policy, 1739–63, London 1998.

1071. J. BLACK, Britain as a Military Power, 1688–1815, London/Philadelphia 1999.

1072. J. BLACK, Parliament and Foreign Policy in the Eighteenth Century, Cambridge [usw.] 2004.

1073. H. V. BOWEN, War and British Society 1688–1815, Cambridge/New York 1998.

1074. T. CLAYDON, William III and the Godly Revolution, Cambridge 1996.

1075. L. COLLEY, In Defiance of Oligarchy. The Tory Party 1714–60, Cambridge/London/New York 1982.

1076. S. J. CONNOLLY, Religion, Law and Power. The Making of Protestant Ireland, 1660–1760, Oxford 1992.

1077. U. DANN, Hanover and Great Britain 1740–1760. Diplomacy and Survival, Leicester 1991.

1078. G. S. DE KREY, London and the Restoration, 1659–1683, Cambridge [usw.] 2004.

1079. J. ELVERT (Hrsg.), Geschichte Irlands, München 1993.

1080. J. ELVERT (Hrsg.), Nordirland in Geschichte und Gegenwart, Stuttgart 1994.

1081. R. ESSER, Die Tudors und die Stuarts, 1485–1714, Stuttgart 2004.

1082. C. B. ESTABROOK, Urbane and Rustic England. Cultural Ties and Social Spheres in the Provinces 1660–1780, Manchester 1998.

1083. R. GREAVES, Enemies Under His Feet. Radicals and Non-Conformists in Britain, 1664–1677, Stanford 1990.

1084. K. v. GREYERZ, England im Jahrhundert der Revolutionen 1603–1714, Stuttgart 1994.

1085. K. v. GREYERZ, Vorsehungsglaube und Kosmologie. Studien zu englischen Selbstzeugnissen des 17. Jahrhunderts, Göttingen/Zürich 1990.

1086. H. HAAN/G. NIEDHART, Geschichte Englands vom 16. bis zum 18. Jahrhundert, München 1993, 2002².

1087. C. Haydon, Anti-Catholicism in Eighteenth Century England, c. 1714–80. A Political and Social Study, Manchester/New York 1993.

1088. C. Heyl, A Passion for Privacy. Untersuchungen zur Genese der bürgerlichen Privatsphäre in London, 1660–1800, München 2004.

1089. The New History of England, Bd. 5: J. R. Jones, Country and Court. England 1658–1714, London 1980²; Bd. 6: W. A. Speck, Stability and Strife. England 1714–1760, London 1977; Bd. 7: I. Christie, Wars and Revolutions. Britain 1760–1815, London 1982.

1090. G. Holmes, The Making of a Great Power. Late Stuart and Early Georgian Britain, 1660–1722, London/New York 1993.

1091. G. Holmes/D. Szechi, The Age of Oligarchy. Pre-Industrial Britain 1722–1783, London/New York 1993.

1092. R. Hutton, Charles II, King of England, Scotland and Ireland, Oxford 1989.

1093. P. Ihalainen, The Discourse on Political Pluralism in Early Eighteenth-Century England, Helsinki 1999.

1094. J. I. Israel (Hrsg.), The Anglo-Dutch Moment. Essays on the Glorious Revolution and its world impact, Cambridge [usw.] 1991.

1095. D. W. Jones, War and Economy in the Age of William III and Marlborough, Oxford 1988.

1096. J. R. Jones (Hrsg.), Liberty Secured? Britain before and after 1688, Stanford 1993.

1097. J. R. Jones, Malborough, Cambridge [usw.] 1993.

1098. N. H. Keeble, The Restoration. England in the 1660s, Malden/Oxford/Melbourne 2003.

1099. C. Kidd, British Identities before Nationalism. Ethnicity and Nationhood in the Atlantic World, 1600–1800, Cambridge 1999.

1100. R. Kleinhenz, Königtum und parlamentarische Vertrauensfrage in England 1689–1841, Berlin 1991.

1101. K. Kluxen, Geschichte Englands, Stuttgart 1991⁴.

1102. P. Langford, A Polite and Commercial People. England 1727–1783, Oxford 1989.

1103. P. Langford, Public Life and the Propertied Englishman 1689–1798, Oxford 1991.

1104. A. Marshall, Intelligence and Espionage in the Reign of Charles II, 1660–1685, Cambridge [usw.] 1994.

1105. M. Maurer, Kleine Geschichte Irlands, Stuttgart 1998.

1106. M. Maurer, Geschichte Englands, Stuttgart 2000.

1107. S. Mentz, The English Gentleman Merchant at Work. Madras and the City of London 1660–1740, Copenhagen 2005.

1108. J. Metzdorf, Politik – Propaganda – Patronage. Francis Hare und die englische Publizistik im Spanischen Erbfolgekrieg, Mainz 2000.

1109. R. Middleton, The Bells of Victory. The Pitt-Newcastle Ministry and the Conduct of the Seven Years' War 1757–1762, Cambridge [usw.] 1985.

1110. P. K. Monod, Jacobitism and the English People 1688–1788, Cambridge [usw.] 1989.

1111. V. Morley, Irish Opinion and the American Revolution, 1760–1783, Cambridge [usw.] 2002.

1112. H.-J. Müllenbrock, The Culture of Contention. A Rhetorical Analysis of the Public Controversy about the Ending of the War of the Spanish Succession, 1710–1713, München 1997.

1113. F. O'Gorman, Voters, Patrons, and Parties. The Unreformed Electoral System of Hanoverian England, 1734–1832, Oxford 1989.

1114. F. O'Gorman, The Long Eighteenth Century. British Political and Social History 1688–1832, London [usw.] 1997.

1115. M. Peters, The Elder Pitt, London/New York 1998.

1116. C. Picht, Handel, Politik und Gesellschaft. Zur wirtschaftspolitischen Publizistik Englands im 18. Jahrhundert, Göttingen 1993.

1117. W. Prest, Albion Ascendant. English History, 1660–1815, Oxford/New York 1998.

1118. U. Richer-Uhlig, Hof und Politik unter den Bedingungen der Personalunion zwischen Hannover und England, Hannover 1992.

1119. J. Robertson (Hrsg.), A Union for Empire. Political Thought and the British Union of 1707, Cambridge/Mass./London 1995.

1120. N. Rogers, Whigs and Cities. Popular Politics in the Age of Walpole and Pitt, Oxford 1989.

1121. J. M. Rosenheim, The Emergence of a Ruling Order. English Landed Society 1650–1750, London/New York 1998.

1122. J. Rule, Albion's People. English Society, 1714–1815, London/New York 1992.

1123. J. J. Sacks, From Jacobite to Conservative. Reaction and Orthodoxy in Britain, c. 1760–1832, Cambridge [usw.] 1993.

1124. C. Schnurmann, Vom Inselreich zur Weltmacht. Die Entwicklung des englischen Weltreichs vom Mittelalter bis ins 20. Jahrhundert, Stuttgart 2001.

1125. H. Ch. Schröder, Die englischen Revolutionen des 17. Jahrhunderts, Frankfurt/Main 1986.

1126. H. Ch. Schröder, Englische Geschichte, München 1995.

1127. V. M. Schütterle, Großbritannien und Preußen in spätfriderizianischer Zeit (1763–1786), Heidelberg 2002.

1128. H. M. Scott, British Foreign Policy in the Age of the American Revolution, Oxford 1990.

1129. P. Seaward, The Cavalier Parliament and the Reconstruction of the Old Regime, 1661–1667, Cambridge [usw.] 1989.

1130. P. Slack, From Reformation to Improvement. Public Welfare in Early Modern England, Oxford 1999.

1131. D. L. Smith, A History of the Modern British Isles, 1603–1707. The Double Crown, Oxford 1998.

1132. R. M. Smuts (Hrsg.), The Stuart Court and Europe. Essays in Politics and Political Culture, Cambridge 1996.

1133. S. Spens, George Stepney 1663–1707. Diplomat and Poet, Cambridge 1997.

1134. J. Spurr, England in the 1670s. "This Masquerading Age", Oxford 2000.

1135. D. Szechi, The Jacobites. Britain and Europe, 1688–1788, Manchester/ New York 1994.

1136. H. Wellenreuther, Der Aufstieg des ersten Britischen Weltreiches. England und seine nordamerikanischen Kolonien 1660–1, Düsseldorf 1987.

1137. P. Wende, Geschichte Englands, Stuttgart 1985, 1995^2.

1138. P. Wende (Hrsg.), Englische Könige und Königinnen. Von Heinrich VII. bis Elisabeth II., München 1998.

1139. P. Wende, Großbritannien 1500–2000, München 2001 (Oldenbourg Grundriss der Geschichte, Bd. 32).

1140. M. Wienfort, Monarchie in der bürgerlichen Gesellschaft. Deutschland und England von 1640 bis 1848, Göttingen 1993.

1141. D. Wilkinson, The Duke of Portland. Politics and Party in the Age of George III, Basingstoke/New York 2003.

1142. K. T. Winkler, Handwerk und Macht. Druckerhandwerk, Vertriebswesen und Tageschrifttum in London 1695–1750, Stuttgart 1993.

1143. K. T. Winkler, Wörterkrieg, Politische Debattenkultur in England 1689–1750, Stuttgart 1998.

c. Niederlande

1144. G. C. J. J. van den Bergh, Die holländische elegante Schule. Ein Beitrag zur Geschichte von Humanismus und Rechtswissenschaft in den Niederlanden 1500–1800, Frankfurt/Main 2002.

1145. H. Gabel/V. Jarren, Kaufleute und Fürsten. Außenpolitik und politisch-kulturelle Perzeption im Spiegel niederländisch-deutscher Beziehungen 1648–1748, Münster [usw.] 1998.

1146. G. van Gemert/D. Geuenich (Hrsg.), Gegenseitigkeiten. Deutsch-niederländische Wechselbeziehungen von der Frühen Neuzeit bis zur Gegenwart, Essen 2003.

1147. S. Groenveld/M. Ebben, R. Fagel (Hrsg.), Tussen Munster & Aken. De Nederlandse Republiek als grote mogenheid (1648–1748), Maastricht 2005.

1148. K. H. D. Haley, An English Diplomat in the Low Countries. Sir William Temple and John de Witt, 1665–1672, Oxford 1986.

1149. U. Hammer, Kurfürstin Luise Henriette. Eine Oranierin als Mittlerin zwischen den Niederlanden und Brandenburg-Preußen, Münster/ New York/München 2001.

1150. R. Po-Chia Hsia/H. van Nierop (Hrsg.), Calvinism and Religious Toleration in the Dutch Golden Age, Cambridge [usw.] 2002.

1151. J. I. Israel, Dutch Primacy in World Trade, 1585–1740, Oxford 1989.

1152. J. I. Israel, The Dutch Republic. Its Rise, Greatness, and Fall, 1477–1806, Oxford 1995.

1153. S. R. E. Klein, Patriots Republikanisme. Politieke cultuur in Nederland (1766–1787), Amsterdam 1995.

1154. H. Lademacher, Die Niederlande. Politische Kultur zwischen Individualität und Anpassung, Berlin 1993.

1155. H. Lademacher (Hrsg.), Oranien-Nassau, die Niederlande und das Reich. Beiträge zur Geschichte einer Dynastie, Münster/Hamburg 1995.

1156. M. North, Kunst und Kommerz im Goldenen Zeitalter. Zur Sozialgeschichte der niederländischen Malerei des 17. Jahrhunderts, Köln/Weimar/Wien 1992.

1157. J. L. Price, Holland and the Dutch Republic in the Seventeenth Century. The Politics of Particularism, Oxford 1994.

1158. H. H. Rowen, John de Witt, Statesman of the „True Freedom", Cambridge 1986.

1159. N. C. F. van Sas, De metamorfose van Nederland. Van oude orde naar moderniteit, 1750–1900, Amsterdam 2004.

1160. W. Troost, Stadhouder-koning Willem III. Een politieke biografie, Hilversum 2001.

1161. J. de Vries/A. van der Woude, The First Modern Economy. Success, Failure and Perseverance of the Dutch Economy, 1500–1815, Cambridge 1997.

1162. H. van der Wee, The Low Countries in the Early Modern World, Aldershot 1993.

d. Schweiz

1163. A. Bachmann, Die preußische Sukzession in Neuchâtel. Ein ständisches Verfahren um die Landesherrschaft im Spannungsfeld zwischen Recht und Utilitarismus (1694–1715), Zürich 1993.

1164. A. Brandenberger, Ausbruch aus der „Malthusianischen Falle". Versorgungslage und Wirtschaftsentwicklung im Staate Bern 1755–1797, Bern [usw.] 2004.

1165. B. Braun-Bucher, Der Berner Schultheiß Samuel Frisching 1605–1683. Schrifttum, Bildung, Verfassung und Politik des 17. Jahrhunderts auf Grund einer Biographie, Bern 1991.

1166. N. Furrer, Die vierzigsprachige Schweiz. Sprachkontakte und Mehrsprachigkeit in der vorindustriellen Gesellschaft (15.–19. Jahrhundert), 2 Bde., Zürich 2002.

1167. D. Guggisberg, Das Bild der „Alten Eidgenossen" in Flugschriften des 16. bis Anfang des 18. Jahrhunderts (1531–1712), Bern [usw.] 2000.

1168. Handbuch der Schweizer Geschichte, 2 Bde., Zürich 1980[2], 1999[3].

1169. A. V. Hartmann, Reflexive Politik im sozialen Raum. Politische Eliten in Genf zwischen 1760 und 1841, Mainz 2003.

1170. St. Meyer, Vorbote des Untergangs. Die Angst der Schweizer Aristokraten vor Joseph II., Zürich 1999.

1171. H. C. Peyer, Verfassungsgeschichte der alten Schweiz, Zürich 1978 (ND 1980).

1172. A. Suter, „Troublen" im Fürstbistum Basel (1726–1740). Eine Fallstudie zum bäuerlichen Widerstand im 18. Jahrhundert, Göttingen 1985.

1173. A. Suter, Der Schweizerische Bauernkrieg von 1653. Politische Sozialgeschichte – Sozialgeschichte eines politischen Ereignisses, Tübingen 1997.

e. Südeuropa (Spanien, Italien)

1174. W. L. Bernecker/H. Pietschmann, Geschichte Spaniens. Von der frühen Neuzeit bis zur Gegenwart, Stuttgart/Berlin/Köln 1993, 2005⁴.

1175. W. L. Bernecker [u. a.] (Hrsg.), Die spanischen Könige, München 1997.

1176. A. Blondy, Des Nouvelles de Malte. Correspondance de M. l'Abbé Boyer (1738–1777), Bruxelles [usw.] 2004.

1177. D. Büchel/V. Reinhardt (Hrsg.), Die Kreise der Nepoten. Neue Forschungen zu alten und neuen Eliten Roms in der frühen Neuzeit, Bern 2001.

1178. D. Carpanetto/G. Ricuperati, Italy in the Age of Reason 1685–1789, London/New York 1987.

1179. J. Casey, Early Modern Spain. A Social History, London/New York 1999.

1180. O. Th. Domzalski, Politische Karrieren und Machtverteilung im venezianischen Adel (1646–1797), Sigmaringen 1996.

1181. A. Gottdang, Venedigs antike Helden. Die Darstellung der antiken Geschichte in der venezianischen Malerei von 1680 bis 1760, München/Berlin 1999.

1182. H. Gross, Rome in the Age of Enlightenment: The Post-Tridentine Syndrome and the Ancien Regime, Cambridge [usw.] 1990.

1183. G. Hanlon, The Twilight of Military Tradition. Italian Aristocrats and European Conflicts, 1560–1800, London 1998.

1184. R. Herr, Rural Change and Royal Finances in Spain at the End of the Old Regime, Berkeley [usw.] 1989.

1185. V. Hunecke, Der venezianische Adel am Ende der Republik 1646–1797. Demographie, Familie, Haushalt, Tübingen 1995.

1186. A. Karsten, Kardinal Bernardino Spada. Eine Karriere im barocken Rom, Göttingen 2001.

1187. A. Karsten, Künstler und Kardinäle. Vom Mäzenatentum römischer Kardinalnepoten im 17. Jahrhundert, Köln/Weimar/Wien 2003.

1188. S. Luzzi, Stranieri in città. Presenza tedesca e società urbana a Trento (secoli XV–XVIII), Bologna 2003.

1189. B. Mazohl-Wallnig/M. Meriggi (Hrsg.), Österreichisches Italien – Italienisches Österreich? Interkulturelle Gemeinsamkeiten und nationale Differenzen vom 18. Jahrhundert bis zum Ende des Ersten Weltkrieges, Wien 1999.

1190. P. PRODI, The Papal Prince. One body and two souls: The papal monarchy in early modern Europe, Cambridge [usw.] 1987.

1191. V. REINHARDT, Geschichte Italiens, München 1999.

1192. D. SELLA, Italy in the Seventeenth Century, London/New York 1997.

1193. R. A. STRADLING, Europe and the Decline of Spain. A Study of the Spanish System, 1580–1720, London 1981.

1194. R. A. STRADLING, The Armada of Flanders. Spanish Maritime Policy and European War, 1568–1668, Cambridge [usw.] 1992.

1195. D. VANYSACKER, Cardinal Giuseppe Garampi (1725–1792): an Enlightened Ultramontane, Turnhout 1995.

1196. J.-CL. WAGNET, Le grand-duché de Toscane sous les derniers Médicis. Essai sur le système des finances et la stabilité des institutions dans les anciens Etats italiens, Paris/Padova 1990.

1197. CH. WEBER, Die päpstlichen Referendare 1566–1809. Chronologie und Prosopographie, Teilbd.1, Stuttgart 2003.

1198. CH. WINDLER, Lokale Eliten, seigneurialer Adel und Reformabsolutismus in Spanien (1760–1808), Stuttgart 1992.

f. Russland

1199. J. T. ALEXANDER, Catherine the Great: Life and Legend, Oxford/New York 1989.

1200. M. S. ANDERSON, Peter the Great, London 1969, 1995^2.

1201. R. P. BARTLETT/A. G. CROSS/K. RASMUSSEN, Russia and the World of the Eighteenth Century, Columbus 1988.

1202. A. BERELOWITCH, La hiérarchie des égaux. La noblesse russe d'Ancien Régime (XVIᵉ–XVIIᵉ siècles), Paris 2001.

1203. J. F. BRENNAN, Enlightened Despotism in Russia. The Reign of Elizabeth, 1741–1762, New York/Bern/Frankfurt/Main 1987.

1204. H. CARRÈRE D'ENCAUSSE, Catherine II. Un âge d'or pour la Russie, Paris 2002.

1205. S. DIXON, Catherine the Great, Harlow/London/New York 2001.

1206. D. GEYER, Der Aufgeklärte Absolutismus in Rußland. Bemerkungen zur Forschungslage, in: Jahrbücher für Geschichte Osteuropas 30 (1982), 176–189.

1207. M. HELLMANN/K. ZERNACK/G. SCHRAMM (Hrsg.), Handbuch der Geschichte Rußlands, Bd. 2: Vom Randstaat zur Hegemonialmacht, 1613–1856, 2 Halbbd., Stuttgart 1986–2001.

1208. E. HÜBNER, Staatspolitik und Familieninteresse. Die gottorfische Frage in der russischen Außenpolitik 1741–1773, Neumünster 1984.

1209. E. HÜBNER/J. KUSBER/P. NITSCHE (Hrsg.), Russland zur Zeit Katharinas II., Absolutismus – Aufklärung – Pragmatismus, Köln/Weimar/Wien 1998.

1210. H. H. KAPLAN, Russian Overseas Commerce with Great Britain during the Reign of Catherine II, Philadelphia 1995.

1211. J. KUSBER, Eliten- und Volksbildung im Zarenreich während des 18. und in der ersten Hälfte des 19. Jahrhunderts, Stuttgart 2004.

1212. J. P. LEDONNE, Ruling Russia. Politics and Administration in the Age of Absolutism, 1762–1796, Princeton 1984.

1213. J. P. LEDONNE, Absolutism and Ruling Class. The Formation of the Russian Political Order 1700–1825, Oxford 1991.

1214. C. S. LEONARD, Reform and Regicide. The Reign of Peter III of Russia, Bloomington/Indianapolis 1993.

1215. I. DE MADARIAGA, Catherine the Great. A Short History, New Haven/London 1990.

1216. P. R. MAGOCSI, A History of Ukraine, Toronto/Buffalo/London 1996.

1217. H.-H. NOLTE, Kleine Geschichte Rußlands, Stuttgart 2003.

1218. M. J. OKENFUSS, The Rise and Fall of Latin Humanism in Early Modern Russia: Pagan Authors, Ukrainians, and the Resiliency of Muscovy, Leiden/New York/Köln 1995.

1219. C. SCHARF, Katharina II., Deutschland und die Deutschen, Mainz 1995.

1220. C. SCHARF (Hrsg.), Katharina II., Russland und Europa. Beiträge zur internationalen Forschung, Mainz 2001.

1221. CH. SCHMIDT, Russische Geschichte 1547–1917, München 2003 (Oldenbourg Grundriss der Geschichte, Bd. 33).

1222. J. SOOM, „Avancement et fortune". Schweizer und ihre Nachkommen als Offiziere, Diplomaten und Hofbeamte im Dienst des Zarenreiches, Zürich 1996.

1223. G. STÖKL, Russische Geschichte, Stuttgart 1997[6].

1224. H. J. TORKE, Autokratie und Absolutismus in Rußland. Begriffserklärung und Periodisierung, in: Geschichte Altrußlands in der Begriffswelt ihrer Quellen, Stuttgart 1986, 32–49.

1225. H. J. TORKE (Hrsg.), Die russischen Zaren 1547–1917, München 1995.

1226. C. H. WHITTAKER, Russian Monarchy. Eighteenth Century Rulers and Writers in Political Dialogue, DeKalb/Ill. 2003.

1227. R. S. WORTMAN, Scenarios of Power: Myth and Ceremony in Russian Monarchy, Bd. 1: From Peter the Great to the Death of Nicholas I, Princeton 1995.

1228. E. A. ZITSER, The Transfigured Kingdom. Sacred Parody and Charismatic Authority at the Court of Peter the Great, Ithaca/London 2004.

g. Schweden, Dänemark, Polen

1229. M. BOGUCKA, Baltic Commerce and Urban Society, 1500–1700. Gdańsk/Danzig and its Polish Context, Aldershot/Burlington 2003.

1230. P. Brandt, Von der Adelsmonarchie zur königlichen „Eingewalt". Der Umbau der Ständegesellschaft in der Vorbereitungs- und Frühphase des dänischen Absolutismus, in: HZ 250 (1990), 33–72.

1231. J.-P. Findeisen, Karl XII. von Schweden. Ein König, der zum Mythos wurde, Berlin 1992.

1232. R. I. Frost, After the Deluge. Poland-Lithuania and the Second Northern War 1655–1660, Cambridge [usw.] 1993.

1233. H. Gustafsson, Political Interaction in the Old Regime. Central Power and Local Society in the Eighteenth-Century Nordic States, Lund 1994.

1234. A. Haller, Die Ausformung von Öffentlichkeit in Danzig im 18. Jahrhundert bis zur zweiten Teilung Polens im Jahre 1793, Hamburg 2005.

1235. J. K. Hoensch, Geschichte Polens, Stuttgart 1990².

1236. E. Hoesch/O. Griese/H. Beyer-Thoma (Hrsg.), Finnland-Studien III, Wiesbaden 2003.

1237. K. J. V. Jespersen, A History of Denmark, Houndmills 2004.

1238. L. Jespersen (Hrsg.), A Revolution from Above? The Power State of the 16th and 17th Century Scandinavia, Odense 2000.

1239. A. S. Kamiński, Republic vs. Autocracy. Poland-Lithuania and Russia 1686–1697, Cambridge/Mass. 1993.

1240. Ch. Keitsch, Der Fall Struensee – ein Blick in die Skandalpresse des ausgehenden 18. Jahrhunderts, Hamburg 2000.

1241. D. Kirby, Northern Europe in the Early Modern Period. The Baltic World 1492–1772, London/New York 1990.

1242. A. Kujala, The Crown, the Nobility and the Peasants 1630–1713. Tax, Rent and Relations of Power, Helsinki 2003.

1243. J. Lukowski, Liberty's Folly. The Polish-Lithuanian Commonwealth in the eighteenth century, 1697–1795, London/New York 1991.

1244. J. Lukowski, The Partitions of Poland 1772, 1793, 1795, London/New York 1999.

1245. M. G. Müller, Polen zwischen Preußen und Rußland. Souveränitätskrise und Reformpolitik 1736–1752, Berlin 1983.

1246. S. Olden-Jørgensen, Machtausübung und Machtinszenierung im dänischen Frühabsolutismus 1660–1730, in: HJb 120 (2000), 97–113.

1247. F. Persson, Servants of Fortune. The Swedish Court between 1598 and 1721, Lund 1999.

1248. M. Roberts, The Age of Liberty. Sweden 1719–1772, Cambridge [usw.] 1986.

1249. M. J. Rosmann, The Lords' Jews. Magnate-Jewish Relations in the Polish-Lithuanian Commonwealth during the 18th Century, Cambridge/Mass. 1990.

1250. H. Saarinen, Bürgerstadt und absoluter Kriegsherr. Danzig und Karl XII. im Nordischen Krieg, Helsinki 1996.

1251. St. Salmonowicz, Polen im 17. und 18. Jahrhundert. Abhandlungen und Aufsätze, Toruń 1997.

1252. J. Staszewski, August III. Kurfürst von Sachsen und König von Polen, Berlin 1996.
1253. St. Troebst, Handelskontrolle, „Derivation", Eindämmung. Schwedische Moskaupolitik 1617–1661, Wiesbaden 1997.
1254. R. Tuchtenhagen, Geschichte der baltischen Länder, München 2005.
1255. A. F. Upton, The Riksdag of 1680 and the Establishment of Royal Absolutism in Sweden, in: EHR 102 (1987), 281–308.
1256. W. Wagner (Hrsg.), Das schwedische Reichsgesetzbuch (Sveriges Rikes Lag) von 1734. Beiträge zur Entstehungs- und Entwicklungsgeschichte einer vollständigen Kodifikation, Frankfurt/Main 1986.
1257. St. Winkle, Johann Friedrich Struensee. Arzt, Aufklärer und Staatsmann, Stuttgart 1983.

ZEITTAFEL

1648	Friedensschlüsse von Münster und Osnabrück (Westfälischer Friede)
1648–53	Fronde-Aufstand in Frankreich
1649	Hinrichtung Karls I. von England; England wird Republik
1649/50	Nürnberger Exekutionstag
1651	Hobbes, Leviathan
1652–54	1. englisch-holländischer Seekrieg
1653	Wahl und Krönung Ferdinands (IV.) zum Römischen König († 1654)
1653/54	letzter deutscher Reichstag alten Stils
1653–58	Oliver Cromwell Lord-Protektor
1655–60	1. Nordischer Krieg mit Frieden von Roskilde und Oliva
1657	† Kaiser Ferdinand III.
1658–1705	Leopold I. römisch-deutscher Kaiser
1658	Rheinbund
1659	Pyrenäenfriede zwischen Frankreich und Spanien
1660	Restauration in England; Karl II. († 1685). Umwandlung Dänemarks in eine Erbmonarchie
1661	Beginn des persönlichen Regiments Ludwigs XIV. († 1715); Beginn des Versailler Schlossbaus
1662	Gründung der Royal Society
1663	Immerwährender Reichstag in Regensburg (bis 1806)
1663/64	Türkenkrieg mit Frieden von Vasvár
1664–67	2. englisch-holländischer Seekrieg mit Frieden von Breda
1665	Lex Regia in Dänemark: Durchsetzung des Absolutismus
1667/68	Devolutionskrieg mit Frieden von Aachen
1667	Monzambano/Pufendorf, De statu Imperii Germanici
1669	Pascal, Pensées sur la religion
1670	Spinoza, Tractatus theologico-politicus
1672	Pufendorf, De iure naturae et gentium
1672–74	3. englisch-holländischer Seekrieg
1672–79	Niederländischer Krieg mit Frieden von Nimwegen
1675	Spener, Pia desideria
1679	Habeas-Corpus-Akte
1681	Reunionen: Kapitulation Straßburgs
1682	Souveränitätserklärung in Schweden
1683–99	Belagerung und Entsatz Wiens; „großer" Türkenkrieg mit Frieden von Karlowitz
1684	Heilige Liga zum Türkenkrieg. Regensburger Stillstand (mit Anerkennung der französischen Reunionen)
1685	Aufhebung des Edikts von Nantes; Hugenottenexodus aus Frankreich. Übergang der pfälzischen Kur an die Linie Neuburg

1685–88	Jakob II. von England
1687	Erblichkeit der ungarischen Königskrone. Newton, Philosophia naturalis principia mathematica.
1688	† Friedrich Wilhelm I. von Brandenburg
1688/89	Glorious Revolution; Bill of Rights; Königtum Wilhelms von Oranien in England († 1702)
1688–97	Neunjähriger Krieg mit Frieden von Rijswijk
1689	„Große Allianz" gegen Frankreich
1689–1725	Zar Peter I. (der Große)
1690	Locke, Two treatises of Government
1692	Errichtung der 9. Kur (Braunschweig-Lüneburg)
1694	Gründung der Universität Halle
1695	Bayle, Dictionnaire historique et critique
1697	Friedrich August I. von Sachsen König von Polen
1697/98	Europareise Zar Peters I.; Beginn der Reformen
1697–1718	Karl XII. von Schweden
1700–21	2. Nordischer Krieg mit Frieden von Stockholm, Frederiksborg und Nystad
1700	† Karl II. von Spanien und damit Erlöschen der spanischen Linie der Habsburger
1701	Preußische Königswürde. Act of Settlement in England
1701–14	Spanischer Erbfolgekrieg mit Frieden von Utrecht, Rastatt und Baden
1705–11	Kaiser Joseph I.
1707	englisch-schottische Union
1709	Port-Royal als Mittelpunkt des Jansenismus aufgehoben
1711–40	Kaiser Karl VI.
1713	Pragmatische Sanktion
1713–40	König Friedrich Wilhelm I. in Preußen
1714	Leibniz, Monadologie
1714–18	Türkenkrieg mit Frieden von Passarowitz
1714–27	Georg I. von Großbritannien
1715–74	Ludwig XV. von Frankreich
1717	erste Freimaurerloge in London
1718	Quadrupelallianz zur Friedenswahrung in Europa
1720	Finanzskandale in England und Frankreich
1722	Generaldirektorium in Brandenburg-Preußen
1723–25	Kongress von Cambrai
1724	Thorner Blutgericht
1726–43	Ära Fleury in Frankreich
1727–29	Kongress von Soissons
1727–60	Georg II. von Großbritannien
1733–35	Polnischer Thronfolgekrieg mit Wiener Frieden
1735–39	Türkenkrieg Russlands (und Österreichs) mit Frieden von Belgrad

1736   † Prinz Eugen von Savoyen
1737   Gründung der Universität Göttingen
1739–41   englisch-spanischer Kolonialkrieg
1740–86   Friedrich II. (der Große) von Preußen
1740–80   Maria Theresia
1740–48   Österreichischer Erbfolgekrieg mit Frieden von Aachen
1741–62   Zarin Elisabeth II.
1742–45   Karl Albrecht von Bayern als Karl VII. römisch-deutscher Kaiser
1745–65   Kaiser Franz I. (von Lothringen-Toskana)
1748   Montesquieu, De l'esprit des lois
1751   Voltaire, Le siècle de Louis XIV
1751–72   D'Alembert/Diderot, Encyclopédie
1753–92   Graf (bzw. Fürst) Kaunitz österreichischer Staatskanzler
1755   Erdbeben von Lissabon. Gründung der Universität Moskau
1756   Pombal Premierminister in Portugal und Beginn der portugiesischen
          Reformen. Renversement des alliances (Westminsterkonvention; Ver-
          sailler Vertrag)
1756–63   Siebenjähriger Krieg (in Europa und Übersee)
1760–1820 Georg III. von Großbritannien
1762–96   Zarin Katharina II. (die Große)
1762   Rousseau, Du contrat social
1763   Frieden von Paris und Hubertusburg. Febronius/Hontheim, De statu
          ecclesiae
1764   Beccaria, Dei delitti e della pene
1764–95   Stanislaus II. August Poniatowski König von Polen; Beginn der
          Reformepoche
1765–90   Kaiser Joseph II.
1767–69   Lessing, Hamburgische Dramaturgie
1768–74   russisch-türkischer Krieg mit Frieden von Kütschük-Kainardschi
1769   Dampfmaschine und Spinnmaschine patentiert: industrielle Revolu-
          tion
1770–72   Struensee-Reformen in Dänemark
1772   1. Teilung Polens. Ende der schwedischen „Freiheitszeit" durch Staats-
          streich König Gustavs III.
1773   Herder, Von deutscher Art und Kunst. Aufhebung des Jesuitenordens
          durch Papst Klemens XIV.
1774–92   Ludwig XVI. von Frankreich
1774–76   Turgot'sche Reformen in Frankreich
1775–83   Amerikanischer Unabhängigkeitskrieg mit Frieden von Paris
1776   Amerikanische Unabhängigkeitserklärung und Erklärung der Men-
          schenrechte. Adam Smith, The Wealth of Nations. Gründung des
          Illuminatenordens (1785 aufgehoben)
1778/79   Bayerischer Erbfolgekrieg mit Teschener Frieden

1781	Kant, Kritik der reinen Vernunft. Dohm, Über die bürgerliche Verbesserung der Juden. Neckers „Compte rendu". Beginn der josephinischen Reformen
1782	Reise Papst Pius' VI. nach Wien und München
1783	Aufhebung der Leibeigenschaft durch Markgraf Karl Friedrich von Baden
1784	Entwurf des Preußischen Allgemeinen Gesetzbuches veröffentlicht
1785	Gründung des Deutschen Fürstenbundes. Halsbandaffäre in Frankreich

REGISTER

SACHREGISTER

PERSONENREGISTER

OLDENBOURG GRUNDRISS DER GESCHICHTE

Herausgegeben von Lothar Gall, Karl-Joachim Hölkeskamp und Hermann Jakobs

Band 1: *Wolfgang Schuller*
Griechische Geschichte
5., überarb. u. erw. Aufl. 2002. 267 S.,
4 Karten
ISBN 3-486-49085-0

Band 1a: *Hans-Joachim Gehrke*
Geschichte des Hellenismus
3., überarb. u. erw. Aufl. 2003. 324 S.
ISBN 3-486-53053-4

Band 2: *Jochen Bleicken*
Geschichte der Römischen Republik
6. Aufl. 2004. 342 S., 2 Karten
ISBN 3-486-49666-2

Band 3: *Werner Dahlheim*
Geschichte der Römischen Kaiserzeit
3., überarb. und erw. Aufl. 2003. 452 S.,
3 Karten
ISBN 3-486-49673-5

Band 4: *Jochen Martin*
Spätantike und Völkerwanderung
4. Aufl. 2001. 336 S.
ISBN 3-486-49684-0

Band 5: *Reinhard Schneider*
Das Frankenreich
4., überarb. u. erw. Aufl. 2001. 224 S.,
2 Karten
ISBN 3-486-49694-8

Band 6: *Johannes Fried*
Die Formierung Europas 840–046
3., überarb. und erw. Aufl 2007.
Ca. 320 S.
ISBN 3-486-49703-0

Band 7: *Hermann Jakobs*
Kirchenreform und Hochmittelalter
1046–1215
4. Aufl. 1999. 380 S.
ISBN 3-486-49714-6

Band 8: *Ulf Dirlmeier, Gerhard Fouquet,
Bernd Fuhrmann*
Europa im Spätmittelalter 1215–1378
2003. 390 S.
ISBN 3-486-49721-9

Band 9: *Erich Meuthen*
Das 15. Jahrhundert
4. Aufl., überarbeitet von Claudia Märtl
2006. 343 S.
ISBN 3-486-49734-0

Band 10: *Heinrich Lutz*
Reformation und Gegenreformation
5. Aufl., durchges. u. erg. v. Alfred Kohler
2002. 288 S.
ISBN 3-486-49585-2

Band 11: *Heinz Duchhardt*
Barock und Aufklärung
4., neu bearb. u. erweit. Aufl. 2007. 302 S.
ISBN 3-486-49744-8

Band 12: *Elisabeth Fehrenbach*
Vom Ancien Régime zum Wiener
Kongreß
4., überarb. Aufl. 2001. 324 S., 1 Karte
ISBN 3-486-49754-5

Band 13: *Dieter Langewiesche*
Europa zwischen Restauration und
Revolution 1815–1849
4. Aufl. 2004. 260 S., 4 Karten
ISBN 3-486-49764-2

Band 14: *Lothar Gall*
Europa auf dem Weg in die Moderne
1850–1890
4. Aufl. 2004. 332 S., 4 Karten
ISBN 3-486-49774-X

Band 15: *Gregor Schöllgen*
Das Zeitalter des Imperialismus
4. Aufl. 2000. 277 S.
ISBN 3-486-49784-7

Band 16: *Eberhard Kolb*
Die Weimarer Republik
6., überarb. u. erw. Aufl. 2002. 335 S.,
1 Karte
ISBN 3-486-49796-0

Band 17: *Klaus Hildebrand*
Das Dritte Reich
6., neubearb. Aufl. 2003. 474 S.
ISBN 3-486-49096-6

Band 18: *Jost Dülffer*
Europa im Ost-West-Konflikt 1945–1991
2004. 304 S., 2 Karten
ISBN 3-486-49105-9

Band 19: *Rudolf Morsey*
Die Bundesrepublik Deutschland
Entstehung und Entwicklung bis 1969
4., überarb. u. erw. Aufl. 2000. 343 S.
ISBN 3-486-52354-6

Band 19a: *Andreas Rödder*
Die Bundesrepublik Deutschland
1969–1990
2004. 330 S., 2 Karten
ISBN 3-486-56697-0

Band 20: *Hermann Weber*
Die DDR 1945-1990
4., durchgeseh. Aufl. 2006. 355 S.
ISBN 3-486-57928-2

Band 21: *Horst Möller*
Europa zwischen den Weltkriegen
1998. 278 S.
ISBN 3-486-52321-X

Band 22: *Peter Schreiner*
Byzanz
3., überarb. u. erw. Aufl. 2007. Ca. 260 S.
ISBN 3-486-57750-6

Band 23: *Hanns J. Prem*
Geschichte Altamerikas
1989. 289 S.
ISBN 3-486-53021-6

Band 24: *Tilmann Nagel*
Die islamische Welt bis 1500
1998. 312 S.
ISBN 3-486-53011-9

Band 25: *Hans J. Nissen*
Geschichte Alt-Vorderasiens
1999. 276 S., 4 Karten
ISBN 3-486-56373-4

Band 26: *Helwig Schmidt-Glintzer*
Geschichte Chinas bis zur mongolischen
Eroberung (ca. 250 v.Chr.–1279 n.Chr.)
1999. 235 S., 7 Karten
ISBN 3-486-56402-1

Band 27: *Leonhard Harding*
Geschichte Afrikas im 19. und
20. Jahrhundert
2., durchges. Aufl. 2006. 272 S., 4 Karten
ISBN 3-486-57746-8

Band 28: *Willi Paul Adams*
Die USA vor 1900
2000. 294 S.
ISBN 3-486-53081-X

Band 29: *Willi Paul Adams*
Die USA im 20. Jahrhundert
2000. 296 S.
ISBN 3-486-56439-0

Band 30: *Klaus Kreiser*
Der Osmanische Staat 1300–1922
2001. 252 S.
ISBN 3-486-53711-3

Band 31: *Manfred Hildermeier*
Die Sowjetunion 1917–1991
2001. 238 S., 2 Karten
ISBN 3-486-56179-0

Band 32: *Peter Wende*
Großbritannien 1500–2000
2001. 235 S., 1 Karte
ISBN 3-486-56180-4

Band 33: *Christoph Schmidt*
Russische Geschichte 1547–1917
2003. 261 S., 1 Karte
ISBN 3-486-56704-7

Band 34: *Hermann Kulke*
Indische Geschichte bis 1750
2005. 275 S., 12 Karten
ISBN 3-486-55741-6

Band 35: *Sabine Dabringhaus*
Geschichte Chinas 1279–1949
2006. 282 S., 1 Karte
ISBN 3-486-55761-0